KB161010

무죄판결과 법관의 사실인정

무죄판결과 법관의 사실인정

김 상 준

景仁文化社

머리말

오판 또는 심급간에 유무죄 판단이 달라진 사건들의 특징과 판단 오류·차이를 빚게 된 원인은 무엇일까? 이 책은 이런 의문에 대한 해명을 위하여 실증분석을 한 결과를 정리한 것이다. 1심 유죄판결이 후일 항소심에서 무죄로 뒤바뀐 실제 강력범죄 재판사례 540건을 대상으로 하여 실증적 분석을 시도하였다.

분석결과, 심급간 차이를 보인 가장 주된 요인은 판단자들 사이에서 취약한 유죄증거에 대한 감지능력의 편차라고 할 수 있다. 이런 증거유형은 허위자백, 공범의 허위자백, 피해자 또는 목격자의 오인 지목진술, 피해자 허위진술 또는 피해오인진술, 과학적 증거의 오류, 정황증거 등이었다. 이 책에서는 이런 감지능력 차이를 판단자에게 내재해 있는 심적 한계인 터널비전(Tunnel Vision) 때문에 연유한 것으로 보았다. 최근의 국내외 실증연구들에 의하면 판사들도 인간인 한에서는 고정관념이나 편견 때문에 일반인들이 흔히 저지르기 쉬운 인지적 착각과 실수를 범하는 것으로 나타났다. 재판상황에서 인지적 착각과 터널비전 때문에 질 낮은 증거의 함정에 빠지게 되면 판단을 그르칠 위험성이 있다. 재판현장 상황과 경험은 판사들로 하여금 합리적 의심에 관한 증명도를 완화시키고 유죄편향적으로 흐를 위험이 있다. 암묵적 편향에 관한 여러 연구에 의하면 일단 무의식적으로 심어진 편향성은 개인의 의식적 노력만으로는 잘 극복될 수 없다는 분석이 있다. 판사들의 경우에도 직업적 경험과정에서 혹여 갖게 된 편향성이 부지불식간에 자신의 판단에 개입하는지를 늘 염두에 두어야 한다. 합리적 의심의 수용태도에 관한 편차 분석, 암묵적 유죄 편향성의 정도와 판단에 미치는 영향력 등에 관한 경험적 연구가 필요한 것도 바로 이런 이유 때문이다.

이 책은 필자가 2013년 2월에 취득한 서울대학교 법학전문대학원 전문박사학위논문인 "무죄판결과 법관의 사실인정에 관한 연구-항소심의 파기자판 사례들을 중심으로-"를 재편집한 것이다. 이 책은 여러 선생님들의 학은에 크게 힘입은 것이다. 지도교수님이신 한인섭 교수님의 자상하면서도 엄격한 지도가 없었다면 이 연구서는 나올 수 없었을 것이다. 학문의 길의 의미에 관하여 깊은 가르침을 주신 신동운 교수님, 형사법 이론에 대한 성찰로 생각의 깊이를 더해 주신 이용식 교수님, 늘 변함없는 조언과 격려로 용기를 북돋워 주신 이상원 교수님께 깊은 감사를 드린다. 법심리학이라는 학문분야에 관하여 눈을 뜨게 하여 오늘의 필자를 만들어주신 박광배 교수님의 은혜는 필설로 다하지 못할 것이다. 또한 박사학위 과정의 이수와 논문 작성의 모든 측면에서 귀중한 조언을 아끼지 않으신 이기수 박사께도 감사의 말씀을 올린다. 그리고 부족한 글을 법학연구총서로 출판을 허용해 주신 송석윤 법학연구소 소장님, 출판에 지원을 아끼지 않으신 한정희 사장님과 신학태 편집부장님께도 감사드린다.

끝으로 지난 십수 년간 형사사법개혁과 재판실무의 발전을 위하여 연구에 공동으로 매진해 온 여러 동료 선후배 재판 실무가들의 진지한 노력이야말로 이 책의 초석이 되었음을 밝히고 싶다. 이들의 열망이 결실을 맺어 한국 형사사법제도가 선진국의 면모에 걸맞은 모습으로 발전되기를 소망한다.

2013년 11월 서초동에서

김 상 준

목차

제1장 서론

제1절

연구의 문제의식

형사사법의 기본이념은 적정절차의 실현을 통한 피고인의 기본적 인권보장과 실체적 진실의 규명에 있다.[1] 양자의 길항관계, 또는 그 우위성에 관하여는 기존에 많은 논의가 이루어져 왔다. 하지만 유죄오판만은 막아야 한다는 점에 관하여는 이견이 있을 수 없다. 무고한 사람을 처벌하는 유죄오판은 결과적으로 인권보장은 물론이고 실체적 진실의 발견에도 역행하는 것이기 때문이다. 이것은 형사사법 정의를 저해하는 치명적 실수이자 형사사법제도의 총체적 실패를 의미하는 것이다. 그래서 반드시 회피되어야 할 해악인 오판을 막는 일은 형사사법제도의 근간을 지탱하는 중핵적 과제이자 이 제도 운용에 관여하는 모든 사람에게 주어져 있는 근본 책무에 해당한다. 그런데 오판의 문제는 그것이 밝혀진 경우에는 큰 사회적 논란거리가 된다. 그러나 일상의 재판에서 미처 밝혀지지 않은 채 잠복해 있는 오판사례도 있을 것이다. 일상의 재판에서 오판이 발생하고 있

1) 신동운, 신형사소송법, 법문사(2012), 6-11면; 이재상, 형사소송법, 박영사(2012), 21-30면; 배종대/이상돈/정승환/이주원, 신형사소송법, 홍문사(2012), 16-19면; 차용석/최용성, 형사소송법, 21세기사(2008), 22-33면; 임동규, 형사소송법, 법문사(2012), 8면; 정웅석/백승민, 형사소송법, 대명출판사(2012), 20면; 조국, "형사절차의 근저에서 대립하는 두 가지 가치체계에 관한 소고 -영미법학에서의 논의를 중심으로", 저스티스 32권 4호, 한국법학원(1999), 159면.

다면 그것이 얼마나 자주 발생하느냐는 질문에 대해서는 그 중요성에도 불구하고 대체로 관심이 적은 편이었다.

우리의 형사사법제도에는 과연 오판의 위험을 방지할 안전장치가 잘 마련되어 있는지, 나아가 형사재판 현장에서 그러한 장치들이 제 기능을 다하여 잘 작동하고 있는지를 자문해 보게 된다. 특히 1970~80년대 시국사건 등 과거사 재판에 관한 최근 일련의 재심 무죄판결에서 여실히 드러나고 있듯이, 우리의 형사사법은 형벌권 남용적 유죄오판의 어두운 역사적 경험을 가지고 있다. 그리고 그러한 그림자가 인권보장을 강화한 형사소송제도의 정비, 국민참여 형사재판제도의 도입 등 많은 제도 개혁이 시도되어온 오늘날에도 말끔히 거두어진 것은 아니라는 우려가 상존하고 있다.

우리나라에서의 유죄오판 원인으로 인권침해적 수사 관행과 그에 대한 억지기능의 부재, 형사변호체제의 불완전성, 형사증거법의 공백과 공판심리의 부실 등의 제도적 요인이 거론된다.[2] 이와 아울러 허위자백, 목격자 증언의 문제, 위증과 기억의 불완전성에 대한 대비책의 부재 등의 요인이 지적되고 있다.[3]

더 나아가 최종적으로 판단을 하는 판사들의 인식과 태도의 문제도 있다. 모든 제도적 장치를 완비한다고 하더라도 판사들의 오판방지에 대한 사명감과 책임의식이 없는 한에서는 모든 노력들은 공염불이 되고 말 것이기 때문이다. 또한 판사들이 진지하고 책임감 있게 이 문제에 접근하여 유죄오판 방지를 위한 의식적 노력을 경주한다고 하더라도 넘어야 할 과제가 여전히 남아 있다. 판사도 인간인 한에서 불가불 갖게 되는 터널비전이나 암묵적 편향, 고정관념의 영향을 크건 작건 받을 수 있다. 여러 연구결과에 따르자면 이러한 무의식적 편견은 의식적 노력에도 불구하고 좀처럼 극복하기 어려운 것으로 알려져 있다. 특히 경험적으로 볼 때 유죄추정

2) 박성호, "오판의 발생구조와 극복방안", 민주사회를 위한 변론 3호(1994), 257면.
3) 김형만, "형사절차상의 오판원인", 비교형사법연구, 9권 1호(2007), 351면.

적 편향이 재판실무의 경력을 통하여 쌓이게 되면 그것이 무의식적으로 사실심리 태도에도 영향을 미쳐 오도된 결론으로 연결될 수 있는 위험성이 있다. 때문에 판사로서는 스스로의 내적 한계를 뛰어넘기 위하여 인지적으로 많은 에너지를 소모하지 않을 도리가 없다. 그 노력을 게을리 하거나 자신의 한계에 대한 자각을 미진하게 남겨둔다면 유죄편향적 오판을 범할 위험도 커질 수 있다. "판사 자신의 인간적 한계에 대한 자각에서 비롯된 고민"이 필요한 대목이다.

일찍이 유병진 판사는 1950년 서울 수복 후 부역자 혐의를 받았던 부녀자들 재판을 앞두고 깊은 고민에 빠진 끝에 무죄를 선고하고 나서는, 이렇게 술회하였다.

> 무죄의 언도, 그것은 暗黑한 지옥에서 사람을 구하여 낸 기분이다. 아니, 이 세상에서 한 사람을 창조해 낸 것과도 같다.[4)]

유병진 판사가 한, "고민거리"와 그 끝에 얻어낸 "인간구원과 창조의 감동"이 후세대 판사들에게 온전히 전해지고 있는가? 이 의문을 풀어내고 싶은 욕구를 이 연구의 기본 動因으로 삼았다. 유무죄 판단을 놓고 대법원을 두 번이나 오가면서 치열한 법정공방이 벌어질 정도로 판단이 매우 어려웠던 어느 사건에서 결국 무죄판결을 내린 한 판사는 이 재판경험을 통하여 이 판결 이전과는 전혀 다른 판사가 되었음을 고백하고 있다. 자신이 종전에 얼마나 무모하게 재판을 하였는지 두려워졌다는 것이다. 그렇다. 이런 판결은 억울한 사람만 구원하는 것은 아닐 게다. 판사도 이런 무서운 재판을 겪고 나면 겸허한 깨우침으로 구원을 얻을 것이다. 누구든 진실 앞에서는 겸손해질 일이다. 2012년 한 살인사건에서 부산고등법원은 불충분한 정황증거만으로는 유죄를 인정할 수 없기에 무죄를 선고하면서 다음과 같은 설명을 곁들이고 있다.

---

4) 신동운 편저, 유병진 법률논집. 재판관의 고민, 법문사(2008), 145-6면.

> 불우한 삶을 살아오던 피해자가 의문의 죽음을 당한 사정에 대하여 그 진실이 명확하게 밝혀지지 못한 점에 대하여 이 법원 역시 안타까운 심정을 금하기 어렵다. 그러나 국민의 자유와 권리가 함부로 침해되지 않도록 누구나 납득할 수 있는 객관적이고 명확한 증거에 의해서만 범죄사실을 인정하여야 한다는 증거재판주의의 원칙과 열 명의 범인을 놓치는 한이 있어도 한 명의 억울한 사람을 만들지 말아야 한다는 법정신이 이 사건 뿐만 아니라 모든 형사사건에서의 기본원리가 되어야 함은 움직일 수 없는 명제이다. 만약 이러한 원칙에 소홀하여 일단 외관상 유력한 증명력을 갖추었다고 보이는 간접증거들의 불충분한 연결과 종합으로만 이 사건과 같은 중형이 규정되어 있는 살인죄를 가볍게 인정한다면, 국민의 헌법상 모든 기본권의 기초가 되는 자유권이 침해되고 훼손될 가능성을 심각하게 염려하지 않을 수 없는 것이다.[5]

이런 헌법적 결단에 대한 원론적 성찰을 소박한 감동으로 받아들이면서 이것이야말로 연구자가 품은 의문의 첫 매듭 실마리를 풀어줄 가르침이라고 믿는다. 본 연구는 이런 문제의식에 그 뿌리를 두고 있다. 본 연구에서는 이들 판사가 한 고민과 자각, 그리고 성찰 없이는 문제의 해결에 접근하기 어려울 것이라는 전제를 세웠다. 아무리 좋은 재판제도를 만든다고 하더라도 판사의 의식과 의지가 혼미하여, '판단자 변수' 때문에 재판의 결과가 불안정해져서는 곤란하다. 그리고 이를 경험적 자료로 검증하고자 한다. 이런 유형의 연구는 국내외적으로 볼 때 비교적 드문 편에 속한다. 앞으로 보다 더 정합성 있는 실증자료에 기초한 후속연구들이 나오기를 기대한다. 이런 공부는 연구자 자신의 어리석음을 자꾸 일깨운다. 자기 한 몸 건사하기도 어려운 주제에 감히 남의 운명을 가를 재판을 감당한다는 것이 두렵기만 하다. 바라건대, 이들 공부를 토대로 조금이라도 더 좋은 재판을 할 수 있는 지혜를 얻고 싶다.

---

5) 부산고법 2012. 2. 8. 선고 2011노335 판결.

제2절
연구의 목적과 실천적 의미

1. 연구의 지향점과 구체적 목적

무죄판결을 실증적으로 분석하는 작업을 통하여 본 연구가 지향하는 큰 목적은, "재판의 질적 수준은 재판을 담당하는 판사의 판단과 의사결정의 적정성과 정확성에 달려 있다."[1]는 명제를 화두로 삼아 이를 검증해 보고자 하는 데 있다. 궁극적으로 '좋은 재판'이라는 결과물을 얻기 위해서는 '좋은 재판제도'를 만드는 것보다 더 중요한 것이 '좋은 생각'을 만드는 일이다. 이것이 연구자가 세운 대전제의 골자다. 그러므로 우리 사법제도의 기본 목표는 '판사의 판단과 의사결정이 좋아지도록' 하는 방향으로 일관

1) 김상준, "재판과 법관의 의사결정", 법관의 의사결정: 이론과 실무, 사법발전재단(2010), 9면; 박광배/김상준/한미영, "가상적인 재판 쟁점에서의 현역판사의 판단과 모의배심의 집단판단에 대한 인지적 방략의 효과", 한국심리학회지: 사회문제 Vol. 11, No. 1(2005); 김청택, "법정의사결정에서의 판사들의 인지편향", 서울대학교 법학 제51권 제4호(2010); Chris Guthrie, Jeffrey J. Rachlinski & Andrew J. Wistrich, *InsIde the Judicial Mind*(이하 "*InsIde the Judicial Mind*"), 86 Cornell L. Rev. 777 (2001). 이 논문의 번역논문으로는 부산영미법연구회(구남수, 김동진, 김상준, 안철상, 윤근수, 장홍선), "법관이 빠지기 쉬운 판단의 오류", 월간 법조, 2002년 8월호, 255면 및 9월호, 237면 참조.

성 있게 조율되어야 한다. 소극적으로 보자면 판사가 의사결정 과정에서 빠질 수 있는 여러 오류들을 회피, 방지하고 그것이 오판으로 이어지지 않도록 하는 데 방점을 두어 설계되어야 한다는 것이 연구자 주장의 요지다.

이런 대전제를 검증하기 위해서는 경험적 실증 연구가 긴요하다고 생각한다. 오늘날 우리의 재판현상에 대한 학문적 연구를 수행하는 경우, 특히 그 연구의 성과를 재판제도의 개선을 위한 실천적 노력에 활용할 목적의 연구를 수행하는 경우에는 학문연구의 과학적 엄정성과 아울러, 제시되는 정책대안의 적정성을 갖출 필요가 있을 것이다. 이때 '현상에 대한 정확한 그림'을 알지 못하고서는 그 연구는 방향성을 잃게 될 것임은 물론이고 엉뚱한 처방으로 혼란을 가져올지도 모른다. 그렇기 때문에 재판제도의 개선을 다루게 될 중심적 학문분야인 재판법학의 세계에서도 여타 학제적 연구 성과에 힘입은 경험적 실증 연구의 필요성이 크리라고 감히 생각해 본다.

민사 등 여타 분야 재판과 대비해 볼 때 형사재판은 판사 판단의 세부를 들여다보는 데 있어서 상대적으로 유리한 점이 있다. 형사판사는 증거가 있다면 유죄를, 아니라면 무죄석방을 선택해야 하는 극명한 갈림길 앞에서 최종 판결을 내려야 하는 압박감과 긴장감을 경험한다. 그 속에서 여타 분야 재판과는 비교할 수도 없을 정도로 정신을 바짝 차리고 자신의 판단을 더욱더 치열하게 가다듬어야 하는 과업에 직면한다. 흉악무도한 범죄 앞에서 범인의 간계에 빠져 판단을 그르침으로써 정의를 잃어버릴 것을 걱정하면서도, 한편으로 무죄추정의 원칙, 합리적 의심의 여지를 넘어서는 유죄증거의 확인, '의심스러울 때에는 피고인의 이익으로'라는 법원칙을 지키기 위해서 자기 절제의 심적 갈등을 겪어야 한다.

그러한 형사판사의 긴장과 고민은 최종 판단의 판결문에 담겨 활자로 남게 된다. 반대로 긴장과 고민을 덜 하게 된다면 이것 역시 고스란히 자신의 최종 판결에 활자 또는 비활자[2]로 담겨 노출될 가능성이 크다. 좋은

2) "판사는 판결로 말해야 한다."고 했다. 그러나 판결문의 어떤 대목에 이르러서는

형사판사라면 그가 치밀한 논증 끝에 내린 자신의 판단이 후일 다른 사람들에 의하여 검증되더라도 같은 결론으로 지지될 것을 염두에 두어 그 논증의 치밀함을 판결문에 담는다. 더 좋은 형사판사라면 그녀가 치열한 고민 끝에 내린 자신의 판단에서 자신이 간과한 점과 오류까지도 다른 사람들이 발견할 수 있도록 머릿속에서 이루어진 모든 생각의 전 과정 여로를 가다듬어 생생하고도 솔직하게 그 고민의 치열함을 판결문에 풀어놓는다.

이런 형사재판에서 판사 판단의 치밀성 · 치열성 비교는 한 사건을 두고 판사 사이에 판단이 갈릴 때 역동적으로 드러난다. 특히 유무죄 판단이 달라질 때 더욱 그러하다. 유무죄 판단이 갈린 이 부분 길목을 짚고 판사들 사이에서 이루어진 '생각들의 충돌' 과정에서 지적된 차이가 무엇이고 그러한 차이가 왜 발생한 것인지를 연구하는 일, 나아가 서로 '다른' 판단들 사이에서 질적으로 보다 '좋은' 판단을 골라내는 일까지 살펴보는 연구는 그 자체로도 매우 흥미롭기도 하거니와 오판 방지의 정책적 대안을 모색하는 실천적 의미에서도 가치가 높을 것이다.

다만 본 연구에서는 형사판사들 판단의 충돌접면의 양상과 충돌이유의 패턴을 발굴하는 경험적 실증연구를 지향하고 있다. 그 때문에 자연스럽게 양적 연구방법론을 우선적으로 취하고 질적 연구방법론은 보충적으로 활용할 것이다. 재판 또는 형사재판에서 판사의 판단 현상의 추이를 대표하는 풍경화를 효율적으로 그려낼 장소로 이 충돌 지점만 한 곳도 없다. 그리고 이 지점에서는 유무죄 판단이 교차하는 다수의 재판 사례들이 지난 형사재판의 역사에 축적되어 있다. 그런 재판사례들의 스냅 샷들을 잘 합성하는 것이 이 연구의 과제다. 그래서 도대체 지난 세월 동안 형사재판

꼭 했어야 할 말임에도 "○○○의 주장은 이유 없다."는 말만 적혔을 뿐 '이유를 알리지 않고' 그리고 '이유 없는' 침묵으로 일관하는, '두 가지 이유 없는' 판결을 비활자화된 판결문이라고 여기서 지칭한다. 그 판결이 후일 비판될 때, 판결문에서 '이유 없는 이유들'을 알리지 않았지만 이후의 독자들은 그러한 비활자를 통하여 적어도 그 "침묵의 이유"만은 이를 능히 짐작할 뿐이다.

에서 유무죄판단과 관련하여 무슨 일이 있었고 그 모양은 어떻게 생긴 것인가를 가늠하는 몽타주가 그려질 수 있을 것이다. 그 풍경화, 사진 속에서 우리가 지향하고자 하는 "판사 자신의 인간적 한계에 대한 자각에서 비롯된 고민"을 부각시키고 한편으로는 이를 풀어낼 실마리를 찾아볼 수도 있을 것이다.

따라서 본 연구의 목적은 다시 구체적으로 압축되어야 할 단계에 이르렀다. 즉 첫째, 본 연구의 최우선적 목적은 형사재판에서 유무죄 판단이 갈린 판결례들을 통하여 그러한 차이가 발생한 원인과 양상을 발견하는 것이다. 후술하는 해당 부분에서 상세히 설명할 것이지만, 본 연구에서 대상으로 삼은 사례들은 1995년부터 2012년 8월까지 사이에 1심에서 유죄판결이 선고되었다가 고등법원이 그 판결을 뒤집고 무죄를 선고한 540건의 강력범죄 사건들이다. 이들 사건의 판결문 분석을 통하여 고등법원 형사부가 지방법원 합의부의 1심 유죄판결을 취소하고 무죄를 선고한 주된 이유가 무엇인지를 분석하고 그 패턴을 발견하는 데 연구의 초점이 맞추어져 있다. 이에 곁들여 쟁점별로 사실심리와 밀접하게 결부되어 있는 심리와 판단의 준칙에 관하여 그간 축적된 이론적 논의를 재정리하였다. 특히 2000년대 이후 이 쟁점들에 관하여 주목할만한 대법원 판례들이 출현했다. 이들 판례의 새로운 입장의 흐름과 그 변화를 법학과 인접 사회과학의 학문통섭적 시각에서 재조명해 보고자 하였다.

둘째, 본 연구는 형사재판에서의 오판 방지를 향한 여러 정책적 노력을 위하여 후속 연구들이 이어질 것을 기대하며 그 기초를 마련하고자 한다. 특히 본 연구가 아직 국내에서 본격적으로 이루어진 바 없는 첫 경험적 연구라는 의미가 있다. 따라서 방법론의 수립에 있어서 여러 모색이 필요하였다. 주로 미국에서 이루어진, 오판에 관한 경험적 연구를 참조하였다. 본 연구 자체는 물론이고 향후 이어질 후속연구를 위하여 연구 결과 못지않게 방법론의 수립에 참고가 될 수 있도록 특히 미국의 오판 연구들을 방법론 측면에서 다소 소상하게 소개하고자 하였다. 그리고 당초의 문제의식과 밀접하게 관련이 되는 것이지만 "판사 자신의 인간적 한계에 대한 자각에서 비롯된 고민"을 촉발하기 위한 단서를 찾고자 하였다. 판사의 판단과 의사결정과 관련하여 주로 인지과학, 심리학 등 여타 학문분야에 관한 학제적 관심에 기초하여 접근 가능한 외국의 기존 연구들을 선별적으로 살펴보고 이어질 후속 연구를 기대하고자 한다.

2. 오판 실증연구의 학문적 가치

단순한 현상에 대한 기술적 보고만으로도 그 학문적 가치를 인정받을 수 있을 것인가에 대한 회의가 있을 수 있다. 그러나 제2장에서 살펴 볼 미국의 실증연구들을 통하여 알 수 있듯이, 유죄오판 방지라고 하는 정책적 과제 앞에서 왜 이런 오류가 발생했는지를 정확하게 알아야만 그에 대한 학문적 논의를 통하여 근본대책을 세울 수가 있을 것이다. 이것이야말로 형사법학의 실천적 존재근거가 될 수 있을 것으로 본다. 본 실증 연구는 바로 이런 문제의식하에서 실천적 측면에서 학문적 연구의 가치와 기여 가능성에 관하여 다음과 같은 점들을 고려하였다.

첫째, 본 연구에서는 유무죄 판단이 어지럽게 교차하는 과정에서 판단차이를 초래한 객관적 원인을 실증적으로 규명해 보고자 하였다. 그리고 이런 실증분석 과정에서 편견과 착각 등과 같은 판단자 변수가 한 요인이 되고 있는지를 판결문 분석을 통하여 검증할 예정이다. 이런 판단자의 주관적 요인 때문에 판단에 차질을 빚을 수도 있다는 점을 판사나 수사기관이 자각하는 것이 무엇보다 중요하다. 본 연구가 하나의 계기가 되어 이 점에 주안점을 둔 실증연구가 계속 이어질 필요가 있을 것이다.

둘째, 우리의 경우 미국처럼 사후적인 DNA 검사결과를 통하여 발견된 오판사례에 대하여 집단적인 구제책이 마련된 경험은 지금까지 없었던 것 같다. 하지만 지난 과거사 재심재판의 사례를 통하여 확연히 알 수 있듯이 소위 공안사건, 시국사건에서 판사들이 폭압적 권력에 굴종하고 사회적 분위기에 휩쓸린 나머지 수도 없는 고문과 수사기관의 권한남용을 애써 눈감고 가혹한 처벌로 일관한 사례들을 다수 목도하게 되었다. 이런 유형의 유죄오판 사태를 통하여 미루어 짐작컨대, 일반사건도 예외일 수는 없을 것 같다. 지난날 특히 유무죄 판단이 극히 어려운 강력범죄 사건에서도 항용 고문에 의한 진상조작, 허위자백 주장이 뒤따르곤 하였다. 그렇다면 혹시 이런 사건에 대해서도 조서재판, 검찰사법 의존적 성향이나 유죄추정적 심리적 편향성이 작용할 여지가 있지 않았나 우려된다. 그 과정에서 합리적 의심의 여지 없는 유죄증거의 발견에 소홀히 한 나머지 유죄오판을 범한 경우는 없었던 것인지 하는 의문을 피하기 어렵다. 그리고 그러한 유죄 편향성의 문제는 지금 이 시점에서도 문제될 수 있다. 이런 문제의식하에서 본 연구에서는 인간이 가질 수 있는 일반적 유죄편향성을 극복하기 위한 과제 앞에서 헌법과 형사법과 같은 규범의 존재의의와 작동원리에 대하여 설명하고자 하였다. 형사법학의 영역에서 규범적 논의를 시작할 단초는 "오판의 소지가 상존함"을 전제로 하여야 할 것인데, 본 연구는 그 출발선상에서 규범학적 접근에도 기여하는 의미가 있다고 감히 생각한다.

셋째로, 본 연구가 형사 항소심의 기능에 관한 새로운 시각을 제시해 줄 수 있을 것으로 생각한다. 본 연구는 주로 고등법원 무죄판결을 다루고 있는데, 미국의 형사 항소심 및 재심제도와 같은 사후적 구제절차를 비교법적 시각에서 접근할 수 있는 기회를 제공할 것이다. 미국의 사례를 통하여 자명하게 알 수 있듯이 형사 항소심의 기능 약화가 초래할 위험성을 고려해 볼 때, 여전히 현실론으로서는 형사 항소심과 재심의 1심 재판의 재심사 기능은 여전히 유지되어야 하고 때로는 더욱 강화되어야 한다는 시각을 본 연구에서는 제시하고자 하였다. 앞으로 본 연구와 같은 실증연구를 기반으로 하여 항소심의 심사 기능이 당해 사건의 오류를 줄일 뿐만 아니라, 향후 1심 재판의 질적 수준을 높이는 데 어느 정도의 영향을 미치고 있는지를 탐색하는 연구가 나와야 한다는 점도 강조할 수 있을 것으로 기대한다.

넷째, 이런 오류의 가능성을 줄이기 위해서는 무엇보다도 수사기관은 물론이고 최종 재판을 담당하는 판사들이 헌법정신에 대한 성찰과 진실발견에 대한 고뇌어린 자각을 지속적으로 유지할 수 있도록 하는 외적 자극, 즉 교육의 내실화가 필요하다는 점을 강조하고자 한다. 이 연구에서 실증적 분석을 통한 발견사항 중 하나로, 주로 2000년대 들어와 출현한 사실심리의 기준을 제시한 선도적 대법원 판례들은 의사결정론, 사실인정론과 관련된 여러 학문분야의 통섭적 연구에 힘을 입고 있다는 점을 들고 싶다. 형사법학계의 연구는 물론이고, 주로 심리학계의 연구를 중심으로 한 유관 사회과학분야의 연구들, 그리고 이들 학문통섭적 연구들, 실무가들과의 협동연구들이 봇물처럼 쏟아져 나오고 있다. 자유심증의 거대한 틀 속에서 그래도 가능할 수 있는 판단을 위한 생각거리들을 재단하는 표준을 제시한 이런 연구들과 그에 기인한 대법원 판례들은 일관되게 사람의 생각과 행동의 문제를 직접적으로 다루고 있고 그 결과 이에 관한 새로운 접근을 가능하게 해 주고 있다. 그에 따라 판단자들 역시 자칫 편파적으로 흐를 수 있는 실무상의 감각이나 자의에서 벗어나 생각의 가닥을 가다듬을 수 있는 길잡이를 얻을 수 있게 되는 것이다. 이것은 규범의 영역에서 제시되어 온 추상적 용어들에 현장성을 부여하는 중요한 작업에 해당한다. 본 연구에서는 이런 연구들의 동향을 정리하고 하나의 연구 속에서 그 흐름을 짚어내어 앞으로의 연구 과제를 제시하고자 하였다. 이와 아울러 그 연구 성과를 지속적으로 판사교육 자료로 활용하여야 함을 주장하고자 한다.

그리고 끝으로 본 실증연구는 유무죄 판단이 달라진 재판현상을 놓고 수행된 양적 연구다. 이 점에서 형법학적으로 연구방법론의 측면에서 볼 때 새로운 시도에 해당한다. 앞으로 나오게 될 후속연구에 참고가 될 수 있는 재판현상에 관한 분석적 연구 모델의 하나를 제시한다는 점에서 학술적 가치도 있을 것이다.

제3절
연구범위와 내용

본 연구는 크게 보아 세 부분으로 나뉜다. 본 연구의 핵심적 부분은 우리나라의 유죄오판 사례를 실증적으로 분석하는 제3장인데, 그에 앞서 본 연구의 대전제로, 제2장에서 미국에서 이루어진 오판에 대한 경험적 연구를 검토한다. 주된 관심사는 분석 결과이기는 하지만 연구방법론의 정립 차원에서 참고할 필요성이 크기 때문에 방법론적 분석과정을 다소 소상히 소개하고자 한다. 미국의 경우, 강력범죄로 유죄판결을 받은 수감자들이 후일 DNA 검사를 통해 무고한 것으로 밝혀져 그 원인을 분석하는 연구(Innocent Project)가 진행되고 있다. 이런 연구를 포함하여 유죄오판의 원인을 분석한 미국의 연구들을 중심으로 소개한다.

제3장 한국의 오판사례연구는 1995년부터 2012년 8월까지 사이에 1심에서 유죄판결이 선고되었다가 고등법원이 그 판결을 뒤집고 무죄를 선고한 540건의 강력범죄 사건들을 대상으로 삼아 분석작업을 수행한 결과를 제시한다. 이들 사건의 판결문 분석을 통하여 고등법원 형사부가 지방법원 합의부의 1심 유죄판결을 취소하고 무죄를 선고한 주된 이유가 무엇인지를 분석하고 그 패턴을 발견하는 것이다. 이와 아울러 2000년대 이후 증거 또는 사건유형별로 쟁점이 된 사실심리의 준거에 관한 학설과 판례의 동향을 재정리해 보았다.

제4장에서는 제3장에서의 분석 연구를 통하여 누차 재확인되고 강조되어 온 바처럼, 판단주체의 편향과 터널비전의 문제가 동일한 증거, 정보를 놓고도 서로 다른 결론에 이르게 하는 가장 핵심적 요인임을 직시하여, 이들 요인을 극복하기 위한 여러 연구들을 소개하고자 하였다. 이들 연구와 관련하여 판사의 판단과 의사결정 및 유죄오판에 관한 법심리학적, 인지과학적 차원에서 국내외의 학제적, 학문통섭적 연구 성과들이 급격하게 축적되어가고 있음을 발견할 수 있다. 수사 및 재판실무가들로서는 축적되어가고 있는 이런 연구 성과를 통하여 투영되는 자신의 모습, 즉 부지불식간에 갖게 될지도 모를 자신의 인지적 편향이 자신의 업무처리에 강한 영향력을 가지고 있음을 자각하는 것이 무엇보다도 중요함을 강조하고자 하였다.

끝으로 제5장에서는 이런 분석결과를 토대로 일정한 정책적 관점에서의 시사점을 토의하면서 결론을 내리고자 한다.

제2장
오판 현상에 관한 기존 실증 연구

제1절 서론

제2장의 취지는 제3장의 우리나라 사례에 대한 실증 분석에 앞서 선행하는 국내외의 실증연구를 일별해 보면서 본 실증연구의 위치와 의미를 파악해 보고자 함에 있다. 그리고 선행 연구들이 취한 실증분석 방법론을 토대로 본 실증연구의 방법론 정립에 시사점을 찾아 참고를 해 보려는 데 주된 목적이 있는 것이다. 이런 취지에 따라 제2장에서 먼저 우리나라와 주로 미국에서 이루어진 오판에 대한 경험적 연구를 검토한다.[1] 주된 관심사는 연구방법론의 정립 차원에서 참고할 필요성이 크기 때문에 방법론적 분석과정을 다소 소상히 소개하고자 한다.

우리나라에서 오판에 관한 실증적 연구는 희소한 편이다. 따라서 이런 연구의 필요성을 강조하는 것[2]은 너무나 당연하지만, 우리나라에서 지금까지 본격적인 연구는 아직 시작에 불과한 것 같다. 이런 연유로 하여 미국 등 외국에서 이루어진 연구들[3]을 참고하는 것은 의미가 있다. 현재 미

---

1) 미국 오판 연구의 내용을 소개한 국내 연구논문으로는 최영락, "미국에서의 오판에 관한 연구 사례 소개", 재판자료 110집, 법원도서관(2006); 김민지, "미국의 오판 사례 분석에 의한 형사 정책적 시사점", 한국범죄심리연구 제7권 제1호, 한국범죄심리학회(2011)가 있다.

2) 김형만, "형사절차상의 오판원인", 비교형사법연구, 9권 1호(2007), 344면.

3) 일본의 경우 일본변호사연합회 인권옹호위원회가 중심이 되어 오판원인에 대한

국에서는 Innocent Project의 연구 및 실천적 활동의 성과로, 유죄판결을 받은 재소자 중에서 DNA 분석 결과를 통하여 무고함이 과학적·객관적으로 증명되어 구제되는 사례들이 다수 나타나게 되었다. 특히 그중에는 DNA 분석 결과 진범이 밝혀진 사례도 발견된다. 그렇다면 회고적으로 보아 종전에 재소자에 대하여 확정된 유죄판결은 결과적으로 유죄오판으로 증명된 것이라고 볼 수 있다. 미국에서는 이런 오판의 경험들을 토대로 앞으로 이런 실패를 반복하지 않기 위하여 오판이 발생하게 된 제도적, 심리적 측면들을 심도 있게 연구하는 실증연구들(Innocent Project)이 최근에 여러 건 나오게 된 것이다.

실증 연구를 수행한 바 있다. 대표적 오판사례 14건을 선별하여 분석한 결과를 토대로 연차적인 보고서를 만들어 왔는데, 이를 집약하여 발간한 것이 日本辯護士聯合會 人權擁護委員會, 誤判原因の實證的硏究, 現代人文社(1998)이다. 독일의 오판사례에 관한 연구로는 박노섭, “독일 오판사례분석과 그 시사점 : 수사상 오류원천(Fehlerquellen)에 대한 실증적 연구 중심으로”, 경찰학연구 26호(2011)가 있다.

제2절
기존의 우리나라 실증 연구

본 연구의 목적 및 관심사와 전적으로 일치하는 연구로는 조원철 부장판사의 연구[1]가 있다. 조원철의 연구의 위치와 의미는 2000년대 중반부터 시작된 사실심리, 사실인정의 문제, 오판 등 법관의 판단에 관한 연구를 출발점으로 하여 그 이후 이루어진 재판실무 연구의 맥락 속에서 파악해 볼 수 있다. 2005년 법관들로 구성된 사실인정론 연구회 결성, 사법연수원 법관세미나 개최, 이 세미나의 연구 성과를 집대성한 "사실인정 방법론의 정립[형사재판편]"[2]이라는 실무 책자의 발간이 그것이다. 조원철은 이 연

1) 조원철, "심급별로 사실인정이 달라진 사건의 원인 분석(형사편)", 법관의 의사결정 이론과 실무, 사법발전재단(2010).

2) 법원도서관, 사실인정 방법론의 정립[형사재판편], 재판자료 제110집(2006). 이 재판자료 논문집에 실린 논문은 다음과 같다(순서는 수록 순). 이상돈, "사실인정의 이론과 실제"; 조원철, "간접증거에 의한 사실의 인정"; 최정열, "피의자 자백의 임의성과 신빙성"; 한정훈, "수사기관의 조서를 통한 사실관계 발견의 한계"; 권기훈, "형사소송에 있어서 올바른 증인신문 방법"; 김태업, "증인신문에 있어서 반대신문, 탄핵증거의 역할"; 최승록, "형사재판절차에 있어서 아동 증언의 신뢰성에 관한 연구"; 안정호/이재석, "목격증인의 범인식별진술의 취약성 및 증명력 제고방안"; 최영락, "미국에서의 오판에 관한 연구 사례 소개"; 강종선, "미국에서의 허위자백에 관한 연구"; 강민성, "형사사건에 있어서의 자백의 신빙성에 관한 일본에서의 논의" 등이다.

구회의 연구 활동에 참여하여 "간접증거에 의한 사실의 인정"이라는 논문을 집필하기도 하였다. 2009년 1기 의사결정 연구반의 연구 활동 및 그 성과를 토대로 한 "법관의 의사결정: 이론과 실무"[3]라는 책자의 발간도 이루어졌는데, 그는 이 연구반에도 참여하여 형사재판에서 심급별로 사실인정이 달라진 실증적 원인을 분석하는 연구 작업을 수행했다.

조원철의 연구는 형사재판에 있어서 심급별로 사실인정이 달라진 원인을 찾을 목적으로 판결사례들을 수집하여 분석한 거의 최초의 실증연구라는 점에서 그 의미가 크다. 이 연구에서는 살인죄에 한정하여[4] 1심과 항소심 및 상고심의 파기환송 사건 24건을 분석대상으로 삼았다.[5] 이들 24건의 사건은 본 연구자의 연구대상에도 상당수 포함되어 있다. 이 연구에서는 살인의 범의 여부가 문제로 되는 사건들은 분석대상에서 제외하였다.[6] 분석대상이 된 사례들의 주된 쟁점은 피고인이 피해자를 살해한 "행위의 존부"에 국한되었다.[7] 심급별로 유죄의 증거들에 대한 증명력 판단의 차이를 초래하게 된 원인들을 다른 오판에 관한 연구에서 확인된 일반적인 오판 원인들, 즉 목격증언의 오류, 허위자백, 전과에 기한 편견 등을 중심으로 검토하였다.[8] 이러한 차이가 발생된 기저에는 사람들이 빠지기

3) 사법발전재단, 법관의 의사결정: 이론과 실무(2010). 이 책자에 수록된 논문은 다음과 같다(순서는 수록 순). 김상준, "재판과 법관의 의사결정"; 이용구, "사실인정 과정의 논증"; 유승룡/조의연, "법적 논증과 논리칙 · 경험칙"; 박이규, "판례를 통하여 생각해 보는 형사재판의 증거 평가와 사실인정"; 구회근, "1, 2심 사실인정이 달라진 사건의 원인분석(민사)"; 조원철, "심급별로 사실인정이 달라진 사건의 원인 분석(형사편)"; 김동완, "아동진술의 신빙성"; 송혜정, "과학적 증거와 전문가 증언"; 조병구, "피고인의 책임능력에 대한 판단" 등 9편의 논문이 이 책자에 수록되어 있다.

4) 조원철, "심급별로 사실인정이 달라진 사건의 원인 분석(형사편)", 법관의 의사결정 이론과 실무, 사법발전재단(2010), 471면.

5) 24건의 심급별 판결 내용의 요지는 위 논문, 519-71면에 정리되어 있다.

6) 위 논문, 471면.

7) 위 논문, 472면.

8) 위 논문, 472면.

쉬운 인지적 착각이 문제로 된 경우도 있을 것인데 그러한 착각이 나타난 실례의 분석도 시도하였다.[9]

조원철의 연구에 의하자면, 자백의 임의성 및 신빙성에 대한 잘못된 판단이 문제로 된 사례들을 우선 들고 있다.[10] 1983년 검찰청 지하 조사실에서의 고문에 의한 허위자백 사례로 소위 경주 당구장 여주인 살해사건,[11] 1992년 신림동 청수장 여관 김 순경 살인사건[12] 등이 있다. 이와 같은 허위자백은 유죄 추정에 부합하지 않는 다른 증거들이 있음에도 이를 무시하도록 만들어 결국 오판으로 이어질 위험이 높음을 지적하고 있다.[13] 다음으로 목격증인의 범인식별진술에 대한 과도한 신뢰,[14] 전과 등에 의하여 형성된 불공정한 선입관,[15] 과학적 증거와 전문가 증언의 무비판적 수용,[16] 알리바이 주장의 무시,[17] 공범의 허위진술,[18] 수사기관의 예단과 권한남용[19] 등을 지적하고 있다.

조원철의 연구는 기본적인 연구의 목적이 본 연구자의 그것과 대부분 일치하고 있다. 다만 그의 연구가 범죄유형을 살인사건 24건으로 국한하고 있는 점, 연구방법론상 질적 연구를 수행한 점[20] 등이 본 연구와 차별

9) 위 논문, 475면.
10) 위 논문, 481-4면.
11) 대구고법 1984. 1. 20. 선고 83노1435 판결.
12) 서울고법 1993. 9. 28. 선고 93노1791 판결.
13) 조원철, "심급별로 사실인정이 달라진 사건의 원인 분석(형사편)", 법관의 의사결정 이론과 실무, 사법발전재단(2010), 484면.
14) 위 논문, 485-92면.
15) 위 논문, 492-4면.
16) 위 논문, 494-7면.
17) 위 논문, 497-8면.
18) 위 논문, 498-9면.
19) 위 논문, 499-500면.
20) 양적 연구는 집적된 데이터 분석을 통하여 심급간 판단차이가 발생한 패턴을 발굴 분석하는 방식으로 이루어질 것이다. 조원철의 연구는 사건별로 들어가 구체적 내용을 분석하는 방식의 질적 연구 방법론을 취하였다.

되는 점들이다. 그의 연구는 기존 외국 연구들이 확인해온 오판을 야기하는 증거유형들을 실증적으로 재확인하고 있는데, 본 연구가 국내 사례를 분석함에 있어서도 중요한 시사점을 주고 있다.

한편 최근 들어 오판의 한 원인으로 거론되는 허위자백에 관한 실증적 연구로 이기수 박사의 박사학위논문[21]이 나왔다. 이 논문 연구는 우리나라 형사절차상 허위자백의 실태를 실증적으로 파악한 최초의 국내 연구라는 점에서 큰 의미가 있다. 특히 현직 경찰관인 연구자가 스스로의 실무경험도 아울러 가미하여 허위자백의 실상을 규명하기 위하여 탐색적 연구를 진지하게 수행하였다는 점을 높이 평가해야 할 것이다. 이 연구는 형사절차에서 허위자백을 하게 되는 상황이나 그러한 환경이 조성되는 원인을 명확히 밝힘으로써, 우리가 허위자백에 대해 갖고 있는 그릇된 생각들 즉, 상식적으로 볼 때 짓지도 않은 죄를 지었다고 스스로 허위자백을 하는 일은 대단히 드물 것이라는 생각들을 변화시켜, 이를 예방하고 그 피해를 방지하는 것을 목적으로 하고 있다.[22]

그 당연한 전제로 실태 파악을 위해 허위자백의 존재 여부를 확인하는 작업을 수행할 필요가 있을 것이다. 이를 위해 적합한 사례를 수집하는 방법은 매우 중요할 것이다. 이에 허위자백 여부에 대해 객관성을 담보할 수 있는 적확한 사례수집이 필수적이라고 보았다.[23] 이기수는, 판결문에서 명시적으로 허위자백으로 인정되는 경우가 가장 객관성을 인정받을 수 있을 것이지만, 아쉽게도 판결에서 그런 명시적 허위자백 인정을 꺼리는 일반적 태도를 고려하여[24] 별도의 사례선별 기준을 설정하였다고 한다. 즉 ①피고인(피의자)의 허위자백 주장, ②재판을 통한 자백의 신빙성 부정, ③무죄 확정의 3가지 조건을 정하게 된 것이다.[25] 한편으로 재판 이전단

---

21) 이기수, "형사절차상 허위자백의 원인과 대책에 관한 연구", 서울대학교 대학원 박사학위 논문(2012).

22) 위 논문, 7면.

23) 위 논문, 87면.

24) 위 논문, 87면.

계(수사, 기소단계)에서 허위자백이 인지된 경우도 분석 대상 사례로 삼기로 하고 ①진범검거, DNA 감정 등 객관적 방법을 통해 허위자백이 입증된 사례, ②경찰 혹은 검찰이 허위자백을 인정해 직접 공개한 사례, ③불법수사 등을 이유로 국가손해배상판결 등 다른 판결에서 허위자백이 인정된 사례를 포함하고 있다.[26] 이런 선별기준을 통하여 1990년대 후반부터 2010년까지 허위자백의 사례들 46건을 판례검색시스템 및 인터넷 기사 검색 등의 방법으로 선별하여 분석의 대상으로 삼았다고 한다.[27] 분석에 들어가기에 앞서 수집된 사례들이 갖는 신뢰도를 다른 객관적 정황에 의하여 보강·확인하는 검증작업도 수행했다.[28]

이기수는 이들 분석 대상 사례들에 관하여 아래와 같은 12가지 항목에 대하여 분석을 실시하였다.[29]

① 허위자백의 발생연도
② (허위자백 당시) 허위자백자의 연령
③ 해당 죄명 분포
④ 허위자백으로 인한 구금기간
⑤ 허위자백의 원인
⑥ 1990년대와 2000년대 허위자백의 원인 변화

25) 위 논문, 90면.
26) 위 논문, 91면.
27) 위 논문, 93면. 총 46건 중에서 36건은 재판단계에서 허위자백이 인지된 경우이고 11건은 판결까지 가지 않고 수사와 기소 단계에서 허위자백이 밝혀졌던 경우이다. 이 사례들 중 진범검거 또는 DNA 검사 등으로 허위자백이 입증된 사례는 6건, 국가손해배상 등 판결로 허위자백이 인정된 경우 2건, 검찰이 불기소 결정을 공개한 사례가 2건이다.
28) 위 논문, 95면에 의하면, 이기수는 이를 위하여 허위자백으로 확증할 수 있는 다른 객관적 근거로서 ① 진범검거, ② 범죄가 불가능하거나 피해가 확인되지 않는 경우, ③ DNA 검사로 허위자백이 입증된 경우, ④ 알리바이(현장부재증명) 또는 증거의 존재로 허위자백이 입증된 경우를 들었다.
29) 위 논문, 96면.

⑦ 허위자백의 인지 단계
⑧ 법원의 허위자백에 대한 임의성과 신빙성 판단(임의성 부정 비율 포함)
⑨ 허위자백의 확산효과 발생여부
⑩ 검찰과 경찰의 수사단계별 허위자백 발생 비율
⑪ 사회적 약자의 비율
⑫ 허위 자백한 죄 이외의 다른 죄 존재 여부

이어서 이기수는 유형에 따라 주요한 허위자백의 사례 14건에 대하여 각 사례별로 허위자백이 생겨난 원인과 형사절차상의 문제점을 심층적으로 분석하는 질적 연구결과를 제시하고 있다.[30]

이기수의 논문 연구는 적어도 자백에 관한 한 본 연구와 그 목적 및 방법론을 대체로 같이한다. 다만 이기수의 연구에서 분석대상이 된 사례들 중에는 수사단계에서 허위자백이 발견된 경우가 포함되어 있고 주로 수사과정의 문제점을 중심으로 분석이 이루어진 것에 비하여, 본 연구에서는 분석 대상을 재판단계에 초점을 맞추어 유무죄 판단이 달라진 원인을 분석하는 것이라는 점에서 차이가 있다. 다만 허위자백에 대한 인지 정도, 민감도에 대한 심급간의 이해도 차이를 실증적으로 분석하는 측면에서는 이기수의 연구와 궤를 같이하는 것으로 볼 수 있을 것이다. 이기수의 연구는 특히 자백증거의 현황에 관한 국내 현상을 처음으로 분석하였다는 점에서 본 연구 중 허위자백 분석에 중요한 참고가 되었다.

30) 위 논문, 123-227면.

제3절
미국의 오판 실태와 기존의 오판연구

1. 미국 오판연구 현황

가. 오판연구의 역사[1)]

1913년 예일대 교수인 Edwin Borchard는 잘못된 유죄판결(unjust convictions)에 관한 당시 유럽에서의 논의를 소개하는 논문을 발표한 바 있었다.[2)] 이 연구는 유죄오판에 관하여 미국에서 이루어진 최초의 연구라고 한다.[3)] 20년 후 Borchard는 무고한 피고인에 대하여 이루어진 유죄판결의 실제 사례 65건을 분석하였다. 그 결과를 정리하여 "Convicting the Innocent: Sixty-Five Actual Errors of Criminal Justice"라는 제목의 책[4)]을

---

1) 미국에서의 유죄오판연구 역사에 관하여는 Jon B. Gould & Richard A. Leo, *One Hundred Years Later: Wrongful Convictions After a Century of Research*, 100 J. Crim. L. & Criminology 825, 826-832 (2010); Richard A. Leo & Jon B. Gould, *Studying Wrongful Convictions, Learning from Social Science*, 7 Ohio St. J. Crim. L. 7 (2009). 참조.

2) Edwin M. Borchard, *European Systems of State Indemnity for Errors of Criminal Justice*, 3 J. Am. Inst. Crim. L. & Criminology 684 (1913).

3) Gould & Leo, *supra note* 1(chapter 2.3), at 826.

4) Edwin Borchard, Convicting the Innocent: Sixty-Five Actual Errors of Criminal

발간했다. 이 책에서 Borchard는 사례별로 오판을 초래한 원인을 분석한 다음 그에 해당하는 개선 방안을 제시하고 있다. 당시 미국에서는 무고한 사람들이 오판으로 처벌된다는 것이 과연 사실일까에 관하여 논란이 있었는데 이 책은 그런 논의를 종식시키는 데 기여했다. 대신 오판이 발생하는 원인은 무엇이고 그것을 치유하려면 무엇을 해야 하느냐라는 문제로 관심을 전환하는 계기를 마련해 주었다. 이 책에서 소개한 사례를 통하여 유죄오판의 원인을 분류해 보면, 잘못된 목격증언, 허위자백, 불충분한 정황증거 및 검사의 권한남용을 들 수 있다고 한다.[5]

그러나 그 이후 1980년대 후반에 이르기까지 오판연구는 그다지 이루어지지 못했다. 주요한 연구는 근 십 년에 한 번 정도 나올 정도로 드물었다.[6] 학문적인 관심사도 거의 되지 못했다.[7] 그러던 중에 1987년에 이르러 Hugo Bedau 교수와 Michael Radelet 교수의 연구논문[8]이 나오게 되었다. 이 연구는 연구방법론 측면에서 새로운 지평을 열었다는 평가를 받

Justice (1932). Borchard는 이 책에서 유죄오판임이 확정적으로 밝혀졌거나 사면과정에서 무죄가 확실한 것으로 보이는 사건 65건을 선별하고 개별 사건별로 그 전개과정을 서술식(narrative)으로 풀어서 설명하는 방식을 취하였다. 이런 방식은 앞으로 나오게 될 여러 오판연구의 방법론적 모델이 되었다. Leo & Gould, *supra note* 1(chapter 2.3), at 11.

5) Bruce P. Smith, *The History of Wrongful Execution*, 56 Hastings L. J. 1185, 1216 (2005).

6) Richard A. Leo, *Re-thinking the Study of Miscarriages of Justice: Developing a Criminology of Wrongful Convictions*, 21 J. Contemp. Crim. Just. 201, 203 (2005). 위 논문에 의하면, 이 시기에 발간된 대표적 서적으로는 Earle Stanley Gardner의 Court of Last Resort(1952), Jerome Frank와 Barbara Frank의 Not Guilty(1957), Edward Radin의 The Innocents(1964), Ruth Brandon과 Christie Davies의 Wrongful Convictions: Mistaken Convictions and Their Consequences (1973) 정도에 불과하다고 한다.

7) Leo, *supra note* 6(chapter 2.3), at 204.

8) Hugo Adam Bedau & Michael L. Radelet, *Miscarriages of Justice in Potentially Capital Cases,* 40 Stan. L. Rev. 21, 23 (1987).

고 있다.[9)] 종전같이 개별 사건의 내용을 소개하는 방식을 탈피하였다. 지난 20년간에 걸쳐 수집한 350건의 유죄오판 사례들[10)]을 검토하고 오판 원인의 패턴을 분석하는 연구 방법론을 최초로 활용하였던 것이다.[11)] Bedau와 Radelet는 특히 중범죄 형사재판에서 흔히 범하기 쉬운 실수들을 지적하면서 오류의 유형, 오류를 발견하여 오판이 시정된 경과들을 제시했다.[12)] 또한 Bedau와 Radelet의 논문은 사형사건에서의 오판현상에 관하여 근본적 문제를 제기했다.[13)] 그로 말미암아 무고한 사람을 사형시키는 것을 그대로 용인할 수 있을 것인가에 대한 격렬한 사회적 논쟁이 촉발됐다.[14)] 1980년대 후반과 1990년대 초반 그들의 논문에 의하여 자극을 받은 많은 학자들과 언론인들이 오판의 문제점을 지적하는 논설들을 내놓았다.[15)] 그 이후에도 Radelet, Bedau과 그 동료들은 계속적으로 사형오판에 관한 자료를 수집하고 이를 분석하여 추가적인 연구결과를 내놓았다.[16)] 다른 연구자들도 그들의 자료를 기초로 재분석 작업을 수행하는 연구를 내놓게 된다.[17)] 이들의 연구가 계기가 되어 여러 건의 심층적 연구들이 출현하였다.[18)] 그러나 이들 연구에 대한 사형존치론자들의 반론도 만만치 않았다고 한다.[19)]

---

9) Leo & Gould, *supra note* 1(chapter 2.3), at 12.
10) 이 연구에서 분석대상 사건은 1900년부터 1985년까지 사이에 공식적으로 오판이 선언된 사건들이었다. 그 중에는 23건의 오판사례에서 피고인에 대한 사형이 집행되었다.
11) *Id.*
12) *Id.*
13) *Id.*
14) *Id.*
15) *Id.*
16) Hugo Adam Bedau et al., *Convicting the Innocent in Capital Cases: Criteria, EvIdence, and Inference,* 52 Drake L. Rev. 587 (2004).
17) Samuel R. Gross, T*he Risks of Death: Why Erroneous Convictions Are Common in Capital Cases*, 44 Buff. L. Rev. 469 (1996).
18) Gould & Leo, *supra note* 1(chapter 2.3), at 828.

1980년대 후반에 들어와 형사재판에서도 DNA 검사가 본격적으로 활용되기 시작했다. 이제 새로운 각도에서 오판 문제에 대하여 사회적 관심이 집중되었다. 즉 DNA 검사로 유죄오판을 받았음이 판명된 Gary Dotson이 최초로 면죄(免罪, exoneration[20]), 석방되는 사건이 발생한 것이었다. 그

---

19) Stephen J. Markman & Paul G. Cassell, P*rotecting the Innocent: A Response to the Bedau-Radelet Study*, 41 Stan. L. Rev. 121 (1988); Hugo Adam Bedau & Michael L. Radelet, *The Myth of Infallibility: A Reply to Markman and Cassell,* 41 Stan. L. Rev. 161 (1988).

20) exoneration을 어떤 단어로 번역할 것인지가 문제로 된다. exoneration이란 용어는 뒤에서 설명할 것이지만, 객관적으로 무고함이 밝혀져 복역 중 유죄확정판결을 취소하고 석방된 현상 또는 그와 같은 구제제도다. 우리나라 제도로는 재심무죄판결을 받는 것이 여기에 제일 근접한 것이지만 같은 현상은 아니다. exoneration으로 석방된 사람들은 상소, 재심제도를 거치면서도 전혀 구제받지 못하였다가 그 이후 무고함이 밝혀져 법원의 무죄선언 재판, 행정부의 사면 등 다양한 경로로 뒤늦게 구제되었다는 점에서 재심 무죄와는 궤를 달리하고 있다. 영한사건 별 번역어로는 두산동아 프라임 영한사전의 경우 원죄(冤罪)에서 구하기, 면죄(免罪), 의무의 면제, 책임의 해제 등의 용어가, YBM 영한사전에서는 면죄, 의무의 면제, 면책 등의 용어가, 교학사 영한사전에서는 무고한 죄를 밝히기, 면죄, 의무의 면제, 책임의 해제 등의 용어가, 슈프림 영한사전에서는 무고한 죄를 벗기, 면죄 등의 용어가 각각 제시되고 있다. 일본의 경우 免責, 免罪, 免除, 雪冤, 雪寃 등의 번역 례가 제시되고 있다. 이 영어단어를 번역한 국내 연구를 보면, 우선 이경렬, "사형사법 적용기준과 증거규칙의 확립", 비교형사법연구 9권 2호(2007), 584면이 있는데 여기에서는 exoneration을 무죄방면으로 번역하고 있다. 한편 이덕인, "사형폐지의 정당성 사법살인과 오판에 의한 사형", 중앙법학 12집 2호(통권 제36호), 중앙법학회(2010), 124면에서는 DNA exoneration을 "DNA감정을 근거로 무고함이 증명"된 것으로, 김민지, "미국의 오판 사례 분석에 의한 형사 정책적 시사점", 한국범죄심리연구 제7권 제1호, 한국범죄심리학회(2011), 29면에서는 "DNA 분석을 통해 오판이 확인"된 것으로 각각 풀어서 설명하고 있음을 알 수 있다. 미국의 DNA exoneration 사태를 보도한 연합뉴스 2012년 5. 21.자 기사에 의하면 이 단어를 면죄로 번역하고 있다. 본 연구에서는 이상 여러 번역 례를 참조하고 본문에서 간결한 단어를 취하는 것이 편리하다는 점을 감안하여 면죄(免罪)라는 용어를 사용하기로 한다.

이후 지금까지 같은 경로로 무고함이 밝혀져 수백 명의 사람들이 석방되는 일들이 일어났다. 이런 집단적인 오판확인 사태 앞에서 미국 형사사법제도는 그에 대한 근본적 신뢰가 무너지는 처지에 봉착했다.[21] 1989년 이전에는 무고한 사람이 처벌되는 일이 있다고 해도 그것은 극히 예외적으로 벌어지는 것으로 치부되었다.[22] 그러나 1989년 이후부터는 인식이 변하기 시작했다. 일반인은 물론이고 형사사법 전문가들 역시 미국 형사재판에서 오판이 상시적으로 발생하고 있다고 여기게 된 것이다.[23] 이를 계기로 유죄오판에 관한 많은 연구가 출현하게 된다. 바야흐로 오판 문제는 미국의 국가적 어젠다가 되었다.[24]

DNA 검사의 출현과 그 활용은 유죄오판에 관한 연구를 촉발한 것에 머물지 않았다. 이제 연구자들은 연구실로부터 나와 현장에서 직접 무고한 자를 위한 실천적 구명활동에 관여하기 시작했다.[25] DNA 면죄사태는 미국에서 "오판피해자 구명운동(innocence movement)"[26]을 촉발시켰다. 일부는 이를 두고 "21세기 시민권운동"으로까지 보기도 한다.[27] 특히 법률구조단체에 몸담고 있었던 Barry Scheck과 Peter Neufeld, 두 변호사의 눈부신 활약이 있었다.[28] 이들 변호사는 1992년 Yeshiva 대학의 Benjamin

---

21) Leo & Gould, *supra note* 1(chapter 2.3), at 8; 김민지, "미국의 오판 사례 분석에 의한 형사 정책적 시사점", 한국범죄심리연구 제7권 제1호, 한국범죄심리학회(2011), 30면.

22) Leo & Gould, *supra note* 1(chapter 2.3), at 8.

23) *Id.*

24) *Id.*; Alan W. Clarke, Eric Lambert, and Laurie Anne Whitt, *Executing the Innocent: The Next Step in the Marshall Hypothesis*, 26 New York University Review of Law & Social Change 309, 317 (2000-2001)은 오판으로 사형된 사례가 밝혀짐에 따라 사형제도에 대한 대중의 지지도 떨어지게 되었음을 지적하고 있다.

25) Gould & Leo, *supra note* 1(chapter 2.3), at 830.

26) Marvin Zalman, *Criminal Justice System Reform and Wrongful Conviction*, 17 Crim. Just. Pol'y Rev. 468 (2006).

27) Daniel S. Medwed, *Innocentrism*, 2008 U. Ill. L. Rev. 1549, 1550.

N. Cardozo 로스쿨에 Innocence Project라는 명칭의 비영리 부설 연구소를 설립하였다.[29] 오늘날 이 연구소는 리걸 클리닉 교육의 일환으로 유죄확정판결을 받은 사건에서 억울함을 호소하는 재소자들을 위한 구명활동을 벌이고 있다. 범행 현장 증거물에 대한 DNA 검사 결과를 통하여 결백을 입증하는 결정적 증거를 제공해 왔다.[30] 연차적으로 이런 석방자수가 늘어나 2007년 4월 23일에 이르러 Jerry Miller가 200번째 석방되었고, 그 이후에도 면죄가 이어져 현재(2012년 12월)까지 301명이 면죄되었다.[31]

이들의 활동은 미국 전역에 걸쳐 지역적 오판피해자 구제 및 연구(innocence project) 단체들과 로스쿨에 부설된 리걸 클리닉을 창립하는 산파 역할도 하였다. 그 가운데 이름이 널리 알려진 단체로는 Northwestern 대학의 "Medill 오판피해자 구제센터(Center on Wrongful Conviction and Medill Innocence Project)"가 있다. 이 센터에 몸담고 있었던 대학교수, 학생, 언론인들은 Illinois 주에서 발생한 오판사례들을 심층적으로 분석하여 왔다. 2000년에 이르러 이 센터의 노력에 영향을 받아 그 당시 주지사 George Ryan은 모든 사형수들에 대하여 감형조치를 취함과 아울러 향후의 사형집행 중단을 선언하였다. 그리고 사형제도에 관한 주지사의 특별위원회(Commission on Capital Punishment)를 구성하고 이 위원회에게

28) Gould & Leo, *supra note* 41, at 830.

29) *Id.*

30) Innocence Project, http://www.innocenceproject.org/about/ (최후 방문 2012. 12. 30.)

31) 마지막 301번째로 면죄된 재소자를 제외한 나머지 300명 중 18명은 사형선고를 받았던 자들이다. 석방에 이르기까지 평균 복역기간은 13.6년이다. 유죄확정 당시 면죄자들의 평균 연령은 27세다. 300명의 면죄자들 중 187명이 아프리카계 미국인, 86명이 백인, 21명이 라틴계 미국인, 2명이 아시아계 미국인이다. DNA 검사를 통하여 진범이 확인된 사례는 146건이다. 65%의 면죄자만이 형사보상을 받을 수 있었다. 오판이 발생한 원인을 보면 72%의 사건이 목격자의 오인지목, 50%의 사건이 부적절한 과학적 증거, 27%가 허위자백, 18%가 정보원의 허위 제보 때문인 것으로 밝혀졌다.

오판 방지 대책을 마련할 것을 주문하였다.[32] 2년간 운영된 이 위원회는 최종보고서에서 Illinois 주 사형제도와 형사재판제도에 관하여 모두 85항목에 이르는 개혁방안을 건의하기에 이른다.[33] North Carolina 주,[34] Virginia 주,[35] California 주에서도 이와 유사한 위원회 활동과 건의가 이루어졌다. 그 후 43개 주와 워싱턴 DC는 유죄판결을 받은 자가 DNA 검사를 받고 그 결과를 확인할 수 있도록 허용하는 법안을 통과시키기도 했다.[36] 6개 주는 면죄사건을 심사하는 오판피해자 구제위원회(innocence commission)를 발족시켰다. 2000년 연방의회는 DNA 분석 촉진에 관한 법률(DNA Analysis Backlog Elimination Act)을 입법하여[37] 주정부에 DNA 분석을 위한 추가기금을 지원하도록 하였다. 이어 2004년에는 유죄판결 후 DNA 검사를 장려하는 오판피해자 구제법(Innocence Protection Act)을 통과시켰다.[38]

요컨대 미국에서의 오판 연구자들은 현시점에 이르러, 형사재판의 근본기능을 통찰하는 연구를 수행하는 것에서 그치지 아니하고, 이런 연구 성

---

32) Thomas P. Sullivan, *Preventing Wrongful Convictions - A Current Report from Illinois*, 52 Drake L. Rev. 605 (2003-2004).

33) Governor's Comm'n on Capital Punishment, Report of The Governor's Commission on Capital Punishment 1 (Apr. 15, 2002).

34) Christine C. Mumma, T*he North Carolina Actual Innocence Commission: Uncommon Perspectives Joined by a Common Cause*, 52 Drake L. Rev. 647 (2004).

35) Jon Gould, The Innocence Commission: Preventing Wrongful Convictions and Restoring the Criminal Justice System (2007). Gould & Leo, *supra note* 1(chapter 2.3), at 831에서 재인용.

36) Brandon Garrett, *Judging Innocence*, 108 Colum. L. Rev. 55, 58 (2008). [이하 "Garrett, Judging Innocence"]

37) DNA Analysis Backlog Elimination Act of 2000, Pub. L. No. 106-546, 114 Stat. 2726, 2726-37.

38) Innocence Protection Act of 2004, Pub. L. No. 108-405, § 411, 118 Stat. 2278, 2278-80.

과를 통하여 얻은 교훈을 개혁정책에 반영하도록 하는 실천적 노력을 경주해오고 있음을 알 수 있다.[39] 미국에서의 오판연구 역사와 현황, 특히 Innocence Project 연구 및 구조 활동의 경과를 보면서 우리나라에서도 이와 같은 연구 네트워크를 만들고 본격적인 연구 및 실천적 활동의 전개가 필요함을 절감한다. 일상적인 크고 작은 재판에서 과연 오판의 여지는 없을 것인지 실시간으로 점검해 볼 필요가 있다. 그리고 과거 유죄판결 중에도 일부 오판 사례가 숨어있을 가능성도 상존한다. 억울함을 호소하면서 거듭되는 재심청구를 하는 재소자들을 종종 볼 수 있다. 그중에 진정으로 유죄오판을 받아 억울한 옥살이를 하는 사람들이 전혀 없다고 장담할 수 없을 것 같다. 7, 80년대 시국사건에 대하여 지난 과거사 정리위원회의 조사활동 결과와 그에 기초한 재심 무죄 사태를 보면서 일반사건에서도 그와 같은 잘못이 전혀 없었다고 보기 어렵다는 의구심도 있다. 그런데 현재의 재심제도만으로는 이러한 기능을 충실하게 수행하기 어렵다는 데 문제가 있다. 사회적 여론이 환기된다면 미국의 사례나 다른 외국의 경우를 참조하여 이런 분석을 수행하는 조사기구를 설치하거나 로스쿨에 리걸 클리닉 등 교육 · 연구 단체를 설립하는 일도 생각해 봄직하다. 이 경우 특히 범죄현장에서 발견된 DNA 정보에 관하여 피고인과 변호인, 기타 연구자들이 접근할 수 있도록 하는 제도적 보완도 필요하다. 또한 연구방법론 측면에서 보더라도 개별적인 무죄 사건을 단편적으로 분석하는 것만으로는 충분치 못하다. 따라서 향후 유사한 오류를 재차 저지르지 않도록 하기 위해서는 오판의 원인을 보다 더 체계적으로 분석할 필요가 있다. 이를 위하여 무죄 사건에 포함되어 있는 제반 요인들을 실시간으로 수집하고 관계자들의 의견을 청취하는 시스템의 구축도 아울러 필요하리라고 본다.

---

39) Gould & Leo, *supra note* 1(chapter 2.3), at 831-2.

나. 형사법학에서의 오판 연구방법론

오판 원인분석에 먼저 뛰어든 연구자들은 사회과학자들이었다. 그 뒤를 이어 형사법학계에서도 연구가 시작되었다. DNA 면죄, 오판을 계기로 헌법적 형사소송절차의 효율성을 재검토하는 작업을 벌이게 된 것이다.[40] 오판으로 판명된 이들 DNA 면죄사건들은 미국 형사재판 시스템이 지금껏 범해온 사실오인의 본질을 반추하고 그 파장의 문제점을 일깨워주었다. 이제는 어찌하여 판사와 배심원들이 이런 오류를 저질렀는가를 반대의 시각에서 바라볼 수 있는 기회를 갖게 된 셈이다. 더구나 수백 건에 달하는 오판 사건들이 집적됨에 따라 오판의 현황과 원인의 유형을 좀 더 일반화시킬 수도 있게 되었다. 자연스럽게 오판에 관한 다양한 원인분석과 문제점, 개혁방안의 제안을 주제로 한 법학 논문들이 쏟아져 나왔다.[41] 하지만 연구방법론의 측면에서 보자면, 법학적 연구는 Borchard가 최초로 기틀을 마련한 전통적 방식인 이야기 서술식 방법론 일변도였다는 한계가 있었다.[42][43] 사회과학이나 자연과학과는 달리 법학은 일반적으로 경험적

---

40) Darryl K. Brown, *The Decline of Defense Counsel and the Rise of Accuracy in Criminal Adjudication*, 93 Cal. L. Rev. 1585, 1590-91, 1644 (2005); Brandon L. Garrett, *Aggregation in Criminal Law*, 95 Cal. L. Rev. 383, 449-50 (2007) [이하 "Garrett, Aggregation"]; Brandon L. Garrett, *Innocence, Harmless Error, and Federal Wrongful Conviction Law*, 2005 Wis. L. Rev. 35, 82-85, 99-110 [이하 "Garrett, Federal Wrongful Conviction Law"]; Daniel S. Medwed, *Innocence Lost … and Found: An Introduction to The Faces of Wrongful Conviction Symposium Issue*, 37 Golden Gate U. L. Rev. 1, 1 (2006); Richard A. Rosen, *Reflections on Innocence*, 2006 Wis. L. Rev. 237, 237 [이하 "Rosen, Reflections"]

41) Daniel S. Medwed, *supra note* 27(chapter 2.3), at 1550.

42) Leo, *supra note* 6(chapter 2.3), at 207. 특정 사건의 사례를 이야기 서술식으로 풀어서 검토한 연구의 예로는 Daniel S. Medwed, *Anatomy of a Wrongful Conviction: Theoretical Implications and Practical Solutions*, 51 Vill. L. Rev.

(empirical) 연구방법론 보다는 규범정책적(doctrinal) 연구방법론에 친하다.[44] 비록 미국을 중심으로 하여 뒤늦게나마 경험과학적 기법을 법학의 영역에 도입하려는 움직임이 있기는 하지만[45] 이런 연구방법론은 아직도 미국의 법학연구에 확고하게 자리 잡지 못했다고 한다.[46]

오판으로 인하여 억울하게 누명을 쓴 사람들의 이야기만큼 강한 흥미를 끄는 것도 없다.[47] 특히 법학의 여러 영역 중에서도 "wrong man"[48]을 다루는 형사사건이야말로 가장 재미있는 이야기 소재일 것이다.[49] 하지만

---

337 (2006); Susan Rutberg, *Anatomy of a Miscarriage of Justice: The Wrongful Conviction of Peter J Rose*, 37 Golden Gate U. L. Rev. 7 (2006) 등이 있다.

43) Corinna Barrett Lain, *DecIding Death*, 57 Duke L. J. 1, 45 (2007); Leo & Gould, *supra note* 1(chapter 2.3), at 13. 이 당시 출간된 Barry Scheck 변호사 겸 Cardozo 로스쿨 교수, Peter Neufeld 변호사와 언론인 Jim Dwyer의 책, "Actual Innocence: Five Days to Execution, and Other Dispatches From the Wrongly Convicted"는 아마도 이런 이야기 식 묘사의 결정판이라고 해도 과언이 아니다. 이 책은 현대 "오판피해자 구명운동(innocence movement)"의 결과물로서 학문적으로도 큰 영향력 있는 연구 성과를 거둔 것은 물론이고, 대중적 인기를 누려 베스트셀러가 된, 보기 드문 저작이다.

44) Leo & Gould, *supra note* 1(chapter 2.3), at 14.

45) 법학계에서도 경험적 법학연구에 관한 컨퍼런스(www.elsblog.org) 개최, 학회지 Journal of Empirical Legal Studies 창간 등 새로운 연구동향이 나타나고 있다.

46) *Id.* 더구나 법학자에게 경험과학적 연구방법론에 대한 지식을 갖출 것을 기대하기도 어렵다. 일반적으로 미국 법학연구는 판례 중심의 연구방법론을 취한다. 그 때문에 법학자는 스토리 중심의 사건 서술적 묘사와 분석 및 그 처방에 익숙하게 되는 것이다.

47) *Id.*

48) 1956년 알프레드 히치콕 감독, 헨리 폰다, 베라 마일즈 주연의, 억울하게 강도죄로 누명을 쓴 사람이 수사와 재판과정에 겪게 되는 곤경을 소재로 한 영화다. 우리나라에서는 "오인" 또는 "누명쓴 사나이"로 번역되어 상영되었다.

49) *Id.* 오판에 관한 서술적 묘사 법학연구의 강점은 불의로움에 관한 재미있는 이야기로 흥미를 유발한다는 점이다. 면죄 이야기에 근거한 연구는 오판의 내용에 관한 우리의 이해를 돕고 사람들로 하여금 개혁방안에 대하여 더 깊게 생각하도록 하는 동기를 부여할 수 있다.

오판 이야기에 근거한 기술식 방법론은 오판을 둘러싼 제반 요인들과의 인과관계 문제를 너무 단순화시켜버리는, 아주 중요한 한계가 있다.[50] 오판에는 그에 이르게 된 여러 가지 인적, 제도적 원인들이 상호작용을 하면서 복잡하게 얽혀있다. 그러나 법학 연구에서는 이러한 인과관계를 깊이 있고 체계적으로 숙고하지 않는 듯하다.[51] 대신 오판법학연구는 오판의 원인을 단선적으로만 묘사하는 경향이 있다.[52] 하지만 주요한 하나의 원인만으로 오판이 발생했다고 분석하는 것은 현실과는 동떨어진 것일 뿐더러 연구에 있어서도 방법론적으로 적절하지 못하다.[53] 이 점에서 다른 학문분야의 연구방법론을 참고하여 좀 더 깊은 분석적 연구가 수행되어야 할 필요가 있는 것이다.[54]

다. 사회과학적 연구방법론의 수용

1) 일반론

사회과학은 세계를 '있어야 할 것'이 아니라 '있는 그대로' 이해하는 데 주된 관심이 있다.[55] 경험적 사회과학의 영역에서 주로 취하는 연구방법

---

50) Leo & Gould, *supra note* 1(chapter 2.3), at 16. Leo 교수는 "진실을 전달할 때 조차도, 이야기는 관계하는 절차들을 엄청나게 단순화시킨다. 이야기는 그럴듯한 원인들, 필요한 조건들 그리고 특히나 일어났을 수도 있는 대립되는 설명들, 이 많은 것들을 생략할 것이다. 이야기는 행위자, 행동, 원인과 그 효과를 단순화시킨다. 이야기의 존재 이유는 단순화를 통하여 명료성을 얻는다는 데 있다."라는 사회학자 Charles Tilly의 주장을 인용하고 있다{Tilly, WHY? 65, 70, 72 (2006).}.
51) *Id.*
52) *Id.* 단선적 설명이란 예컨대 한 사건은 목격증인의 오인지목의 문제 때문에, 다른 사건은 허위자백의 문제 때문에, 또 다른 사건은 오도된 과학적 증거 때문에 발생한 것으로 설명하는 방식을 가리킨다.
53) *Id.*
54) *Id.*
55) *Id.*

론은 실험 연구법과 비실험 연구법으로 대별된다.[56] 비실험 연구법은 현지관찰, 설문조사, 인터뷰 및 문헌조사분석 등을 들 수 있다.[57] 사회과학에서도 사례를 연구한다. 하지만 사례연구는 독립된 연구 방법론으로 취급되지는 않는다. 사례는 사례 간의 확인 가능하고 일반화된 패턴을 파악하기 위한 자료의 하나로 활용될 뿐이다.[58] 모든 실증과학에서는 변인들 사이의 인과관계가 궁극적으로 중요한 탐구의 대상이 된다.[59] 그 탐구에서 핵심적 사항은 ① 인과관계의 독립변인들을 체계적으로 조작하는 것, ② 해당 연구에서 다루고 있는 변인들이 아닌 나머지 변인들을 통제하는 것, ③ 연구 대상을 무작위로 각 조건에 배정하는 것이다.[60] 즉 사회과학자들은 무작위로 실험대상을 배정하고 실험집단과 통제집단에 각각 자극을 투입하여 관찰된 결과치로부터 자극의 독립적 효과를 측정하는 무선적 통제실험(無選的 統制實驗, randomized control trials)을 거치는 방식으로 인과관계를 추론한다.[61]

목격자의 오인지목, 허위자백, 정보원의 위증, 엉터리 과학, 터널비전, 수사기관의 과오 등의 문제들이 오판의 원인으로 흔히 거론된다. 하지만 이런 일들은 오판으로 이어지지 않은 다른 사건들에서도 숱하게 발견된다.[62] 이 때문에 오판의 원인을 규명하는 데에는 심층 분석이 필요하다. 더구나 오판은 단순하게 하나의 원인만으로 발생하는 것은 아니다. 여러 오판 원인들이 복합적으로 겹치다 보면 퍼펙트 스톰 현상으로 더욱 상태가 악화된 결과 오판이 나타나기도 한다.[63] 사회과학적 방법론은 오판을

---

56) 박재현, 배심제와 법심리학, 도서출판 오래(2010), 75면.

57) Leo & Gould, *supra note* 1(chapter 2.3), at 16.

58) *Id.*

59) 박재현, 배심제와 법심리학, 도서출판 오래(2010), 77면.

60) 위 책, 77면. 연구 대상을 각 조건에 무작위로 배정한다는 것은 모든 연구 대상이 각 조건에 배정될 확률이 같다는 것을 의미한다.

61) Leo & Gould, *supra note* 1(chapter 2.3), at 17.

62) Leo, *supra note* 6(chapter 2.3), at 217.

63) Leo & Gould, *supra note* 1(chapter 2.3), at 18.

야기하는 복잡하고 예측 불가능했던 여러 요인에 대한 정밀한 분석을 수행할 수 있다.[64] 이 점에서 단순화된 서술식 방법론을 취하는 법학방법론보다 이점이 있다. 이로써 오판으로 연결되는 인과관계의 본질을 더 잘 설명하는 모델을 만들 수 있다.[65]

2) 사회과학적 접근방법론

가) 통합사례연구(Aggregated Case Studies)

통합사례연구 방법론은 복수의 사례들 속에서 발견되는 변인들을 분류하고 이를 코딩하여 집적된 데이터에서 추출되는 패턴, 상관관계 및 결과를 확인하는 방식으로 연구를 수행한다. Bedau와 Radelet 연구[66]는 이 의미에서 오판에 관한 최초의 통합사례연구라고 할 수 있다. 이들 연구와 같은 방법론을 취한 후속연구들이 쌓이면서 오판의 원인을 보다 더 체계적으로 이해할 수 있게 되었다. 그러나 기왕에 나온 통합사례연구들은 대부분 '무고한 피고인에 대한 오판'이라는 하나의 결과변인만을 놓고 데이터 분석을 한 것이다. 그 때문에 여전히 추론적(inferential) 분석이라기보다는 기술적(descriptive) 분석 수준에 머물고 있는 것 같다.[67] 조금 더 심화된 분석적, 체계적 연구가 이루어지기 위해서는 오판이라는 결과에 영향을 미치는 여러 설명변인들을 포함시키는 연구가 필요하다.[68] 이때 다중 회귀분석과 같은 분석모델을 활용하게 되면 특정한 결과 값의 변화가 특정한 사례변인들에 의하여 설명되는 정도를 예측해 볼 수 있다.[69] 추론적

---

64) *Id.* at 19.
65) *Id.* at 17.
66) Bedau & Radelet, *supra note* 8(chapter 2.3).
67) Leo & Gould, *supra note* 1(chapter 2.3), at 20.
68) *Id.*
69) *Id.* at 21. 회귀분석이란 둘 또는 그 이상의 변수 사이의 관계 특히 변수 사이의 인과관계를 분석하는 추측통계의 한 분야이다. 회귀분석은 특정 변숫값의 변화와 다른 변숫값의 변화가 가지는 수학적 선형의 함수식을 파악함으로써 상호관계를

통계분석은 또한 설명변인들 상호간의 효과를 통제하여 두 변인들(예컨대 피고인의 인종과 오판) 사이의 관찰된 상관관계가 통계적으로 유의미한지 아닌지를 결정하게 해 준다.[70)]

나) 대응비교표집(Matched Comparison Samples) 연구

다른 사회과학적 연구방법론으로는 대응비교표집 연구가 있다.[71)] 이 방법론에 따르자면 우선 분석대상 집단(예컨대 오판으로 판명된 사건들의 집합)을 먼저 설정한다. 그다음 분석대상 집단과 비교분석을 할 대응비교집단(예컨대 오판으로 판명되지 않은 일반 사건들의 집합)을 구성한다. 분석대상 집단에 속하는 개별적 사례에서 발견되는 독립변인들(예를 들어 범죄유형, 전과 등)과 동일한 변인을 갖는 유사한 사례를 무작위로 선정하여 분석대상 사례와 짝을 이루도록 하는 방식으로 대응비교집단을 표집하는 것이다.[72)] 이 방법론을 통하여 어느 요인이 오판을 예측하는 데 인과관계가 있다는 가설을 통계적으로 검증함과 아울러 어느 요인들이 오판사례에서 특징적으로 존재하는지를 더욱 더 정확하게 판정할 수 있게 된

추론하게 되는데 추정된 함수식을 회귀식이라고 한다. 이러한 회귀식을 통하여 특정변수(독립변수 또는 설명변수라고 함)의 변화가 다른 변수(종속변수라고 함)의 변화와 어떤 관련성이 있는지 관련이 있다면 어느 변수의 변화가 원인이 되고 어느 변수의 변화가 결과적인 현상인지 등에 관한 사항을 분석할 수 있다. 회귀분석은 독립변수가 하나인 경우와 2개 이상인 경우로 구분되는데, 하나인 경우를 단순회귀분석, 2개 이상인 경우를 다중회귀분석이라고 한다. 다중회기분석(multiple regression analysis)이란 독립변수가 2개 이상인 추정식을 이용하는 회귀분석을 말한다. 독립변수가 복수일 경우에는 독립변수 사이의 상관관계(correlation)가 통계적으로 문제가 된다(네이버 지식 백과에서 인용 http://terms.naver.com/entry.nhn?cId=80&docId=12115&mobile&categoryId=80).

70) Leo & Gould, *supra note* 1(chapter 2.3), at 21.

71) *Id.*

72) *Id.* 이런 방법을 취하는 것은 독립변인들이 사례의 최종 결과에 영향을 미치는 잠재적 설명력을 통제하도록 하기 위함이다.

다.[73] 예를 들어, 이런 대응비교표집 연구를 통하여 무고한 사람들이 오판으로 유죄판결을 받는 사례들과 무고한 사람들이 실제 재판과정에서 무고함이 밝혀져 무죄로 풀려나는 사례들을 비교 분석해 봄으로써 이들 두 집단 사이에서 그런 다른 결과가 나온 원인이 무엇인지 분석할 수 있다. 또는 무고한 사람들이 오판으로 유죄판결을 받는 사례들과 실제로 죄를 범한 사람이 실체적 진실대로 유죄판결을 받는 사례들을 비교 분석함으로써 이들 두 집단이 같은 유죄 판결을 받았음에도 식별할 수 있는 다른 내재적 요인들이 존재하는지, 그리고 그것이 존재한다면 그 요인은 무엇인지 확인해 볼 수도 있다는 것이다.[74]

Leo와 Gould에 의하면, 미국에서 지금까지 대응표집 방법론을 취한 오판연구는 네 건이 나왔다고 한다.[75] 두 건[76]은 범죄학 전공 사회과학자들이, 두 건[77]은 전통적인 법학적 연구방법론을 버리고 새로운 방법론을 시도한 형사법 학자들이 수행한 연구였다.

첫 번째 연구[78]에서 Talia Harmon은 1970년부터 1998년까지 사이에 사형선고를 받은 재소자 중에서 항소심에서 구제되어 결과적으로 석방된 사건 76건을 분석대상으로 삼아 양적 분석을 시도했다. 그리고 대응비교

---

73) *Id.*

74) *Id.*

75) *Id.*

76) Talia Roitberg Harmon, *Predictors of Miscarriages of Justice in Capital Cases,* 18 Just. Q. 949 (2001) [이하 "Harmon, Predictors of Miscarriages"]; Talia Roitberg Harmon & William S. Lofquist, *Too Late for Luck: A Comparison of Post-Furman Exonerations and Executions of the Innocent*, 51 Crime & Delinq. 498 (2005).

77) Garrett, Judging Innocence, *supra note* 36(chapter 2.3); Samuel R. Gross & Barbara O'Brien, *Frequency and Predictors of False Conviction: Why We Know So Little, and New Data on Capital Cases*, 5 J. Empirical Legal Stud. 927 (2008).

78) Harmon, Predictors of Miscarriages, *supra note* 76(chapter 2.3), at 958. 사건정보는 주로 사건을 담당했던 변호인들에 대한 설문조사를 통하여 확보했다고 한다.

데이터로서 이들 분석대상 사건과 같은 주법원에서 유사한 내용의 사건으로 이미 사형집행이 완결된 사건을 수집했다. 연구의 목적은 항소심에서 피고인의 항소이유를 받아들여 1심 유죄판결이 파기될 가능성을 크게 하는 요인들을 분석하고자 하는 것이었다.[79] Harmon은 로지스틱 회귀모형(logistic regression model)[80]을 활용하여 어떤 독립변인들[81]이 항소심

79) *Id.* at 960.

80) 로지스틱 회귀모형(Logistic regression model)은 유무죄 판단 또는 오판 여부와 같은 결과변인에 영향을 미치는 여러 요인의 효과를 검증할 때 활용할 수 있는 통계적 도구이다. 예측변인(predicted variable, 종속변인, 반응변인)이 2분된 범주변인인 경우 이러한 변인을 가부반응변인이라 부른다. 예를 들어 성공 여부, 유무죄 판결, 생사 여부 등이 가부반응변인이 될 수 있다. 가부반응변인에 대한 설명변인(predictor variable, 독립변인)들의 효과를 검증하는 통계적 모형들을 가부반응분석모형(quantal response analysis model)이라 부른다. 오판 여부라고 하는 결과에 대하여 사건별 특성이라고 하는 요인들의 효과를 검증하고자 하는 것이 연구의 목표다. 예측변인이 세 개 이상 범주들로 구성된 범주변인인 경우 이러한 변인들을 범주반응변인이라고 부르고 범주반응변인에 대한 독립변인들의 효과를 검증하는 통계적 모형들을 범주반응분석모형(categorical response analysis model)이라고 부른다. 가부반응분석과 범주반응분석에 속하는 대표적 분석모형들에는 로짓 분석(logit analysis), 프로빗 분석(probit analysis), 로지스틱 회귀분석(logistic regression) 등이 있다. 이 모형에 대한 상세한 설명은 박광배, 범주변인분석, 학지사(2006), 265면 이하 참조.

Harmon 연구의 종속변수는 파기 또는 항소기각과 같은 이분(dichotomous)변인이다. 이 경우 보통최소자승법(ordinary least squares)에 근거한 회귀분석(regression analysis)은 부적절했다. 그 때문에 대신 이 연구에서는 로지스틱 회귀분석(logistic regression)을 활용했다. 다만 로지스틱 회귀분석은 대응표본을 분석하는 데에는 최선의 적절한 수단이 아니므로, 4종의 조건회귀모델(conditional regression model)을 활용했다. 이 분석방법을 사용하여 특정한 독립변인들이 종속변인에 미치는 영향을 비교해 봄으로써 가설의 타당성을 검증해 볼 수 있다. 이 분석방법은 또한 교차비(odds ratio)를 산출할 수도 있다. 즉 교차비를 통하여 어떤 독립변인이 존재할 경우 그것이 없는 경우와 비교하여 무죄가 될 가능성이 얼마나 커질 수 있는가를 측정할 수 있었다고 한다. Harmon, Predictors of Miscarriages, *supra note* 76(*chapter 2.3*), *at* 959-60.

무죄판결을 예측할 수 있는지 분석하였다. 분석결과 항소심에서 1심 증인의 위증 또는 경찰의 직권남용을 항소이유로 삼은 경우, 항소심에서 새로운 무죄증거가 제시된 경우, 1심 유죄증거의 유형[82]이 적은 경우, 항소심에서 사선변호인이 선임된 경우 등이 유의미하게 항소심의 무죄취지 파기환송의 결과를 예측하는 것으로 나왔다.[83]

---

81) 독립변인들은 모두 8종류로서 항소심에서 새로운 증거의 발견, 항소심에서 1심 증인의 위증 주장, 1심 변호사의 유형, 항소심 변호사의 유형, 1심에서 채택된 유죄증거 유형의 수, 항소심에서 경찰의 직권남용 주장, 검사의 직권남용(Brady 위반, 즉 검사가 피고인에게 유리한 무죄증거를 감추고 제출하지 않았음이 밝혀진 경우), 피고인의 인종이었다. *Id.* at 960-1. 변호사의 유형은 두 가지로서 사선변호인(사형사건에 특화된 변호사 지원단체 포함. 예컨대 NAACP, Legal Defense Fund, 또는 Southern Center for Human Rights)과 국선변호인이다. *Id.* at 955.

82) Harmon에 의하자면, 유죄증거의 유형은 4종류로 특정하여 목격증인, 자백, 정황증거 및 전문가 증언을 들었다. 예컨대 자백과 목격자 지목진술이라는 증거유형이 유죄판단의 자료가 되었다면 유죄증거 유형 개수는 2개가 된다는 것이다.

83) *Id.* at 961-66. 이변량 상관분석(Bivariate Relationships)상으로는 항소심에서 1심 증인의 위증 주장($p<.01$), 항소심에서 경찰의 직권남용 주장($p<.05$), 항소심에서 새로운 증거의 발견($p<.01$), 피고인의 인종($p<.01$), 1심에서 채택된 유형별 유죄증거의 개수($p<.01$), 항소심 변호사의 유형(사선변호인)이 항소심 무죄판결과 통계적으로 유의미한 변인들이었다. 로지스틱 회귀분석 상으로는 항소심에서 새로운 증거의 발견(교차비 8.69, $p<.01$), 항소심에서 사선 변호인 선임(교차비 3.05, $p<.10$), 항소심에서 1심 증인의 위증 주장(교차비 2.01, $p<.10$), 1심에서 채택된 유형별 유죄증거의 개수(교차비 .39, $p<.01$)가 항소심 무죄판결과 통계적으로 유의미한 변인들이었다. 이 분석에서 피고인의 인종은 항소심 무죄판결과 통계적으로 유의미한 직접적 변인으로 분석되지는 아니하였다. 하지만 피고인의 인종과 1심에서 채택된 유죄증거 유형 의 개수의 상관도를 보통최소자승법(ordinary least squares)에 근거한 회귀분석(regression analysis)을 시행한 결과 통계적으로 유의미한 결과가 나왔다. 즉 흑인 피고인의 경우에는 유죄증거의 유형이 적더라도 1심에서 유죄판결이 나오는 경향이 있음이 밝혀졌다. 유죄증거 유형의 개수가 적은 것은 항소심에서 파기될 가능성이 높다. 그러므로 적어도 간접적으로나마 피고인의 인종 변인이 항소심 무죄판결에 통계적으로 유의미함을 추론할 수 있다고 한다. *Id.* at 963.

두 번째 연구[84]에서 Harmon과 범죄학자 William Lofquist는 항소심에서 무죄취지로 파기환송 판결을 받아 구제가 된 81건의 사건들과 무고한 피고인을 유죄오판으로 사형이 집행된 16건의 사건들[85]을 비교분석하는 연구를 수행했다. Harmon의 종전 연구는 정확한 무죄판결 대 정확한 유죄판결의 비교분석 연구라면, Harmon과 Lofquist의 이번 연구는 정확한 무죄판결 대 오판인 유죄판결의 비교분석을 시도한 것이다. 종전 연구가 무작위 대응비교표집 연구방법론을 활용한 것이라면 이번 연구에서의 대응집단은 무작위로 선정된 것은 아니다. 사형수들 중 오판으로 처형되었을 가능성이 매우 높다고 판단된 사례들만을 일부러 선별했다. 이 점에서 전형적인 대응비교표집 연구와는 맥락을 달리한다는 것이다.[86] 이 연구에서는 일부 무고한 자는 정확한 판단을 받아 무죄판결을 받은 반면, 다른 무고한 자는 항소심에서 구제되지 못하고 처형되고만 이유가 무엇인지를 확인하고자 했다. 무고한 사형수에 대한 무죄판결과 유죄오판 사례를 비교분석해보면, 판단의 차이를 초래한 원인을 통계적으로 예측할 수 있으라고 기대한 것이다. 로지스틱 회귀방정식을 활용하여 무죄 결과에 영향을 미치는 요인들을 분석하는 방법론은 앞서의 연구와 동일하다. 다만 독

84) Harmon & Lofquist, *supra note* 76(chapter 2.3).

85) Harmon과 Lofquist는 이 연구에서 현존하는 서지 자료들을 정밀하게 조사하여 약 60건의 오판사례로 추정되는 사건들을 추려낸 다음 다시 수차례에 걸친 선별 작업을 거쳐 최종적으로 16건의 사건들을 오판사례로 특정했다. *Id.* at 504-5. 그러나 이런 추론은 조금 무리가 따르는 듯하다. 이 때문에 최종적인 연구결과에는 흠이 남게 되었다. 일례로 연구자들이 오판으로 본 16건의 사례 중에는 1992년에 강간살인죄로 유죄판결을 받은 후 사형집행을 당한 Roger Keith Coleman의 사건이 포함되어 있었다. 그 당시로는 많은 학자들과 활동가들은 이 사건을 명백한 오판으로 보았었다. 그러나 2006년 1월 DNA 검사결과 Coleman은 바로 그 범죄의 진범임이 밝혀지게 된 것이다. 그러므로 이런 사건을 오판집단에 포함시킨 Harmon과 Lofquist의 이번 연구는 그 분석의 기초가 된 오판사례 선정에서부터 객관성에 흠이 있게 된 것이다. Leo & Gould, *supra note* 1(chapter 2.3), at 22.

86) Harmon & Lofquist, *supra note* 76(chapter 2.3), at 499.

립변인으로 종전의 독립변인들 8종에 더하여 피고인의 강력범죄 전과와 1심에서 피고인이 스스로 증언대에서 진술을 했는지 여부도 포함시켰다.[87] 연구결과 1심에서 사선변호인이나 무죄 전문 자원봉사 변호인들이 변호를 한 피고인들이 국선변호인이 변호를 한 피고인들보다 무죄판결을 받을 가능성이 더 높았고, 1심에서 유죄증거 유형이 다양하지 못할수록, 항소심에서 위증주장을 제기할수록, 중죄전과가 없을수록, 흑인피고인 대 백인피해자 사건일수록 항소심은 무죄판결을 내리는 경향이 있었다는 분석결과가 나왔다.[88]

Virginia 로스쿨 Brandon Garrett 교수의 연구[89]는 아마도 대응비교표집 방법론을 활용한 가장 포괄적인 오판연구일 것이다. 이 연구는 오판무죄 사건이 어떻게 형사절차 전 과정에서 취급되었고 그것이 후일 어떻게

---

87) *Id.* at 505.

88) 이변량 상관분석 상으로는 항소심에서 1심 증인의 위증 주장(p〈.05), 항소심에서 경찰의 직권남용 주장(p〈.05), 1심에서 public defender를 변호인으로 선임(p〈.10), 1심에서 법원의 국선변호인을 선임(p〈.01), 강력범죄 전과(p〈.01), 1심에서 피고인 증언(p〈.05)이 통계적으로 유의미한 변인들이었다. 로지스틱 회귀분석 상으로는 항소심에서 1심 증인의 위증 주장(교차비 27.705, p〈.01)이 가장 강력한 파기의 요인으로 분석되었고, 1심 사선변호인 선임(교차비 9.336, p〈.10)이 유의미한 변인이었던 반면 항소심 변호인 유형은 의미 있는 요인으로 분석되지 못했다. 그리고 1심에서 채택된 유형별 유죄증거의 개수(교차비 .39, p〈.05), 피고인의 인종(교차비 7.019, p〈.10), 강력범죄 전과(교차비 0.049, p〈.05)가 통계적으로 유의미한 변인들이었다. *Id.* at 512-6. 항소심에서 새로운 증거의 발견은 통계적으로 유의미한 결과가 나오지 않았는데 이 부분 분석은 해석의 여지가 남아 있다. 새로운 증거의 유형을 다시 세분해서 보면 새로운 증인의 증언, 새로운 DNA 증거 및 새로운 물적 증거, 이상 세 가지인데, 새로운 증인의 경우 무죄보다는 사형집행 쪽의 경향(p = .059)이, DNA 증거는 무죄의 경향(p = .11)이, 새로운 물적 증거는 무죄의 경향(p = .11)이 각각 나타났다. 이들 3종의 새로운 증거가 서로 상쇄되는 효과 때문에 전체적으로는 의미 있는 결과가 나오지 못했던 것이다. *Id.* at 514.

89) Garrett, Judging Innocence, *supra note* 36(chapter 2.3).

면죄에 이르게 되었는가를 분석하는 데 연구의 목적을 두었다. 이 연구에서는 DNA 검사 결과에 의해 면죄가 된 200명의 무고한 재소자 사례를 분석대상으로 삼았다. 이 연구에서는 면죄사건과 동일한 사건 인자(판결법원, 죄명, 사건내용 등)를 갖고 있지만 DNA 검사결과를 획득하지 못한 채 유죄로 남아 있는 121건의 사건들을 대응비교집단으로 무작위 표집하여 분석을 실시했다. 즉 Garrett의 연구는 오판으로 확정된 유죄판결과 오판 여부를 알 수 없는 유죄판결을 비교대상으로 분석한 것이다. 대부분 DNA 면죄집단과 대응비교집단 사이에는 형사 항소심 절차상 취급에서 별 차이는 없었던 것으로 나타났다. 특히 파기율에 관하여 보면 그런 경향을 잘 알 수 있다. 일반사건에서 총 파기율은 1~2%에 지나지 않는다. 그런데 DNA 면죄집단과 대응비교집단의 각 파기율은 10% 및 9%로 나왔다. 이들 양자 간에는 통계적으로 유의미한 차이는 없었다. 유독 DNA 면죄집단과 대응비교집단에서 파기율이 높게 나온 것은 이들 사건의 유형이 살인, 강간죄이기 때문이었다. 이들 유형의 사건들은 그 속성 상 면죄 여부와 무관하게 다른 유형의 사건들에 비하여 항소심 이후 절차에서 파기될 가능성이 높다는 것이다. 이 연구에서 미국 형사 항소심 및 후속 재심제도는 무고한 사람을 분별하는 데 제대로 기능하지 못하고 있음을 여러 번 확인할 수 있었다.[90] 그러나 아쉽게도, 이런 결과는 단지 200건의 DNA 면죄집단에 관한 서술적 분석 결과일 뿐이다. 대응비교집단과의 비교로부터는 신통한 결과가 추론되지는 못한 것 같다.[91] 한편 Garrett는 250건의 DNA 면죄사건의 공판기록 등을 추가적으로 상세하게 분석하여 그 결과를 정리한 저서, "Convicting the Innocent"[92]을 최근에 출간했다. Garrett의 연구

90) *Id.* at 131.

91) Leo & Gould, *supra note* 1(chapter 2.3), at 23.

92) Brandon Garrett, Convicting the Innocent: Where Criminal Prosecutions Go Wrong, CambrIdge, Massachusetts: Harvard University Press(2011). [이하 "Garrett, Convicting the Innocent"] 이 책의 서평으로는, Jennifer E. Laurin, Book Reviews, *Still Convicting the Innocent,* 90 Texas Law Review 1473 (2012)

는 이하에서 별도로 상세히 검토한다.

가장 최근 연구[93]로서 Samuel Gross와 Barbara O'Brien은 1973년[94]부터 2004년까지 사이에 사형선고를 받았던 7,534건의 사건들 가운데 면죄된 105건의 사례들을 같은 기간 동안 사형집행이 된 137건[95]의 사례들과 비교하는 연구를 수행했다.[96] Gross와 O'Brien의 이 연구에서는 사형집행이 된 사람들은 실체적 진실이 유죄인 것을, 면죄된 사람들은 실체적 진실이 무죄인 것을 전제하고 분석을 수행한 것이다.[97] 이 연구는 정확한 무

참조. 이 책 저술의 기초자료가 된 공판기록 등 자료는 아래 주소에 등재되어 있다. http://www.law.virginia.edu/html/librarysite/garrett_innocent.htm

93) Gross & O'Brien, *supra note* 77(chapter 2.3).

94) 미국에서는 무죄판결과 관련하여 1973년은 특별한 의미를 갖는다. 1972년 미국 연방대법원은 *Furman v. Georgia*, 408 U. S. 238 (1972) 사건에서 당시 현존하던 모든 사형관련 법률의 무효를 선언했다. 미국 연방 대법원은 5:4 다수의견으로 이 사건에 대한 사형의 부과는 가혹하고 이례적인 형벌에 해당하므로 위헌이라고 선언했다. 브렌넌과 마샬 대법관만이 사형 그 자체를 위헌으로 간주했다. 다른 보충의견에서는 사형이 부과되는 과정, 특히 흑인 피고인에 대한 인종적 편견이 개재할 수 있다는 점에서 그 자의성에 초점이 맞추어졌다. 이 판례로 말미암아 각 주 및 연방 의회는 사형이 변덕스럽고 편파적인 방식으로 이루어지지 않도록 각자의 입법을 재검토하게 되었다. 이 판례를 계기로 1976년 *Gregg v. Georgia* 판례가 나올 때까지 미국 전역에 걸쳐 사형선고는 사실상 중단되었다. 1973년 이후의 사형선고사건들은 결과적으로 매우 엄격한 기준에 따라 나오게 되었다는 제도적 배경을 가지고 있다. 1973년 이후 사형사건들은 연방 법무부의 사법통계국(the Bureau of Justice Statistics of the Department of Justice)에서 자료를 축적해오고 있다.

95) 전체 사형집행인원수는 885명이다.

96) 이 연구는 Talia Harmon이 이미 7년 전에 한 연구와 동일한 문제의식하에서 수행된 것임에도 불구하고 Gross와 O'Brien은 자신들의 연구에서 Harmon 연구를 전혀 언급하지 않았다. 이것은 형사법학과 사회과학 사이의 소통부재의 현상에 기인한 것이다. Leo & Gould, *supra note* 1(chapter 2.3), at 24.

97) Gross & O'Brien, *supra note* 77(chapter 2.3), at 948. Gross와 O'Brien은, 사형집행집단은 그 집행 전에 여러 절차적 단계에서 매우 강도 있는 재심사 절차를 거쳤으므로, 집행이 되지 않은 다른 사형수 집단과 비교하여 무고한 자가 포함되

죄 사례(유죄오판 사례)와 정확한 유죄 사례를 비교했다는 점에서 Harmon 의 1차 연구와 궤를 같이한다. 카이 자승 검증(chi-square test)[98]을 통하여 연구자들은 양 집단 사이에서 통계적으로 유의미한 변인들을 발견했다. 피고인이 정신장애 주장을 덜할수록,[99] 피해자가 2명 이하인 사건일수록,[100] 아동피해자가 관계된 사건일수록,[101] 자백을 하지 않았을수

어 있을 가능성은 상대적으로 매우 낮을 것이라는 점을 감안하여 실체적 진실이 유죄임을 전제로 삼아 분석을 시도하였다.

98) 관찰된 빈도가 이론적인 기대빈도와 같은지, 다른지 또는 그 차이가 우연한 것인지 의미 있는 것인지를 분석하는 방법이다.

99) 사형집행집단의 22%, 면죄집단의 8%가 각각 피고인이 정신장애를 주장한 사건이었는데 두 집단 사이에서는 강한 통계적 유의미성이 있는 것으로 나타나{x^2(1, N=242)=9.16, p〈0.01} 마치 정신장애가 없으면 면죄의 가능성이 높은 쪽으로, 즉 정신장애가 있으면 도리어 사형집행의 가능성이 높은 쪽으로의 경향이 있는 것처럼 분석되었다. 그러나 이 분석결과 해석에는 주의를 요할 부분이 포함되어 있다. 1986년 연방대법원은 *Ford v. Wainwright*, 477 U. S. 399 (1986)에서 정신장애자에 대한 사형집행은 위헌이라고 선언했다. 그 결과 집행이 임박한 사형수의 형사변호인으로서는 사형집행만은 면해볼 최후의 수단으로 자신의 의뢰인에게 현재 정신적 장애가 있다는 주장을 하게 되었던 것이다. 이에 따라 사형수에 대한 정신장애의 문제를 다룬 보고서가 기록에 자주 등장하게 되었지만 이런 주장에도 불구하고 사형이 집행된 것이다. 그것이 결국 사형집행이 된 사형수 사례에서 정신장애 주장이 다수 있는 것으로 나타나는 현상을 초래하였다. 이에 비하여 면죄된 사형수들은 사형이 임박하지 않은 상태에서 대기 중 면죄가 되었던 것이므로 상대적으로 정신장애 주장까지 할 궁지에 처하지는 않았을 것이다. 이 점이 두 집단 사이의 정신장애 주장에 의미 있는 차이를 보이게 되었다고 한다. *Id.* at 951.

100) 사형집행집단의 19%, 면죄집단의 8%가 각각 피해자가 3명 이상 사건이었는데 두 집단 사이에서는 통계적 유의미성이 있는 것으로 나타났다{x^2(1, *N*=242)=6.35, p〈0.05}. *Id.* at 953.

101) 사형집행집단의 5%, 면죄집단의 14%가 각각 12세 이하 아동피해자 사건이었는데 두 집단 사이에서는 통계적 유의미성이 있는 것으로 나타났다{x^2(1, *N*=240)=5.30, p〈0.05}. *Id.* at 953. 성인 피해자에 대비하여 아동피해자 사건은 더 중한 것으로 취급될 것이다. 하지만 아동피해자 사건의 잔악성 때문에 유죄증거의 강

록,[102] 1심에서부터 무고함을 주장하였을수록,[103] 전과(특히 강력범죄 전과)가 없을수록,[104] 범죄의 발생에서부터 체포시점까지의 시간이 길수록[105] 오판이 나올 가능성이 더 높았음을 발견했다. 한편 피해자의 인종을 중심으로 하여 볼 때, 사형집행집단의 73%, 면죄집단의 77%가 각각 백인 피해자 사건이었는데 두 집단 사이에는 통계적 유의미성은 없었다.[106] 즉, 백인 피해자 사건을 기준으로 보면 면죄의 가능성이 높다고 말할 수는 없다는 것이다. 다만 피고인의 인종을 중심으로 보면, 사형집행집단의 50%, 면죄집단의 61%가 각각 비백인 피고인 사건이었는데 두 집단 사이에는 약한 통계적 유의미성이 있는 것으로 나타났다.[107] 즉, 피고인이 백

도가 약한 사건임에도 유죄판단을 하게 되는 유인으로 작용할 여지가 있다. 그 때문에 오판의 여지도 상대적으로 아동피해자 사건의 경우가 더 높아질 것으로 추정될 수 있다고 한다.

102) 사형집행집단의 52%, 면죄집단의 15%가 각각 자백한 사건이었는데 두 집단 사이에서는 강한 통계적 유의미성이 있는 것으로 나타났다{$\chi^2(1, N=238)=34.31$, $p<0.001$}. *Id.* at 953.

103) 사형집행집단의 38%, 면죄집단의 13%가 각각 1심에서 무고함을 주장하지 않은 사건이었는데 두 집단 사이에서는 강한 통계적 유의미성이 있는 것으로 나타났다{$\chi^2(1, N=240)=19.11$, $p<0.001$}. *Id.* at 953-4. 무고함을 주장한 사건은 범행에 사실상 관여한 바 없다는 주장을 뜻하는데 여기에는 정당방위 주장은 포함시키되, 범의부인, 정신병이나 스트레스, 흥분 등 책임능력을 부인하는 주장은 포함되지 않았다.

104) 사형집행집단의 9%, 면죄집단의 38%가 각각 피고인에게 전과가 없는 사건이었고, 사형집행집단의 53%, 면죄집단의 32%가 각각 피고인에게 강력범죄 전과가 있는 사건이었는데 두 집단 사이에서는 강한 통계적 유의미성이 있는 것으로 나타났다{$\chi^2(1, N=229)=28.02$, $p<0.001$}. *Id.* at 956.

105) 범죄의 발생에서부터 체포시점까지의 평균일수는 사형집행집단의 경우 93일, 면죄집단의 경우 230일이었는데, 두 집단 간의 차이는 통계적으로 유의미했다{$t(221)=3.85$, $p<0.001$}. *Id.* at 957. t 검정의 적정성을 위하여 극단적 관찰 값을 로그변환(logarithmic transformation)하는 작업을 수행했다.

106) $\chi^2(1, N=225)=0.32$, $p=0.57$. *Id.* at 949.

107) $\chi^2(1, N=242)=1.37$, $p=0.08$. *Id.* at 949.

인이 아닌 경우 오판으로 인한 면죄의 가능성이 조금 높다는 해석이 가능하다. 그리고 가해자와 피해자의 인종을 교차분석해 보면, 사형집행집단의 27%, 면죄집단의 40%가 각각 비백인 피고인 및 백인 피해자 사건이었는데 두 집단 사이에도 약한 통계적 유의미성이 있는 것으로 나타났다.[108) 피고인이 1심에서 스스로 증언대에서 진술을 한 사건은 사형집행집단의 15%, 면죄집단의 18% 비중을 점하는데 양자 사이의 통계적 유의미성은 발견되지 않았다.[109)

라. 미국의 사회과학적 연구방법론의 시사점

본 연구가 원칙적으로 취하고자 하는 연구방법론은 이상 미국연구에서 본 사회과학방법론 중 통합사례연구 방법론에 해당한다. 다만 본 연구에서는 변인 상호간의 영향력 정도를 세밀하게 분석하는 다중 회귀분석 등 추론적 통계분석을 시도하지는 않았다. 나아가 대응비교표집 연구방법론을 취하는 것도 검토의 여지가 있었다. 대응비교표집 연구방법론을 취하는 경우라면, 심급간 유죄로 판단이 일치한 사건들 가운데에서 분석대상 사건집단의 개별사건별로 비슷한 시기에 비슷한 공소사실을 가진 사건을 무작위로 짝을 지어 추출한 다음, 각 집단별로 사건의 특성을 살펴보는 방식을 우선 고려해 볼 수 있을 것이다. 만일 허위자백이나 목격자의 오인지목과 같은 증거유형상의 쟁점 요인들이 분석대상 집단에서 일정한 비율로 발견된다면, 심급간에 유죄로 일치된 대응비교집단에서는 이런 쟁점이 마찬가지 비율로 발견되는지를 확인해 보는 것이다. 만일 두 집단 사이에 이런 증거유형별 빈도수가 의미 있는 차이를 보이고 있다면 이들 증거유형상의 쟁점들은 바로 심급간 판단차이를 초래한 요인으로 볼 수 있게 된다. 한편으로 심급간 무죄로 판단이 일치한 사건들로 대응비교집단을 구성할

---

108) $x^2(1, N=225)=3.53$, $p=0.07$. *Id.* at 949-50.
109) *Id.* at 950-2.

수도 있을 것이다. 이 경우에도 분석대상 집단에서 일정한 비율로 발견되는 증거유형상의 쟁점 요인들이 대응비교집단에서 같은 빈도로 발견되는지를 분석해 볼 수 있다. 만일 증거유형상의 쟁점 요인들이 두 집단 사이에서 의미 있는 편차를 보이지 않는다면 추가적인 분석이 필요할 것이다. 즉, 어떤 제3의 요인이 작용하여 분석대상 집단에서는 유무죄 판단의 차이를 보인 반면 대응비교집단에서는 차이를 보이지 않았는지를 분석하는 것이다. 그런데 이런 연구를 수행하려면 사건의 결론에 영향을 미친 세부적 변인들을 추가적으로 추출하여야 할 것인데, 이미 과거에 판결이 선고된 사건들의 판결문(여기에 일부 사건진행정보)만 가지고서는 충분한 변인을 발굴할 수 없다는 한계에 봉착했다. 따라서 이런 자료의 한계 때문에 본 연구에서는 이 분석방법론을 취하지 않기로 하였다. 이런 심화된 연구는 향후 연구 과제로 미루기로 한다.

2. 미국 오판 현황에 관한 Gross 2012 연구

가. Gross 2012 연구결과 및 본 연구에의 시사점

본 연구에서 방법론적으로 가장 많은 참고가 된 미국 연구는 바로 Michigan 로스쿨의 Samuel R. Gross 교수가 2012년 6월에 발표한 연구(이하 "Gross 2012 연구"라고 한다)[110]다. 특히 연구방법론 측면에서 Gross 2012 연구가 취한 통합사례 접근방법론은 좋은 연구모델이 되었다. Gross는 이 연구에서 유죄오판이 실제로 밝혀진 사례들을 대상으로 하여 그러한 오판이 발생한 원인을 실증적으로 분석하였다. Gross 연구팀은 2003년

110) Samuel R. Gross & Michael Shaffer, *Exonerations in the United States, 1989-2012*, U. of Michigan Public Law Working Paper No. 277 (June 25, 2012). [이하"Gross 2012 Report"]

에도 오판 사례 340건을 대상으로 하여 같은 실증 분석 보고서(이하 "Gross 2003 연구"라고 한다)[111]를 내놓아 이 분야 연구 발전에 획기적인 전기를 마련하였다. 이번 연구는 종전 연구를 업데이트한 것이라고 볼 수 있다. Gross 2012 연구에서 분석 대상으로 삼은 사건들 873건은 과거 중 범죄사건들로서 유죄판결을 받았다가 이후 정부기구나 민간단체의 노력에 힘입어 무고함이 판명됨으로써 1989년 1월부터 2012년 2월까지 사이에 종국적으로 면죄된 사건들이다. 이들 사건은 Northwestern 로스쿨 부설 오판연구센터(Center on Wrongful Convictions)와 Michigan 로스쿨이 공동으로 개설한 홈페이지[112]에 그 상세한 내용이 등록되어 있다.

이 데이터베이스는 지금까지 나온 이 분야 데이터로서는 가장 규모가 크고 광범위한 내용을 담고 있다. 종래 연구는 주로 사후적 DNA 증거의 발견으로 오판이 확인된 사건을 다룬 것이었다. 그러나 이번 연구에서는 대상 사건들 중 60%가 넘는 사건들이 사후적 DNA 증거 이외의 자료로 오판이 확인된 사건들이다. 종전의 데이터는 거의 전적으로 성폭력 범죄와 살인죄에 한정되어 있었지만 이번 데이터는 다른 유형의 범죄에 관한 오판사례들 150여 건도 포함하고 있다. 이 연구에서는 이외에도 1,100건이 넘는 소위 집단 면죄 사건(group exonerations)[113]에 관한 분석도 시행하였다.

연구 결과,[114] 오판의 원인은 위증과 무고가 51%, 목격자의 오인지목이

---

111) Samuel R. Gross et al., *Exonerations in the United States 1989 Through 2003*, 95 J. Crim. L. & Criminology 523, 528-29 (2005). [이하 "Gross 2003 Report"]

112) National Registry of Exonerations라는 이름의 이 홈페이지 주소는 exonerationsregistry.org (2012. 12. 30. 방문)이다.

113) 지금까지 미국 여러 지역에서 경찰이 조직적으로 증거를 조작하여 있지도 않은 범죄를 피고인들에게 덮어씌운 사건이 12건이나 확인되었다. 이런 사건들은 주로 마약범죄와 관련이 있었다. 이런 경찰의 불법적 행위가 유죄 판결이 난 이후에 비로소 밝혀짐으로써 여러 피고인들에 대하여 한꺼번에 면죄가 이루어진 사건을 Gross 2012 연구에서는 집단 면죄 사건(group exonerations)으로 부르고 있다.

43%,[115] 수사기관의 권한남용이 42%, 잘못된 과학적 증거가 24%, 허위자백이 15%로 나타났다.[116] 오판의 원인들은 범죄에 따라 크게 차이가 난 것으로 나타나고 있다. 이 연구에서 면죄사건의 절반이 넘는 살인죄의 경우 가장 큰 오류의 원인은 피고인을 범인으로 지목하는 고의적 허위증언과 무고에 있었고(64%), 수사기관의 권한남용이 그 뒤를 이었다(56%). 성인 성폭력 사건의 경우 제일 큰 오판의 원인은 목격자(피해자)의 오인지목이었다(80%). 이에 비하여 아동 성폭력 범죄의 경우 발생하지도 않은 범죄피해를 오인한 경우가 가장 많은 것으로 나타났다(74%). 강도 사건에서는 성인 성폭력 사건과 마찬가지로 제일 큰 오판의 원인은 목격자(피해자)의 오인지목이었다(81%).[117] 이 결과는 본 연구에서도 많은 참고가 되었다.

한편 미국에서도 오판을 막는 데 형사변호인 역할이 중요함에도 실제로는 무고한 피해자를 위한 형사변호인의 변호활동이 미흡하다는 지적이 있다. 사형 항소심에 관한 Columbia 대학 연구팀은 비효율적인 형사변호가 사형 오판의 가장 큰 요인임을 발견했다.[118] 비효율적 변호의 원인으로는 재정적 여력의 부족, 변론의 질적 수준을 제어할 통제장치의 결여, 변호사

---

114) Gross 2012 Report, *supra note* 110(chapter 2.3), at 3.

115) 실수로 사실과 부합하지 않는 증언을 하는 경우 또는 기억의 왜곡으로 그것을 진실로 오인하여 객관적 사실과 다른 증언을 하는 경우와 대비해 볼 때 고의적으로 거짓을 인식하면서 하는 증언은 그 본질 및 기능에서 차이가 있다. 때문에 Gross 2012 연구에서는 이 두 부류의 증언을 분리하여 분석을 행하고 있다. 본 논문연구에서도 이 점을 감안하여 분석을 시도했다.

116) *Id.* at 40-1.

117) *Id.*

118) James S. Liebman, Jeffrey Fagan & Valerie West, *A Broken System: Error Rates in Capital Cases*, 1973-1995, Columbia Law School, Public Law Research Paper No. 15 (2000). [이하 "Liebman et al., Broken System"] 1973년부터 1995년까지 사형선고가 이루어진 모든 사건(capital cases)을 대상으로 오류율을 분석한 연구를 수행한 바 있었다. 그 결과, 대부분의 사건들이 항소나 재심과정에서 파기된다는 점 및 감형이 이루어진 사건들 중 7%가 그 뒤에 유죄가 아니라는 이유로 재심을 통하여 다시 파기된다는 점을 발견했다.

의 동기부족 등을 들 수 있다.[119] 이런 실수들과 무능이 겹치게 되면서 무고한 피고인을 위한 유리한 쟁점을 놓치게 되고 그것이 오판으로까지 이어지는 결과에 이르게 되는 것이다. Gross 2012 연구의 분석대상 사건들 중 104건(비DNA 면죄 95건 및 DNA 면죄 9건)에서 심각할 정도로 부적절한 형사변호가 명확하게 확인되고 있다. Gross는 그와 같은 문제가 드러나지 않은 사건이 더 많이 있을 것으로 추정하고 있다.[120] 하지만 변호인의 비효율성이 제대로 항소심에서 쟁점으로 부각되어 명시적으로 다루어지지 않는다는 데 분석의 어려움이 있을 것이다. 이런 연유로 Gross 2012 연구에서는 불충분한 형사변호가 오판의 중요한 한 원인이라는 점을 강조하는 데 그치고 직접적인 분석에서는 제외하였다고 한다.[121] 본 연구자도 변호인의 역량이 판결의 최종 결론에 매우 중요한 영향을 미칠 수 있음을 재판실무상 경험을 통하여 공감한다. 하지만 주로 판결문 분석을 통하여 이루어진 이번 연구에서는 변론요지서 등을 통하여 변론의 질적 수준을 직접적으로 점검할 방도는 없었다. 그리고 판결문 상으로 볼 때 1심 변호인의 문제를 명시적으로 거론하는 사례는 거의 전무하다시피 하였다. 따라서 Gross 2012 연구와 마찬가지로 본 연구에서도 변호인의 질적 수준을 직접적인 요인으로 삼지는 않았다.

한편 Gross 2012 연구에서는 수사기관의 직권남용도 오판의 한 원인으로 들고 있다. 그런데 수사기관의 직권남용은 지금까지 살펴 본 오판 원인이 되는 취약한 증거유형과는 맥락을 달리한다. 이것은 법원에서 사용될 증거와 그 증거를 통하여 입증될 증거의 내용에 영향을 미치는 다양한 수사관여자들의 행태로서 여기에는 명백한 권한 남용적 수사 관행도 포함된

---

119) Gould & Leo, *supra note* 1(chapter 2.3), at 855.

120) Gross 2012 Report, *supra note* 110(chapter 2.3), at 42에서는 대부분의 문제가 변호인의 준비부족에서 기인하고 있음을 지적하고 있다. 유능하고 성실한 형사변호인의 변호가 애당초부터 있었더라면 아예 오판의 문제는 발생할 수 없었을지도 모른다.

121) *Id.* at 43.

다. 그런 관행으로 말미암아 지금까지 논해온 취약한 증거 유형들이 생산되는 것이다. 구체적으로는 위증의 시도 또는 교사, 고문, 협박 또는 고도의 강압적인 신문, 목격자에 대한 위협과 기망, 과학적 증거의 조작 등을 들 수 있다. 극단적으로는 무고한 용의자를 발생하지도 않은 범죄에 엮는 일까지 있을 수 있다. 가장 흔하면서도 심각한 직권남용의 유형은 무죄 증거를 고의로 감추는 행위다.[122] 미국에서 검사들은 대부분 정의롭게 행동하지만, 여전히 과도하게 증인에 대하여 사전에 증언할 내용에 관여하고,[123] 부적절하고 자극적인 최후진술을 하는가 하면, 피고인에게 결정적으로 유리한 증거를 일부러 개시하지 않는 등의 행동을 하는 경우도 있다고 한다.[124] 이 모든 것이 오판의 원인을 제공한다. Gross 2012 연구에서 수사기관의 직권남용은 전체 면죄 사건의 42%(368/873)에서 발견됐다고 한다. 살인사건 중에서는 56%(232/416), 아동 성폭력 사건 중에서는 35%(36/102)를 점하고 있는 반면 성폭력 사건 중에서는 18%(37/203)만이 직권남용이 면죄 원인이 되었다.[125] 그러나 본 연구에서는 Gross 2012 연구와는 달리 수사기관의 직권남용을 다른 오판 원인이 되는 증거유형과 한 평면에서 검토하는 것은 다른 오판의 취약한 증거유형들과 대부분 중복될 뿐더러 논리적이지 못하다고 보아 이를 독립적인 분석요소로 삼지는 않았다. 다만 수사기관의 예단과 권한 남용적 수사태도에 대하여는 증거유형별로 필요한 경우 개별적으로 설명을 하는 방식을 취하기로 하였다.

Gross 2012 연구결과인 오판의 원인에 관한 구체적 분석 결과에 대하여는 제3장에서 한국의 분석 결과와 대비하여 논의하기로 한다. 대신 여기서는 Gross 2012 연구가 설명하고 있는 미국 오판의 현황에 관하여 일

---

122) Kathleen M. Reilly & Maurice Possley, Veritas Initiative, Preventable Error: A Report on Prosecutorial Misconduct in California 1997-2009 (2010).

123) Bennett L. Gershman, *Effective Screening For Truth Telling: Is It Possible? Witness Coaching By Prosecutors*, 23 Cardozo L. Rev. 829 (2002).

124) Gould & Leo, *supra note* 1(chapter 2.3), at 854.

125) Gross 2012 Report, *supra note* 110(chapter 2.3), at 67.

별해 본다. 이를 통하여 미국에서 벌어지고 있는 오판 현상에 대한 큰 그림을 전체적으로 이해할 수 있을 것이다.

나. 사건의 현황

미국의 경우 무죄 판결에 대하여는 검사의 항소가 금지되지만, 유죄 판결을 받은 피고인은 항소를 할 수 있다. 다만 미국에서는 피고인이 할 수 있는 대부분의 항소이유는 절차적 위법 사유에 한정된다. 피고인이 항소심에서 새로운 무죄증거를 제시하지 못하는 한 1심 판결의 정확성을 실체적인 이유로 재심사할 기회를 갖지 못한다. 항소이유가 받아들여지게 되면 피고인은 바로 무죄를 선고받는 것이 아니라 대부분의 경우 파기환송되어 다시 1심 재판을 받게 된다. 하지만 환송 후 1심에서 무죄가 선고되는 경우는 많지 않다고 한다.[126)]

면죄된 대부분의 피고인들은 통상의 항소심에서의 구제 수단을 거친 바 있었지만 성공을 거두지 못했다. 그 이후 이루어진 면죄 재판은 부대재심사 절차(collateral review) 또는 특별구제절차(extraordinary relief)라고 불리는 예외적 구제절차를 통한 것이다.[127)] Gross 2012 연구는 면죄(exoneration)에 대한 개념정의로, 유죄확정판결을 받은 피고인이 이후 그의 결백을 증명하는 새로운 증거가 발견됨에 따라 법원, 주지사 또는 검사의 처분을 통하여 그 유죄판결의 효력을 면하는 것으로 보았다.[128)] 따라서 Gross 2012 연구에서는 엄격하게 이런 절차를 거쳐 면죄가 선언된 사건만을 분석의 대상으로 삼았다고 한다.[129)]

---

126) Leo & Gould, *supra note* 1(chapter 2.3), at 6.

127) Garrett, Judging Innocence, *supra note* 36(chapter 2.3).

128) Gross 2012 Report, *supra note* 110(chapter 2.3), at 7.

129) 이런 엄격한 기준을 적용한 결과, ① 피고인에 대한 확정판결 상의 범죄는 인정되지 않았지만 재심사 과정에서 동일한 행위와 관련된 다른 범죄사실이 유죄로 인정된 사례, ② 피고인이 plea guilty한 사례(원 유죄판결과 사실관계에 있어서

Gross 2012 연구에서는 1989년 1월부터 2012년 2월까지 면죄자 873명의 현황을 다음과 같이 요약하고 있다.[130]

- 성별: 남성 93%(816/873), 여성 7%(57/873)
- 인종(확인 가능한 802명): 흑인 50%(399/802), 백인 38% (303/802), 히스패닉 11%(86/802), Native American 또는 아시안 2%(14/802).
- 기왕에 유죄판결을 받은 절차 유형: pled guilty 유죄 8%(71/873), 배심재판 유죄 87%, 판사재판 유죄 8%.
- DNA 증거에 의한 면죄 37%(325/873), 기타 증거로 면죄 63%(548/873).

면죄 절차 유형별 현황은 다음과 같다고 한다.[131]

- 사면: 분석 대상 사건 중 주지사(또는 기타 행정청이나 위원회)가 피고인의 결백 증거에 기초하여 사면을 단행한 사건 수는 113건. 그 중 41건은 법원에서 이미 공소기각 결정(dismiss of charge)을 받았고 4건은 배심재판 또는 판사재판에 의해 무죄가 선고(acquittal)된 사건이 포함되어 있다.[132]
- 공소기각결정: 법원이 검사의 신청에 따라 새로운 결백 증거에 기초하여 공소기각결정을 한 사건은 673건.
- 무죄 판결: 재심을 통한 무죄 판결 76건. 그 중 배심 재심재판 67건.
- 무죄 인증 절차(Certificates of Innocence): 법원에 의한 무죄 인증

관련성이 있는 한 유죄인정 대상 범죄의 경미성 또는 피고인의 결백증명의 강도 불문), ③ 유죄판결이 법률적 오류로 취소된 사례(유죄 증거부족이 경합하는 경우 포함) 및 ④ 확인이 불가능한 유죄 물증이 있는 사례는 모두 분석대상에서 제외되었다. *Id.* at 7.

130) *Id.* at 7-8.

131) *Id.* at 8-9.

132) 예를 들어 Texas Wrongful Imprisonment Act ("Tim Cole Act")에 의하면 면죄 피고인이 형사보상을 받기 위해서는 공소기각결정이나 무죄판결을 받은 뒤에 다시 사면처분을 받도록 규정하고 있다. Tex. Civ. Prac. & Rem. Code Ann. § 103.001 (2011).

절차(certificates of innocence), 오판 수감 선언 절차(declarations of wrongful imprisonment) 등 간이절차[133]에 의하여 면죄가 선언된 사건이 11건. 아직까지 그 수는 미미하지만 점차 이 절차를 취하는 사례가 늘어가는 추세다.

- 사망 후 면죄(Posthumous Exonerations): 10건.

다. 사건의 기본 유형

1) 범죄유형별 면죄

Gross 2012 연구에서는 분석대상 사건의 범죄를 크게 4개의 유형, 즉 생명침해범죄(살인 및 상해치사 포함), 성폭력 범죄, 기타 폭력 범죄, 마약과 재산범죄로 분류하고 있다.[134] 유형별로 소분류를 한 범죄별 분포는 아래 표 1과 같다.[135]

표 1 범죄유형별 면죄(Gross 2012 연구)

범죄	면죄 건수
생명침해범죄	48% (416)
살인	47% (409)
사형선고	12% (101)
기타선고	35% (308)
상해치사	1% (7)
성폭력 범죄	35% (305)

133) 예를 들어 Illinois 주의 certificate of innocence 신청 절차를 상세하게 규정한 735 Ill. Comp. Stat. 5/2-702 (2012) 참조.

134) 경합범, 결합범으로 처벌된 경우, 그 중 가장 중죄를 중심으로 분류하되, 중죄의 순서는 살인, 상해치사, 살인미수, 강간, 기타 폭력 범죄, 비폭력 범죄로 한다. 예를 들어 살인과 강간의 경합범은 살인으로 분류하고, 강간과 강도의 경합범은 강간으로 분류한다는 뜻이다. Gross 2012 Report, *supra note* 110(chapter 2.3), at 18. 본 연구도 마찬가지 분류법을 취한다.

135) *Id.* at 20.

성인에 대한 성폭력	23% (203)
아동에 대한 성폭력	12% (102)
기타 폭력 범죄	11% (94)
강도	5% (47)
살인미수	2% (18)
상해	1% (11)
방화	0.7% (6)
유괴	0.6% (5)
아동학대	0.2% (2)
테러 원조	0.2% (2)
기타	0.3% (3)
비 폭력 범죄	7% (58)
마약	3% (25)
조세/사기/뇌물 및 부패	1% (12)
총기소지	0.6% (6)
절도	0.5% (4)
교사 음모	0.3% (3)
성범죄등록 위반	0.2% (2)
손괴	0.2% (2)
기타	0.5% (4)
합계	100% (873)

2) 시기별 면죄사건 발생 분포

확인된 연간 면죄 건수는 1989년부터 1999년까지는 빠르게 증가하다가 그 이후부터의 증가세는 점차 안정적 추세를 보이고 있다고 한다.[136] 아래 그래프 그림 1[137]을 보면 이 기간 중 비(非) DNA 증거 면죄 건수가 DNA 증거 면죄 건수를 늘 앞지르고 있음을 알 수 있다.

136) *Id.* at 20.
137) 이 그래프는 *Id.* at 21에서 재인용한 것이다.

그림 1 연차별 면죄 건수(Gross 2012 연구)

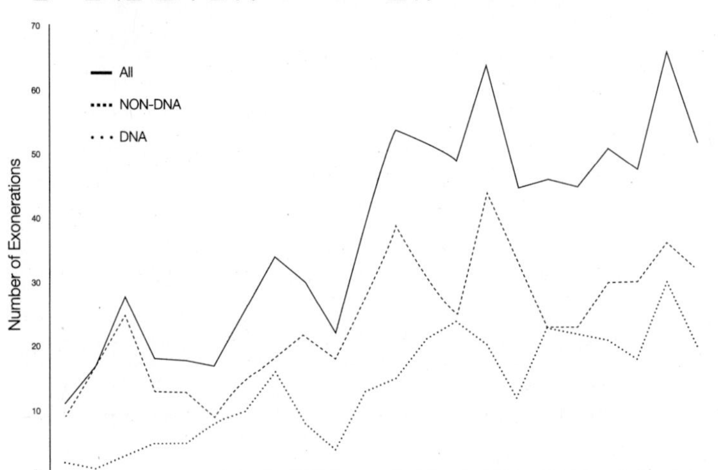

3) DNA 증거 면죄와 비 DNA 증거 면죄

Gross 2012 연구에서 아래 표 2는 범죄 유형별 DNA 증거 활용비율을 분석한 결과를 제시하고 있다. 이 표를 보면 종래 DNA 증거는 강간 면죄에서 중심적인 지위를 차지하여왔음을 알 수 있다.[138] 1989년 이래 성폭력 범죄 면죄 사건의 63%가 DNA 증거에 의한 것이었다. 다만 아동 성폭력 범죄 면죄에서는 23%(23/102)만이 DNA 증거가 활용되었다. 그에 비해 성인 성폭력 범죄 면죄에서는 84%(170/203)에 이르는 사건에서 DNA 증거가 활용되었다. 여기에 대비하여 DNA 증거는 생명침해범죄 면죄의 30%, 기타 폭력 범죄의 10%(9/94)만이 활용되는 정도에 그쳤다.

138) *Id.* at 22.

표 2 범죄 유형별 DNA 증거 활용(Gross 2012 연구)

범죄	면죄 건수
생명침해범죄	30% (123/416)
성폭력 범죄	63% (193/305)
성인에 대한 성폭력	84%(170/203)
아동에 대한 성폭력	23% (23/102)
기타 폭력 범죄	10% (9/94)
비 폭력 범죄(마약, 재산범)	0% (0/58)
합계	37% (325/873)

아울러 주목할 것은 생명침해범죄 면죄 사건 123건 중 65건에서는 피고인이 경합범으로 성폭력 범죄로 유죄판결을 받았고, 27건에서는 성폭력 범죄가 있기는 하였으나 그것이 기소되지 않아 유죄판결에 이르지 않았다는 점이다.[139] 따라서 생명침해범죄 중에서 DNA 증거가 활용된 계기는 그 범죄와 관련된 성폭력 범죄가 있었기 때문이라는 사실을 확인할 수 있다. 최근 들어 강도죄나 절도죄 등 범죄의 수사에도 DNA 증거 활용에 많은 관심이 집중되고 있다고 한다.[140] 하지만 현재로서는 이들 범죄 재조사에 DNA 증거의 활용은 아직 미미해 보인다.[141]

4) 면죄에 소요된 기간

Gross 2012 연구에 의하면, 거의 예외 없이 면죄에는 긴 시간이 소요되었다고 한다. 유죄확정에서부터 면죄에 이르기까지 평균 11.9년(최초 체

139) *Id.* at 23.

140) Kenworthey Bilz, *Self-Incrimination Doctrine is Dead; Long Live Self-Incrimination Doctrine: Confessions, Scientific EvIdence, and the Anxieties of the Liberal State,* 30 Cardozo L. Rev. 807, 809-810 (2008); Erin Murphy, *The New Forensics: Criminal Justice, False Certainty, and the Second Generation of Scientific EvIdence*, 95 Cal. L. Rev. 721 (2007).

141) Gross 2012 Report, *supra note* 110(chapter 2.3), at 24.

포에서 면죄까지는 13년)이 걸렸다. 다만 사건별로 편차는 크다는 분석이 있다.[142] 일반적으로 중죄일수록 면죄에 소요되는 기간이 길다고 한다. 중앙값으로 볼 때, 비폭력 범죄는 4년, 성폭력 범죄는 13.3년, 생명침해범죄는 12.9년이다.[143] DNA 면죄 중앙값이 14.9년인 것에 비하여, 비 DNA 면죄 중앙값은 7.8년이다.[144] 최근 들어 DNA 면죄 및 비 DNA 면죄 공히 면죄에 이르는 기간이 점점 길어지고 있다. 예컨대, DNA 면죄 살인사건의 평균 면죄 기간은 1989-1993년에 6.8년이었다가 2007-2011년에 이르러 17.9년으로 늘어났고 DNA 면죄 강간사건의 경우 6.9년에서 21년으로 늘어났다.[145]

5) 인종별 면죄 현황

Gross 2012 연구에 의하면, 분석대상 사건 873건 중 802건의 면죄 사건에서 피고인의 인종을 확인할 수 있었다고 한다. 절반가량의 면죄자가 흑인이고, 38%가 백인이며, 11%가 히스패닉이다.[146] 흑인 면죄자가 많은 비중을 차지하는 것은 원래 범죄로 체포, 구금되는 흑인들이 차지하는 비율이 상당히 높은 것에 1차적 원인이 있다.

표 3 인종별 면죄 현황(Gross 2012 연구)

	백인	흑인	히스패닉	기타	합계
생명침해범죄(385)	37%	49%	13%	2%	100%
성인에 대한 성폭력(196)	32%	63%	5%	-	100%
아동에 대한 성폭력(93)	69%	25%	5%	-	100%
살인미수(17)	12%	59%	24%	6%	100%

142) *Id.*
143) *Id.*
144) *Id.* at 25.
145) *Id.* at 25-28.
146) *Id.* at 30.

강도(39)	18%	64%	18%	-	100%
기타 폭력 범죄(24)	33%	46%	8%	13%	100%
마약(20)	10%	60%	30%	-	100%
기타 비폭력 범죄(28)	57%	29%	11%	4%	100%
합계(802)	38%	50%	11%	2%	100%

하지만 위 표 3에서 보는 바와 같이 면죄에서 인종별 편중 정도가 예상을 넘어 너무 과도하다는 데 문제가 있다고 Gross 2012 연구는 지적한다. 2000년 주 및 연방 교도소의 재감인 중 46%가 흑인이었고 2008년 그 비율은 조금 낮아져 38%인데,[147] 이 재감인 비율에 비하여 흑인 면죄 비율 50%는 조금 높은 편이다. 범죄 별로 보면 불균형은 더 심한 듯하다. 2008년 살인 재감인의 43%가 흑인인데,[148] 살인죄 흑인 면죄자는 이 보다 조금 높은 49%다. 강도죄의 경우는 그 편차가 더 늘어나 재감인 52%에 면죄자 64%의 비율차를 보인다. 마약 범죄는 재감인 45%에 면죄자 60%다. 성폭력 범죄의 경우 그 차이는 더욱 크게 나타나 이 범죄로 인한 흑인 재감인이 25%인 데 비하여 흑인 면죄자는 63%에 이르고 있다. 반면 백인의 경우 아동 성폭력 사건(69%)과 비폭력 범죄(57%)에서 높은 비율을 차지하고 있다.

6) 지역별 면죄

Gross 2012 연구에 의하면, 873건의 면죄 사건들은 미국 전 지역에 걸쳐 분포되어 있음을 확인했다. 다만 주별로 보면 편차가 있고 특히 카운티 단위까지 내려가서 보면 그 편차는 극심하다는 분석이다.[149] 이런 지역별

147) Heather C. West & William J. Sabol, Prisoners in 2009, Bureau of Justice Statistics Bulletin (2010).http://bjs.ojp.usdoj.gov/index.cfm?ty=pbdetail&iId=2232.
148) *Id.*
149) Gross 2012 Report, *supra note* 110(chapter 2.3), at 32-39.

불균형 현상은 면죄를 위한 주정부의 노력이 지역별로 편차가 있기 때문이라고 한다. 면죄가 거의 없는 지역에서는 여전히 무고한 재소자들이 남아 있을 가능성도 있다.[150)]

3. Garrett의 오판과 미국 항소심 기능에 관한 연구

가. Garrett의 연구 개요 및 본 연구에의 시사점

DNA 분석 결과는 여러 단계의 재판과정을 반성적으로 재조명하는 계기가 된다. 일단 오도된 정보들을 수집하고 그것을 유죄증거로 내세운 수사기관과 유죄판결을 내린 1심 법원의 판단이 주된 관심의 대상이 될 것이다. 종전 실증연구들은 모두 이 점에 착안하여 그런 오판을 야기한 원인

150) 하나의 주 내에서도 카운티 별로 면죄실적에 큰 차이를 보이는 경우도 있다. 예를 들어 텍사스 주 Dallas 카운티에서는 36건의 면죄 사례가 밝혀졌다(미국 전역의 카운티 별 비교로는 시카고 Cook 카운티에 이어 면죄 사례 2위의 실적이다). 이에 비해 바로 옆의 Harris 카운티(Houston)는 Dallas 보다 인구가 70%나 더 많음에도 고작 12건의 면죄 실적만을 가지고 있다. Dallas의 실적이 이렇게 높은 데에는 이유가 있다. 2007년 Dallas 카운티의 District Attorney로 새롭게 선출된 Craig Watkins는 Conviction Integrity Unit이라는 특별 기구를 창설하고 그로 하여금 적극적으로 재소자들을 재조사하여 무고함을 밝혀 면죄조치를 취하였다. 이런 노력의 결실로 2007년부터 2011년 사이에 Dallas에서는 19건의 면죄 실적을 거두었다. 하지만 이런 노력이 전부는 아니다. Watkins가 취임하기 전에도 17건의 면죄 사례가 있었다. Dallas의 과학수사연구소인 Southwestern Institute for Forensic Sciences(SWIFS)의 역할이 한 몫을 하였기 때문이다. SWIFS는 미국 다른 지역의 과학수사연구소들처럼 검사를 마친 생물학적 샘플들을 검사 후 폐기하거나 의뢰기관으로 반환하는 대신 이들을 모두 보존하고 있었다. 그 때문에 보존된 DNA 샘플의 재검사를 할 기회가 있었던 것이다. 그것이 Dallas가 Houston보다 더 많은 면죄 사례 실적을 얻을 수 있었던 주된 이유다. *Id.* at 37.

들을 분석하고, 그런 원인을 조장한 제도적, 심리적 결함의 향방에 관심을 집중했다. 한편으로 1심 유죄판결을 받고 억울해 하는 피고인들로서는 그 이후 구제를 위하여 항소, 상고, 재심 등 절차를 밟을 것이라는 점은 당연히 예상된다. 실제로 DNA 검사로 무죄를 확증한 모든 피고인들은 그런 사후적 구제절차를 거쳤다. 하지만 그 과정에서 전혀 무고함을 밝히지 못하였다. 따라서 이들 사후적 불복제도가 작동을 못한 것은 무슨 연유인가에 자연스럽게 관심을 가질 수 있다. Innocent Project의 활동이나 DNA 검사결과의 획득과 같은 비상적 구제절차 이외에는 실질적 구제의 방도가 없다고 한다면 기존의 상소, 재심제도는 왜 있나 하는 우려를 하게 된다. Garrett의 연구[151]는 현재까지 나온 미국 오판연구들 중에서 이런 관심사에 착안한 최초의 실증연구라고 할 수 있다.[152] 이 연구는 유죄판결을 뒤집기 위한 면죄자들의 사후적 노력에도 불구하고 미국 상소심과 재심 법원이 제 기능을 발휘하지 못하는 현상을 밝히고자 한 것이다. 이 연구는 미국의 상급심 판사들이 피고인의 억울함을 호소하는 주장에 대하여 오불관언하는 태도를 보이고 있음을 거듭 확인해주고 있다.[153]

본 연구가 우리나라 고등법원 항소심 판결을 분석대상으로 삼아 그 판결문 분석을 위주로 실증 연구를 하고자 하는 점에서 Garrett의 연구와 그 맥이 닿아 있다. Garrett의 연구 역시 판결 이유가 명시되어 있는 미국 항소심 판결을 주된 분석대상으로 삼았기 때문이다. 다만 판결의 방향은 서

---

151) Garrett, Judging Innocence, *supra note* 36(chapter 2.3).

152) 이 연구에 앞선 유사한 실증연구로는 Gross 2003 Report, s*upra note* 111 (chapter 2.3)이 유일하다.

153) Garrett, Judging Innocence, *supra note* 36(chapter 2.3), at 61. 판사들은 종종 피고인의 유무죄 증거의 가치를 판단함에 있어서 비록 그 증거가 유죄 증거로 삼기에 부족하다고 하더라도 그것 없이도 유죄결론에 영향이 없는지(harmless error) 여부를 기준으로 삼기도 한다. 이 연구대상이 된 많은 무고한 사건에서 법원은 심지어 유죄증거가 압도적이라는 표현까지 써 가며 피고인의 주장을 배척하기도 하였다.

로 다르다. Garrett의 연구 대상 항소심 판결은 주로 피고인의 항소를 기각한 것(소수지만 파기환송을 한 것도 포함되어 있으나 다시 열린 1심 재판에서 재차 유죄가 선고된 것이다)인 반면, 본 연구에서 분석대상이 된 항소심 판결들은 모두 1심 유죄판결을 파기하고 무죄를 선고한 것들이다. 본 연구에서 분석대상으로 삼은 무죄판결들은 거의 대부분이 그 결론에 이르기까지 매우 심도 있는 사실심리를 거쳐 사실인정상의 쟁점들을 다각도로 검토한 것들이다. 반면 미국 형사 항소심에서는 사실문제를 심도 있게 다룰 수 있는 제도적 기초가 없기 때문에 그로 인하여 오판의 구제에 제 기능을 다하지 못하고 있는 것으로 이해되고 있다. 그 점에 착안하여 Garrett의 연구는 미국 형사 항소심 제도의 개혁을 주창한다. 그런데 그런 개혁 주장에 대하여는 우리에게 있어서도 여전히 참고가 될 부분이 있다고 본다. 사실심리 기능을 유감없이 발휘한 것으로 보이는 본 연구의 분석대상 판결들은 전체 고등법원 형사사건의 1.6%에 불과하여 그 비중이 매우 미미하다. 반면에 압도적 다수에 해당하는 94.5%의 사건들이 1심 유죄판결에 대하여 같은 유죄취지로 항소기각되고 있다. 다시 말하여 우리나라에서도 소수의 사건에서 무죄를 다투는 피고인의 주장이 받아들여지고 있기는 하지만 여전히 유무죄를 다투는 상당한 다수의 사건들이 항소심에서도 그대로 유죄로 판정되고 있다는 것이다. 이런 현실 속에서 피고인 구제에 과연 항소심이 제 기능을 다하지 못하는 영역이 혹시 남아 있으면 어쩌나 하는 두려움이 남아 있다. 이런 입장에서 Garrett의 연구의 형사 항소심의 개혁과제 제안을 본다면 그의 연구는 우리 형사 항소심에 대하여도 마찬가지로 타산지석으로 삼을 유효한 부분이 있을 수 있다.

한편으로 Garrett의 연구는 방법론상으로 본 연구와 마찬가지로 통합사례연구방식을 취하고 있으므로 이런 선행 연구의 방법론을 미리 검토할 가치도 크다. 다만 Garrett의 연구는 나아가 대응비교표집연구를 가미하고 있는데, 본 연구에서는 방법론적으로 대응비교표집 연구방법론을 취하지 못하였지만 향후 유사한 연구에서의 방법론적 개선을 미리 도모한다는 차원에서 이 부분도 아울러 검토해볼 필요가 있을 것이다.

따라서 여기서는 Garrett의 연구의 방법론을 일별해 본 다음, 미국 형사 항소심의 오판구제기능의 명암을 조명해 본다는 차원에서 이 부분에 해당하는 Garrett의 연구의 분석결과와 그 개선방안을 제시하고자 한다.

나. 연구 디자인

1) 면죄집단

이 연구에서는 1989년 이래 출현한 면죄사건 200건을 분석대상으로 삼았다. 분석의 목적상 이 연구는 항소심 또는 재심 결정문에 이유가 기재되어 있는 사건 133건에 특히 초점을 두었다고 한다.[154] 200명의 면죄자들(이하 "면죄집단"이라 한다)에 대한 인적 정보[155]를 포함한 사건 정보, 재판과정에서 제시된 증거들, 항소심 절차부터 연방 인신보호영장 청구 절차(federal habeas corpus)에 이르기까지 1심 유죄판결 이후의 각종 재심사절차(postconviction proceeding)에서 피고인들이 제기한 항소 및 재심

---

154) Garrett, Judging Innocence, *supra note* 36(chapter 2.3), at 68. 이 연구에서는 비교 분석을 위하여 National Center for State Courts (NCSC)와 Bureau of Justice Statistics(BJS) 관련 연구를 참고했다고 한다. Victor E. Flango, Habeas Corpus in State and Federal Courts, 45-60, NCSC (1994) [이하 "Flango, 1994 NCSC Study"]; Roger A. Hanson & Henry W. K. Daley, Federal Habeas Corpus Review: Challenging State Court Criminal Convictions 17, BJS (1995) [이하 "Hanson & Daley, 1995 BJS Study"]; Nancy J. King, Fred L. Cheesman II & Brian J. Ostrom, Final Technical Report: Habeas Litigation in U. S. District Courts 27-31, 45-51, NCSC (2007) [이하 "King et al., 2007 NCSC Study"]; John Scalia, Prisoner Petitions Filed in U. S. District Courts, 2000, with Trends, 1980-2000, 2, BJS (2002) [이하 "Scalia, 2000 BJS Study"]

155) 22명이 미성년자(11%), 12명이 지적 장애자(6%), 단 한 명을 제외하고는 모두 남성이다. 57명이 백인(29%), 124명이 흑인(62%), 17명이 히스패닉(9%), 그리고 1명이 아시아계다. Garrett, Judging Innocence, *supra note* 36(chapter 2.3), at 66.

청구(claims)[156]의 유형, 각 청구에 대한 법원의 개별적 판단, 유죄판결의 파기환송(reversal of conviction and grant of a new trial) 여부 등 종국판단,[157] DNA 검사결과를 획득하고 그를 통하여 면죄에 이르기까지의 과정 및 그 이후 후속 구제절차에서의 처분의 추이 등을 코딩하여 분석에 활용했음을 Garrett의 연구는 밝히고 있다.[158] 한편 면죄집단 200명은 모두 살인죄(6%), 강간죄(71%), 살인 및 강간 경합범(22%)으로 유죄판결을 받았다. 14명이 사형선고, 50명이 무기징역을 선고받았다.[159]

2) 대응비교집단(Matched Comparison Group)

Garrett의 연구에 의하면, 면죄자 그룹 이외에 실험 목적상 대응비교집단 표본 121건(사형선고를 받지 않은 사건으로서 항소심 이후 절차단계에서 결정문을 확보한 사건)을 무작위로 선정 및 추출했다.[160] 대응비교집

156) *Id.* at 69. 미국도 우리와 마찬가지로 항소 또는 재심을 제기하려면 성문법 또는 판례법에 의하여 한정적, 명시적으로 열거된 항소이유 또는 재심이유가 있어야만 한다. 법이 명시적으로 예정하지 않은 항소 및 재심청구는 허용되지 않는다.
157) 면죄집단은 DNA 검사결과를 통해 모두 종국적으로 무죄로 확증된 것은 분명하나 그 이전까지의 각종 절차에서 아무런 구제조치를 받지 못했다. 특히 86%에 달하는 피고인들은 여러 절차단계에서 단 한 번도 우호적인 판단을 받지 못한 것으로 나타났는데 이런 절차단계에서의 판단 추이도 분석의 대상으로 삼아 코딩을 하였다. *Id.* at 69.
158) *Id.* at 66-9.
159) *Id.* at 73.
160) *Id.* at 60, 69. 당초 면죄 목적의 사후적 DNA 검사결과 오히려 유죄가 확증된 63명의 재소자 그룹을 면죄 그룹과 비교하려고 했으나 그들에 대한 판결문이 입수된 사건이 36건에 불과하여 자료의 부족 때문에 분석의 목적상 적절치 못함이 판명됐다. 이에 비교집단을 구성하게 된 것인데, 대응비교집단(matched comparison group) 기법은 이 연구에서와 같이 무작위 통제집단을 얻을 수 없을 때 활용할 수 있는 사회과학적 연구방법론임은 제3절 제1.다. 항에서 설명한 바와 같다. Leo, *supra note* 6(chapter 2.3), at 217에서도 특히 오판연구에서 이 방법론을 사용할 가치가 있음을 지적하고 있다.

단 방법론의 원칙에 따르자면 표본사건은 개별 면죄사건에 대응하여 무작위 방식으로 선정할 필요가 있다. Garrett는 우선 WestLaw에서 개별 면죄사건과 같은 판결 법원, 판결 연도, 죄명을 검색 조건으로 하여 검색한 결과로 얻게 된 사건 리스트 중에서 가장 앞에 등장하는 사건을 대응비교사건의 짝으로 지정했음을 밝히고 있다.[161] 그리하여 이들 비교집단 121건은 면죄집단 121건(역시 사형선고를 받지 않은 사건으로서 항소심 이후 절차단계에서 결정문을 확보한 사건)과 1:1로 짝을 이루게 된 것이다. Garrett의 연구에서는 대응비교집단의 항소심 이후 단계에서 피고인들이 한 주장들, 그에 대한 법원의 판단, 만일 파기가 있었다면 그 파기율 등의 사건요인들을 조사한 다음 면죄집단의 같은 사건요인들과 비교 분석을 해보면, 면죄집단이 대응비교집단과 구분되는 특성을 확인해 볼 수 있다고 보았다.[162]

다. 연구 내용 및 결과

1) 미국 항소심 및 재심 심사 현황

1심 판결에 대하여 불복하는 경우, 항소, 주법원 상고, 연방대법원 상고, 주 재심청구, 연방 인신보호영장 청구의 순서로 다양한 구제수단이 마련되어 있다.[163] Garrett의 연구에 의하면, 면죄집단의 모든 피고인들이 항

161) Garrett, Judging Innocence, *supra note* 36(chapter 2.3), at 70.
162) *Id*. at 71.
163) *Id* at 94. 피고인에게는 1심 유죄판결에 대하여 즉시 항소할 수 있는 권리가 주어져 있고 항소심 판결에 불복이 있으면 다시 주 대법원에 상고를 할 수 있다. 마지막으로 연방대법원의 상고허가(certiorari)를 얻어 판단을 받아 볼 수 있다. 다음으로 재심사유가 있으면 주법원에 재심을 청구할 수 있고 다시 주 대법원을 거쳐 연방대법원의 certiorari를 구할 수 있다. 일단 이런 절차를 모두 거친 다음에는 연방 지방법원에 인신보호영장 청구를 할 수 있고 이에 불복이 있으면 연방 항소법원에 항고할 수 있다. 이어서 마지막으로 연방대법원의 3차 certiorari

소절차를 거쳤다고 한다.[164] 분석결과 판결문이 있는 133건의 사건들 중 절반에 못 미치는 피고인들이 주 재심청구를 하였음이 발견됐다.[165] 다시 23%의 피고인들이 연방 인신보호영장 청구를 하였다.[166] 일반적인 피고인들이 이 최후의 구제조치를 청구하는 비율이 1~2%인 것에 비하면 그 불복비율이 상당히 높은 것임을 알 수 있다는 것이 Garrett의 분석이다.[167] 그러나 대응비교집단의 연방 인신보호영장 청구비율은 이에 크게 미치지 못하는데 그 차이는 주목할 만하다.[168] 연방대법원은 무고한 이들 피고인의 상고허가신청 30건을 모두 기각했다.[169] Larry Youngblood 사건 단 한건에서 certiorari가 부여되었다. 이 사건에서 피고인은 수사기관이 생물학적 증거의 보존을 부적절하게 하였다는 사유를 상고이유로 내세웠지만 연방대법원은 그 상고를 기각하였다.[170] Garrett의 연구에서는, 아래 표 4와 같이 면죄집단 피고인들 중 133건의 사건 결정문에서 명시되어 있는 구체적 항소사유, 재심사유를 유형별로 분류하였다.[171]

를 구할 수 있다.

164) *Id.*

165) *Id.*

166) *Id.*

167) Scalia, 2000 BJS Study, *supra note* 154(chapter 2.3), at 1-2에서는 2000년 한 해 동안 주 교도소 재소자 1천 명 당 17명이 연방 인신보호영장을 청구한 것으로 조사되었다.

168) Garrett, Judging Innocence, *supra note* 36(chapter 2.3), at 95. 9%(대응비교집단 전체 121 중 11건)만이 연방 인신보호영장을 청구했고, 15%가 주법원 재심청구를 하였다.

169) *Id.* 재심절차에 관한 NCSC 연구결과인 Flango, 1994 NCSC Study, *supra note* 154(chapter 2.3), at 45-59, 62에 의하면, 대부분의 사건에서 재심사유로 주장되는 것들은 적법절차 위반의 전형적 주장에 덧붙여 비효율적 변호인의 조력 주장 및 수사기관에 의한 무죄증거의 비공개에 관한 *Brady* 위반 주장이라는 점, 연방 인신보호영장청구 절차에서 구제를 얻는 비율은 1%에 불과할 뿐이라는 점 등이 밝혀졌다고 한다.

170) Garrett, Judging Innocence, *supra note* 36(chapter 2.3), at 95.

171) *Id.* at 96.

표 4 항소 · 재심 사유의 유형 및 현황(Garrett 연구)

항소, 재심 사유[172]	주장의 빈도(133건)	주장 인용 비율
주 증거법 위반 주장	60%(80건)	8%(6건)
Jackson 주장	45%(60건)	2%(1건)
검사의 직권남용 주장	29%(38건)	0
비효율적 변호인 조력 주장	29%(38건)	11%(4건)
배심설명 위헌 주장	26%(34건)	6%(2건)
목격자의 범인식별에 대한 암시	22%(29건)	0
Brady 주장	16%(21건)	14%(3건)
무죄증거 인멸 주장	15%(20건)	0
인종 편파적 배심원 선정 주장	14%(18건)	0
강압적 신문 주장	12%(16건)	0
주법에 따른 새로운 증거의 발견	12%(16건)	0
수정헌법 제4조 위반	12%(16건)	0
변호인의 조력을 받을 권리 침해	8%(11건)	9%(1건)
Bruton 주장	5%(6건)	33%(2건)
Herrera 실질적 결백 주장	4%(5건)	0
증거의 조작 주장	2%(3건)	33%(1건)

172) *Id.* 이 표에 나오는 항소 등 사유를 다음과 같이 설명하고 있다. (1) 주 증거법 위반 주장: 주 성문법, 커먼로에 법적 근거가 있거나 및 주 헌법에 근거한 주장. (2) *Jackson v. Virginia*, 443 U. S. 307, 316 (1979)에 근거한 주장: 어떤 합리적인 배심원도 합리적 의심을 넘어 유죄를 인정하지 아니할 것이라는 주장. (3) 검사의 직권남용 주장: 검사가 재판절차를 지나치게 과열되게 만들어 불공평한 재판을 초래하였다는 주장(非*Brady* 주장). 예컨대 *Darden v. Wainwright*, 477 U. S. 168, 181 (1986) 참조. (4) *Strickland v. Washington*, 466 U. S. 668, 687 (1984)에 근거한 비효율적인 변호인 조력 주장: 피고인이 변호인의 과오가 재판결과에 영향을 미쳤음을 입증하여야 함. (5) 배심원에 대한 설명이 적법절차 조항을 위반했다는 주장: 예컨대 법원이 부당하게, 배심원에게 합리적 의심을 넘는 증거에 미달하는 증거로도 유죄를 인정할 수 있다고 설명하였거나, 법원이 범죄구성요건을 잘못 설명하였거나 또는 *Beck v. Alabama*, 447 U. S. 625, 627

Garrett의 연구에 의하면, 다시 이런 항소 및 재심사유를 증거유형별로 재정리하여 피고인 주장이 인용된 현황을 보면 아래 표 5와 같다고 한다.[173)]

아래 표 5에서 보다시피, 허위자백의 경우를 제외하고는 나머지 오판원인이 되는 증거들에 대하여 그것이 오판의 근거가 되었음에도 위헌증거 항소이유를 들어 다툰 경우는 절반에도 못 미치고 있다. 판례법리를 통하여 인정되는 위헌증거 항소사유가 매우 협소하게 제한된 탓도 있지만, 변호인으로서는 이런 항소사유를 주장하고 싶어도 그런 주장을 뒷받침할 자료를 확보하기 힘들기 때문이라고 한다. 아래 표 5에서 기타 (사실오인) 항소사유란 증거에 고유한 위헌성을 간접적으로 다투는 주장[174)] 또는 개

(1980)에서 요구되는 바처럼 공소장의 범죄사실에는 그보다 경한 범죄사실이 포함되어 있음을 설명해 주지 않은 경우. (6) 목격자의 범인식별에의 암시 주장: *Manson v. Brathwaite*, 432 U. S. 98, 114 (1977) 법리에 근거함. (7) *Brady v. Maryland*, 373 U. S. 83, 86 (1963)에 근거한 주장: 실질적으로 피고인의 무죄를 증명할 수 있는 증거를 감춘 위법이 있다는 주장. (8) 무죄증거의 악의적 인멸 주장: *Youngblood*, 488 U. S. at 58-59에 근거한 주장. (9) 인종 편파적 배심원 선정 주장: *Batson v. Kentucky*, 476 U. S. 79, 89 (1986) 등에 근거한 주장. (10) 강압적 신문주장: 정황적 종합 기준 또는 Miranda 위반 주장. (11) 결백을 증명하는 새로운 증거의 발견 주장: 주법에 근거. 예컨대 N. Y. Crim. Proc. § 440.10(1)(g) (McKinney 2005). (12) 수정헌법 제4조 위반: 상당한 사유 없는 체포 주장 포함. (13) 변호인의 조력을 받을 권리침해 주장: 수정헌법 제6조에 근거. (14) *Bruton v. United States*, 391 U. S. 123, 137 (1968)에 근거한 주장: 편견을 초래할 수 있는, 공동피고인의 관여를 가능하도록 하는 위헌적 변론의 주관적 병합 주장. (15) *Herrera v. Collins*, 506 U. S. 390, 398 (1993)에 근거한 주장: 사형선고를 받은 자가 실질적인 결백을 주장하면서 사형집행정지를 구하기 위해서는 실질적 결백에 관한 고도의 설득력 있는 증명을 요한다는 판례법리에 근거한 주장. (16) 증거의 조작 주장.

173) Garrett, Judging Innocence, *supra note* 36(chapter 2.3), at 77.

174) 예를 들어 자백의 임의성을 다투지 않은 채, 사실심의 변호인이 무능하여 자백에 대한 탄핵을 하지 못하였다는 주장. Garrett, Judging Innocence, *supra note* 36(chapter 2.3), at 78.

별 주 성문법이 허용하는 항소사유[175]를 근거로 한 주장들을 가리킨다. 이 부류의 항소사유를 보면 1심 재판과정에서 이들 유죄증거들에 대하여 단 한 번도 제대로 다투어보지 못했다는 주장들이 상당수 차지하고 있다고 한다.[176]

표 5 증거유형별 주장인용 현황(Garrett 연구)

증거 유형	위헌증거 항소사유[177]	위헌증거 항소사유 인용 비율	기타 항소사유	기타 항소사유 인용 비율
목격자 증언(104건)	28%(29건)	0%(0건)	45%(47건)	4%(4건)
과학적 증거(77건)	0%(0건)	0%(0건)	32%(25건)	8%(6건)
정보원 증언(30건)	3%(1건)	3%(1건)	40%(12건)	3%(1건)
허위자백(20건)	50%(10건)	0%(0건)	65%(13건)	0%(0건)

175) *Id.* 연방에 비하여 주 의회는 비교적 사실오인 항소사유를 넓게 인정하는 경향이 있다고 한다.

176) *Id.*

177) *Id.* 이 연구에서는 "constitutional claim directly challenging a type of factual evIdence"를 약칭하여 위헌증거 항소사유로 번역했다. 위헌증거 항소사유란 1심 재판과정에서 채택된 인적 또는 물적 증거가 허위이거나(false) 신뢰할 수 없기(unreliable) 때문에 이를 채택한 것은 헌법이 보장하는 적법절차원칙 등 헌법원칙을 위반한 것이라는 주장을 담은 항소사유를 뜻한다. 검사의 최후진술 과정에서의 증거 내용의 왜곡 주장, 사실오인에 관하여 법률적 주장이 아닌 단순한 수사학적 주장, 변호인의 과오로 증거에 대한 탄핵을 하지 못하였다는 주장은 사실오인에 이르게 된 정황을 간접적으로 다투는 주장에 불과하다. 따라서 이런 주장들은 증거 그 자체의 위헌성을 직접적으로 다투는 것이 아니기 때문에 위헌증거 항소사유에 해당하지 않는다. 따라서 위헌증거는 그 개념적 외연이 매우 좁음을 알 수 있다. 그런데 이런 위헌증거 항소사유로 판례법이 인정하는 경우는 그리 많지 않다. 예컨대 목격자 증언에 관하여 보면, 이 증거에 관한 위헌증거 항소사유는 목격자 증언 채부 기준으로 정황의 종합적 고찰 기준(totality of

증거유형별 항소사유 주장의 내용과 이에 대한 항소심 등의 판단태도를 일별해 보자. ① Garrett의 연구에 의하면, 결정문이 있는 사건들 중 47건(45%)의 오판사례의 항소심 등에서 목격자 오인증언이 기타 사실오인 항소사유로 주장되었는데 대부분이 배척되었다.[178] ② 과학적 증거 역시 항소심 이후 절차에서 좀처럼 탄핵이 되지 않았다.[179] ③ 정보원 증언에 의하여 유죄판결을 받은 35건 중 12건(34%)의 피고인이 항소심에서 정보원 증언을 탄핵하는 항소사유를 주장했지만, 증거탄핵의 강도는 그리 신통치

---

circumstances test)을 언명한 *Manson v. Brathwaite*, 432 U. S. 98, 113 (1977)에 근거한 주장만이 유일하게 인정된다. 위 표에서 본 29건의 항소사유 역시 *Manson* claim인 것이다. 과학적 증거와 정보원 증언에 관하여 유일하게 인정되는 위헌증거 항소사유는 *Miller v. Pate*, 386 U. S. 1, 7 (1967)에 근거한 것으로서 조작된(fabricated) 허위증거임을 잘 알고 있으면서도 이를 유죄증거로 채용(knowing use of false evIdence)한 경우이다. 허위자백에 관하여 유일하게 인정되는 위헌증거 항소사유는 *Miranda* 주장으로서 피고인에 대한 신문이 진술거부권의 고지 없이 이루어짐으로써 자백의 임의성이 없다는 주장에 국한된다.

178) *Id.* at 80. 그 중 29건에서 경찰관이 범인식별절차에서 부적절하게 피고인을 범인으로 암시하는 언동을 보였다는 주장이 제기되었으나 항소심에서는 그런 주장이 받아들여진 사건은 단 한 건도 없었다. 4건의 오판사례의 항소심에서 라인업 과정에 변호인이 참석하지 못한 것은 *United States v. Wade* 판례법리에 근거한 기본권을 침해당한 것이라는 주장이 제기되었으나 이것도 모두 받아들여지지 않았다. 다른 16건에서 제기된 변호인 조력의 비효율성 주장, 새롭게 발견된 무죄증거 주장, 배심원 설명의 부적절성 주장도 모두 배척되었다.

179) *Id.* at 85. 다만 6건의 사례에서 탄핵에 성공했을 뿐이다. 과학적 증거로 유죄오판을 받은 사람들 중 아무도 적법절차조항에 근거한 조작증거 주장을 항소사유로 제시하지 못하였다(조작증거에 근거한 인권침해 주장과 관련하여서는 Garrett, Federal Wrongful Conviction Law, *supra note* 40(chapter 2.3), at 95-99 참조). 다만 32%에 해당하는 사례에서만 주 증거법을 근거로 한 주장(15건), 변호인의 조력을 받을 권리 침해 주장(11), 검사의 직권남용 주장(2)을 근거로 과학적 증거 탄핵을 시도했다. 과학적 증거에 대한 탄핵이 이처럼 미진할 수밖에 없는 이유로는 무자력 피고인들로서는 과학적 전문가를 동원하여 대응할 자력이 없었다는 점이 지적되었다.

못했다.[180] ③ 그리고 항소심 결정문 등에 비추어 볼 때 허위자백을 한 면죄자들 역시 위헌증거를 들어 자신들의 자백을 탄핵하는 주장을 제기하거나 그 결과로 구제되는 일은 그리 순탄치 못했음을 Garrett는 확인할 수 있었다고 한다.[181] 더구나 강압이나 무능력 때문에 얻어진 자백과는 달리, 허위자백의 신빙성 그 자체만을 다투어 항소사유로 삼을 길은 현재로서는 법적으로 봉쇄되어 있다.[182] 경찰관이 용의자 신문과정에서 의도적으로 무고한 용의자에게 미리 범죄의 상세한 내용을 알려주는 일이 생길 수 있다. 이 때 용의자는 자신이 저지르지도 않은 범행임에도 이 과정에서 알게 된 구체적 범행내용을 마치 경험한 것처럼 세부적으로 묘사하여 허위자백을 하는 경우가 문제된다. 이 때 경찰관이 법정 증인으로 나와 그러한 상

---

180) Garrett, Judging Innocence, *supra note* 36(chapter 2.3), at 86-7. 이들 항소사건 모두에서 적법절차 조항에 근거한 조작증거 주장은 찾아볼 수 없었다고 한다. 피고인과 정보원 사이의 대화내용은 성격상 변호인의 참여가 보장될 수 없는 과정에서 이루어진 것이므로 유죄증거로 삼을 수 없다는 주장(*Massiah* 항소사유)은 단 두 건에서만 발견된다. 그 이외에 정보원 증언을 간접적으로 탄핵하는 주장(*Brady* 주장, 4건), 주 증거법에 근거한 주장(3건), 배심원에 대한 설명의 부적절성 주장(1건) 등이 항소사유로 등장했다고 한다.

181) *Id.* at 90. 결정문이 있는 허위자백 피고인들 중 7명(35%)만이 자백의 임의성을 다투면서 수정헌법 제5조 위반을 주장했고, 추가적으로 3명(15%)이 자신들의 자백은 *Miranda* 원칙에 위반한 것이라고 주장하여 결과적으로 20건 중 10건(50%)에서만 위헌증거 주장을 할 수 있었다. 하지만 이들 10건에서 피고인들의 주장은 단 한 건도 받아들여지지 않았다. 다른 3명이 주 법에 근거한 항소사유를 주장했는데 이들 중 한 건만이 비효율적 변호인의 조력을 이유로 항소가 받아들여졌다. 나머지 10건의 무고한 피고인들은 입증의 길이 봉쇄되었기 때문인지 허위자백 자체를 항소이유로 아예 삼지도 못했다.

182) Richard A. Leo & Richard J. Ofshe, *The Consequences of False Confessions: Deprivations of Liberty and Miscarriages of Justice in the Age of Psychological Interrogation*, 88 J. Crim. L. & Criminology 429, 440-49 (1998). 이 논문에서 Leo 교수는 허위자백을 방지하고 그에 대한 구제를 마련해 주는 데 있어서 현행 판례 법리의 문제점을 비판하고 있다.

세한 자백은 자발적으로 이루어진 것이라고 증언한다면 이는 위증에 해당할 것이다. 1심 재판과정에서 이런 위증이 있었다면 피고인은 항소사유로 적법절차조항에 근거한 증거조작 주장을 할 수 있을 것이다. 그러나 실제로 아무도 이런 주장을 항소심 이후 절차에서 하지 못하였는데, 신문과정에 관한 기록이 남아 있지 않은 상태에서 피고인들이 수사기관의 증거조작을 입증할 길이 없었기 때문일 것이다.[183] ④ 미국의 재심 연구를 통하여 밝혀진 바에 의하면, 변호인의 비효율성 주장이 가장 흔하게 등장하는 재심사유라고 한다.[184] 면죄집단에서는 38명의 피고인이 이와 같은 주장을 항소사유로 들었는데 그 중 4건에서 피고인의 주장이 받아들여졌을 뿐이다.[185]

지금까지는 Garrett의 연구를 토대로 무고한 피고인이 제기한 항소 및 재심청구과정에서 법률적으로 겪어 온 애로의 현황을 일별해 보았다. 다

183) Garrett, Judging Innocence, *supra note* 36(chapter 2.3), at 91.

184) Flango, 1994 NCSC Study, *supra note* 154(chapter 2.3), at 46-47. King et al., 2007 NCSC Study, *supra note* 154(chapter 2.3), at 28.

185) Garrett, Judging Innocence, *supra note* 36(chapter 2.3), at 114. 이런 주장이 받아들여지기 위해서는 변호인의 비효율성이 재판결과에 악영향을 미쳤음(prejudice)을 유죄 피고인이 입증해야 한다. *Strickland v. Washington*, 466 U.S. 668, 693-94 (1984). 변호인의 조력이 부실함 때문에 발생한 오판에 대하여 사후적 구제제도의 부실함을 보여주는 대표적 사례로는 Willie Jackson 사건을 들 수 있다. Willie Jackson이 유죄판결을 받은 결정적 증거는 치흔검사 결과였다. 이 사건 1심에서 변호인으로서는 응당 관계 전문가의 조력을 받아 그 검사결과의 명백한 오류를 탄핵하는 주장을 했어야 했지만 그런 주장을 하지 않았다. 결국 1심에서는 유죄판결이 내려져 그 판결이 확정되었다. 그 후 Jackson은 재심 청구를 하여 무죄를 뒷받침하는 강력한 증거를 제시했다. 그 증거 중에는 그의 남동생이 진범으로 지목되어 결국 범행을 자백했다는 증거도 있었다. 연방지방법원은 변호인의 비효율성을 근거로 무죄취지의 판결을 내렸다. 그러나 제5연방항소법원은 1997년 아무런 이유도 명시함이 없이 지방법원의 결정을 뒤집었다. Jackson은 2006년이 돼서야 무고함이 확증된 DNA 검사결과를 얻어 면죄되었다.

음으로 항소심 등 재판결과가 어떠했는지를 살펴보자. 항소심 또는 재심 법원은 면죄집단의 경우 결정문이 있는 133건의 사건들 중 14%에 해당하는 18건의 1심 유죄판결을 파기하였다(사형선고 사건을 제외한다면 파기율은 9%다).[186] 항소심에서 10%(파기 13건/133), 주 재심 절차에서 1%(파기 1건/133), 연방 인신보호영장청구에서 3%(파기 4건/133)가 파기된 것이다.[187] 그 결과 그 가운데 실제로 다시 재판이 이루어진 것은 12건이었다. 그러나 다시 열린 환송후 1심 재판에서 배심원 평결로 다시 유죄가 선고되고 만다.[188] 나머지 6건에 관하여는 다시 재판이 시작되기 전에 DNA 검사결과가 나온 관계로 하여 환송후 1심 재판 전에 면죄되었다.[189] 이런 통계결과에서 자명하게 알 수 있듯이 무고한 사람들은 유죄판결을 받은 후 후속 구제절차에서 무고함을 밝히기란 좀처럼 쉬운 일이 아니었다. 설령 일부 소수의 사건에서 파기환송의 결과를 얻었다고 하더라도 재차 열린 1심 재판에서 다시 유죄판결을 받는 등 한 번 내려진 유죄판결이 번복되는 것은 거의 불가능에 가까웠다고 하겠다.

다만 파기율 자체가 일반사건에 비하여 높은 것만은 특기할만하다. 특히 사형이 선고된 사건에서 파기가 된 오판사건들의 파기율을 따로 분리해 보면 그 비율은 58%(전체 오판사건 중 사형이 선고된 사건이 12건인데 그 중 7건이 파기되었다)로서 전체 사형사건 평균 파기율 68%[190]와 근접하고 있어 주목된다.[191] 그리고 면죄집단의 비사형사건 파기율도 사형사건보다 현저히 낮은 9%라고는 하지만, 이 파기율 역시 일반적인 경우와 비교해 보면 상당히 높은 수준으로 볼 여지는 있다.[192] 다만 대응비교집

186) Garrett, Judging Innocence, *supra note* 36(chapter 2.3), at 98.
187) *Id.* at 101. n. 170.
188) *Id.* at 98.
189) *Id.* at 99.
190) Liebman, et al., Broken System, *supra note* 118(chapter 2.3), at 5.
191) Garrett, Judging Innocence, *supra note* 36(chapter 2.3), at 100.
192) *Id.* at 101.

단의 비사형사건 파기율은 10%(12건/121건)로서, 면죄집단의 파기율 9%와 비교할 때 통계적으로 유의미한 차이가 발견되지 않았다고 한다.[193] 파기환송을 명한 사건 판결문에서 항소심 판사들이 DNA 결과를 알지 못함에도 불구하고 사실오인의 의심[194]을 매개로 하여 유죄판결을 파기환송을 하였다는 것은 그 자체로 관심의 대상이 된다. 사실오인 주장이 받아들여졌다는 것은 항소심 판사들이 피고인에 대한 결백의 가능성을 인식하였음을 시사한다.[195]

한편 Garrett는 항소기각 판결문의 판시태도에서 확인되는 문제점을 지적한다.[196] 아래 표 6은 항소기각된 면죄사건의 판결문상 표현을 판단의 강도별로 정리한 것이라고 한다.[197] 다소간 강도의 차이는 있지만 실질적

---

193) *Id.* at 102-4. 면죄집단이라고 하여 대응비교집단과 대비해 별달리 더 높은 파기율을 보이지 않았다고 하는 이런 결과는 추가적 해석을 해 볼 여지가 있다. 두 집단의 파기율에서 편차를 보이지 않았다는 것은 두 집단의 유일한 차이에 해당하는, 면죄집단에 내재한 오판의 객관성을 항소심 이후 절차에서 감지하지 못하였다는 해석도 가능하다.

194) *Id.* at 104. 사실오인의 항소사유 주장(factual claim)이 받아들여진 사건은 면죄집단의 경우 18건 중 11건, 대응비교집단의 경우 12건 중 6건이다. 나머지 파기환송된 사유는 절차적 위법을 근거로 한다. *Id.* at 105에 의하면, 4건은 목격자의 지목증언과 관련하여, 6건은 과학적 증거와 관련하여, 나머지 11건은 협조적인 공범의 증언과 관련하여 사실오인 주장이 받아들여졌다고 한다.

195) *Id.* at 104. 다른 일반적인 사건의 파기율과 비교하여 면죄집단이 높은 파기율을 보인 것은 항소심 판사들이 이들 집단에 대하여는 무언지 딱 꼬집지는 못했지만 일말의 오판 가능성에 대한 의심을 하였기 때문으로 해석해 볼 수도 있다. 그렇다면 면죄집단과 사건 특성을 공유하고 있는데다가 같은 높은 파기율을 보이고 있는 대응비교집단 역시 같은 의심을 받을만한 요인을 가지고 있었다는 추론도 가능하다. 이 경우 대응비교집단 중 파기환송의 기회를 얻은 피고인들 가운데 어쩌면 실제로 결백한 자가 포함되어 있을 여지도 있는 것은 아닌가 의심케 하는 대목이다. 다만 이것은 어디까지나 추론적 가설일 뿐이므로 확대해석은 경계할 것이다.

196) *Id.* at 107.

197) *Id.* at 108.

으로는 무고한 피고인들에 대하여 이처럼 유죄를 단정하는 법원의 판단태도를 보면, 항소심 판사들은 피고인들의 결백을 전혀 인식하지 못했다는 강력한 증거가 된다고 보았다.[198] 요컨대 오판사건에 관한 항소심, 재심 과정에서 미국 법원은 유죄증거를 다투는 사실오인 주장을 효율적으로 심사하는 데 실패했을 뿐만 아니라, 거듭되는 재심사청구에 대하여 강한 거부감조차 가지고 있음을 알 수 있다.

표 6 항소심 법원의 판단 태도(Garrett 연구)

항소심 · 재심의 판단 유형	판단의 점유 비율
피고인의 유죄를 단정	50%(67건)
일반론으로, 유죄결론에 영향 없는(harmless) 오류로 판단	32%(43건)
주장 이유 있으나 유죄결론에 영향 없다(harmless)고 판단	16%(21건)
주장 이유 없고 유죄결론에도 영향 없다(harmless)고 판단	14%(18건)
주장 이유 없고 유죄결론에 악영향(prejudice)도 없다고 판단	13%(17건)
너무나도 강력한 유죄증거가 있다고 인정한 경우	10%(13건)
주장 이유 있으나 유죄결론에 악영향(prejudice) 없다고 판단	2%(2건)

2) DNA 검사와 면죄

이상에서 미국 법원, 특히 항소심 이후 법원의 오판 구제는 거의 불가능했음을 알 수 있다. DNA 증거가 나오지 않았더라면 이들 무고한 사람들을 구제할 길은 거의 없었을 것이다. 그런데 DNA 증거를 확보하는 일 자체도 그리 간단한 것은 아니었다. 살인이나 강간과 같이 범인의 동일성 식별이 특별히 문제로 되는 일부의 사건에서만 범행현장의 생물학적 증거가 채취된다. 나아가 그런 증거가 채취된 바 있었다고 하더라도 그것이 후일 DNA 검사를 할 수 있을 정도로 적절하게 보존될 것을 기대하기도 어렵다.[199] 그만큼 DNA 증거를 가지고 결백을 입증할 기회는 극히 예외적

198) *Id.* at 109.

사례에서나 가능한 것이었다.[200] 나아가 DNA 증거가 잘 남아 있다고 하더라도 문제는 여전히 남아있다. 법원은 전통적으로 재심 무죄 주장에 대하여 대단한 적개심을 가지고 있는 듯 보였다. 그 결과 극히 소수 사건이나마 DNA 증거로 무고함을 밝힐 수도 있었을 터인데 DNA 증거로 재조사를 해 달라는 재심 청구를 모조리 기각하였던 것이다. 분위기가 바뀌어 DNA 검사가 가능해진 것은 오판 현상에 관한 사회적 관심이 높아지면서 innocence project와 같은 인권변호사들의 헌신적 노력과 그 이후 DNA 검사를 가능케 하는 입법적 조치 때문이다.

이런 어려운 과정을 거쳐 피고인이 범인이 아니라는 검사결과가 나왔음에도 즉시 면죄로 석방되지 못하고 진범이 붙잡힐 때까지 계속 수감 되어 있었던 면죄자들도 있었다. 놀랍게도 적어도 12건의 사건에서 항소심 법원은 DNA 검사결과 피고인은 진범이 아니라는 확정적 결과를 보고서도 구제를 거부했다.[201] DNA 검사를 통하여 피고인의 결백이 밝혀진 경우에서조차 이런 완고한 태도를 보이는 미국 사법 시스템은 구제책을 제공할

---

199) *Id.* at 108-9.

200) *Id.* at 116-18.

201) Brandon L. Garrett, Claiming Innocence, University of Virginia Law School Public Law and Legal Theory Working Paper Series, 64 (2008). 일례로 Leonard McSherry 사건을 보자. 피고인은 1988년 유죄평결을 받고 형 선고를 받기에 앞서 그가 무고함을 밝히는 DNA 검사결과를 법원에 제출했다. 그러나 1심 법원은 피고인의 주장을 받아들이지 않았다. 항소심에서 피고인은 Edward Blake 박사가 시행한, 좀 더 진보된 PCR DNA 검사결과를 통하여 무고함을 주장했으나 항소심도 피고인의 주장을 받아들이지 않았다. 항소심은 '피해자의 범인지목증언에 확신과 구체성이 있으므로 이런 정황 하에서는 피해자의 팬티에 묻은 정액의 원천이 항소인의 것이 아니라는 과학적 증거는 유죄인정에 방해되지 아니한다.' 고 판단하면서 여전히 유죄증거가 여전히 압도적이라는 결론을 내렸다. McSherry 2001년 다시 다른 DNA 검사결과에서도 범인이 아니라는 것이 밝혀진 것에서 더 나아가 그 검사결과를 통해 진범이 잡힘으로써 비로소 석방될 수 있었다.

의사와 능력이 없는 것처럼 보인다.[202] 그리고 Garrett의 연구가 나올 당시 아직도 근 59%에 달하는 면죄자들은 오판을 원인으로 한 보상을 받지도 못했다.[203] Garrett의 연구는 한번 오판이 발생하면 그 구제와 피해회복의 길이 매우 험난하였음을 일깨워주고 있다.

라. 개혁방안 제안과 본 연구에서의 시사점

Garrett는 이 연구에서 항소심이 봉착하는 사실심리 상의 애로의 근저에는 사실문제를 심사하는 자료가 불충분하다는 점을 지적하고 있다. 이에 후일의 재심사를 위한 사건기록을 충실히 만들 것을 개혁방안으로 제안하고 있다.[204] 미국의 항소심 재판에서는 실체문제보다는 절차법적 쟁점에만 편중되는 현상이 보인다고 한다.[205] 그 원인으로는 항소심의 사실심리를 위한 자료의 부재를 지적할 수 있다. 그 때문에 면죄자들도 항소나 재심을 통하여 사실오인의 문제를 정면으로 다투지 못하는 현상이 발생한 것이다.[206] Garrett은 항소심에서 사실 탐지의 역량을 강화할 필요가 있음

202) Garrett, Judging Innocence, *supra note* 36(chapter 2.3), at 120.
203) *Id.* at 120-1.
204) *Id.* at 121.
205) William J. Stuntz, *The Uneasy Relationship Between Criminal Procedure and Criminal Justice*, 107 Yale L. J. 1, 37-45 (1997). 실체문제가 쟁점으로 된다면 예컨대 알리바이를 입증할 수 있는 증언을 찾는 일, 과학적 증거나 범인지목증언을 탄핵하는 전문가를 구하는 일, 피고인의 책임능력의 결여를 증명하는 일 등의 증거확보 노력이 필요하다. 여기에는 모두 상당한 시간·비용을 필요로 한다. 늘 자원이 부족할 수밖에 없는 수사기관과 변호인으로서는 진상을 파악하는데 도움을 줄 결정적 증거를 새로 찾아내는 데 힘이 부칠 수밖에 없다. 이처럼 부족한 자료만으로 재심사를 하여야 할 항소심 법원 역시 애로를 겪기는 매한가지일 것이다. Stuntz 교수는 형사 항소심의 심사가 주로 절차적 쟁점 위주로 치중될 수밖에 없는 것은 바로 사실관계를 둘러싼 실체적 쟁점에 소요되는 자원의 결핍 때문으로 분석하고 있다.
206) Garrett, Judging Innocence, *supra note* 36(chapter 2.3), at 126.

을 지적하였다.[207] 아울러 오판의 발생 가능성을 상시적으로 점검할 독립된 면죄 심사기구를 설치할 것도 주장했다.[208]

우리의 경우 항소심의 기능재편과 관련하여 과도한 항소심 심사의 비효율이 지적되기도 한다. 그 때문에 항소심은 될 수 있으면 사후심적으로 기능을 재편하고 1심의 공판 심리 역량을 강화하는 것이 바람직한 자원배분의 방식이라고 하는 견해가 대세를 이루고 있다. 이런 측면에서 볼 때 미국 형사 항소심의 현상과 실태를 분석하여 개혁의 방향성을 논하고 있는 Garrett의 연구와 우리의 형사 항소심 개편 논의를 조화롭게 이해하는 데 다소 혼란스러운 면이 있다. 외국의 제도를 모델로 삼아 우리의 제도 개선의 방책을 세움에 있어서 실제 그 나라의 제도가 어떻게 운용되고 있는 것인지, 그 순기능과 역기능은 무엇인지에 관한 실증적 접근이 필요함을 다시금 느끼게 된다. 본 연구에서는 형사 항소심의 구조와 기능까지 다 다룰 여유는 없다. 하지만 오판 방지를 위한 사실심 법원의 태세를 완비하기 위해서 우리의 형사 항소심이 감당해야 할 과제는 분명히 설정해 둘 수 있을 것 같다. 항소심의 기능 재편 논의와는 별도로 우리 형사 항소심은 여전히 1심의 유죄오판을 방지하는 사실심의 최종적 안전판 기능을 버려서는 아니 될 것이리라는 느낌이 강해진다. Garrett의 연구 성과는 앞으로 우리나라에서 이 부분 쟁점에 관한 논의에 있어서 하나의 시사점을 던져줄 것이다.

---

207) *Id.* at 127-8. 형사 상소심에서의 사실판단의 필요성을 주장하는 미국에서의 견해를 정리한 것으로는 임보미, “형사 항소심에 관한 연구-불복범위와 심리방법을 중심으로”, 서울대학교 대학원 박사학위논문(2012), 153면 이하 참조.

208) Garrett, Judging Innocence, *supra note* 36(chapter 2.3), at 127.

제4절
선행연구 검토를 통한 시사점 요약

제2장에서 국내외 선행연구를 일별해 보면서 본 연구의 수행에 시사점을 얻은 부분을 다음과 같이 정리해 볼 수 있다.

① 본 연구는 미국의 실증적 연구방법론 중 통합사례연구 방법론을 취하기로 하였다. 따라서 제3장에서는 심급간 유무죄 판단차이를 보인 집적된 재판례를 통합하여 판단차이를 초래한 패턴을 분석하고 그 원인을 발굴하는 작업을 수행한다. 대응비교표집 연구방법론을 취하는 것도 검토의 여지는 있었지만, 분석대상 사건별 요인추출의 애로 등 자료의 한계 때문에 이 방법론에 의한 연구는 후속연구에 미루기로 한다.

② 본 연구에서 방법론적으로 가장 참고를 많이 한 미국 연구는 Gross 2012 연구다. Gross 2012 연구에서 오판의 원인으로 제시한 항목들을 참작하여 허위자백, 공범의 허위자백, 목격자의 오인 지목, 피해자의 위증과 무고, 오도된 과학적 증거를 주된 분석항목으로 삼아 실증연구를 수행한다. 한편, 본 연구에서는 Garrett의 연구 방법론도 아울러 참조하여 분석대상 자료를 판결문 분석을 중심으로 하여 실증연구를 수행하기로 한다.

③ 정책적으로 볼 때, 미국에서의 오판연구의 역사와 현황, 특히 Innocence Project 연구 및 구조활동의 경과, 전미(全美) 면죄등록소(National Registry of Exonerations)의 연구내용을 참고하여 우리나라에서도 유죄오판의 방

지와 구제를 위하여 이와 같은 연구 네트워크를 만들고 지속해서 본격적인 연구 및 활동을 전개할 필요가 있다.

④ Garrett의 연구에서 제안하고 있는 미국 형사 항소심의 사실심리 기능강화론은 여전히 우리에게도 참고되는 바가 크다고 본다. 앞으로 우리 형사 항소심의 기능과 구조 재편 논의에 Garrett의 연구에서 보고하고 있는 미국 형사 항소심의 제도적 한계, 현실 운영에 있어서의 문제점에 기초한 분석결과를 반드시 참고할 필요가 있을 것이다.

제3장
항소심 무죄판결에 대한 실증적 분석

제1절 서론

1. 실증 연구의 목적

본 연구의 기본 목적은 원래 오판, 특히 유죄오판을 방지하기 위한 정책적 대안을 모색하는 데 있다. 그 목적을 달성하기 위해서는 외국 사례연구들을 소개하고 참고하는 것이 대단히 긴요한 일이기는 하지만 그것만으로는 충분할 수 없다. 우리나라 특유의 정치, 문화, 사회, 경제적 여건에 적합한 정책대안을 모색하는 데 있어서 우리의 상황에 대한 면밀한 경험적 연구와 탐구가 여전히 필요하다. 지금까지 몇몇 실증적 연구들이 우리나라에서도 나왔음은 제2장에서 본 바가 있다. 이제 우리나라에서도 '오판현상'에 관한 큰 그림을 그리고 그 세부를 들여다보는 본격적 연구가 나올 필요가 있다. 이런 분석 연구를 통하여 오판을 초래하게 된 길목을 차단하고 재판의 질적 수준을 높이는 데 현실성 있는 방안을 제시할 수 있게 된다. 그리고 자연스럽게 이런 유형의 분석 연구는 먼저 양적 연구를 수행하고 필요한 범위에서 보충적으로 사례연구 및 질적 연구를 부가하는 방법론을 취하게 될 것이다.

오판은 다의적 개념이다.[1] 일반적으로 오판의 문제는 무고한 사람을

1) 김형만, "형사절차상의 오판원인", 비교형사법연구, 9권 1호(2007), 345면; 부택

처벌하는 유죄오판의 국면이 주로 문제가 된다.[2)] 미국의 사례에서 볼 수 있듯이 일단 유죄 확정판결을 받아 형이 집행 중이다가, 진범이 붙잡혔다거나 또는 DNA 증거를 통하여 피고인이 범인임이 아님이 객관적으로 밝혀진 경우라면, 그 확정된 유죄판결은 '유죄오판'으로 보기에 충분할 것이다. 우리나라에서 대표적인 오판사례로 꼽히는 김기웅 순경 사건, 김시훈 군 사건 등은 실제로 진범이 다른 곳에서 붙잡힘으로써 피고인들의 무고함이 밝혀진 사례들이다. 그런데 우리나라의 경우 객관적 오판이 확인된 경우란 매우 드물다. 과거 유죄판결을 받아 복역 중인 재소자들을 상대로 미국처럼 DNA 증거 재심사가 체계적으로 이루어진 전례는 없다. 그 때문에 미국의 실증 연구들과 같이 다수의 분석 대상 사례들을 이런 경로로 확보할 길은 없다. 오판으로 연결되는 어떤 일정한 패턴의 존재를 확인하고자 양적 분석을 시도하는 본 연구를 위해서는 일정한 분량 이상의 데이터가 있어야 하는 것은 두말할 나위가 없다.

실제로는 확인되지 못한 오판 사례들은 얼마든지 있을 수 있지만, 그것을 직접 확인해 볼 방도는 없다. 다만 형사재판에서 판단의 오류를 가시적으로 확인하는 차선의 방법으로 항소심 또는 재심에서 무죄 취지로 뒤집어진 1심 유죄 판결을 살펴보는 것을 고려해 볼 수 있다. 물론 게 중에는 역사적 진실로는 피고인이 진범인데도 재판과정에서 입증의 실패, 증거의 부족 등 문제로 무죄가 선고된 사건도 없지는 않을 것이다. 그런데 이 점

훈, "오판의 구제와 재심제도에 관한 연구: 사형선고사건을 중심으로", 대전대학교 박사학위논문(2001) 6면.

2) 박성호, "오판의 발생구조와 극복방안", 민주사회를 위한 변론 3호(1994), 253-4면. 이 논문에서는 "우선 무죄라는 것은 유죄의 사실을 증명할 수 없다는 소극적 판단에 불과한 것이다. 만일 무죄판결에 잘못이 있더라도 그것은 소극적 잘못에 그치는 것이기 때문에 유죄판결에 대한 적극적 잘못과는 그 과오의 성격이 크게 다르다. 또한, 진범이 무죄판결을 받았다는 것은 유죄 입증에 대한 책임을 지는 검사가 입증에 실패하였다는 것을 의미하는 것에 그치지만, 무고한 자에게 유죄판결을 한 경우에는 법관의 '판단의 과오'가 문제 되는 것이다."고 논하고 있다.

에 관하여는 오판의 범위에 “의심스러울 때는 피고인에게 유리하게”라는 사실인정의 법칙을 그르친 경우까지도 포함하여야 한다는 견해도 있다.[3] 박성호 변호사도 하급심에서 유죄판결을 받았는데 상급심에서 무죄판결이 확정된 경우 그 유죄판결을 오판이라고 인정하는 데 아무런 어려움이 없다고 주장하면서 오판의 개념을 확장하는 데 동의한다.[4] 본 연구에서 분석대상이 된 540건의 고등법원 무죄판결 중 최종적으로 무죄로 확정된 사건은 모두 513건으로서 그 무죄 확정 비율은 95%에 이른다. 위 견해에 의하자면 그 유죄판결을 한 전심 판결들의 판단은 오판에 해당되게 된다.

하지만 이 부분 분석 연구는 엄밀하게 말하여 ‘유죄오판’ 그 자체에 관한 연구는 아니다. 직접적으로 분석의 대상이 된 것은 고등법원 무죄판결들이므로 본 연구는 형태적으로는 ‘유죄오판‘에 관한 연구라기보다는, 고등법원 형사 항소심의 '무죄판결'에 관한 연구라고 하는 것이 보다 더 정확한 표현임을 부인하지는 않는다. 그러나 아래에서 상세히 설명하는 바와 같이 본 연구에서 분석대상으로 삼은 이들 무죄판결은 ‘1심 유죄판결을 뒤집는 무죄판결'이라는 점에 그 독특성이 있다.

미국의 경우와는 달리 우리나라 형사 항소심은 사실심으로서 사후심적 속심으로 운영되고 있다. 실제로 매우 광범위하게 1심 유죄판결의 사실판단 당부를 따진다. 판결 확정 후 상당한 시간이 흐른 뒤에 이루어지는 재심과는 달리, ‘사건이 생생하게 살아있는 상태’에서 즉시성 있는 사실 심리상의 재심사 판단을 하는 제도를 두고 있다. 이 점에서 미국 항소심과는 대단히 다른 것이다. 만일 미국에서 형사 항소심의 사실심리 기능을 강화해야 한다는 주장을 한다면 우리의 제도도 일말의 참고거리가 될 것이다.

앞서 본 바와 같이 미국에서는 1심에서 유죄가 선언된 경우 항소심에서

---

3) 김형만, “형사절차상의 오판원인”, 비교형사법연구, 9권 1호(2007), 346면; 부택훈, “오판의 구제와 재심제도에 관한 연구: 사형선고사건을 중심으로”, 대전대학교 박사학위논문(2001), 11면.

4) 박성호, “오판의 발생구조와 극복방안”, 민주사회를 위한 변론 3호(1994), 254면.

사실문제에 관한 재심사는 상당히 제한적이다. 사실상 2심으로 이루어진 미국 상소체계에서 연방 대법원이나 주 대법원과 같은 최고법원 사이에 존재하는 중간 단계의 항소심 법원(appellate court)은 법률심에 해당한다.[5] 그러므로 항소심 법원은 원칙적으로 사실판단을 하는 법원이 아니다. 그러므로 항소심에서 유무죄가 다투어지는 경우에도 사실 그 자체가 아니라 사실을 인정하는 과정에서 발생한, 적법절차의 준수, 배심원 설명의 적절성 등과 같은 절차적 문제가 다루어질 뿐이다. 그 때문에 1심에서 배심재판 등 정식재판(trial)을 통하여 한번 유죄가 선고되면 좀처럼 그것이 뒤집어지기 어려운 구조를 가진 것이다. 1심 무죄판결에 대한 검사의 항소를 금하고 있는 것처럼 1심 유죄판결은 그만큼은 아니라 하더라도 상당히 높은 수준에서 판단의 종국성은 유지되고 있는 셈이다.

우리나라의 경우 1심 판결의 종국성은 미국의 그것에 비하여 대단히 약하다. 1심 무죄판결에 대하여 검찰의 항소가 거의 예외 없이 이루어져 피고인을 2중 위험(double jeopardy)에 빠뜨리도록 하는 점에 대하여 비판이 있기는 하다. 한편으로 1심 유죄판결에 대해서도, 사실인정이나 양형의 문제 때문에 항소심 재심사를 청구하는 길도 매우 넓게 열려 있다. 오히려 우리나라에서는 항소심의 1심 파기가 너무 많은 것이 문제점으로 지적되고 있다. 이에 형사소송규칙의 개정으로 형사 항소심의 증거조사에 일정한 한계를 두는 등 항소심의 재심사를 제약[6]하려는 방향으로 나아가려고 할 정도이다.[7]

---

5) 미국 형사 항소심의 사실 심사의 문제를 논의한 것으로는 임보미, "형사 항소심에 관한 연구-불복범위와 심리방법을 중심으로", 서울대학교 대학원 박사학위논문(2012), 148면 이하 참조.

6) 2012. 5. 29. 대법원규칙 제2403호로 개정된 형사소송규칙 제156조의5 제2항 참조.2

7) 그럼에도 불구하고 파기율은 그리 줄어든 것 같지는 않다. 2011년도 한 해의 사례를 본다면, 1심에서 종국재판이 이루어진 9,399명의 피고인에 대한 사건들이 고등법원에 올라와 그 중 중 3,851건이 파기되어 파기율은 41%에 이른다. 사법연

우리나라 형사 항소심은 그것이 제대로 운영되는 한에서는 1심의 유죄 오판에 대하여 재심과는 비교할 수 없을 정도로 매우 효율적이면서도 현실적인 구제제도라고 할 수 있다. 그리고 형사 항소심은 대법원에서 미처 다 다룰 수 없는 다양한 증거조사의 방법을 통하여 실체적 진실을 발견해 낼 수 있는 유리한 지위에 놓인 법원이기도 하다. 더구나 1심 유죄판결은 같은 법률 전문가인 검사의 1차 판단을 거쳐 유죄 의견으로 기소된 이후 1심 판사도 거듭 유죄의 판단 끝에 나온 것이다. 항소심으로서는 함부로 이들의 판단을 뒤집기는 쉽지 않은 일이다. 분별없는 1심 파기는 다시 상고심에서 뒤집어질 것이 예상된다. 따라서 1심 유죄를 취소하고 무죄를 선고하기 위해서는 매우 상세한 무죄이유의 설시가 예외 없이 뒤따르는 것도 이 때문이다. 형사 항소심 판사로서는 자신의 '무죄 결론'이 필경 이어지게 될 상고심의 재심사에서도 그대로 유지되어야 한다는 심리적 압박감도 아울러 겪게 된다. 한편으로 특히 중범죄 사건을 다루는 고등법원 형사 항소심은 사실심의 최종심으로서 사실판단 문제에 관한 한 거의 종국적 책임을 진 법원이다. 그 때문에 자칫 잘못된 유죄판결로 무고한 피고인이 중형을 선고받을 수도 있으므로 그러한 오판은 최대한 피해야 한다는 압박감도 동시에 가지고 있다. 이런 양면에 걸친 심리적 긴장은 고등법원 형사 항소심의 판단에 가중된 신중함을 수반시킨다. 그러므로 고등법원 형사 항소심의 무죄판단을 그저 '한 심급에서 제시된 하나의 중간적 의견' 정도로 가볍게 여기기에는 그 무게감은 사뭇 다른 것이다.

진실은 오로지 神만이 알 수 있다. 무죄판단은 피고인의 무고함을 밝힌 것이라기보다는 절차법적으로 합리적 의심을 넘는 유죄증거를 발견하지 못했다고 하는 차원에서 그 의미는 절제되어 이해되어야 할 것이다. 그러하기에, 고등법원 무죄판단이 있다고 하여 1심의 유죄판단을 바로 오판으로 치부할 수는 없겠다. 하지만 적어도 '절차법상의 오판' 또는 '실체적으로 볼 때에도 상당한 개연성 있는 오판'의 차원에서 평가가 전혀 불가능한

감 2011년, 921면. 이 비율은 여러 해에 걸쳐 일정하게 지속되고 있다.

것은 아니다.[8] 이런 입장에서는, 1심의 유죄판단을 뒤집는 고등법원 무죄판결에 대한 연구는 적어도 실천적 방향성 측면에서는 '유죄오판'에 관한 연구의 한 맥락으로 이해되어도 좋으리라는 것이 본 연구자의 소견이다.

2. 실증 연구 방법론

가. 대상 사건의 선정 기준

본 연구의 분석대상은 고등법원 형사 항소심 판결 중에서 1심 유죄판결을 취소하고 무죄판결을 선고한 강력범죄 사건이다. 이하에서는 이 분석대상 선정기준을 나누어 설명한다.

첫째, 분석대상은 형사 합의부 항소사건[9] 중 강력범죄 사건으로 한정했다. 법정형이 사형·무기 또는 단기 1년 이상의 징역 또는 금고에 해당하는 형사 합의부 사건의 내용을 보면 형법이나 형사 특별법상의 강력범죄(살인, 강도, 강간, 방화 등), 부패범죄(특가법이 적용되는 뇌물), 경제범죄(특가법이 적용되는 사기, 배임, 횡령), 선거범죄, 일부 마약범죄, 일부 상습절도범죄 등이 대종을 이루고 있다. 이번 연구분석에서는 강력범죄만을 중심으로 하여(다만 관련되는 경우 일부 상습절도, 마약범죄 포함) 검토하기로 했다. 부패, 경제, 선거 사건에서도 무죄가 선고되는 사례가 적지 않게 발견되기는 한다. 그러나 이들 사건에서 무죄에 이르게 되는 이유와 판도는 그 고유한 범죄의 속성 때문에 강력범죄의 경우와 다소간 차이를 보이고 있다. 그 때문에 이들 사건을 분석하는 것은 강력범죄 사건과는 다른, 새로운 관점에서 접근할 필요가 있다. 강력범죄 사건과 같은 틀 속으로 이들 사건을 분석대상에 포함시키는 경우에는 자칫 오해와 혼란을 초

---

8) 김형만, "형사절차상의 오판원인", 비교형사법연구, 9권 1호(2007), 346면.
9) 법원조직법 제32조 참조.

래할 소지도 있을 것이 우려된다. 그 때문에 이번 연구분석에서는 이들 유형의 사건들은 일단 제외하기로 한다. 앞으로 이런 유형의 사건들에 대하여는 별도의 연구를 할 가치가 충분하다. 또 합의부 사건 중에는 소위 시국사건, 정치사건으로 분류될 수 있는 내란 · 외환죄 사건, 국가보안법, 반공법, 긴급조치, 계엄포고령 위반죄 사건들이 포함되어 있다. 이들 사건 중 일부에 대하여는 최근 들어 과거사 위원회의 활동을 통하여 국가기관의 고문 · 강압 · 조작 등 진상이 밝혀졌다. 잘못된 유죄판결이 재심으로 취소되고 무죄가 선고된 사건들이 다수 출현했다. 이들 사건 역시 그 구체적 경과를 분석해 볼 충분한 가치가 있다고 보인다. 하지만 이런 유형의 사건 분석 역시 후속 연구에 미루기로 한다.

둘째, 분석대상은 1심에서 유죄, 고등법원 항소심인 2심에서 무죄가 선고된 경우이다. 유무죄 판단의 1, 2심 심급별 양상은 ① 1심 유죄 - 2심 유죄 ② 1심 유죄 - 2심 무죄 ③ 1심 무죄 - 2심 유죄 ④ 1심 무죄 - 2심 무죄라고 하는 4종류로 나타난다. 이 중에서 ②에 해당하는 사례들은 1심의 유죄 관점이 어떤 이유에서 무죄 관점으로 바뀌게 되었는가를 분석 · 확인해보는 데 있어서 유리한 위치에 있다. 양적 방법론을 취하는 본 연구에서 분석의 대상이 될 데이터는 판결문이다.[10] 1심 유죄 - 2심 무죄의 경우 거의 예외 없이 2심 무죄 판결은 상당히 자세하게 판결 이유를 밝힌다. 무죄 판결문의 검토를 통하여 유죄 증거의 문제점을 비교적 상세하면서도 효율적으로 확인할 수 있다. 그리고 2심 판결문에서는 수사기관 또는 1심에서 발생한 오류의 원인을 직 · 간접적으로 시사하는 것이 일반적이다. 그 때문에, 본 연구의 주된 관심사인, 판사의 판단과 의사결정의 심연에 접근하는 데 도움을 준다. 이에 대비하여 1, 2심의 판단이 무죄로 일치하는 ④ 1심 무죄 - 2심 무죄의 사례는 수사기관의 수사나 기소의 문제점만

10) 사건 기록에 접근할 수 있다면 매우 상세한 검토가 이루어질 수 있을 것이다. 그러나 사후적 분석에 그치고 있는 본 연구에서는 기록에 관한 검토는 현실적으로 불가능하다는 한계가 있다.

이 주된 쟁점이 된다. 따라서 이들 사례는 판사의 판단 그 자체를 분석하는 측면에서는 그 유용성이 ②의 사례에 미치지 못한다. 이런 이유로 이들 유형의 사건은 주된 분석대상으로 삼지는 않았다. 그리고 ③ 1심 무죄 - 2심 유죄 사건들은 1, 2심 판단이 갈렸다는 측면에서 보자면 판사의 심급간 판단 차이를 비판적으로 분석해 볼 기회를 제공한다. 이 점에서 ②의 1심 유죄 - 2심 무죄 사건과 다를 바 없는 가치를 가진다. 하지만 '유죄오판' 쪽에 주안점이 주어진 본 연구로서는 ③의 사례들을 분석하는 것은 방향성의 측면에서 의미를 부여하기 힘들다. 따라서 이들 유형의 사건 역시 분석에서 제외했다. 끝으로 ① 1심 유죄 - 2심 유죄 사건은 절대 다수를 차지하는 사례 유형이다. 이들 사례들은 본 연구의 목적에 비추어 분석대상으로 삼지 않았다.

한편 2심 파기자판 무죄 판결 이후의 상고심 대법원의 판단과 관련하여 검토할 필요가 있다. 분석대상이 된 1심 유죄 - 2심 무죄 사건의 대부분은 대법원에서 2심 무죄취지 그대로 상고기각으로 확정되었다. 또는 상고 없이 무죄로 확정된 경우도 있다. 한편 대법원의 무죄취지 파기환송으로 2심에서 다시 무죄판결이 나온 경우가 있다. 대체로 이들 사건은 1심 유죄 또는 무죄 - 환송전 2심 유죄 - 대법원 무죄취지 파기환송 - 환송후 2심 무죄 확정의 심급간 경과를 거치게 된다. 이런 유형에 속하는 사건들은 하나 또는 두 단계의 첫 하급심에서 유죄 판단을 받았다가 상급심에서 결과적으로 무죄로 확정된 것이다. 이 점에서 전형적인 1심 유죄 - 2심 무죄와 비교하여 심급간 판단 구조와 결과에 있어서 다를 바 없다. 그러므로 이런 유형의 사건은 분석 대상에 포함시키는 것에 별 문제가 없었다.

그리고 아주 예외적 소수의 사례에서는 2심의 무죄판결 이후 대법원이 유죄취지로 파기환송을 하였음에도 환송 후 2심이 새로운 심리를 더하여 또 무죄판결을 한 경우가 있다.[11] 본 연구논문 본문의 말미에 첨부한 분

11) 이들 사건은 대체로 1심 유죄 - 환송전 2심 무죄 - 대법원 유죄취지 파기환송 - 환송후 2심 무죄 - 대법원 무죄확정의 심급간 경로를 거친다.

석대상사건 일람표 순번[12] 76 및 314 사건이 여기에 해당한다.[13] 이들 유형의 사건은 유무죄를 놓고 판사들 사이에서 매우 극명한 판단차이를 보이다가 무죄로 확정된 것이다. 이것은 매우 집중적인 검토가 필요한 중요 사건에 해당된다. 이들 사건도 같은 맥락에서 분석의 대상에 포함시켰다.

다음으로, 1심 유죄 - 환송전 2심 무죄 - 대법원 유죄취지 파기환송 - 환송후 2심 유죄확정의 경과를 거치는 사건들이 있는데, 다소 논란의 소지가 있다. 분석대상 사건들 중 이 범주에 해당하는 사건은 22건이다.[14] 환송전 2심의 무죄판결은 이런 심급간 경과를 거쳐 유죄 확정된 결과와는 정면으로 배치된다. 이들 사건을 분석대상에 포함시킬 것인지는 이론의 여지가 있다. 애당초 본 연구는 오판에 관한 연구가 아니라 1심 유죄-고등법원 무죄 사례에 관한 연구다. 따라서 1, 2심의 판단차이를 초래한 연유가 무엇인지를 분석하는 데 주안점이 주어져 있다. 1, 2, 3심을 오가면서 판단의 차이가 심급별로 극명하게 갈린 이런 사례들도 심급간 판단과정의 구조를 비판적으로 확인하는 데 유용하다. 또한 "합리적 의심"의 인정한계를 극명하게 부각시켜 심도 있는 분석을 해 볼 가치도 크다고 보인다.

---

12) 본 연구논문에서는 설명의 편의상 분석대상 사건을 특정할 때 판결법원이나 사건번호 대신 본 연구논문 본문의 말미에 첨부한 분석대상사건 일람표에서 표시한 순번만을 표시하는 것으로 한다. 이하에서는 "본 연구논문 본문의 말미에 첨부한 분석대상사건 일람표 순번"을 줄여 "순번"이라고만 한다.

13) 순번 76 대구고등 2001노 467 살인사건 및 순번 314 서울고등 98노 3116 치과의사모녀살인사건에서는 대법원이 일부 유죄취지를 포함하여 심리미진을 사유로 2심의 무죄판결을 파기환송하였는데, 환송후 2심이 추가 심리를 진행하여 재차 무죄판결을 선고하여 확정된 것들이다.

14) 분석대상 사건 중 이 범주에 해당하는 사건은 순번 10, 13, 23, 51, 119, 137, 142, 147, 169, 187, 219, 244, 246, 262, 263, 385, 393, 394, 405, 442, 443, 459, 518 사건이다. 범죄 유형별로 보면 살인 5건, 폭행치사 2건, 성폭력 15건, 강도 1건으로 분포되어 있다. 다수의 사건들이 성폭력 범죄인데, 이처럼 유죄취지 대법원 파기환송 사건이 성폭력 범죄에 집중되고 있는 현상에 대하여는 아래 성폭력 범죄 사건의 설명에서 다시 상세히 다루고자 한다.

특히 이 22건 중 16건이 성폭력 사건들이고 그 중 다수의 사건들이 강간의 반항 억압 정도에 관한 판단이 쟁점으로 되었는데 이들 사건의 특수성을 심층적으로 검토해 볼 필요성도 있다. 이런 점들을 고려하여 이들 사건들도 분석대상에 포함시켰다.

셋째, 분석대상 사건들은 무죄 사건 중에서도 사실관계상의 쟁점이 문제로 된 사건에 한정하였다. 무죄판결에는 법률적 관점 때문에 무죄로 되는 경우도 왕왕 있을 수 있다. 그러나 이런 유형의 무죄는 사실판단의 문제점을 주된 관심사로 하는 본 연구와는 쟁점의 방향이 다소 다른 것이므로 분석대상에서 제외했다. 같은 맥락에서 정당방위 주장이나 심신상실 주장이 받아들여져 무죄 판단을 받은 사건도 분석대상에서 제외했다. 사실관계상 쟁점에 따라 무죄판단이 내려진 사안들은 대체로 피고인이 공소사실이 적시하고 있는 객관적 행위를 한 것인지가 기본적으로 문제가 된다. 한편 외적 행위 유무 말고도 피고인의 내적 의사가 범죄와 관련된 것인지가 문제되는 경우도 왕왕 있다. 전형적인 것으로는 살인죄에서 살해의 범의, 상해치사죄에서 예견가능성, 강도미수죄에서 강도의 범의(재물강탈까지 나아가지 않고 미수로 끝난 사례에서 피고인의 폭행, 협박의 의도와 동기), 주거침입 강간미수죄에서 강간의 범의(야간에 피해자 혼자 잠을 자고 있는 주거에 침입한 뒤 강간에 착수하기 전 미수로 끝난 사례에서 피고인의 주거침입의 의도와 동기) 등을 들 수 있다.[15] 이들 사건들도 원칙적으로 분석의 대상으로 삼기로 하였다. 그리고 본 연구의 주된 관심사는 순수한 사실인정 영역에서 발생한 판단차이의 연유를 발견하고자 하는 데 있으므로 주로 증거의 증명력에 대한 평가가 쟁점으로 된 사건들이 분석대상이 된다. 따라서 증거법에 관한 법리오해만이 쟁점으로 된 사건

15) 강간 대 화간이 문제로 되는 사례들에서도 가해자와 피해자의 내심의 의사를 추론하는 문제가 쟁점으로 되고 있다. 그러나 이 경우는 가해자의 반항억압을 위한 외적 폭행 · 협박행위가 있었는지 여부가 문제로 되는 점에서 엄밀하게 말하여 단순한 내적 의사를 추론하는 경우와는 분별된다.

(예컨대 위법수집 증거 해당성 여부 등 순수하게 증거능력의 존부만을 쟁점으로 하는 사건)은 원칙적으로 분석의 대상에서 제외하였다. 다만 전형적인 사실인정 쟁점 사건들 중에서는 증거능력의 문제와 증명력의 문제가 서로 얽혀있는 사건(예컨대 자백의 임의성과 신빙성이 뒤섞여 쟁점으로 되고 있는 사건)도 왕왕 눈에 띄는데 이들 사건은 분석대상에 포함시켰다.

넷째, 유죄판결은 판결 주문에서 명시적으로 1심 유죄판결을 취소하고 무죄가 선언된 판결이 우선적으로 검토의 대상이 된다. 나아가 공소사실은 인정되지 않지만 공소사실 중 축소사실(또는 예비적·선택적 공소사실)이 유죄로 인정됨으로써 판결이유에서 무죄판단이 내려진 사건들은 모두 분석대상으로 삼았다. 한편 강간치상죄 사례에서 상해에 관한 규범적 판단 때문에 강간죄만이 인정된 사건이라든가, 흉기 또는 위험한 물건에 관한 규범적 판단 때문에 그 부분이 이유무죄로 판단된 사건들은 사실관계상의 쟁점을 다룬 것은 아니어서 분석대상에서 제외했다.

다섯째, 무죄판결 사건수는 원칙적으로 선고된 판결 단위를 기준으로 삼았다. 다만 한 판결에서 수인의 피고인에 대하여 무죄판결이 있었고 특별히 피고인별로 따로 검토되어야 할 경우가 있다면 그 사건은 한 사건으로 취급하지 않고 피고인별로 사건수를 카운트하였다. 여러 건으로 나뉘어 기소된 사건이 병합되어 하나의 판결이 선고될 수도 있고, 하나의 판결 중 공동피고인 수인에 대하여 유무죄 판단이 달라질 수도 있다. 이 경우 사건이 병합되었더라도 하나의 판결이 선고된 이상 그것은 한 사건으로 취급하였다. 한 사건 가운데 여러 피고인이 있고 그 피고인들 수인에 대하여 모두 동일한 내용으로 무죄판단이 내려졌더라도 1개의 사건으로 취급하였다. 이 경우 피고인 별 특성을 분류함에 있어서는 제일 대표되는 피고인(예컨대 주범 또는 범행 유형상 죄질과 범정이 가장 중하다고 평가되어 1심에서 가장 중형이 선고된 피고인)을 중심으로 코딩을 하였다. 공동피고인 중 유무죄가 갈린 경우에는 무죄 피고인만을 대상으로 무죄 사건으로 취급했다. 다만 하나의 판결 중 수인의 피고인들에 대하여 무죄가 선고되었는데, 그 무죄의 사유나 피고인의 특성이 현격히 달라 별도의 분석이 필요한 경우에는 예외적으로 별개의 사건으로 취급하여 별도로 사건수를 카운트하였다. 그러한 예외적 취급을 한 사건들은 모두 13건의 판결에 관한 것들이다.[16] 위 13건의 사건 중 9건이 생명침해사건이다. 생명침해사건은 복수의 피고인들이 관여하는 경우가 상대적으로 더 많고 피고인별로 따로 사건특성을 검토해 볼 필요가 있음을 알게 해 준다. 그만큼 생명침해사건은 분석에 있어서 복잡성을 띄고 있다. 생명침해사건 9건을 피고인별로 별도 분석을 위하여 사건 수를 재산정한 결과 23건으로 취급되는 결과가 되었다. 따라서 생명침해사건 수가 14건 만큼 더 많아지게 되었다.

끝으로 소수의 사건이지만 유죄확정 판결 이후 새로운 증거의 발견 등 재심사유가 있음이 밝혀져 재심무죄가 된 사건 8건도 분석대상에 포함시켰다.[17] 다만 본 연구에서는 강력범죄에 한정하여 분석을 하기로 했기 때문에 국가보안법 등 정치사건은 분석대상에 포함되지 않았다.

16) 광주고등 2002노257 강도살인 사건(순번 14-15), 2002노372 살인 및 사체유기 사건(순번 16-17), 2009노153 강도치사 사건(순번39-41), 대구고등 2000노453 살인예비 및 교사 사건(순번73-74), 부산고등 2006노181 강도살인 및 특수절도 사건(순번 227-229), 서울고등 97노1720 특수강도강간 사건(순번 281-282), 98노2316 강도상해 및 특수절도 사건(순번 305-306), 98노3326 살인 및 사체유기 사건(순번 318-319), 2001노2508 특수강도강간 사건(순번 353-354), 2002노1160 강도살인 및 사체유기 사건(순번 365-367), 2002노1847 강도살인 사건(순번 373-374), 2008노1914 상해치사 사건(순번 463-466), 2009노220 강도상해 사건(4순번 79-480)이 여기에 해당하는 사건들이다.

17) 분석대상에 포함된 재심무죄 사건은 서울고등 2001재노13(순번 364), 서울고등 2004재노10(순번 408), 서울고등 2005재노10(순번 426), 서울고등 2008노3293(순번 472), 서울고등 2012재노47(순번 538), 대전고등 95노3(순번 540), 대구고등 2009재노16(순번 100), 광주고등 2003노263(순번 21)사건이다.

나. 대상 사건의 선정 방식

분석대상 사건은 사법부 내부 판결문 검색시스템에서 일정한 조건을 입력하여 검색된 결과를 놓고 이들 사건의 판결문들을 일일이 검토하여 위에서 제시한 기준을 만족시키는 사건들을 골라내는 방식으로 선정되었다. 기준의 적용은 연구자가 스스로 판결을 출력하여 확인하는 과정을 거쳤고, 기준에 해당되는 한에서는 임의로 대상에서 제외하지는 않았다.

우선 전국 고등법원 항소심 판결을 대상으로 "파기자판" 및 "1심 유죄 - 2심 무죄"의 조건을 충족하는 검색을 수행한 결과 모두 1,052건의 고등법원 판결문들이 검색되었다. 이들 사건의 판결문들을 검토해 본 결과 앞서의 조건을 충족하는 강력범죄 1심 유죄 - 2심 무죄 판결은 모두 330건이 추출되었다. 이들 사건 330건을 1차적 분석대상으로 하였다.

그런데 이들 사건들은 모두 주문에서 무죄가 선고된 사건들에 한정되었고 그것도 대부분이 전부무죄 일색이었다. 따라서 이런 검색 조건으로는 주문무죄가 아닌 이유무죄나 일부무죄가 포함된 사건이 검색에서 제외되었다. 따라서 보충적인 추가검색을 수행할 필요가 있었다. 이에 전국 고등법원 항소심 판결을 대상으로 "합리적 의심"이라는 문구가 포함된 사건을 검색했더니 모두 3,939건의 판결을 얻을 수 있었다. 판결문에 "합리적 의심"이라고 하는 말이 등장한다는 것은 사건의 쟁점에 유무죄에 관한 사실인정의 문제가 포함되어 있다는 것을 강하게 추정할 수 있음을 의미한다. 사실관계의 문제가 걸린 유무죄의 판정은 기실 "합리적 의심"의 존부에 관한 탐구와 다름 아니다. 따라서 이런 쟁점이 있는 경우 대부분의 판결례에서는 결과적으로 합리적 의심이 있다든가, 아니면 없다든가 하는 결론을 내리면서 유무죄에 관한 견해를 표명하고 있다. 그렇기 때문에 "합리적 의심"이라고 하는 문구가 포함된 형사판결문을 검색한다면, 아마도 고등형사판결 데이터베이스에 포함된 유무죄 쟁점 사건들은 고스란히 추출될 것이라고 가정해 볼 수 있을 것이다. 실제로 얻은 결과물 3,939건은 양적으로 매우 방대한 것이었다. 이들 사건 중 앞서 제시한 기준을 충족하면서 앞서 검색된 사건 이외의 사건을 추가로 추출한 결과 210건의 사건을 추가적으로 분석대상으로 삼을 수 있게 되었다.

이상과 같은 검색과정을 거쳐 모두 540건의 무죄판결을 본 연구의 분석대상으로 삼게 된 것이다.

다. 코딩 작업 내역 및 검증

본 연구는 전체 분석대상 사건에서 1, 2심이 유무죄 판단을 달리하게 된 계기와 그 구체적인 판단 차이의 패턴을 분석할 목적으로 양적 연구방법론을 취하기로 하였음은 앞서 언급한 바와 같다. 판결문을 통하여 알 수 있는 사건별 정보를 우선적으로 추출하여 그러한 개별적 요인들이 최종판단에서 어떤 영향을 미치는지를 확인하고자 하였다. 제일 중요한 요인으로 유무죄 판단에 있어서 증거의 유형을 꼽을 수 있을 것이다.

우선 개별 사건별로 다음과 같은 항목의 사건 내용을 엑셀에 입력, 코딩하는 작업을 수행하였다.

- 사건 및 판결의 특정: 1, 2심 사건의 판결법원, 사건번호, 사건명(대표 죄명), 판결선고일
- 사건관계자들의 특성: 피고인의 성별 및 연령, 1, 2심 법원의 재판장 성명, 1, 2심 변호인의 성명 및 변호유형(국선, 사선 여부)
- 1심 심리의 내용 및 결과: 공소사실의 요지, 피해자 면식 여부 및 연령, 1심이 유죄로 판단한 주요 근거, 유죄의 증거의 요지, 기일횟수, 현장검증 횟수, 증인의 수, 유죄 형량
- 1심 유죄판단의 근거: 결정적 증거, 자백, 공범, 피해자 오지목, 피해자 위증 무고, 피해오인, 목격자 진술, 비목격자 진술, 제보자, 물증, 과학적 증거, 정황, 동기, 유죄를 의심할 수 있는 기타의 단서, 피고인의 전과
- 2심 심리의 내용 및 결과: 피고인의 항소이유, 2심이 무죄로 판단한

주요 근거 및 증거 판단의 요지, 1심과 판단을 달리하게 된 주요한 계기, 기일횟수, 현장검증 횟수, 증인의 수
- 기타 특기사항

아래 그림2, 3은 이상과 같은 코딩 작업의 결과를 보여주기 위한 예시로 엑셀 표 화면을 캡처한 것들이다. 본 연구논문 말미에는 이처럼 코딩한 내용 중에서 분석대상 사건들의 2심 법원, 선고일자, 사건번호, 죄명, 공소사실의 요지, 1심의 결정적 유죄증거, 항소요지, 2심 무죄근거의 요지, 2심이 1심과 판단을 달리하게 된 주요 계기, 기타 특기사항을 담아 정리한 일람표를 첨부하였다.

본 실증연구의 첫 번째 과제는 판결문 검토를 통하여 1, 2심 유무죄 판단차이를 초래한 증거유형별 쟁점이 사건별로 무엇인가를 발견하는 데 있다. 따라서 코딩 작업도 개별 판결문을 검토하여 그 쟁점을 표시하는 방식으로 수행되었는데 이 때 본 연구자가 스스로 평가한 내용의 신뢰도를 객관적으로 검증할 필요가 있었다. 이에 본 연구자의 동료 판사 한 사람[18]에게 의뢰하여 분석대상 사건 중 무작위로 사건을 추출하여[19] 항소심에서 무죄판단의 전제로 문제를 삼은 1심 유죄증거의 유형을 독립적으로 평가하도록 하였다.[20] 동료의 평가 결과[21]는 본 연구자의 평가와 100% 일치

18) 법관 경력 10년, 형사재판 경험을 가지고 있으며 서울고등법원에 배석판사로 재직 중인 판사 한 사람에게 평가를 의뢰하였다.

19) 표본으로 추출된 사건은 분석대상 사건 순번 51, 101, 151, 201, 251, 301, 351, 401, 451, 501 사건 10건이었다.

20) 검증 시행일자는 2012. 12. 28.이다.

21) 검증을 담당한 판사는, 51 사건은 정황증거, 101사건은 목격자 오지목 진술, 151사건은 피해자 오지목 진술, 201사건은 목격자 오지목 진술, 251사건은 피해자 오지목 진술, 301사건은 공범의 허위진술, 351사건은 피해자 허위진술, 401사건은 공범의 허위진술, 451사건은 피고인의 일부 자백 및 피해자 허위진술, 501사건은 피해자 허위진술이 각 문제로 된 것으로 평가했다. 이 결과는 정확히 본 연구자의 평가와 모두 일치했다.

도를 보였다. 이처럼 100% 일치를 본 근본 이유는 형사재판에 경험을 가진 판사 입장에서는 판결문 검토를 통하여 유무죄 판단차이를 보인 증거유형별 단서를 발견하는 일은 상당히 단순한 작업으로서 주관성이 개입할 여지가 거의 없었기 때문이다. 따라서 이런 평가에서 평가자별로 차이가 발생할 수 있는 경우란 주의력 부족으로 실수를 범하는 것 이외에는 거의 상정하기 힘들다. 평가자 실수를 피하기 위하여 각 사건별로 2~3회 재검토를 수행하여 오류로 코딩을 잘못하는 일이 없도록 만전을 기하였다. 이런 과정을 거쳐 평가자 변수로 인한 신뢰도 검증을 수행했음을 밝혀둔다.

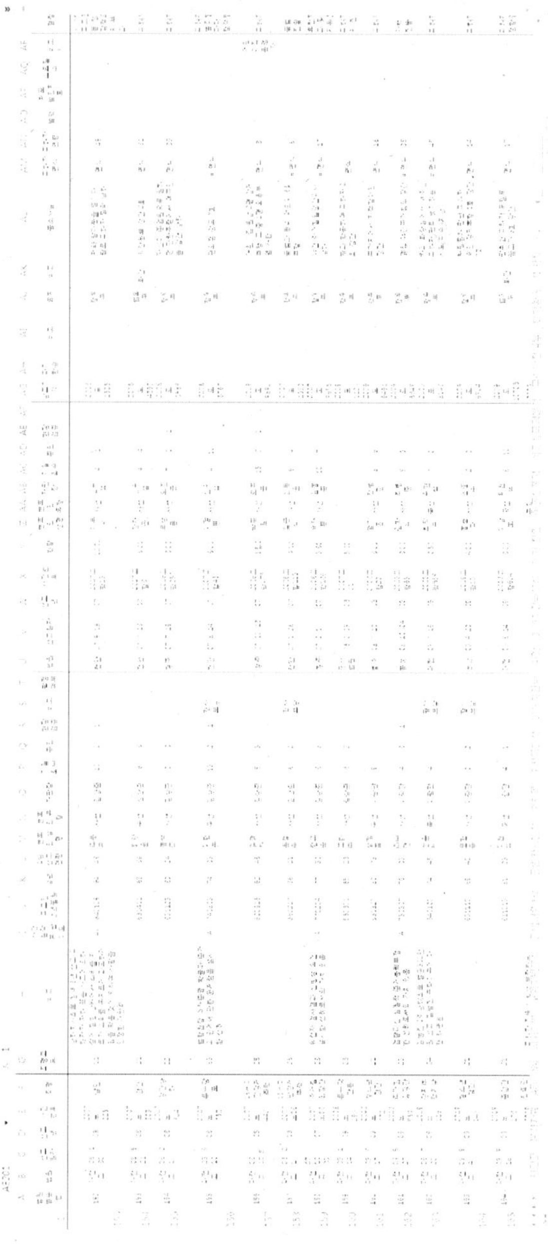

그림 2 엑셀코딩작업 예시표 1

AE201

[illegible]

그림 3 엑셀코딩작업 예시표 2

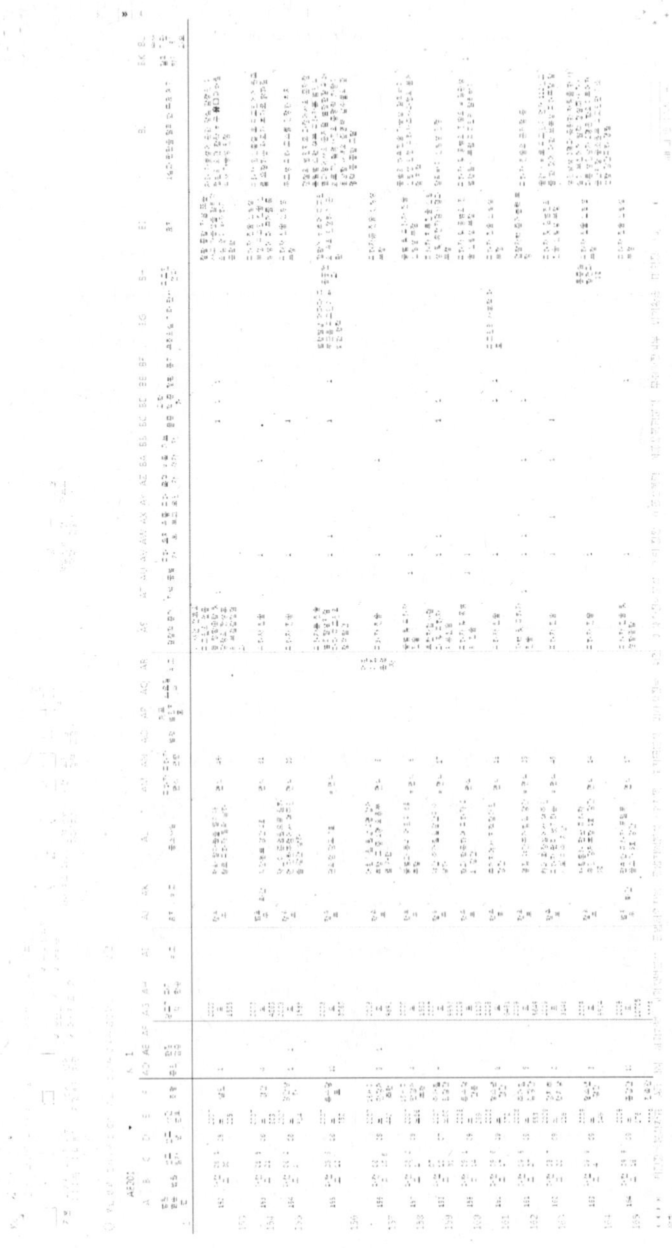

제2절

분석 내용 및 결과-양적 분석

1. 서론

본 절은 본 연구의 핵심적 본론 부분에 해당한다. 전체 분석대상을 놓고 통계처리를 통하여 분석대상 사건의 유형적 일반 현황을 먼저 살펴봄으로써 전체 분석대상 사건의 큰 그림을 확인해 보고자 하였다. 그리고 이어서 개별 판결문 검토와 정리를 통하여 1-2심의 판단차이를 초래한 구체적 원인을 상세히 검토하는 순서를 취했다.

우선 사건별로 1-2심 판단차이를 초래한 사유를 판결문 분석을 통하여 검토해 보고 이를 앞서 거시한 엑셀 표에 코딩하였다. 모든 2심 판결문은 결론적으로 사실인정상의 쟁점에 해당하는 유죄증거의 문제점에 대하여 지적하고 있음을 알 수 있었다. 그리하여 이런 유죄증거의 문제점을 지적하고 있는 분석대상 판결들은 다시 지적된 유죄증거의 유형별로 일정한 하부 그룹으로 재편성할 수 있게 되었다. 결과적으로 1심 유죄판결이 그 판단의 근거로 삼은 유죄증거의 유형을 기준으로 삼아 1-2심 판단차이를 초래한 원인을 1차적으로 분석하는 것이다. 이것은 미국의 실증연구에서 취하고 있는 방식과 같은 방식이다.

2. 일반 현황

가. 강력범죄 및 무죄판결 일반 현황

강력범죄 분석대상 무죄 사건 540건이 실제 전체 강력범죄 사건 및 1심 유죄-2심 고등법원 무죄 사건에서 차지하는 위상이 어떤 것인지를 우선 밝혀 볼 필요가 있다.

표 7 강력범죄(흉악) 죄명별 발생현황 (2001년~2010년)

	살인	강도	성폭력	방화
2001	1,064	5,546	10,446	1,375
2002	983	5,953	9,435	1,388
2003	1,011	7,327	10,365	1,713
2004	1,082	5,762	11,105	1,590
2005	1,091	5,266	11,757	1,827
2006	1,064	4,684	13,573	1,685
2007	1,124	4,470	13,634	1,694
2008	1,120	4,827	15,094	1,946
2009	1,390	6,379	16,156	1,866
2010	1,262	4,395	19,939	1,886

위 표 7은 법무연수원 범죄백서에서 정리한, 2001년부터 2010년까지 10년간 실제로 발생한 4대 강력범죄(흉악)인 살인, 강간, 강도, 방화 사건수를 나타낸 통계다.[1] 이들 사건 중 일부가 기소되어 재판을 받은 결과 2심에서 무죄로 된 사건들이 분석대상 사건 540건에 포함된 것이다. 결과적으로 분석대상 사건들은 전체 범죄에서 보면 극히 일부에 속하는 것임을 알 수 있다.

1) 법무연수원, 범죄백서(2011), 62면.

살인은 위 기간 중 약간 증가하는 추세, 강도는 약간 감소하는 추세 속에서 거의 일정수준을 유지하고 있음을 알 수 있다.[2] 이런 추세 속에서 개략적으로 우리나라의 경우 살인죄는 매년 1천 건을 약간 넘는 수준에서, 강도죄는 5천 건을 전후한 수준에서 발생하고 있다고 말할 수 있겠다.

이에 비하여 강간은 2001년 대비 2010년에 약 1.91배 증가, 방화는 같은 연도 대비 약 1.37배 증가하였다. 강간은 2001년 10,446건에서 2010년 19,939건으로 증가하였으며, 2002년을 제외하고는 꾸준히 증가하는 추세이다. 특히 강간과 같은 성폭력 범죄가 연일 신문의 지면을 장식하면서 사회적 우려가 커지고 있는 이 시기에 그 범죄가 증가하는 추세에 있다고 하는 것은 특별한 관심의 대상이 된다. 성폭력 범죄의 특수성, 즉 범죄로 말미암은 피해가 외부적으로 잘 드러나지 않는다는 점 때문에, 이 통계만으로는 실제로 발생한 성범죄가 늘어난 것인지, 아니면 종전 같으면 드러나지 않은 채 숨어 있었을 피해자가 점차 피해 신고를 더 많이 하게 된 것인지는 알 수 없다. 방화는 2004년과 2006년 및 2009년에 각각 전년보다 감소한 것을 제외하고 지난 10년간 꾸준히 증가하는 추세로 2001년 1,375건에서 2010년 1,886건으로 37% 증가하였다. 방화범죄가 이처럼 꾸준히 늘고 있는 현상에 대해서는 별도 검토가 필요할 것이다.

아래 그래프는 2001년부터 2010년 사이의 강력범죄(흉악)의 죄명별 발생현황과 추이를 나타낸 것이다.[3]

---

2) 아래 그림 4에서 보는 바와 같이 선형회귀선 분석 결과, 위 기간 중 살인사건의 경우 매해 당 약 32건의 살인 사건이 증가했음을 알 수 있다($y = 31.97x + 943.27$, $R^2 = 0.6374$). 강도사건의 경우 매해 당 약 147건의 강도사건이 감소했다($y = -147.48x + 6272.1$, $R^2 = 0.2293$).

3) 위 백서, 61-2면.

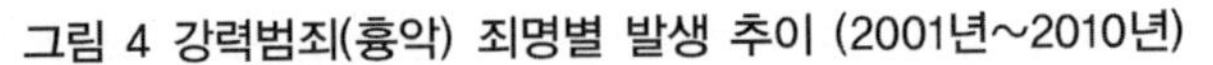
그림 4 강력범죄(흉악) 죄명별 발생 추이 (2001년~2010년)

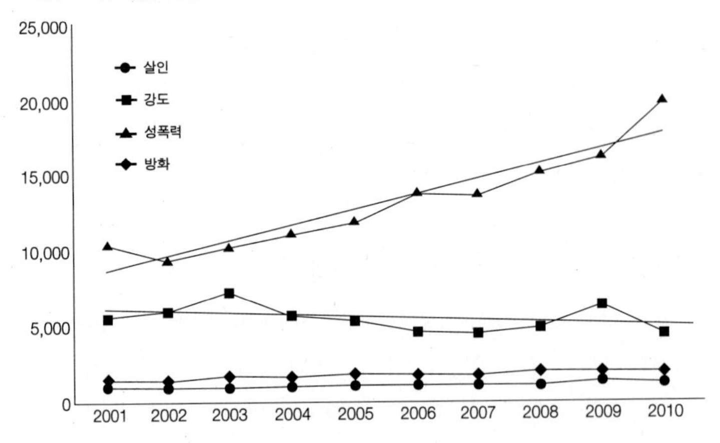

이상에서는 4대 강력범죄의 전체 발생 추이를 연도별로 살펴보았다. 이하에서는 연도별-죄명별 고등법원 무죄판결 현황 속에서 본 연구의 분석 대상 사건 540건의 위치와 의미를 보기로 한다. 대법원에서 공간되는 공식 사건통계인 사법연감에서 추출한 연도별-죄명별 고등법원 무죄판결 현황을 정리해 보면 아래 표 8과 같다. 2002년부터 2011년까지 사이에 사법연감이 파악하고 있는 무죄 사건수는 310건이다.[4]

4) 살인죄에는 과실치사죄도 포함한다. 사법연감은 절도와 강도를 구분하지 않고 통계를 내고 있는데, 절도가 단독사건으로서 고등법원으로 항소되지는 않을 것이므로 고등법원 사건 수로 파악되는 절도 및 강도죄 통계는 대부분이 강도죄에 관한 것으로 추정된다. 한편 사법연감이 2006년까지는 강도죄에 관한 가중처벌 특별법인 특정범죄 가중처벌 등에 관한 특례법 위반죄를 별도로 분류하지 않았던 관계로 그에 해당하는 강도 특별범을 따로 파악할 수 없었다.

표 8 연도별-죄명별 무죄 현황(2002-2011)

연도 / 죄명	2002	2003	2004	2005	2006	2007	2008	2009	2010	2011	합계	310건 중 비율
살인	4	1	7	4	4	3	4	0	1	2	30	9.7%
강간	9	3	7	5	6	9	9	6	7	9	70	22.6%
성폭력 특별범	17	16	12	13	7	14	7	13	16	21	136	43.9%
강도	12	7	5	4	6	4	5	3	3	3	52	16.8%
강도 특별범	0	0	0	0	0	3	0	0	0	1	4	1.3%
방화	2	4	2	2	2	1	1	0	2	2	18	5.8%
합계	44	31	33	28	25	34	26	22	29	38	310	100.0%
전체 무죄	115	139	134	121	98	152	152	181	204	186	1482	
비율[5]	38.3%	22.3%	24.6%	23.1%	25.5%	22.4%	17.1%	12.2%	14.2%	20.4%	20.9%	

연구분석 대상 무죄판결 540건 중 2002년부터 2011년까지의 사건들은 362건이다. 사법연감상의 무죄판결 310건보다 거의 52건이 더 많다. 이 통계수치 비교로 잘 알 수 있듯이 고등법원 파기자판 무죄판결의 현황에 관한 본 연구는 표본이 아니라 거의 전체 사건을 분석대상으로 삼고 있는 것에 해당한다. 거기에 더 나아가 공식 통계에서 무죄로 파악되지 않고 있는 사건 중에서도 실질적 무죄판단이 내려진 사건을 추가하여 분석의 대상으로 삼았음도 주목할 만하다. 따라서 본 연구는 고등법원 1심 유죄사건을 무죄로 변경한 사건들의 일부 표본을 가지고 하는 연구라기보다는 무죄 사건 전체를 조감하는 연구라고 평가할 것이다.

다만 사법연감 상의 무죄 사건과 본 연구대상의 무죄 사건의 범위는 그 외연과 내포에서 차이가 있다. 우선 이런 차이가 발생한 이유는 사법연감이 통계적으로 처리하는 "무죄"란 "주문 무죄" 및 "전부 무죄"만을 무죄로

5) 전체 무죄 사건에서 4대 강력범죄 무죄 사건이 점하는 비율을 말한다.

파악하기 때문이다. 본 연구에서는 분석의 목적상 사법연감이 파악하는 "주문 무죄" 및 "전부 무죄" 이외에 "이유 무죄" 및 "일부 무죄" 사건이 추가되었다. 그리고 무죄 중에는 법률상 이유로 무죄가 선고되는 경우, 정당방위나 심신상실이 인정되어 무죄로 되는 경우 등이 있을 수 있고 그것이 사법연감 상으로는 무죄 사건으로 분류되었을 것이나, 본 연구에서는 이들 유형의 무죄는 연구대상에서 제외하였다. 이런 결과로 사법연감 상의 무죄 사건과 분석대상 무죄 사건이 그 외연이나 포섭범위에 있어서 불일치가 일어날 수밖에 없었던 것이다.

위 표 8에서 보듯이 4대 강력범죄 무죄가 전체 무죄 사건(여기서 말하는 무죄 사건은 고등법원이 1심 유죄를 전부 무죄로 파기자판한 사건을 의미한다)에서 점하고 있는 비율은 10년 평균 20.9%로 나타났다.

아래 그림 5를 보면 고등법원 파기자판 무죄 사건은 점진적으로 증가하는 추세에 있는데[6] 이들 4대 강력범죄 무죄 사건은 거의 일정한 수준을 유지하고 있다. 그 관계로 하여 2000년대 중반 이후부터는 이들 무죄 사건의 비율이 전체 무죄 사건에서 점차로 떨어지는 추세에 있다.[7] 이 분석 결과는 고등법원에서 2000년대 중반 이후부터는 부패범죄나 경제범죄에 대한 무죄판결이 급격하게 느는 추세를 보여주는 것이다.

6) 연도별 전체 무죄 사건의 추세선을 구해 보면 다음과 같은 공식을 얻을 수 있다. $y = 8.9455x + 99$, $R^2 = 0.6412$

7) 연도별 강력범죄 무죄 사건의 점유비율 추세선을 구해 보면 다음과 같은 공식을 얻을 수 있다. $y = -0.014x + 0.304$($R^2 = 0.469$). 즉 이 추세선의 기울기가 (-)를 보이고 있는 것은 그 점유비율이 미세하게 감소하고 있음을 보여주는 것이다.

그림 5 강력범죄 무죄사건 발생 추이 (2002년~2011년)

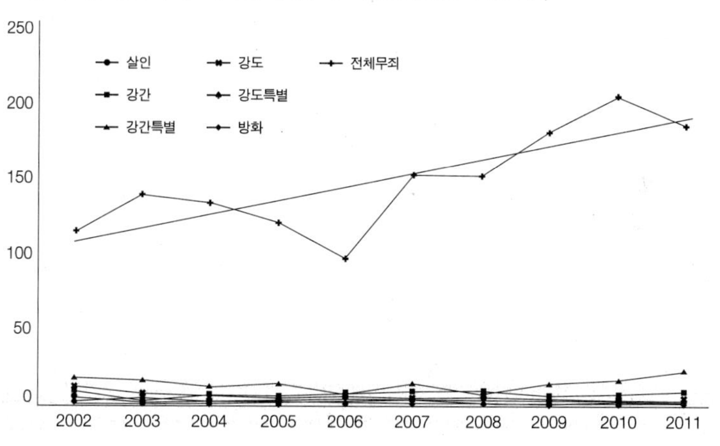

다음으로 분석대상의 1심 유죄-고등법원 무죄 사건이 전체 고등법원 형사항소사건에서 점하고 있는 비중을 파악해 볼 필요가 있다. 일단 사법연감 상 1심과 2심(고등법원)의 유무죄 판단의 일치-불일치 상황을 파악해 보는 것으로 분석대상 사건의 전체 사건에서 점하는 비중을 가늠해 볼 수 있을 것이다.

아래 표 9에서 알 수 있듯이 전국 고등법원 형사사건은 2000년대 중반까지 감소하는 추세에 있다가 2005년을 최저점으로 하여 다시 증가세로 반전하였고, 2010년에 이르러서는 IMF 혼란기 형사사건의 급증을 보인 2000년대 초반 수준을 넘어서고 있다.

무죄율을 보면 1심 무죄율(형사합의부 사건으로서 항소된 사건을 대상으로 한 무죄율임)은 2002년 1.6%였는데 연차적으로 무죄율이 점차 높아져 2011년에 이르러서는 6.2%에 달하게 되었고, 사건수 대비 3.8배의 증가세를 보이고 있다. 고등법원 무죄율(1심 무죄를 유지한 사건과 1심 유죄를 취소하고 무죄 자판한 사건을 합한 비율)은 2002년 2.4%였는데, 고등법원 역시 사건의 증가-감소추세와는 무관하게 꾸준히 무죄율이 올라가 2011년에는 무려 7.0%의 무죄율을 보이고 있고 사건수 대비로는 무죄 사건이 10년 전보다 2.8배 증가하였다.

표 9 1-2심 유무죄 판단 교차빈도표(2002-2011)

연도	2002	2003	2004	2005	2006	2007	2008	2009	2010	2011	합계	점유 비율[8]
유-유[9]	9,438	8,978	8,743	7,147	7,249	7,479	8,213	8,654	9,077	8,641	83,619	94.5%
유-무	115	139	123	107	92	147	143	163	197	171	1,397	1.6%
무-무	120	147	138	183	185	229	346	444	410	485	2,687	3.0%
무-유	33	40	102	76	71	94	86	100	105	102	809	0.9%
전체 사건	9,706	9,304	9,106	7,513	7,597	7,949	8,788	9,361	9,789	9,399	88,512	100.0%
1심 무죄[10]	153	187	240	259	256	323	432	544	515	587	3,496	
1심 무죄율	1.6%	2.0%	2.6%	3.4%	3.4%	4.1%	4.9%	5.8%	5.3%	6.2%	3.9%	
2심 무죄[11]	235	286	261	290	277	376	489	607	607	656	4,084	
2심 무죄율	2.4%	3.1%	2.9%	3.9%	3.6%	4.7%	5.6%	6.5%	6.2%	7.0%	4.6%	
유-무 비율[12]	1.2%	1.5%	1.4%	1.4%	1.2%	1.8%	1.6%	1.7%	2.0%	1.8%	1.6%	

이들 고등법원의 무죄 사건 증가는 1심 무죄 사건 증가에 가장 크게 영향을 받은 것임을 알 수 있다. 고등법원 파기자판 무죄 비율인 "유-무 비

8) 점유비율이라 함은 10년간 전체 사건 88,512건 중에서 1-2심 유무죄 판단이 교차한 유형별 사건이 차지하는 비율을 의미한다.

9) 이 표에서 "유-유"라 함은 1심 유죄-2심 유죄를, "유-무"라고 함은 1심 유죄-2심 무죄를 각각 의미한다.

10) 1심 무죄는 연도별 "무-무" 사건과 "무-유"사건을 합한 사건수이다.

11) 2심 무죄는 연도별 "유-무" 사건과 "무-무"사건을 합한 사건수이다.

12) "유-무 비율"이라 함은 연도별 사건수에서 "유-무" 사건수가 점하는 비율을 의미한다.

율"은 2002년 1.2%(115/9706)였다가, 2007년 1.8%(147/7949)로 증가한 이래 2011년까지 대략 2.0%~1.8%대를 유지하고 있다. 파기자판 무죄 비율의 약한 증가도 고등법원 무죄 사건의 증가에 2차적인 요인이 되었음을 알 수 있다. 무죄율이 2000년대 중반 이후 이처럼 급격하게 증가한 데에는 여러 가지 심도 있는 요인 분석이 필요할 것이다. 아래 그림 6은 2002-2011년 사이의 무죄율 증가추세를 보여주는 그래프다. 1, 2심 모두 매년 0.5%의 비율로 무죄율이 거의 일정하게 증가하는 추세를 알 수 있다.

그림 6 무죄율 추이 (2002년~2011년)

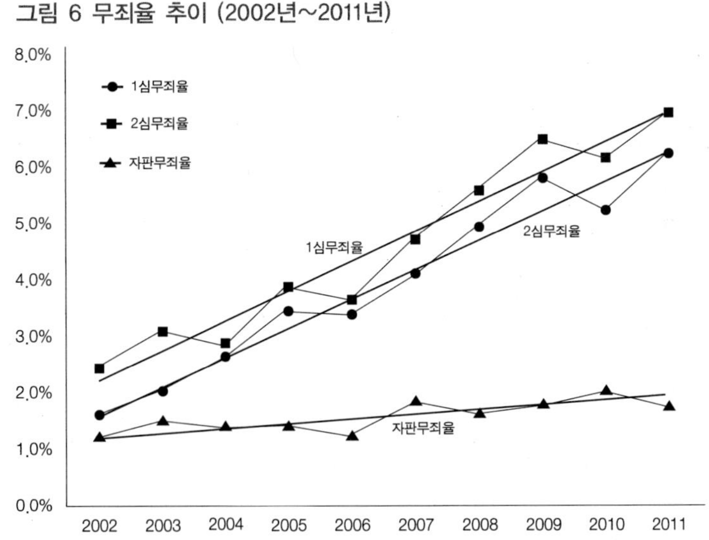

1-2심 유무죄 교차빈도를 보면, 1심 유죄 - 2심 유죄 유지의 비중이 압도적으로 높아 전체의 94.5%를 차지하고 있다. 1심 유죄가 고등법원에서 파기되어 무죄가 선고된 사건이 전체 고등법원 사건에서 점하는 비율은 10년 평균 1.6%이고, 앞서 설명한 바와 같이 최근 들어서는 대략 2.0%~1.8%의 선을 유지하고 있다. 이 분석연구에서 주된 관심의 대상이 된 사건들이 전체 사건에서 차지하는 비중 평균은 1.6%로 분석된다. 1심

무죄가 유지된 비율은 3.0%, 1심 무죄가 파기되어 유죄로 변경된 비율은 0.9%다.

나. 분석 대상사건 현황

1) 법원별 현황

아래 표 10에 의하면, 분석대상 사건 540건 가운데 절반(50.4%)이 서울고등법원(춘천 포함)에서 처리된 것이다. 대전고등법원(청주 포함)이 12.0%, 대구고등법원이 7.8%, 부산고등법원(창원 포함)이 16.7%, 광주고등법원(전주, 제주 포함)이 13.2%를 차지한다.

표 10 고등법원별 분석대상 무죄판결 및 비율

	분석대상	비율
서울고등	271	50.2%
서울고등(춘천)	1	0.2%
대전고등	60	11.1%
대전고등(청주)	5	0.9%
대구고등	42	7.8%
부산고등	87	16.1%
부산고등(창원)	3	0.6%
광주고등	49	9.1%
광주고등(전주)	14	2.6%
광주고등(제주)	8	1.5%
합계	540	100.0%

2011년도 사법연감 상 전체 고등 형사항소사건 10,042건 중 법원별 사건비율을 보면 서울고등법원 57.6%, 대전고등법원 9.0%, 대구고등법원 8.3%, 부산고등법원 13.2%, 광주고등법원 11.9%로 나타나고 있다.[13] 대

체로 전체 사건의 비율의 흐름에 따라 분석대상 무죄 사건도 분포하고 있다고 하겠으나 일반적으로 말하여 대전고등법원과 부산고등법원에서 전체 사건에 대비하여 약간 더 무죄 파기자판 사건이 많은 경향이 있다고 말할 수 있을 것이지만 이런 판단을 일반화하기는 곤란할 것이다.[14)]

2) 판결 연도별 현황

아래 표 11에서 보다시피 1990년대 중반 이전에는 법원의 판결문 데이터베이스가 완비되어 있지 않았다. 즉 이 시기에는 판결이 선고되더라도 판결문 파일을 데이터베이스에 등록시키지 않았었던 것이다. 그러다가 90년대 중반 이후부터 점차 판결문 파일이 데이터베이스화되기 시작했다. 물론 90년대 중반 경에는 반드시 파일을 데이터베이스에 등록하지 않았어도 무방했다. 그 때문에 분석대상 사건을 판결문 데이터베이스로 검색할 경우 분석대상에 포함된 사건들은 시기적으로 제일 빠른 연도인 1995년부터 검색되기 시작했다. 1995년의 경우 세 건의 사건만이 검색되었는데, 이 시기에 등록되지 않은 2심 무죄 판결은 물론 더 많이 있었을 것이다. 그러다가 2000년대 이후부터는 대부분의 판결이 데이터베이스화되었다. 이 무렵부터 대체로 30건 전후 되는 수준에서 안정적으로 무죄 파기자판 사건들이 검색되고 있음을 알 수 있다.

표 11 판결선고 연도별 현황(선고일자 기준)

연도	사건수	연도	사건수	연도	사건수
1995	3	2001	32	2007	38
1996	15	2002	38	2008	33

---

13) 2011년 사법연감, 대법원(2012), 872면.

14) 엑셀을 이용하여 분석대상 사건과 2011년의 법원별 각 사건분포비율을 t-검정(쌍체비교)을 수행한 결과 두 비율 분포 사이에는 통계적으로 유의하지 못했다. 즉 대전고법과 부산고법이 더 무죄판결을 하는 경향이 있다고 보기는 어렵다는 말이다.

1997	22	2003	35	2009	41
1998	34	2004	32	2010	34
1999	27	2005	31	2011	53
2000	17	2006	27	2012	28
합계					540

아래 그림 7을 보면, 경향적으로 보아 무죄 파기자판 사건들이 미세하나마 점차 늘어가는 추세에 있음을 볼 수 있다.[15] 고등법원에서 점진적으로 엄격한 유무죄 판단을 하는 경향이 높아지고 있다는 점에서 긍정적이다.

한편 시각을 달리하여 짚고 넘어갈 대목이 없는 것도 아니다. 분석대상 사건들은 고등법원에서 1심 유죄판결이 무죄 취지로 파기되었고 대부분이 무죄로 확정되었다. 그 결과 이런 유형의 고등법원 판결들은 1심의 사실인정 심리에 대하여 일정한 지도적 역할을 하게 되는 것이다. 만일 그런 지도적 효과가 충실하게 1심에 전달되었더라면 다음부터는 유사한 잘못이 반복되지도 않을 것이다. 그 결과 점차 이런 고등법원 판결은 줄어들어야 옳다. 그러나 방금 보았듯이 이런 고등법원 판결의 숫자는 해를 거듭하여 가는 과정에서 계속 일정 수준 이상을 유지하고 있고 도리어 약간씩 증가하는 추세에 있다. 중대한 강력범죄 사건에서 1심의 오류가 반복적으로 지적되고 있는 이유가 무엇인지, 항소심의 무죄심사의 지도적 기능에 어떤 문제점은 없는지 등에도 관심을 둘 필요가 있겠다.

15) $y = 0.7893x + 27.019$, $R^2 = 0.1988$

그림 7 분석대상 무죄사건 추이 (2002년~2011년)

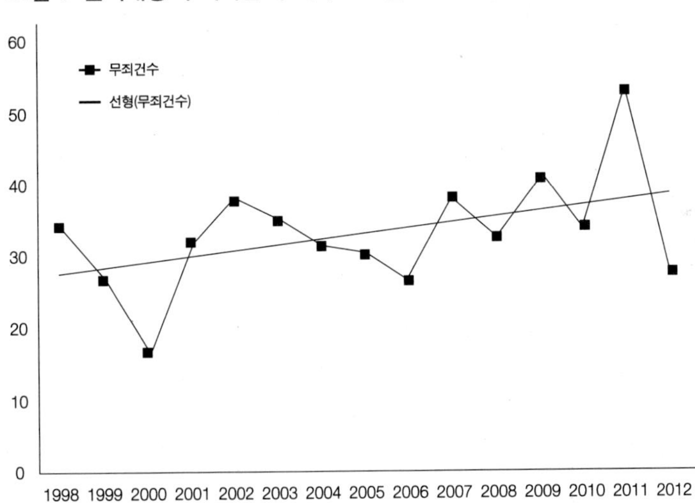

3) 최종 무죄 확정 여부

분석대상 사건은 모두 1심에서 유죄가 선고되었다가 고등법원에서 무죄가 선고된 사건인데 그 고등법원 무죄판결이 후일 그대로 무죄로 확정되었는지가 하나의 관심거리다. 아래 표는 그 현황을 정리한 것이다. 2013년 11월 10일을 기준일로 한 것이다.

상고기간 도과 133건, 대법원 무죄 취지 상고기각 판결 선고 372건, 재심 무죄판결 확정 8건, 이상 합계 513건의 사건이 그 이후 그대로 무죄로 확정되었고, 그 무죄 확정 비율은 95%에 이른다.

표 12 무죄 확정 여부 및 확정 사유 현황

무죄 확정 여부 및 확정 사유	사건수	비고
무죄 확정: 상고기간 도과 확정	133	
무죄 확정: 대법원 무죄취지 상고기각 판결	372	
무죄 확정: 유죄확정 판결이 재심	8	순번 21, 100, 364, 408, 426, 472, 538,

판결로 취소, 재심무죄판결 확정		540 사건. 순번 472 사건은 대법원에서 확정
유죄확정: 대법원 유죄취지 파기환송, 유죄 확정	23	순번 10, 13, 23, 51, 119, 137, 142, 147, 169, 187, 219, 244, 246, 262, 263, 385, 393, 394, 405, 442, 443, 459, 518 사건.
유무죄 미확정: 상고심 계속 중	4	순번 49, 61, 512, 515 사건
합계	540	

24건의 사건이 고등법원 무죄판결 이후 유죄취지로 파기환송되어 그 후속된 판결로 23건의 사건에서 유죄가 확정되었다.[16] 유죄 확정된 사건 23건을 죄명별로 보면 살인죄 5건, 폭행 · 상해치사 2건, 강도상해 1건을 제외한 15건이 성폭력 범죄에 집중되어 있다. 이들 성폭력 범죄 사건에서는 화간인지 아닌지 또는 피고인이 피해자의 반항을 억압할 정도의 폭행 · 협박 등 유형력 행사를 한 바 있었는지 아닌지 등이 유무죄 사실인정 상의 쟁점이 되었다. 환송전 원심은 이런 유형의 사건에서 피해자 진술의 신빙성을 문제 삼아 무죄를 선고하였다가 그것이 대법원에서 유죄취지로 파기환송된 것이다. 이 부분 쟁점에 관하여는 상 하급심은 물론이고 동일 심급의 판단에서도 견해차가 크게 나타나는 등 판단의 불안정성이 노출되고 있는데 관련 부분에서 다시 살펴보기로 한다.

분석대상 사건의 무죄판결이 상고 이후 대법원 심리가 진행 중이어서 아직 확정되지 않은 사건은 순번 61, 512, 515 사건 등 모두 3건이다.

고등법원의 무죄판결에 대하여 상고가 이루어진 사건은 모두 408건(상고율 75.6%)으로서 이 가운데에는 상당 부분이 검찰에 의한 상고사건으로 볼 수 있다. 상고된 사건 408건 가운데 상고가 받아들여져 유죄취지로 파

16) 순번 49 사건은 대법원에서 유죄취지로 파기환송되어 2013년 11월 10일 현재 환송후 원심 법원에서 유죄판결이 선고되었고 다시 상고가 제기되어 아직 미확정 상태다.

기환송된 사건은 24건에 불과(유죄취지 파기율 5.8%)하다. 분석대상 사건들의 쟁점은 모두 유무죄 사실인정과 관련된 문제들로서 이런 사실오인의 상고는 일반적으로 허용될 수 없는 것이 원칙이다.[17] 그럼에도 무죄판결만 나오면 검찰은 관행적으로 상고하는 경향이 있는 것 같다. 그리고 분석대상 사건들 가운데에는 수사기관의 잘못, 권한남용 등 사유가 복합된 오기소 사건도 상당수 포함되어 있다. 그럼에도 스스로 잘못을 인정하지 못한 채 상소를 거듭함으로써 피고인의 지위를 대법원 판결이 나올 때까지 장기간 불안정하게 만들고 있다. 보기에 따라서는 공권력의 권한남용으로 취급되어 문제 제기를 당할 소지까지 있다고 보인다. 특히 이미 대법원이 무죄 취지로 파기환송을 하였고, 그에 따라 환송후 원심이 추가 심리를 더하여 파기환송 취지에 따라 무죄를 선고했음에도 대법원에 별실효성 없는 불복을 거듭 시도하는 것은 국가기관의 위신과도 관련된 문제다. 이런 높은 상고율과 낮은 검찰 상고 인용률은 검찰의 남상소 성향을 추론케 하는 것으로서 앞으로 개선되어야 할 것으로 본다.

지금까지 분석대상 무죄 판결에 후속하는 대법원의 판단이 있었는지 아닌지, 있었다면 그 내용은 어떠하였는가를 살펴보았다. 한편 분석대상 무죄 판결은 대부분이 1심의 유죄판결에 대한 것이지만, 일부 소수 사건에서는 분석대상 무죄 판결에 선행하는 대법원의 판단이 이미 나온 경우도 있었다. 그렇다면 분석대상 무죄 판결에 선행하는 대법원의 판단은 어떠하였고, 더 나아가 그 이전의 1심과 2심의 심급간 판단은 어떤 추세로 나타났는가 하는 점도 또 다른 관심사가 될 수 있다. 아래 표 13은 분석 대상 판결에 앞서 선행하는 대법원의 파기환송 판결이 있었던 경우 심급간 판단의 추이에 따른 사건유형을 분류해 본 것이다.

17) 그 때문에 상당수의 대법원 판시 역시 매우 소략한 이유 설시만으로 끝나고 있다.

표 13 선행하는 심급간 유무죄 판단 유형별 현황

선행 심급간 판단 유형	사건수	사건 내역
1심 유죄-2심 유죄-3심 무죄취지 파기환송-분석대상 판결 무죄 확정	35	순번 3,5, 6, 9, 16, 29, 35, 36, 62, 77, 84, 99, 116, 127, 144, 175, 202, 203, 205, 213, 217, 218, 222, 226, 272, 296, 324, 342, 389, 392, 395, 429, 432, 499, 511 사건
1심 무죄-2심 유죄-3심 무죄취지 파기환송-분석대상 판결 무죄 확정	4	순번 34, 420, 444, 535 사건
1심 유죄-2심 무죄-3심 유죄취지 파기환송-분석대상 판결 무죄 확정	2	순번 76, 314 사건
합계	41	

분석 대상 판결의 대부분은 1심의 유죄판결에 대하여 독자적인 심리 끝에 무죄를 선고한 사건들이지만, 선행하는 파기환송 판결이 있었던 경우가 모두 41건으로서 전체의 7.6%를 차지하고 있다. 이처럼 7.6%에 달하는 사건에서 대법원이 유무죄 쟁점을 놓고 파기환송을 한 것을 보면 대법원의 유무죄에 관한 사실 심사도 상당히 활발한 편으로 평가할 수 있을 것이다. 이 가운데 39건은 무죄 취지의 파기환송판결에 따라 환송후 2심이 무죄판결을 하여 확정된 것이다.

39건 중 35건은 종전 1, 2심 모두 유죄판결을 한 것에 대하여 대법원이 무죄 취지로 파기환송을 하였다. 1심, 2심이 모두 유죄 판단을 한 것을 대법원이 기록검토만을 통하여 무죄 취지로 판단하는 것은 상당한 이례에 속한다. 상당히 명백한 합리적 의심 없이는 좀처럼 하급심의 유죄 판단과 다른 판단을 하기란 쉽지 않을 것이다. 그럼에도 35건에 달하는 사건에서 이처럼 대법원이 무죄 취지 파기환송을 한 것을 보면 환송전 2심의 유무죄 심사에 상당히 중대한 오류가 있었을 것임을 추인케 한다.

4건은 1심 무죄, 2심 유죄로 심급간 의견이 달라진 사건에서 대법원이 1심의 손을 들어 무죄 취지로 파기환송을 한 것이다. 이 경우 중간 심급의 유죄 판단은 상당히 비판을 받을 소지가 커진다. 관여 재판부의 유죄편향성 등을 검토해 볼 필요도 있게 된다. 특히 관심의 대상이 되는 두 건의 사건(순번 76 대구고등 2001노467 살인사건, 순번 314 서울고등 98노3116 치과의사 모녀 살인사건)에서는 환송전 2심의 무죄판결을 심리미진(일부 유죄취지)을 사유로 파기환송되었는데 다시 고등법원에서 추가 심리를 진행하여 다시 무죄판결을 선고하여 확정된 것들이다. 대법원의 유죄 취지에도 불구하고 다시 무죄 판단을 한 환송후 2심으로서는 상당한 심리상 에너지와 용기가 필요하였을 것이다. 이런 재판부의 노고에 큰 감명을 받게 된다.

4) 죄명별 현황

아래 표 14에서와 같이 분석대상 사건의 현황과 분포를 죄명별로 볼 때 주종을 이루는 범죄는 살인, 상해치사 등 생명침해범죄, 강간, 강제추행 등 성폭력범죄, 강도죄임을 알 수 있다.

표 14 죄명별 현황

죄명	건수	합계	비율
생명침해범죄			
살인	46	115	21.3%
강도살인/강간살인/강도치사/존속살인	20		
상해치사/폭행치사	48		
자살방조	1		
성폭력 범죄			
강간/준강간	69	311	57.6%
강간상해/강간치상	78		
강도강간/특수강간	57		
강제추행	28		

13세미만자 강간/강제추행	47		
장애인 준강간	11		
친족관계 강간/강제추행	21		
강도죄			
강도	7	66	12.2%
강도상해/강도치상	39		
특수강도	20		
방화죄			
건조물방화	22	25	4.6%
자동차방화	2		
실화	1		
기타범죄	23	23	4.3%
	540	540	100.0%

분석대상 사건 중 생명침해범죄는 21.3%, 성폭력 범죄는 57.6%, 강도죄는 12.2% 방화죄는 4.6%를 점하고 있다. 방화죄는 전체 사건에서 점하는 비율이 그리 큰 것이 아니기는 하나 그 범죄가 가지는 사실인정의 독특성 때문에 별도의 분석이 필요한 유형의 범죄이므로 독립된 범죄항목으로 분류했다. 그 밖에 상습절도, 상해, 무고, 범인도피, 마약 등의 범죄는 위 주종을 이루는 범죄와 관련하여 발생한 것을 위주로 분석대상에 포함했는데 이들 범죄는 기타 범죄로 처리하였다.

주종을 이루는 범죄들 사이의 결합범, 예컨대 강간살인죄, 강도강간죄, 방화치사죄를 어떤 범죄로 분류할 것인가에 관하여는 획일적 기준이 필요할 것이다. 법무부 통계나 사법연감 상으로는 이들 결합범은 기본 범죄인 강간, 강도, 방화 사건의 범주에 넣어 분류하고 있다. 그러나 본 연구에서는 분석의 목적상 원칙적으로 중한 범죄에 포함되는 것으로 취급하는 것이 타당하다고 보았다. 따라서 사망의 결과가 발생한 결합범죄는 생명침해범죄로 분류하였다. 다만 방화치사죄의 경우는 생명침해의 대인적 특성보다는 방화 고유의 특성을 더 중시하여 방화죄로 분류하였다. 강도강간죄의 경우 다른 견해가 있을 수는 있겠지만, 현시점에서는 성폭력범죄로 분류하는 것이 더 타당하다고 보았다. 미국의 Gross 2012 연구도 같은 입장이다.

표 7 법무연수원의 범죄백서에서 확인되는, 전체 4대 강력범죄(흉악) 중에서 범죄별 점유비율을 보면 살인죄 5.2%, 성폭력 범죄 61.4%, 강도죄 25.5%, 방화죄 7.9%다. 한편 표 8 대법원의 사법연감의 무죄 현황에서 범죄유형별 점유비율을 보면 살인죄가 9.7%, 성폭력범죄가 66.5%, 강도죄가 18.1%, 방화죄가 5.8%다. 본 연구분석에서 항소심에서 무죄판결이 난 전체 540건 중 생명침해범죄 21.3%(순수 살인죄 8.5%), 성폭력 범죄 57.6%, 강도죄 12.2%, 방화죄 4.6%와 대비된다. 대체로 볼 때 원래 발생한 범죄의 점유비율과 상관적으로 무죄판결이 나오고 있음을 알 수 있다.

5) 피고인의 특성별 현황

분석대상 사건 중 여성이 피고인으로 된 사건은 15건으로서 전체 분석대상 사건 중 여성이 점하는 비율은 2.7%에 불과하다.[18] 즉 압도적으로 남성이 피고인인 사건에서 1, 2심 심급간 유무죄가 갈리고 있다. 이들 여성 피고인 사건들 가운데 9건이 살인 등 생명침해사건이다. 생명침해사건만을 놓고 본다면 여성 피고인 사건의 점유비율이 7.8%(9/115)에 달하고 있어 상대적으로 다른 사건유형에 비해 여성 피고인이 점하는 비율이 상당히 높음을 알 수 있다. 즉, 여성이 생명침해범죄를 저지른 경우 다른 유

---

18) 구체적으로 여성이 피고인이 된 항소심 무죄 사건을 열거해 보면 듀스 김성재 살인사건(순번 271), 남편 살인사건(순번 93), 남편 살인사건(순번 88), 사촌오빠 살인사건(순번 173), 내연남 살인사건(순번 209), 사돈댁 살인사건(순번 432), 부산 여성노숙자 살인사건(순번 262), 남편 살인교사 사건(순번 202), 이웃 할머니 폭행치사 사건(순번 133), 승용차절도공모 준강도상해 사건(순번 480), 엘피지 가스통 방화 남편 치사사건(순번 212), 보험사기목적 식당방화 사건(순번 32), 자신 주거 방화사건(순번 498), 강간 무고 사건(397), 자신의 강간범 범인도피사건(순번 3)임을 알 수 있다.

형의 범죄를 저지른 경우와 대비하여 1심에서 유죄를 받았다가 항소심에서 무죄로 되는 경향이 있음을 알 수 있다.[19] 주로 면식 남성 피해자 사망사건에서 관련된 여성을 범인으로 오인 지목하는 것이 문제가 되고 있다.

항소심에서 무죄를 선고받은 피고인들의 나이를 살펴보면 아래 표 15와 같다.

표 15 연령별 무죄 사건 분포

연령	사건수	비율
15~19	22	4.1%
20~24	66	12.2%
25~29	65	12.0%
30~34	92	17.0%
35~39	78	14.4%
40~44	77	14.3%
45~49	43	8.0%
50~54	43	8.0%
55~59	27	5.0%
60~64	14	2.6%
65~69	6	1.1%
70~74	4	0.7%
75~79	3	0.6%
합계	540	100.0%

19) 다만 2010년 발생한 전체 살인죄 1,002건 가운데 남성 피의자는 854명(85.2%), 여성 피의자는 148명(14.8%)로 나타났다. 2010년 발생 전체 강력범죄 사건 중 여성이 범한 범죄비율은 3.25인 것에 대비해 보면 살인죄의 경우 여성이 피의자로 되는 비율이 상당히 높음을 알 수 있다. 본 연구 분석대상 사건에서 특히 생명침해 사건에 여성이 높은 비율을 차지하는 것은 이 범죄 자체가 다른 범죄유형에 비하여 여성이 관여하는 경우가 원래 높은 데에서 연유한 것으로 추론해 볼 수 있을 것이다.

그림 8 분석대상 사건과 2010 발생사건 연령분포

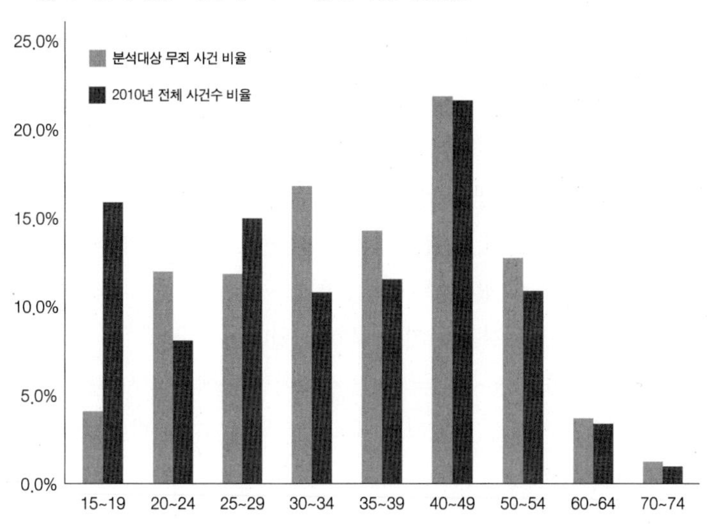

이 나이의 기준시점은 1심 판결 선고시점이다. 20세 미만자의 사건 수가 22건으로서 전체 사건의 4.1%를 차지하고 있다. 최저연령은 16세이고 최고령은 77세이다. 2, 30대가 무죄판결을 받은 주 연령층인데 30대 전반 나이가 점하는 비율이 17%로서 가장 높은 비중을 차지하고 있다. 피고인의 나이는 아래에서 살펴볼 허위자백의 문제와 밀접한 관련이 있다. 아래 그림은 분석대상 사건의 연령별 분포와 2010년 실제로 발생한 사건에서 피의자들의 연령별 분포를 대비한 그래프다. 소년사건에서 실제로 발생한 사건 점유비율보다 무죄사건의 점유비율이 현저한 차이가 나는 것을 제외하고는 대체로 양자 간의 비율은 비슷한 분포를 보이고 있다.[20] 이것은 전체 발생 강력범죄 사건에서 연령별 현황에 상응하게 유무죄의 판단차이가 있는 사건이 발견된다는 것으로서 연령의 효과가 특별히 유무죄 판단에 영향을 미치는 요소로 작용하는 것은 아님을 의미한다. 소년범의 경우

20) 분석대상 무죄 사건수 비율과 2010년 전체 사건수 비율은 높은 상관관계가 있는 것으로 나타났다(r=0.69).

현격한 차이를 보이는 이유는 상당수의 강력범죄 소년범들이 정식 판결절차를 거치지 않고 소년사건에서 처리된 결과가 아닌가 추정된다.

6) 변호인의 유형별 현황

4건 이상 무죄판결을 받은 변호사는 모두 7명에 불과하다.[21] 따라서 고등법원 항소심 무죄로 된 540건의 사건들은 변호사 다수에게 비교적 고루 분산되어 있음을 알 수 있다. 특정한 변호사가 이런 유형의 사건을 집중적으로 맡아 거듭 무죄판결을 받기란 무척 어렵다는 점을 알 수 있다. 특히 위 7명의 변호사 중 5명[22]은 국선변호사였기 때문에 형사사건을 여러 건 선임할 수 있었고 이들은 비교적 성공적으로 국선사건의 변호를 수행했다는 평가를 받을 수 있겠다.

항소심 변호인 유형을 보면 사선변호사 357건(66.1%), 국선변호사 183건(33.9%, 공익법무관 12건, 사법연수생 2건 포함)으로 크게 나뉜다. 즉 항소심 무죄 판결의 3분의 2는 사선변호사가, 나머지 3분의 1은 국선변호사가 이끌어낸 것임을 알 수 있다. 국선변호제도에 대한 일반의 우려가 있음에도 기대한 것보다 상당히 높은 비율로 국선변호 무죄 사건이 있다는 점은 고무적이다. 참고로 2011년 전체 고등법원 접수사건 10,042건(인원수 기준 사건수임) 중 4,905건의 사건에 국선변호인이 선임되어 그 비율은 48.8%에 이른다.

---

21) 이들 7명의 변호사는 부산 김상준 변호사(사선사건인 179, 184 사건, 국선사건인 219, 230, 236 사건), 서울 김형태 변호사(모두 사선사건인 311, 314, 341, 381 사건), 문태현 변호사(모두 국선사건인 320, 324, 325, 330사건), 대전 성윤제 변호사(모두 국선사건인 162, 166, 165, 168, 171, 172 사건), 대전 이강천 변호사(모두 국선사건인 122, 124, 129, 130, 140, 141 사건), 서울 이재만 변호사(모두 사선사건인 363, 417, 510, 536 사건), 부산 정종우 변호사(모두 국선사건인 212, 216, 224, 254 사건)이다.

22) 국선변호인으로서 여러 건의 무죄판결을 이끌어낸 변호사 5인은 김상준, 문태현, 성윤제, 이강천, 정종우 변호사이다.

국선변호사 제도는 2000년대 중반을 거치면서 질적·양적 제반 국면에서 많은 변화가 있었다. 국선전담변호사제도의 시행, 국선변호예산의 대폭 확대, 구속피고인, 피의자에 대한 필요적 국선변호제도의 시행, 영장실질심사에 필요적 국선변호제도의 시행 등이 그 실례들이다. 고등법원 사건에서 거의 절반에 해당하는 사건에서 국선변호인이 선임되어 있음은 앞서 밝힌 바와 같다. 따라서 항소심에서 유무죄에 관한 사실인정이 충실히 되기 위해서는 무엇보다도 국선변호사의 역할이 매우 중요함을 알 수 있다. 2000년대 중반 이후 국선변호제도의 적극적 활용과 활성화는 사실심리의 적정성 확보, 오판의 방지에 있어서 매우 중요한 요인으로 작용할 것임을 기대할 수 있다. 형사 항소심 무죄사례에서 국선변호사건이 33.9%를 차지하고 있다는 것에는 혹시 이런 새로운 제도의 시행과 어떤 연관이 있는 것은 아닌가 하는 관심 아래 연도별로 국선점유비율에 어떤 차이가 있는가를 살펴본 결과가 아래 표 16에 제시되어 있다.

표 16 연도별 국선사건 점유비율

연도	사건수	국선사건수	국선점유비율
1995	3	0	0.0%
1996	15	4	26.7%
1997	22	5	22.7%
1998	34	11	32.4%
1999	27	9	33.3%
2000	17	5	29.4%
2001	32	16	50.0%
2002	38	14	36.8%
2003	35	11	31.4%
2004	32	15	46.9%
2005	31	12	38.7%
2006	27	5	18.5%
2007	38	14	36.8%

2008	33	11	33.3%
2009	41	17	41.5%
2010	34	9	26.5%
2011	53	22	41.5%
2012	28	3	10.7%
합계	540	183	33.9%

아래 그림 9는 분석대상 사건에서 국선사건이 점유하는 비율을 그래프로 표시한 것이다. 이 도표에서 보듯이 연도별로 국선사건의 점유비율은 미세하나마 증가하는 추세를 찾아볼 수 있다.[23] 최근의 여러 노력에도 불구하고 그 기대한 것만큼의 효과는 현저하게 발견되지는 않는다. 다만 이 부분은 앞으로 여러 심도 있는 분석이 필요할 것이다.

그림 9 국선사건 점유비율

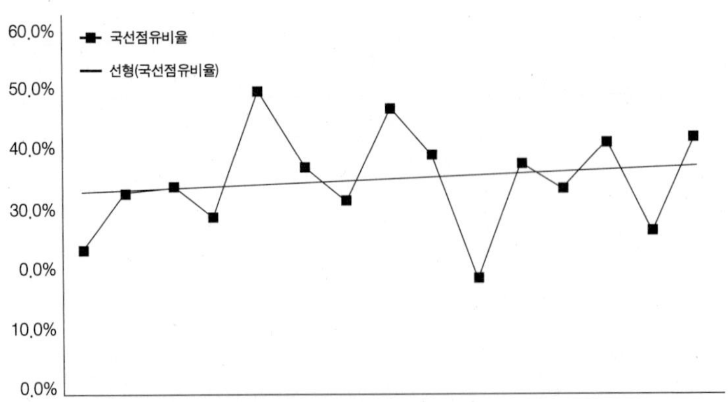

23) 연도별 국선사건 점유비율을 엑셀로 추세선 분석을 해 보면 다음과 같은 수식을 얻을 수 있었다. $y = 0.003x + 0.322$ $R^2 = 0.024$

아래 표 17은 죄명별 국선 무죄 사건의 점유비율을 표시한 것이다. 생명침해범죄는 25.2%, 성폭력범죄는 33.8%, 강도죄는 47%, 방화죄 28%의 점유비율을 보이고 있다. 생명침해범죄의 점유비율 25.2%는 평균 33.9%에 비해 낮고, 강도죄의 점유비율 47%는 평균과 비교하면 상당히 높다. 특히 살인죄의 경우 10.9%에 불과해 대조를 보인다. 비교적 사안이 가벼운 강도죄의 경우와는 달리, 사안이 복잡한 살인, 방화와 같은 범죄의 경우 사선변호인 선임을 통해 무죄를 다투는 경향이 있는 것으로 보인다.

표 17 죄명별 국선무죄 사건 점유비율

죄명	건수	국선사건수	국선점유비율
생명침해범죄	115	29	25.2%
살인	46	5	10.9%
강도살인/강간살인/강도치사/존속살인	20	6	30.0%
상해치사/폭행치사	48	18	37.5%
자살방조	1	0	0.0%
성폭력 범죄	311	105	33.8%
강간/준강간	69	26	37.7%
강간상해/강간치상	78	25	32.1%
강도강간/특수강간	57	19	33.3%
강제추행	28	9	32.1%
13세미만자 강간/강제추행	47	15	31.9%
장애인 준강간	11	6	54.5%
친족관계 강간/강제추행	21	5	23.8%
강도죄	66	31	47.0%
강도	7	2	28.6%
강도상해/강도치상	39	16	41.0%
특수강도	20	13	65.0%
방화죄	25	7	28.0%
건조물방화	22	6	27.3%
자동차방화	2	1	50.0%

실화	1	0	0.0%
기타범죄	23	11	47.8%
합계	540	183	33.9%

7) 1, 2심 판사별 현황

고등법원에서 무죄판결을 선고한 재판장도 분석의 대상으로 삼았다. 분석대상 사건의 재판장별 분포를 확인해 보니 한 재판장이 다수의 2심 무죄 판결을 한 것이 밝혀졌다. 표 18은 총 6건 이상의 다건 무죄를 선고한 재판장들을 무죄선고 사건수 상위 순으로 열거할 때 그 재판장 수를 표시한 것이다. 가장 많은 무죄를 선고한 재판장은 14건을 선고하였다. 6건 이상 다건 무죄 판결을 한 재판장 수는 모두 32명이다. 이들이 담당한 사건수는 271건으로서 분석대상 사건 540건 가운데 절반을 이들 32명의 재판장이 담당한 것으로 밝혀졌다. 특정한 판사가 특별히 유죄 또는 무죄 판결을 하는 성향이 있을 것인가를 알아보기 위하여 이런 분석을 감행해 본 것인데, 방법론적 측면에서 앞으로 보완이 필요하다. 이번 분석은 결과적으로 어떤 유무죄 성향을 밝히는 것까지 접근한 것은 아님을 밝혀둔다.

표 18 다수 무죄판결을 선고한 재판장 현황

무죄건수	재판장 수
14	1명
13	1명
12	3명
11	2명
10	3명
9	3명
8	6명
7	3명
6	10명

형사 항소심에서 재판하다 보면 유무죄 판결과 관련하여 1심 재판장의 성향에 관한 느낌이 오는 때가 있다. 특히 항소심 관할 구역 내 여러 1심 재판부가 있고 여기서 각자 항소사건이 올라오게 될 때에는 실제 1심 재판장별 성향 차이조차도 감지할 수 있을 것 같기도 하다. 다만 이번 연구에서는 그런 차이를 파악하는 데 이르지 못했다. 앞으로 분석 방법론적 검토가 필요하다고 본다.

본 연구분석에서 사건수를 특정함에 있어서 앞서 설명한 전제에서는 하나의 판결에 다수 피고인을 별도로 분석해야 할 필요성이 있을 경우 예외적으로 피고인 별로 사건수를 달리 카운트한 것과는 달리, 재판장별 무죄 사건수를 확인할 때의 사건수는 단순히 판결건수만을 중심으로 산정하였다.

8) 1-2심 판단차이를 초래한 유형별 현황 종합

아래 표 19는 아래 3항에서 본격적으로 검토할, 개별증거 유형별로 검토한, 1-2심 판단차이를 초래한 유죄증거 및 범죄 유형별 현황을 종합한 것이다.

표 19 유죄증거 및 범죄 유형별 현황 종합

죄명	전체 사건수	자백		공범 자백		지목진술		피해진술		과학적 증거		정황증거	
생명침해범죄	115	44	38.3%	29	25.2%	1	0.9%	5	4.3%	34	29.6%	61	53.0%
성폭력범죄	311	40	12.9%	12	3.9%	66	21.2%	240	77.2%	27	8.7%	33	10.6%
강도죄	66	17	25.8%	15	22.7%	37	56.1%	12	18.2%	5	7.6%	11	16.7%
방화죄	25	5	20.0%	2	8.0%	1	4.0%	2	8.0%	8	32.0%	14	56.0%
기타범죄	23	4	17.4%	2	8.7%	7	30.4%	7	30.4%	1	4.3%	5	21.7%
합계	540	110	20.4%	60	11.1%	112	20.7%	266	49.3%	75	13.9%	124	23.0%

국내외의 여러 연구에서 반복적으로 확인되는 오판 원인으로는 목격자의 오인 증언, 위증과 무고, 허위자백, 오도된 과학적 증거, 수사기관의 직권남용 등이다.[24] 본 연구에서도 마찬가지로 자백, 공범자백, 목격자 또는 피해자의 지목진술, 피해자의 피해진술, 과학적 증거, 정황증거에 대한 증명력에 대한 판단 차이가 1, 2심 판단차이를 초래하는 것으로 나타나고 있다.

위 표에서 적시하고 있는 비율은 당해 증거상 쟁점이 범죄유형별 전체 사건 수에서 차지하고 있는 비율을 의미한다. 전체 540건의 2심 무죄 사건에서 유무죄 판단차이를 초래한 증거유형이 점유하고 있는 비율을 보면 허위자백이 20.4%, 공범의 허위자백이 11.1%, 피해자 또는 목격자의 지목진술에서의 오인이 20.7%, 피해자 허위진술 또는 피해오인진술이 49.3%, 과학적 증거의 오류가 13.9%, 정황증거의 문제가 23%를 차지하고 있음을 알 수 있다. 제일 높은 비율을 차지하는 것은 피해자 진술의 문제인데, 60%를 차지하고 있는 성폭력 범죄에서 절반 이상이 이런 피해자 진술이 유무죄 판단에서 문제가 되고 있는 것이 이런 높은 점유비율을 설명해 주고 있다. 위 점유비율의 합계가 100%를 넘는 이유는 하나의 사건에서 복수의 유죄증거가 문제가 된 사건들이 있기 때문이다. 아래 그림 10은 범죄유형별 유죄증거 점유비율을 도표로 표시한 것이다.

24) Gould & Leo, *supra note* 1(chapter 2.3), at 838.

그림 10 범죄유형별 유죄증거의 점유비율

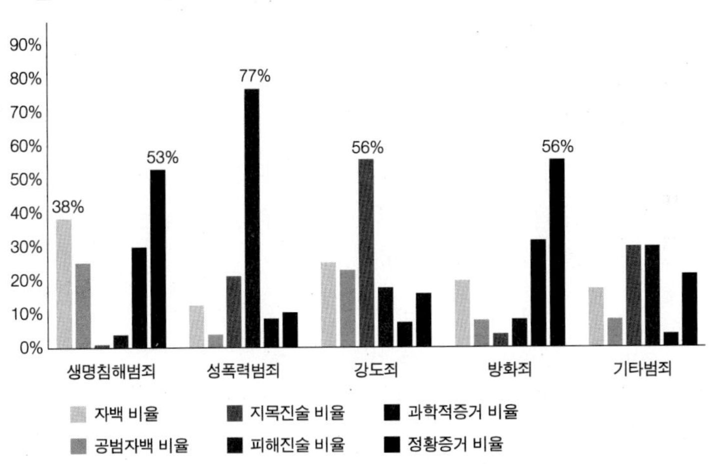

범죄유형마다 제일 큰 쟁점이 되는 유죄증거의 유형이 서로 다르다는 점을 발견할 수 있다. 살인, 강도살인, 상해치사 등 생명침해범죄에서는 제일 많은 쟁점을 차지하는 유죄증거는 정황증거(53%)이고 이어서 허위자백(38.3%)이다. 성폭력범죄에서는 이와는 달리 피해자 허위진술 또는 피해오인진술이 77.2%의 압도적 높은 점유비율을 보이고 있다. 강도죄에서는 목격자 또는 피해자 지목진술의 오인이 56.1%를 차지하고 있어 다른 범죄유형과 대조를 이루고 있다. 방화죄에서는 다른 증거유형보다도 정황증거의 문제가 56%를 차지하여 가장 빈도가 높은 쟁점이 되고 있다. 이들 범죄유형별로 쟁점이 달라지는 현상이 있다는 것은 이번 연구에서 처음으로 발견된 성과라 할 수 있다.

이런 연구결과는 Gross 2012 연구결과와 대비해 보는 것도 의미가 있다. Gross 2012 연구의 분석대상 사건에서 발견되는 이들 오판 원인을 분석하여 범죄 유형별로 그 분포를 보면 아래 표 20과 같다. 가장 높은 오판원인은 위증 및 무고(51%), 목격자의 오인 증언(43%), 및 수사기관의 직권남용(42%)을 들 수 있다.[25] 이어서 잘못된 과학적 증거가 24%, 허위자

백이 15%로 나타났다.[26)27)]

전체 범죄만을 놓고 본다면 본 연구에서 유무죄 판단차이를 초래한 가장 높은 원인은 피해자 허위진술 또는 피해오인진술(49.3%)인데, Gross 2012 연구에서도 위증 및 무고(51%)가 가장 빈번한 오판원인임이 밝혀져 거의 유사한 결과가 나온 것과 비교된다. 그러나 본 연구에서 피해자 허위진술은 주로 성폭력 범죄에서 다수 나타났지만, Gross 2012 연구에서는 생명침해범죄에서 다수 나타난 것이 다르다.

표 20 오판 원인별-범죄유형별 면죄 현황(미국)

	목격자의 오인 증언	위증 /무고	허위 자백	오도된 과학적 증거	수사기관의 직권남용
생명침해범죄(416)	27%	64%	25%	23%	56%
성인에 대한 성폭력(203)	80%	23%	8%	37%	18%
아동에 대한 성폭력(102)	26%	74%	7%	21%	35%
강도(47)	81%	17%	2%	6%	26%
기타 폭력 범죄(47)	51%	43%	15%	17%	40%
기타 비폭력 범죄(58)	19%	52%	3%	3%	55%
합계(873)	43%	51%	15%	24%	42%

25) Gross 2012 Report, *supra note* 110(chapter 2.3), at 40.

26) *Id.* at 40-1.

27) 이에 비하여 Garrett의 연구에 의하면, 200건의 면죄집단 사례에서 오판에 이르게 한 잘못된 유죄증거로는 79%의 사건에서 목격자 증언, 57%의 사건에서 과학적 증거(주로 혈액형 검사와 모발미세검사 결과), 18%의 사건에서 정보원 증언, 16%의 사건에서 허위자백임이 밝혀졌다(이 비율 합계가 100%를 넘는 이유는 한 사건에 복수의 증거가 유죄의 증거로 사용된 때도 있기 때문이다). 항소 또는 재심절차에서 결정문이 있는 사건 133건만으로 한정하여 보면 104건(78%)이 목격자 증언, 77건(58%)이 과학적 증거, 30건(23%)이 정보원 증언, 20건(15%)이 허위자백 증거에 근거하여 유죄판결이 내려졌다. 이들 증거 이외에도 물증이나 정황증거, 기타 부검결과와 같은 증거들은 분석의 대상에서 제외했다고 한다. Garrett, Judging Innocence, *supra note* 36(chapter 2.3), at 76.

Gross 2012 연구에 의하자면, 오판의 원인은 범죄에 따라 크게 차이가 난 것으로 나타나고 있다. 이 연구에서는 면죄사건의 절반이 넘는 살인죄의 경우 가장 큰 오류의 원인은 피고인을 범인으로 지목하는 고의적 허위증언과 무고에 있었고(64%), 수사기관의 권한남용이 그 뒤를 이었다(56%). 성인 성폭력 사건의 경우 제일 큰 오판의 원인은 목격자(피해자)의 오인지목이었다(80%). 이에 비하여 아동 성폭력 범죄의 경우 발생하지도 않은 범죄피해를 오인한 경우가 가장 많은 것으로 나타났다(74%). 우리나라의 아동 성폭력 사건에서도 마찬가지의 현상이 나타나고 있음에 주목된다. Gross 2012 연구에서 나타난 미국 강도 사건에서는 성인 성폭력 사건과 마찬가지로 제일 큰 오판의 원인은 목격자(피해자)의 오인지목이었는데(81%),[28] 우리의 경우에도 강도죄에서는 목격자 또는 피해자 지목진술의 오인이 문제가 된 사건이 마찬가지로 가장 높은 비율(56.1%)을 차지하고 있는 것과 비교된다.

3. 자백 및 허위자백

가. 자백의 임의성·신빙성에 관한 국내외의 논의

1) 개설

분석대상 사건들 중에는 피고인이 법정에서 수사기관에서의 자백내용을 부인하고 무죄를 주장하는 사건들이 상당히 있다. 자백의 임의성이나 신빙성에 관한 심리와 판단은 그 재판의 시작이요 끝이라고 할 수 있다.[29] 허위자백은 특히 혼란스러운 증거의 한 유형이다.[30] 어찌 허위자백

---

28) *Id.*
29) 최정열, “피의자 자백의 임의성과 신빙성”, 재판자료 110집, 법원도서관(2006), 211면.

을 할 수 있을까 하는 일반적 생각과는 달리[31] 허위자백은 종종 발생하는 것 같다. 1987년 이래 오기소의 문제를 다룬 미국연구들에서도 대상사건 중 14~25%의 사건에서 허위자백이 발견되었다고 한다.[32] 현실의 재판에서는 자백의 임의성 여부나 신빙성의 정도를 판단할 자료가 그리 많지 않다. 그 때문에 허위자백의 쟁점을 심사해야 하는 판사로서는 판단에 많은 곤란에 봉착하게 된다. 무고한 자가 자기에게 닥칠 형벌의 불이익을 뻔히 알 것임에도 설마 허위의 자백을 하기야 하겠는가 하는 소박한 추론을 하여, 그 자백의 임의성이나 신빙성을 쉽사리 긍정하는 경향이 과거 재판사례에서 왕왕 존재하였음을 부정할 수 없다.[33] 따라서 허위자백이 재판과

---

30) Steven A. Drizin & Richard Leo, *The Problem of False Confessions in the Post-DNA World*, 82 N. C. L. Rev. 891 (2004); Saul M. Kassin, *The Psychology of Confessions*, 4 Ann. Rev. of L. & Soc. Sci. 193 (2008); Saul M. Kassin et al., *Police-Induced Confessions: Risk Factors and Recommendations,* 34 Law & Hum. Behav. 3 (2010).

31) Iris Blandon-Gitlin, Katheryn Sperry & Richard Leo, *Jurors Believe Interrogation Tactics Are Not Likely to Elicit False Confessions: Will Expert Witness Testimony Inform Them Otherwise?*, Psychol., Crime & L. Volume 17, Issue 3 (2011); Danielle E. Chojnacki, Michael E. Cicchini & Lawrence T. *White, An Empirical Basis For the Admission of Expert Testimony on False Confessions*, 40 Ariz. ST. L. J. 1, 39 (2008); Mark Costanzo, Netta Shaked-Schroer & Katherine Vinson, *Juror Beliefs About Police Interrogations, False Confessions, and Expert Testimony*, 7 J. Empirical Legal Stud. 231 (2010); Lisa A. Henkel, Kimberly A.J. Coffman & Elizabeth M. Dailey, A *Survey of People's Attitudes and Beliefs About False Confessions,* 26 Behav. Sci. & L. 555, 560 (2008); Richard A. Leo & Brittany Liu, *What Do Potential Jurors Know About Police Interrogation Techniques and False Confessions*?, 27 Behav. Sci. & L. 381, 383 (2009).

32) Gould & Leo, *supra note* 1(chapter 2.3), at 844.

33) 최정열, "피의자 자백의 임의성과 신빙성", 재판자료 110집, 법원도서관(2006), 211면. 조원철, "심급별로 사실인정이 달라진 사건의 원인 분석(형사편)", 법관의 의사결정 이론과 실무, 사법발전재단(2010), 507면은 수사기관에서의 피고인의 자

정에서 유죄증거로 제시되면 무고한 사람도 족처럼 그 굴레를 벗지 못하고 유죄판결로 이어질 수 있다는 점에서 허위자백의 심각성이 존재한다.[34)]

재판실무상의 이런 어려움과 대비해 볼 때 허위자백의 현상에 대한 실태 연구는 비교적 드문 편이다. 앞서 소개한 바와 같이 2012년 이기수의 박사학위 연구 이전까지 실증적 연구는 거의 전무하다시피 하였다.[35)][36)]

백이 법원의 유죄판단에 커다란 영향을 미친 것으로 볼 수 있는 사례로 광주고법 1976. 12. 21. 선고 76노458 판결, 경주 당구장 여주인 살해사건인 대구고법 1984. 1. 20. 선고 83노1435 판결, 신림동 청수장 여관 김 순경 살인사건인 서울고법 1993. 9. 28. 선고 93노1791 판결 등을 들고 있다.

34) 허위자백을 한 무고한 사람에게 유죄판결이 내려진 비율이 73~81%에 이른 것을 밝혀낸 연구로는 Drizin & Leo, *supra note* 30(chapter 3.2), at 996; Leo & Ofshe, *supra note* 182(chapter 2.3), at 482 (1998).

35) 이기수, “형사절차상 허위자백의 원인과 대책에 관한 연구”, 서울대학교 대학원 박사학위 논문(2012), 12-20면은 허위자백에 관한 국내의 연구 현황에 관하여 정리하고 있다. 우선 허위자백을 직접적 주제로 다룬 심리학계의 연구로는 김병준, “허위자백의 심리구조: K순경(1992) 사건을 중심으로”, 수사연구 2003년 6~8월호(2003); 백승경/김재휘, “반복질문이 허위자백에 미치는 영향”, 한국심리학회지: 사회 및 성격 Vol. 19, No. 3(2005); 전미혜, “형벌의 감경 약속과 범죄 심각성이 허위자백에 미치는 영향”, 경기대 석사학위논문(2008); 표지민/오영록/박광배, “자백자발성 판단에 대한 용의자의 외현적 정서와 기록매체의 효과: 예비연구”, 한국심리학회지: 법정 Vol. 1, No. 3(2010)을 들 수 있다. 형사법학자 또는 실무가의 연구로는 신동운, “자백의 신빙성과 거짓말탐지기 검사결과의 증거능력”, 경사 이회창 선생 화갑기념논문집(1995); 박상기/탁희성, 자백의 임의성과 증거능력에 관한 연구, 한국형사정책연구원 연구총서(1997); 이삼, “자백배제법칙의 적용을 받는 자백의 유형적 고찰”, 법조 540호, 541호, 법조협회 (2001); 조국, “자백배제법칙의 근거와 효과 그리고 임의성 입증“, 서울대학교 법학 제43권 제1호(2002); 탁희성/도중진, “형사절차상 고문 방지대책”, 형사정책연구, 한국형사정책연구원(2003); 강민성, “형사사건에 있어서의 자백의 신빙성에 관한 일본에서의 논의”, 재판자료 110집, 법원도서관(2006); 강종선, “미국에서의 허위자백에 관한 연구”, 재판자료 110집, 법원도서관(2006); 최정열, “피의자 자백의 임의성과 신빙성”, 재판자료 110집, 법원도서관(2006); 이은모, “자백배제법칙의 근거와 임의성

2) 자백의 임의성

헌법 제12조 제7항 및 형사소송법 제309조는 임의성이 의심스러운 자백의 증거능력을 부정하는 증거법칙을 규정하고 있는데 이를 자백배제법칙이라고 한다. 무고한 사람이 허위자백을 하게 되는 것의 주요한 원인은 수사기관의 강압 때문이다.[37] 즉 허위자백 중에는 임의성 없는 자백이 다수 포함될 수 있다. 임의성이 없는 자백의 증거능력은 부정된다. 그 이론적인 근거에 관하여 허위배제설, 인권옹호설, 절충설(허위배제설과 인권옹호설의 절충), 위법배제설, 종합설 등이 대립하고 있다.[38] 임의성 없는 자백은 자발적 자백과 비교하여 허위가 개재될 가능성이 커지고 그것이 오

의 입증", 법학논총, 한양대학교 법학연구소(2007); 허인석, "영미법계 수사기관의 신문기법과 자백의 증거능력", 형사법의 신동향 제19호(2009); 권영법, "현대 심리신문기법과 허위자백: 현대 심리신문기법에 의한 허위자백 유발에 대한 원인분석과 형사소송법상 대응책의 검토를 중심으로", 형사정책연구, 한국형사정책연구원(2012); 이기수, "형사절차상 허위자백의 원인과 대책에 관한 연구", 서울대학교 대학원 박사학위 논문(2012); 한상범, "자백의 심리구조-자백의 생리와 병리를 통해 그 심리구조를 본다.", 사법행정 257호, 한국사법행정학회 등이 있다. 형사법학자들의 연구는 주로 자백배제법칙에 집중되어 있는 것으로 보인다.

36) 법학자와 심리학자가 공동으로 수행한 실증연구도 한 건이 발견된다. 실험상황에서 반복적 질문이 허위자백 확률을 증가시킬 것이라는 점을 밝힌 연구인 김형준/김재휘/백승경, "형사절차에 있어서 허위진술에 관한 실증적 연구", 중앙법학 제7집 제1호(2005)가 그것이다.

37) Richard J. Ofshe & Richard A. Leo, *The Social Psychology of Police Interrogation: The Theory and Classification of True and False Confessions*, 16 Stud. L. Pol. & Soc'y 189, 191-92 (1997). Gross 2012 Report 연구에서 발견된 허위자백 사례 135건 중 60%(82/135)가 명백하게 강압에 의한 허위자백이었다.

38) 신동운, 신형사소송법, 법문사(2012), 1257-63면은 종합설을 취한다. 이재상, 형사소송법, 박영사(2012), 556면; 배종대/이상돈/정승환/이주원, 신형사소송법, 홍문사(2012), 602면; 차용석/최용성, 형사소송법, 21세기사(2008), 514면; 임동규, 형사소송법, 법문사(2012), 486면은 위법배제설 입장이다. 정웅석/백승민, 형사소송법, 대명출판사(2012), 587면은 종래 다수설인 절충설적 입장을 취한다.

판으로 이어질 수 있다는 점에서 문제의 소지가 큰 자백이라고 할 것이다.[39)]

임의성이 없는 자백으로는 형사소송법 제309조가 예시하고 있는 고문·폭행·협박에 의한 자백,[40)] 신체구속의 부당한 장기화 등으로 인한 자백[41)](또는 불법구속 중 자백[42)]), 기망에 의한 자백[43)]이 있다. 기타의 방법에 의하여 임의성 없는 자백으로 볼 수 있는 유형으로는 약속에 의한 자백,[44)] 진술거부권 불고지[45)] 또는 변호인과의 접견교통권 침해[46)]에 의한 자백, 정신적·심리적 압박에 의한 자백, 유도신문, 철야신문,[47)] 마취분석, 최면술에 의한 자백 등을 들 수 있다.[48)]

---

39) 최정열, "피의자 자백의 임의성과 신빙성", 재판자료 110집, 법원도서관(2006) 213면.

40) 검찰에서 고문 등이 있었음을 이유로 증거능력이 부정된 사례로는 대법원 1993. 9. 28. 선고 93도1843 판결, 대법원 2000. 1. 21. 선고 99도4940 판결, 검찰에서는 고문 등이 없었지만 경찰에서 있었던 고문이 문제로 되어 검사의 조사단계에서도 임의성 없는 심리상태가 계속된 것으로 인정되어 임의성이 부정된 사례로는 대법원 1981. 10. 13. 선고 81도2160 판결, 대법원 1982. 2. 23. 선고 81도3324 판결, 1982. 6. 8. 선고 82도850 판결, 대법원 1992. 3. 10. 선고 91도1 판결 등이 있다.

41) 대법원 1983. 4. 26. 선고 82도2943 판결.

42) 대법원 1982. 5. 25. 선고 82도716 판결. 위법한 긴급체포 중의 자백의 임의성이 부정된 사례로는 대법원 2002. 6. 11. 선고 2000도5701 판결이 있다.

43) 대법원 1985. 12. 10. 선고 85도2182, 85감도313 판결.

44) 약속에 의한 자백이란 자백의 대가로 이익을 제공하겠다고 약속하고 피의자 등이 그 약속에 기하여 자백을 하는 경우를 말한다. 대법원 1984. 5. 9. 선고 83도2782 판결.

45) 대법원 1992. 6. 23. 선고 92도682 판결; 대법원 2009. 8. 20. 선고 2008도8213 판결.

46) 대법원 1990. 8. 24. 선고 90도1285 판결; 대법원 1990. 9. 25. 선고 90도1586 판결.

47) 대법원 1997. 6. 27. 선고 95도1964 판결; 대법원 1998. 4. 10. 선고 97도3234 판결.

48) 이기수, "형사절차상 허위자백의 원인과 대책에 관한 연구", 서울대학교 대학원 박사학위 논문(2012), 106-7면에 의하면, 허위자백의 유형을 분석한 결과, 고문이

형사공판절차에서 자백의 임의성이 다투어지는 경우 그에 대한 입증책임의 소재에 관하여는 판례의 태도가 미세하나마 피고인의 인권보호의 방향으로 변천되어 오고 있음을 감지할 수 있다. 종래 판례는 "진술의 임의성을 잃게 하는 사정은 헌법이나 형사소송법의 규정에 비추어 이례에 속한다 할 것이므로 진술의 임의성은 추정된다."[49]고 하거나 "단지 임의성

6건, 폭행은 15건, 협박 7건, 신체구속의 부당한 장기화(불법 체포·감금 포함) 3건, 기망 10건, 기타의 방법이 53건으로 나타났다. 1990년대에는 고문, 폭행 등 물리력의 행사가 절반을 차지하였으나, 2000년대 들어서는 협박, 기망, 회유, 장시간 조사 등이 큰 비중을 차지하고 있다고 한다. 위 논문, 109면.

49) "진술의 임의성을 잃게 하는 사정은 헌법이나 형사소송법의 규정에 비추어 이례에 속한다 할 것"이라는 표현은 대법원 1983. 3. 8. 선고 82도3248 판결에서 최초로 나왔다. 대법원은 이러한 논거로 수사기관 진술의 임의성을 추정하였다. 그에 따라 "진술의 임의성에 관하여는 당해 조서의 형식, 내용(진술거부권을 고지하고 진술을 녹취하고 작성완료 후 그 내용을 읽어 주어 진술자가 오기나 증감 변경할 것이 없다는 확인을 한 다음 서명날인하는 등), 진술자의 신분, 사회적 지위, 학력, 지능 정도, 진술자가 피고인이 아닌 경우에는 그 관계 그 밖의 여러가지 사정을 참작하여 법원이 자유롭게 판정하면 되고 특히 피고인 또는 검사에게 진술의 임의성에 관한 주장 입증책임이 분배되는 것은 아니라고 풀이할 것"이라고 까지 판단하였다. 이 판례는 당시 사회적으로 큰 파장이 있었던 부산 미문화원 방화사건의 대법원 판결로서 주범에 해당하는 문부식, 김현장에게 사형을 확정한 판결이었다. 이 판례는 후속된 대법원 1997. 10. 10. 선고 97도1720 판결, 대법원 2000. 4. 21. 선고 99도5769 판결에서 인용되었을 뿐인데, 진술의 임의성을 상실되는 사정은 "이례"에 속한다고 하면서 그 임의성이 추정되는 근거를 "헌법이나 형사소송법의 규정"에서 찾는 매우 "이례적"인 판시를 하였다. 수사기관의 권한남용과 고문을 방지하기 위하여 헌법과 형사소송법의 규정을 마련한 것인데, 이 논거대로 하자면 법만 있으면 수사기관은 법을 지켜 고문을 하지 않을 것이라는 것을 추정한다는 것이다. 이러한 논증은 그 자체로 보더라도 무리한 것임을 알 수 있다. 오죽 동원할 논거가 없었으면 이런 판시를 하였을까 하는 탄식을 자아내게 한다. 이 판례는 규범과 현실의 간극과 긴장관계를 도외시하고 고문을 방지하기 위하여 임의성 존부에 관한 법원의 엄격한 심사책무를 방기하는 무책임한 판결이다. 이 판례를 인용하는 데에는 주의를 요한다. 본 연구의 분석대상 판결에서도 이 대법원 판례를 인용한 사례는 발견되지 않았다.

이 없다는 주장만으로는 불충분하고 법관이 자백의 임의성 존부에 관하여 상당한 이유가 있다고 의심할 만한 고문, 폭행, 협박, 신체구속의 부당한 장기화, 기망 기타의 방법 등 구체적인 사실을 들어야 하고 그에 의하여 자백의 임의성에 합리적이고 상당한 정도의 의심이 있을 때 비로소 소추관에게 그에 대한 입증책임이 돌아간다."[50]고 하기도 하였다.

그러다가 대법원 1998. 4. 10. 선고 97도3234 판결은 "임의성 없는 자백의 증거능력을 부정하는 취지는, 허위진술을 유발 또는 강요할 위험성이 있는 상태 하에서 행하여진 자백은 그 자체가 실체적 진실에 부합하지 아니할 소지가 있으므로 그 증거능력을 부정함으로써 오판의 소지를 없애려고 하는 데에 있을 뿐만 아니라, 그 진위 여부를 떠나서 임의성 없는 자백의 증거능력을 부정함으로써 자백을 얻기 위하여 피의자의 기본적 인권을 침해하는 위법·부당한 압박이 가하여지는 것을 사전에 막기 위한 것이므로, 그 임의성에 다툼이 있을 때에는 피고인이 그 임의성을 의심할 만한 합리적인 이유가 되는 구체적인 사실을 입증할 것이 아니고, 검사가 그 임의성에 대한 의문점을 해소하는 입증을 하여야 한다."[51]고 하는 판시를 최초로 내놓았다. 이 판례에서는 임의성에 관한 입증책임은 원칙적으로 검사에게 있음을 명확히 선언하였다.[52]

---

50) 대법원 1984. 8. 14. 선고 84도1139 판결. 이 판결의 판지를 그대로 인용한 후속 대법원 판결례는 보이지 않는다. 다만 분석대상 사건 중 순번 36의 대법원 파기환송 판결 및 순번 190사건에서는 이 판례를 인용하고 있는데, 그것은 자백의 임의성에 관한 논점이 아니라 공소사실의 특정 정도에 관한 법리의 판지 부분을 인용한 것이다.

51) 대법원은 이 사건에서 피고인들이 자백에 이른 정황을 종합해 볼 때 피고인들의 검찰에서의 자백은 "임의로 진술한 것이 아니라고 의심할 만한 상당한 이유가 있어, 피고인들이 검찰에서 행한 위 각 자백은 이 사건에서 문제되는 철야조사가 있어 그 때문인지 여부를 심리·판단하지 아니하고는 결국 유죄의 증거로 삼을 수 없다고 할 것"이라는 이유로 원심을 파기하였다.

52) 이 판례는 후속하는 아래 판례들의 축적에 따라 확립된 대법원의 입장이 되었다. 대법원 1999. 1. 29. 선고 98도3584 판결(이 판결에 대한 평석으로는 박광민, "자

다만 검사가 적극적으로 임의성의 존재를 입증하여야 할 단계에 들어가기 위해서는 피고인이 단순히 임의성에 의심이 가는 사정이 있음을 주장하는 것만으로는 부족하고 자백내용[53]이나 공범자의 진술 등에 비추어 자백의 임의성에 의심이 드는 경우에 이를 정도는 되어야 한다는 견해[54]도 있다. 그러나 이 점에 관하여는 신중한 재검토가 필요하다고 본다. 이런 견해는, 자백의 임의성은 소송법적 사실에 불과하므로 자유로운 증명으로 족하다는 판례[55]와 일부 학설[56]의 견해와 맥이 닿아있다. 판례는 별도의 가시적인 증거조사를 거침이 없이 학력, 경력, 사회적 지위, 지능정도, 진술의 내용, 피의자신문조서의 경우 그 조서의 형식 등 제반사정을 참작하여 임의성 유무를 판단하면 된다고 보고 있다.[57][58] 이런 판례의 태도로

백의 임의성과 그 입증", 저스티스 32권 3호(1999), 한국법학원), 대법원 2000. 1. 21. 선고 99도4940 판결, 대법원 2002. 10. 8. 선고 2001도3931 판결, 대법원 2006. 1. 26. 선고 2004도517 판결, 대법원 2006. 11. 23. 선고 2004도7900 판결 등 참조. 분석대상 사건 중에서는 순번 444사건의 1심이 이 대법원 판지를 인용하고 있다.

53) 최정열, "피의사 자백의 임의성과 신빙성", 재판자료 110집, 법원도서관(2006) 220면에 의하면, 수사초기에 부인하던 피고인이 갑자기 자백을 하였던 경우에 피고인이 그와 같이 자백에 이르게 된 경위에 관하여 그럴듯한 설명이 없는 경우, 경찰에서 자백한 피고인이 검찰에 송치된 직후에는 부인을 하였으나 경찰서를 다녀온 후에 다시 번복하여 자백을 하는 등 자백과 부인이 반복되는 경우 등이 자백의 경위에 기초한 임의성 여부의 판단계기가 될 수 있다고 한다.

54) 최정열, "피의자 자백의 임의성과 신빙성", 재판자료 110집, 법원도서관(2006) 216면.

55) 대법원 2001. 2. 9. 선고 2000도1216 판결은 "피고인의 검찰 진술의 임의성의 유무가 다투어지는 경우에는 법원은 구체적인 사건에 따라 증거조사의 방법이나 증거능력의 제한을 받지 아니하고 제반 사정을 종합 참작하여 적당하다고 인정되는 방법에 의하여 자유로운 증명으로 그 임의성 유무를 판단하면 된다."고 판시했다.

56) 이재상, 형사소송법, 박영사(2012), 564면; 임동규, 형사소송법, 법문사(2012), 494면.

57) 대법원 2003. 5. 30. 선고 2003도705 판결.

58) 미국의 연방대법원도 자백에 임의성심사에 있어서 유사한 판시를 하고 있다. *Schneckloth v. Bustamonte*, 412 U. S. 218, 223, 226 (1973); *Stein v. New*

인하여 임의성을 입증하기 위한 방법이나 자료는 엄격한 증거조사를 거치지 않는 것이 현 재판실무상의 관행으로 보인다. 그 때문에 심도 있는 임의성 심사는 늘 필요하지 않게 된다. 그래서 자백의 임의성에 의심할만한 상당한 이유가 있음에도 쉽사리 임의성을 인정하고 있는 경향까지 나타나는 것은 아닌지 우려된다.[59]

심도 있는 심리가 필요한 경우에는 기록에 나타나 있는 피고인의 학력, 경력, 직업, 사회적 지위,[60] 지능정도 등을 수동적으로 들여다보는 것만으로 충분치 않다. 문제는 심도 있는 심사가 필요한 사건[61]과 그렇지 않은

York, 346 U. S. 156, 185 (1953) 참조. 이 판례에 의하면, 법원은 활용된 강압적 수단의 내용과 피고인의 개인적 특성(characteristics of the accused)을 포함한 관련 정황을 종합한 결과(totality of all the surrounding circumstances)에 기초하여 자백의 임의성을 그 재량으로 판단하여야 한다고 하고 있다.

59) 조원철, "심급별로 사실인정이 달라진 사건의 원인 분석(형사편)", 법관의 의사결정 이론과 실무, 사법발전재단(2010), 508면에 의하면, 특히 후일 진범이 붙잡힌 사건인 경주 당구장 여주인 살해사건과 같은 경우 자신이 저지르지도 않은 살인범행을 자백한 것은 고문 기타 가혹행위나 협박 등 때문인 것으로 볼 수밖에 없음에도 그러한 사건에서조차 자백의 임의성이 인정되었음을 지적하고 있다.

60) 최정열, "피의자 자백의 임의성과 신빙성", 재판자료 110집, 법원도서관(2006), 219면. 피고인의 학력이 높고 사회적 경험이 풍부하거나, 동종의 범죄 경력이 많은 경우에는 자백의 결과를 충분히 예상할 수 있다고 보는 것이 판례의 대체적인 경향인 것 같다. 그러나 과거사 재심 무죄 사건에서 확인되듯이 고문 앞에서는 학력과 지능, 경력 고하가 허위자백을 억제하는 데 아무런 도움이 되지 않았음을 알 수 있다.

61) 사실인정상의 난이도가 매우 높은 대단히 애매한 사건의 경우 자백의 임의성도 하나의 중요한 쟁점이 되어 이를 치열하게 다투는 일도 종종 있다. 이 때문에 이 점을 심도 있게 검토하는 데에 재판심리의 주된 노력이 집중될 수밖에 없다. 수사를 받을 당시 피고인의 위축된 심리상태, 자백과 그 번복의 동기와 경위, 조사관이 피고인을 범인으로 지목하게 된 단서와 의도, 수사기관에 가해지는 범인검거에 관한 압박감의 정도, 수사환경, 자백에 이르기까지 이루어진 커뮤니케이션의 내용, 제3자의 영향력, 고문, 폭행, 협박, 강압, 회유 등이 있었는지 여부 등 주관적, 객관적 요인들을 포함하여 자백의 (신빙성이 아니라) 임의성 정황들과 간접사

사건을 구분하는 기준이 모호하다는 데 있다. 판사로 하여금 심도 있는 임의성 심사의 필요성을 느낄 수 있도록 피고인이 무엇인가를 주장하고 소명하여 판사를 설득하고 움직일 필요가 있다는 것은 검사에게 임의성 거증책임이 있다는 원칙과는 달리 실질적으로는 임의성 추정론으로 다시 돌아가게 하는 역작용을 초래할 우려가 있다. 형해화한 임의성 심사를 하고 있는 실무의 태도는 검사에게 임의성에 관한 거증책임을 지운 97도3234 판결에도 불구하고 여전히 임의성 추정론이 실질적으로 폐기되지 않았음을 의미한다.[62] 요컨대 이런 소극적 심리태도가 현 실무관행의 일반이 된 것은 자백의 임의성을 검사가 입증하되 자유로운 증명으로 족하다고 본 것에 주된 요인이 있다. 소송법적 사실과 실체법적 사실을 구분하여 전자는 자유로운 증명으로 족하다는 입장을 자백의 임의성에 그대로 적용하는 것은 형식논리에 치우쳤다는 비판론이 유력하다.[63] 임의성의 기초가 되는 사실은 순수한 소송법적 사실과는 질적 차이가 있다.[64] 이것은 단순히 유무죄 인정을 위한 증거조사절차상의 문제가 아니라 형사피고인의 기본적 인권의 본질을 수호하고자 하는 헌법적 결단과 관련된 문제로서 자백이라

실들을 확증하는 여러 간접증거들에 대한 조사를 벌여야 하는 일도 출현하게 된다. 수사과정에서 신문의 전 과정을 촬영한 영상물이 마침 준비되어 있고 필요하다면 이를 시청하여 그와 같은 피의자신문에 강압적, 기망적 요소는 없었는지를 심사할 필요도 있다. 나아가 심지어는 전문가로 하여금 이 점을 심도 있게 검토하도록 하는 방식도 고려되어야 한다. 이 때 수사에 참여한 수사관이나 참여자 또는 피고인과 같은 구금 시설에서 조사 직후 피고인의 상태를 목격한 피의자나 공범자 등의 증인으로 나와 수사과정에서의 임의성 여부에 관한 증언을 들어보는 방식을 취할 수 있을 것이다. 최정열, “피의자 자백의 임의성과 신빙성”, 재판자료 110집, 법원도서관(2006) 222면.

62) 이기수, “형사절차상 허위자백의 원인과 대책에 관한 연구”, 서울대학교 대학원 박사학위 논문(2012), 349면.

63) 조국, “자백배제법칙의 근거와 효과 그리고 임의성 입증“, 서울대학교 법학 제43권 제1호(2002), 388면.

64) 위 논문 389면.

는 직접증거로 유죄의 사실인정을 하려면 엄격한 증명이 필요한 것과 같은 맥락에서 접근해야 할 필요가 있다. 즉 임의성이 있다는 사실은 자백증거의 합헌적 기초에 해당하는 증거자격의 첫 관문에 해당하는 것으로서 이 역시 실체법적 사실 차원에 포함시켜[65] 엄격한 증명을 요하는 것으로 해석하는 것이 옳다고 생각한다.[66]

한편, 자백의 임의성 여부가 심사된 후 임의성에 의심이 있는 자백은 증거능력이 없어 원칙적으로 법원에 현출되어서는 아니 될 것이다.[67] 즉 판사는 임의성 없는 자백을 증거에서 고려해서는 아니 되는 것은 물론이고 아예 그런 증거를 접하는 일이 없어야 할 것이다.[68] 경찰 피의자신문조서의 임의성이 다투어지는 경우라면 피고인이 조서의 내용부인을 통하

---

65) 자백을 통한 사실인정의 추론 단계는 ①임의성을 인정할 수 있는 간접정황 종합 →②임의성 인정=다른 증거능력 인정요건과 결합하여 증거능력 부여→[③자백의 신빙성이 다투어지는 경우라면 신빙성을 인정할 수 있는 간접증거 또는 간접사실→자백의 증명력 보강→]④자백에 대하여 직접증거로서의 증명력 부여 →⑤공소사실을 유죄사실로 인정하는 순서로 이루어질 것이다. 이 모든 단계는 엄격한 증명의 대상이 되는 실체법적 사실인정 과정의 연쇄 고리 속에 포섭시킬 수 있고 유독 ①→② 단계만 자유로운 증명으로 족하다고 볼 근거는 없다는 입장이다.

66) 배종대/이상돈/정승환/이주원, 신형사소송법, 홍문사(2012), 612면; 차용석/최용성, 형사소송법, 21세기사(2008), 602면; 정웅석/백승민, 형사소송법, 대명출판사(2012), 593면; 조국, "자백배제법칙의 근거와 효과 그리고 임의성 입증", 서울대학교 법학 제43권 제1호(2002), 389면; 박광민, "자백의 임의성과 그 입증", 저스티스 32권 3호(1999), 207면. 신동운, 신형사소송법, 법문사(2012), 1273면은 고문과 같은 중대한 임의성 침해 주장이 있는 경우에는 엄격한 증명을 요하는 것으로 하고, 그 밖의 경우에는 자유로운 증명으로 충분하다고 본다.

67) 최정열, "피의자 자백의 임의성과 신빙성", 재판자료 110집, 법원도서관(2006), 226면.

68) 대법원 2005. 1. 27. 선고 2004도5493 판결은 실제로 증거능력이 없는 증거라고 하더라도 법관에게 노출되면 그 내용이 법관의 심증형성에 영향을 미칠 가능성이 높다는 것을 시사하고 있다. 최정열, "피의자 자백의 임의성과 신빙성", 재판자료 110집, 법원도서관(2006), 226면 각주 16 참조.

여 증거기록에서 그 내용을 빼 버리면 그만이다(일건 수사기록이 한꺼번에 제출되던 과거 재판관행으로는 이런 조서도 그대로 법관의 손에 들어오게 되어 있었다). 그런데 검찰 피의자신문조서의 임의성이 다투어진다면 증거조사 과정에서 불가불 그 조서의 내용이 판사에게 노출될 수밖에 없다. 판사의 경우에는 이러한 증거능력 없는 정보를 머릿속에서 지워버려야 할 과업에 직면한다. 그런데 미국의 실증연구에 의하자면 무의식중에 직업법관 역시 이런 오정보에 강한 영향을 받는다는 것이다.[69)]

이런 우려와 관련하여 공판준비기일에서의 증거채부 및 증거능력 조사실무[70)]를 중심으로 한 개선책을 검토해 볼 여지가 있다. 신 형사소송법은 공판준비기일에서 증거 채부를 할 수 있는 제도를 마련했다. 증거 채부에 앞서 증거능력에 대한 다툼이 있는 경우 그 증거능력을 심사하는 증거조사를 공판준비기일에서 할 수 있다는 것이 형사소송법에 관한 실무상 견해로 확립되어 있다.[71)] 이런 제도를 둔 근본 취지는 자백의 임의성 심사가 사실심리의 현장에서 신빙성 심사와 무차별적으로 혼재됨으로써[72)] 심사결과 자백배제법칙에 따라 증거능력이 없는 것으로 판명된 자백도 암암리에 사실판단자의 심증에 영향을 미치는 것을 사전에 차단하고자 하는데 있다. 특히 국민참여 형사재판의 경우 배심원에게 미칠 악영향을 우려하여 아예 배심원과 예비배심원은 법원의 증거능력에 관한 심리에 관여할

---

69) Andrew J. Wistrich, Chris Guthrie, & Jeffrey J. Rachlinski, *Can Judges Ignore Inadmissible Information? The Difficulty of Deliberately Disregarding*, 153 U. Pa. L. Rev. 1251 (2005).

70) 2007년 개정 형사소송법에서는 공판준비기일 제도를 신설하였다(제266조의7 내지 15). 공판준비기일에서 할 수 있는 행위로는 증거채부의 결정이 있다(제266조의9 제1항 제8호). 기일 간에도 마찬가지로 공판준비절차 또는 기일을 진행할 수 있다. (제266조의15)

71) 법원행정처, 새로운 형사재판의 이해(2007), 40면; 형사재판실무편람 집필위원회, 형사재판실무편람(2010) 32면.

72) 류혁상/권창국, 증거의 신빙성 제고를 위한 효과적인 증거수집 및 현출방안, 한국형사정책연구원 연구총서(2005), 131면.

수 없도록 한 것이다(국민의 형사재판참여에 관한 법률 제44조). 국민참여재판에서는 필수적으로 거쳐야 할 공판준비기일에서 배심원이 없는 상태에서 임의성 심사를 할 것이므로[73] 배심원에게 혹여 증거능력이 없는 오염된 정보가 전달되는 일은 드물 것이다.[74] 일반 판사재판에서도 자백의 임의성 심사를 공판준비기일에서 하도록 하여 증거능력이 있는 증거만이 법정에 현출되도록 하는 것이 원칙적 모습이 되길 전망해 본다. 이때 공판준비기일에서의 임의성 심사 판사와 공판기일에서의 본안심리 판사를 각자 분리하여 역할을 분담케 하는 방안도 고려해 볼 수 있을 것이다.

3) 허위자백에 이르는 심리구조

허위자백은 값싸게 얻어지는 것이 아니다("False confessions don't come cheap.").[75] 허위자백은 보통 길고 험난한 신문과정을 거치게 된다.[76] 허위자백이 일어나는 원인을 알려면 수사 및 신문절차 내에서 이루어지는 심리적 과정을 조망해 볼 필요가 있다.[77] 수사관이 허위자백을 이

---

73) 법원행정처, 국민참여재판의 이해(2007), 35면.

74) 영국의 Police and Criminal EvIdence Act 1984(PACE) Section 76은 자백의 임의성에 관하여 규정을 두고 있다. 강박(oppression)에 의한 자백과 신뢰성 없는(unreliable) 자백은 증거능력이 없다. 자백의 임의성에 관한 피고인 측의 이의, 또는 법원의 직권으로 임의성 여부를 심사하고자 할 경우 배심원이 없는 자리에서 판사가 증거능력에 관하여 재판(소위 'Voire Dire')을 하게 된다. Crown Prosecution Service 홈페이지에 게재된 "Confession and Breaches of Police and Criminal EvIdence Act: Legal GuIdance" 참조.

75) Gross et al. 2003 Report, *supra note* 111(chapter 2.3), at 544.

76) Gross 2012 Report, *supra note* 110(chapter 2.3), at 57-8.

77) Gould & Leo, *supra note* 1(chapter 2.3), at 844-5; 최정열, "피의자 자백의 임의성과 신빙성", 재판자료 110집, 법원도서관(2006) 230면 이하에서는 浜田壽美男, "虛僞自白の虛僞性がなぜる見拔かれないのか"『誤判救濟と刑事司法の課題:渡剖保夫 先生 古稀 記念 論文集』, 37~60면(2000)의 내용을 주로 참고하여 조사자와 피조사자 심리의 이해 및 허위자백의 문제를 논하고 있다. 한편 浜田壽美男은 1991년 袴田 재심사건의 심리학적 감정인으로 참여했던 경험을 정리하여 "自白か無實

끌어내는 데에는 세 가지 실수가 그 과정에서 발생한다.

첫 번째 실수는 무고한 사람을 죄가 있다고 잘못 분류하는 것이다. 일단 특정한 용의자가 지목되면 이제부터 경찰 조사는 유죄추정의 바탕 하에서 진행되기 마련이다.[78] 이런 경찰관의 실수는 무엇보다도 경찰의 잘못된 교육, 즉 경찰은 살아있는 거짓말 탐지기라는 그릇된 과신을 품도록 하는 교육에서 출발하고 있다. 그러나 다방면에 걸친 사회과학적 연구에 따르자면 사람들은 거짓과 진실을 동전 던지기 확률 이상을 넘지 못할 정도로 잘 가리지 못하고, 경찰 역시 마찬가지라는 점이 반복적으로 확인되고 있다.[79]

무고한 사람을 범인으로 지목한 다음 단계는 그를 탄핵적 신문과정으로 끌어들이게 된다. 특히 사회적 이목이 쏠린 사건에서 유죄 단서가 부족한 상태라면, 용의자로부터 자백을 받는 일은 사건해결에의 압박을 강하게 받고 있는 조사관으로서는 매우 긴요할 것이다. 그 때문에 용의자를 심리적으로 억압하는 방향으로 조사가 치중하게 된다. 자백하면 선처의 회유를, 부인을 하면 중형의 위협을 명시적 또는 묵시적으로 병용하는 전술도 사용한다. 이와 아울러, 모욕적, 반복적 신문, 부인에 대한 공격과 허위증거의 활용 등 모든 수단을 총동원하게 되는 두 번째 실수를 범하는 것이다.[80] 그리고 신체구금과 격리, 강도 높고 장시간의 신문으로 인한 스트레스를 유발하는 신문과정은 그 자체로도 강압적 성격을 가지고 있다. 신문기법은 용의자로 하여금 자신의 유죄가 옴짝달싹할 여지없이 이미 확정된 것으로 인식시키는 데 목표를 두고 있다. 그 결과 용의자로서는 계속 부인을 하고 결백을 주장해 봤자 아무도 믿어주지 않고 사태만 더욱 악화

を證明する, 北大路書房(2006)"이라는 저서를 내놓았다. 수사기관에서 작성된 재심청구인의 자백조서에 대한 진술분석을 통하여 조사 당시 청구인의 억압된 심리상태에 관하여 감정의견을 제시한 것이었다.

78) Gould & Leo, *supra note* 1(chapter 2.3), at 845.

79) *Id* at 845.

80) *Id* at 846.

될 것으로 생각한다. 그 끝에 참을 수 없을 정도로 극도의 스트레스 상황에 이르게 되면 여기서 한시라도 벗어나고 싶은 욕구가 밀려와 그 순간 더 이상의 저항을 포기하고 조사관이 원하는 대로 순응의 단계로 들어가게 된다는 것이다. 용의자가 순응 이외에는 다른 길이 없다고 인식하면서 한 자백은 심리적으로 볼 때 강압에 의한 비자발적(임의성 없는) 자백에 해당된다.[81)]

일단 용의자가 범행을 자인(admission)하였다면, 그다음 단계는 구체적 범행내용을 서술하는 자백(confession)단계로 들어가게 된다.[82)] 구체성 있는 자발적 자백진술이라면 그것은 매우 강력한 유죄증거가 된다. 문제는 무고한 용의자는 그런 구체성 있는 자백내용을 말할 수 없다는 데 있다. 이때 조사관은 자인 후 구체적 자백을 받아야 하는 신문단계에서 무고한 용의자의 진술에 영향을 미치고 심지어는 스스로 그 내용을 만들어 주기까지 하되, 외관상으로는 그러한 자백이 용의자 스스로 입을 통하여 나온 것처럼 가공한다.[83)] 이처럼 용의자의 자인 후 진술을 오염시키는 것이 경찰의 세 번째 실수이다.[84)] 이런 실수들이 축적되어 허위자백이 유도되는 것이다.[85)] 경찰 교육의 내실화를 통해 이런 일이 일어나지 않도록 경찰관 스스로 자각할 필요가 있다. 조사과정의 영상녹음·녹화를 통하여 허위자백 발생을 억제해야함을 주장하는 연구도 나오고 있다.[86)]

조사를 당하는 피의자의 심적 상황을 보자.[87)]

---

81) Ofshe & Leo, *supra note* 37(chapter 3.2), at 214-20.

82) Leo & Ofshe, *supra note* 182(chapter 2.3), at 496.

83) *Id* at 438-40.

84) Garrett, Judging Innocence, *supra note* 36(chapter 2.3), at 89-90은, 미국항소심 법원이 이런 용염된 허위자백을 잘 밝혀내지 못한 사례들을 지적하고 있다.

85) Gould & Leo, *supra note* 1(chapter 2.3), at 850.

86) Thomas P. Sullivan, *Electronic Recording of Custodial Interrogations: Everybody Wins*, 95 J. Crim. L. & Criminology 1127, 1128-30 (2005). 김현숙, "피의자신문조서와 영상녹화물의 증거능력에 관한 연구", 서울대학교 박사학위논문(2008), 131면 이하.

① 일상으로부터의 차단: 범죄혐의로 용의선상에 올라 조사를 받는 일 자체는 일상으로부터의 차단을 전제로 한다. 그 차단으로부터 초래되는 고립감은 사람을 권위에 복종·순응토록 한다. 그리하여 있지도 않은 사실이지만 수사관의 추궁에 부응하여 허위자백을 하기에 이른다. 이런 현상은 직접적인 폭력이나 그밖에 임의성을 부정하는 객관적인 압력이 가해진 바는 없다고 하더라도 마찬가지다.[88]

② 인격적인 존엄의 박탈: 수사관이 피의자의 유죄를 확신하는 경우라면 피의자는 뻔한 거짓말을 하는 나쁜 인간으로 여겨질 수 있다. 이때 자백을 추궁하는 과정에서 피의자에 대한 인격적 비난이 가해질 여지가 있다. 이 경우 피의자로서는 그에 따른 모멸감을 벗어나기 위해 허위자백을 할 수도 있다고 한다.[89]

③ 변명의 공허함: 또 아무리 변명을 하여도 수사관이 납득하지 않고 반복적인 추궁을 받게 되면 공허함에 빠진 나머지 자포자기 상태에서 자백하는 일도 있다.[90] 대법원 판례도 "자기를 진범이라고 확신하는 경찰관원들로부터 교대하여 집중적이며 야간에도 잠을 재우지 않는 등 방법으로 범행 당일 피고인의 행적에 대하여 12회나 진술을 번복하는 등 조사를 받은 이 건에 있어서와 같은 경우에는 통상인으로서는 스스로 방어의 의사를 포기하고 될 대로 되라는 심리가 형성되어 경찰관원의 의도에 순응하는 허위자백을 하는 경우가 있을 수 있다."고 보았다.[91]

④ 시간적 전망의 상실: 사람이 괴로움이나 고통을 참을 수 있는가 없는가를 결정하는 가장 중요한 조건의 하나는 시간적인 전망이다.[92] 무고

---

87) 최정열, "피의자 자백의 임의성과 신빙성", 재판자료 110집, 법원도서관(2006), 233-9면.
88) 위 논문, 234면.
89) 위 논문, 235면.
90) 위 논문, 236면.
91) 대법원 1985. 2. 26. 선고 82도2413 판결. 이 판결은 당시 사회적으로 큰 관심이 집중되었던 고숙종 피고인에 대한 윤 노파 살인사건의 무죄확정판결이다.

한 자로서는 언제까지 이런 고통스러운 조사가 지속될지 알 수 없는 상황에 부닥쳐 있다. 그 결과 시간적인 전망감각을 잃게 되는 경우가 있다. 그래서 고통이 끝나기만을 바라는 마음에서 허위자백을 하게 되는데, 이것이 죄 없는 사람이 허위 자백으로 이르게 되는 가장 중요한 요인 중 하나이다.[93] 이때 조사의 시간이 객관적으로 긴 것인가 짧은 것인가는 문제가 아닐 것이다. 피조사자의 주관적 시간감각이 중시되어 이해되어야 할 것이다.

⑤ 지금 경험하고 있는 고통과 장래 예상되는 고난: 현재 겪고 있는 고통과 장래 예상되는 고난을 냉정하게 비교하기란 때론 어려울 수 있다.[94] 극악무도한 범행을 자백하면 사형 등 중형이 불가피함에도 우선 지금 수사관의 추궁에서 벗어나기 위해 일단 자백을 해 두고 나중에 재판과정에서 무죄를 받자는 심산에서 허위자백을 한 사례도 종종 발견된다.

⑥ 처벌의 비현실감: 죄를 실제로 저지른 사람은 자백하면 자기는 기억이 생생한 범행의 대가로 사형에 처해질 것이라고 실감할 수가 있다. 그런 실감은 두려움 때문에 자백을 억제하는 방향으로 작용할 수 있다. 그러나 무고한 사람은 그러한 실감을 가질 수 없다. 자백을 형식적으로 했더라도 나를 어떻게 처벌할 수 있겠는가 하는 마음이 더 강하게 작용하는 한에서는 고통을 모면하고자 허위자백으로 나아갈 수 있다는 역설적 상황이 벌어질 수 있다.[95]

⑦ 부인이 초래하는 불이익: 무고한 사람에게는 조사가 진행되면서 부인의 불이익이 자백의 이익에 비하여 사소하게 생각될 여지도 있다.[96] 부인해 봐도 결국 유죄판결을 받게 될 것인데 공연히 괘씸죄에 걸려 무겁게 처벌되느니 억울하지만 자백하고 합의라도 하면 당장 풀려날 수 있고 나

---

92) 최정열, "피의자 자백의 임의성과 신빙성", 재판자료 110집, 법원도서관(2006), 237면.
93) 위 논문, 237면.
94) 위 논문, 238면.
95) 위 논문, 238면.
96) 위 논문, 239면.

아가 가볍게 처벌되는 것이 더 낫지 않겠냐 하는 착각이 들 수도 있다.

요즘 들어 주목할 만한 현상은 영장실질심사과정에서 허위자백을 한 것이 문제로 되는 사례들이 종종 눈에 띈다는 점이다.[97] 피고인은 부인하면 구속이 될 것을 두려워하여 자백하였다고 주장한다. 종종 이런 유형의 자백이 나타나고 있는데 이것은 조금 더 심도 있게 평가해 볼 필요가 있다.[98] 보통 범행을 시인하면 유죄를 인정하는 것이고, 그렇다면 인정된 유죄의 유형과 죄질, 예상되는 형벌의 크기에 따라 구속 여부가 결정될 수 있다는 견해도 가능하다.[99] 구속단계에서 가장 중요한 구속사유는 "증거인멸의 염려"이다. 즉 이런 염려가 상존하다는 것은 앞으로도 계속 수사의 필요성이 있다는 것을 의미한다. 그런데 피의자가 자백하게 된다면 수사의 상당 부분은 완결된 것이 되고 더 이상 증거인멸의 염려는 없어지게 된다는 것, 즉 불구속으로 연결될 가능성이 있다는 것을 추론케 한다. 물론 이 사건에서 피고인이 이런 법리까지 다 고려하여 자백=불구속을 연결지은 것은 아닐 것이다.

하지만 불구속 수사 및 재판이 오늘날 한국 형사사법제도의 하나의 주요한 풍경이 된 지금, 구속은 상당히 예외적인 현상이 되었고 그에 따라 국민 일반의 예외적 구속에 대한 두려움은 상대적으로 더 커지게 되었다. 즉 구속에 대한 감수성은 더 높아진 것, 반대로 구속 여부를 앞두고 구속을 감당하는 체질은 더 약해진 것으로 보아야 한다. 자백을 통한 증거인멸

97) 영장신문과정에서의 자백의 허위성이 문제로 된 분석대상 사건들을 보면 순번 471, 502사건 등이 있다.

98) 대법원 2004. 1. 16. 선고 2003도5693 판결의 판시 및 박이규, "판례를 통하여 생각해 보는 형사재판의 증거 평가와 사실 인정", 법관의 의사결정: 이론과 실무, 사법발전재단(2010), 311면 참조.

99) 개정 형사소송법 제70조 제2항은 "범죄의 중대성"을 구속사유 심사의 고려사항으로 들고 있다. 하지만 "범죄의 중대성"을 구속사유의 하나로 격상시키고자 하는 움직임이 없는 것은 아니고, 형사소송법 개정과정에서도 그런 견해가 큰 목소리를 냈지만 이런 주장은 받아들여지지 않았다. 여전히 우리 형사소송법은 이를 구속사유로는 보지 않고 있다.

의 염려가 없음을 사유로 한 영장기각도 심심치 않게 보이게 된 작금에 이르러, 수사를 받는 현장에서는 부인하면서도 영장심문과정에서 불가피하게 허위자백을 하여 구속영장만은 기각시켜 위급상황을 모면하고자 하는 일말의 충동도 있을 수 있음을 가벼이 보지는 말아야 하겠다. 신체 구금의 남용을 통한 자백의 양산이 문제가 되어 그 반작용으로 불구속제도의 확산을 도모하는 개혁이 이루어졌지만, 영장심문과정에서의 허위자백 현상이 나타나는 것은 하나의 아이러니라고 아니할 수 없다. 그러나 이런 유형의 허위자백 주장이 사건의 쟁점으로 종종 등장하는 지금 시점에서는 이런 유형의 허위자백 주장에 대해서는 그 자백 경위를 상세히 살펴볼 필요가 있다고 하겠다.

4) 자백의 신빙성 판단의 방법과 기준

자백의 신빙성 유무를 판단하는 방법에는 직감적 · 인상적 판단방법과 객관적 · 분석적 판단방법의 두 가지 접근방법이 있을 수 있다.[100] 전자는 자백내용의 구체성, 상세성, 진지성 등에 착안하여 주로 직감적, 인상적인 판단에 의해 신빙성 유무를 결정하려는 입장이다. 후자는 자백내용이 변천해 가는 상황의 분석이나 객관적 정황증거와의 대비 등에 의하여 분석적, 이론적으로 신빙성 유무를 판단하려는 입장이다. 현재의 판례 입장이나 실무는 후자의 분석적 판단방법에 따를 것을 전제로 하고 있다.[101] 분석적인 방법으로 자백의 신빙성을 판단하는 경우 분석 대상의 특정 및 그

100) 최정열, "피의자 자백의 임의성과 신빙성", 재판자료 110집, 법원도서관(2006), 240면; 류혁상/권창국, 증거의 신빙성 제고를 위한 효과적인 증거수집 및 현출방안, 한국형사정책연구원 연구총서(2005), 136면.

101) 이런 입장은 소위 고숙종 피고인에 대한 윤노파 살인 무죄판결인 대법원 1985. 2. 26. 선고 82도2413 판결에서 최초로 천명되었다. 후속하는 대법원 1999. 1. 15. 선고 98도2605 판결, 대법원 2001. 10. 26. 선고 2001도4112 판결, 대법원 2010. 7. 22. 선고 2009도1151 판결 등에서 이 판지가 계속적으로 원용되어 이 판례는 자백의 신빙성을 판단하는 하나의 기준으로 확립되었다.

평가방식이 관건이 된다. 이 경우 고려할 항목을 열거해 보면 아래와 같다.[102)]

① 자백의 성립과정 및 경과
② 자백내용의 변경
③ 범행 동기 등에 관한 자백 내용의 합리성
④ 직접 경험한 자가 아니라면 도저히 진술할 수 없는 내용을 말하고 있는지 여부
⑤ 비밀의 폭로[103)][104)]
⑥ 객관적 증거와의 일치 여부
⑦ 변명의 합리성

나. 분석결과

2010년 통계에 따르자면 실제 검거된 사람 중에서 전면적인 자백을 한 사건의 비율은 아래 표 21과 같다.[105)]

---

102) 최정열, "피의자 자백의 임의성과 신빙성", 재판자료 110집, 법원도서관(2006), 243-61면 및 渡部保夫, 無罪の發見 : 證據の分析と判斷基準, 勁草書房(1992), 4-41면 참조.

103) 사전에 수사관이 알지 못했던 사항으로 그러한 비밀의 폭로에 기초한 수사 결과 그 진술이 객관적 진실로 확인된 경우를 말한다. 이런 비밀의 폭로가 있게 되면 진술의 신빙성이 높아지게 될 것이다. 다만 당해 수사관이 사전에 그 내용을 알지 못하였다는 점을 인정하는 데에는 신중을 기할 필요가 있을 것이다. 최정열, "피의자 자백의 임의성과 신빙성", 재판자료 110집, 법원도서관(2006), 256면.

104) 비밀의 폭로를 직접적으로 언급한 사례로는 서울고등법원 1998. 11. 20. 선고 98노1715 판결, 서울고등법원 2009. 7. 2. 선고 2009노683 판결 등이 있다.

105) 대검찰청, 범죄분석(2011), 417면 참조.

표 21 범죄별 검거 당시 자백비율 현황(2010년)

	검거	조사대상	자백	자백비율
생명침해	1,229	1,073	575	53.6%
강도	3,866	3,611	1,918	53.1%
방화	1,557	1,321	901	68.2%
성폭력	17,652	17,327	6,829	39.4%

생명침해범죄와 강도죄는 절반을 약간 넘는 피검자들이 자백을 한 반면, 성폭력범죄는 자백률이 절반에 못 미치고 있음을 알 수 있다.

분석대상이 된 전체 고등법원 항소심 무죄 사건 540건 중 허위자백을 지적하여 무죄판결이 나온 사건은 110건으로서 전체의 20.4%를 차지하고 있다. 이 110건 중에는, 공범이 있는 범죄에서 공범도 아울러 같은 허위자백을 한 사건 24건이 포함되어 있다. Gross 2012 연구에서는 모두 135건의 허위자백 사례가 발견되었는데 전체 오판 사례 중 15%에 해당한다고 한다.[106] 그리고 Garrett의 연구에서는 분석대상 사건 중 31건(16%)의 사건에서 허위자백이 유죄증거로 사용되었다고 한다.[107] 이들 미국의 연구 결과는 본 연구 결과와 대비해 볼만하다.

연도별로 허위자백의 분포현황을 보면 아래 표 22와 같다. 1995년 데이터의 불완전성을 감안하여 이 연도를 제외한다면, 허위자백 무죄의 건수 및 점유비율은 2002년이 14건, 36.8%를 차지하여 최고를 기록하였다. 2000년 및 2001년에는 갑자기 허위자백이 쟁점이 된 무죄 사건이 급격하게 줄어들었는데 표본추출상의 오류 등 체계적 오류가 있는가를 살펴보았는데 그런 오류는 발견되지 않았다. 허위자백 무죄판결이 이처럼 급격하게 줄어든 것에 대한 합리적 설명은 불가능하다.

---

106) Gross 2012 Report, *supra note* 110(chapter 2.3), at 57.

107) Garrett, Judging Innocence, *supra note* 36(chapter 2.3), at 88.

표 22 연도별 허위자백 사건 분포

연도	전체 사건수	허위자백 사건수	연도별 사건수 대비 허위자백 사건 점유비율
1995	3	3	100.0%
1996	15	4	26.7%
1997	22	8	36.4%
1998	34	7	20.6%
1999	27	8	29.6%
2000	17	1	5.9%
2001	32	2	6.3%
2002	38	14	36.8%
2003	35	12	34.3%
2004	32	7	21.9%
2005	31	7	22.6%
2006	27	7	25.9%
2007	38	5	13.2%
2008	33	6	18.2%
2009	41	9	22.0%
2010	34	3	8.8%
2011	53	4	7.5%
2012	28	3	10.7%
합계	540	110	20.4%

이런 예외적 상황을 제외한다면 추세적으로 볼 때 허위자백 무죄는 1990년대에서부터 2000년대 중반 경까지 사이에는 2002년 및 2003년의 피크를 중심으로 2~30% 대의 수준을 유지해 왔음을 알 수 있다. 그러다가 2000년대 후반 및 2012년에 이르는 과정에서는 점차 줄어들고 있다고 볼 수 있다.

아래 그림 11은 연도별 허위자백 사건이 점하는 비율의 추세를 나타낸 표다. 1998년 이래로 허위자백이 점하는 비율이 미세하게 감소하고 있음

을 알 수 있다.[108)]

그림 11 연도별 허위자백사건 점유비율

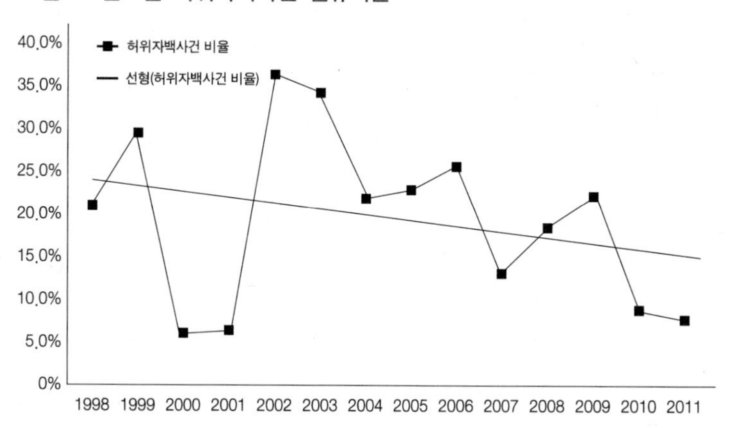

허위자백 무죄가 증가 또는 감소한다는 것은 두 가지 측면에서 설명이 가능할 것이다. 우선 실제 수사현장에서 허위자백의 발생 빈도가 허위자백 무죄에 영향을 미칠 경우를 생각해 볼 수 있을 것이다. 허위자백을 지적한 무죄판결이 증가 또는 감소한다면 그 판결에 앞선 수사현장에서 그만큼 허위자백이 증가 또는 감소했기 때문일 것이라고 추론할 수 있을 것이다. 그러나 다른 한편으로 수사현장에서의 허위자백 증감과는 별도로, 허위자백의 "발견"에 대한 형사법원 판사의 민감도 또한 허위자백 무죄판결의 증감에 중요한 요인이 될 것임 역시 분명하다. 특히 무죄판결 증가추세인 경우는 더욱 그러할 것이다. 따라서 수사기관의 강압에 의한 허위자백 주장을 법원이 얼마나 열린 마음으로 받아들여주는 추세에 있는가 하는 점도 허위자백 무죄 사건의 수에 영향을 미칠 것이다. 그렇기 때문에 허위자백 무죄판결이 많다고 하여 허위자백을 받는 강압적 수사 사례가 많았다고 단선적으로 이해할 것은 아니다. 실제로 허위자백이 일정 정도

108) $y = -0.0069x + 0.247$, $R^2 = 0.08$

존재해 왔는데 종전에는 법원이 그 문제점을 민감하게 인식하지 못하였다가 점차적으로 무죄판결을 통하여 수사기관의 권한남용을 반복적으로 지적하는 과정에서 무죄판결이 일시적으로 증가할 수 있을 것이다. 이런 법원의 판결태도의 변화에 영향을 받아 수사기관도 자백위주의 인권침해적인 수사관행을 타파하고 적정한 수사활동을 통하여 증거를 수집하려는 노력이 이어져 그 이후부터는 허위자백 무죄가 줄어들게 된다면 이는 매우 긍정적인 변화라고 평가할 수 있을 것이다.

그런데 2000년대 초중반까지는 허위자백 무죄판결이 크게 늘다가 2000년대 후반에 들어 허위자백사건이 줄어들고 있는 추세, 즉 2007년 13.2%, 2008년 18.2%, 2009년 22%, 2010년 8.8%, 2011년 7.5%, 2012년 10.7%로서 2009년을 제외한다면 모두 지난 십여 년간의 평균 20.4%를 하회하고 있는 추세에 대하여는 주목해 볼 것이 있다. 즉 현재의 형사재판부는 과거의 형사재판부에 비하여 확실히 인권보장적인 전향적 자세를 취하는 방향으로 변모해 나가고 있다고 보인다. 그 결과 피고인의 허위자백 주장을 종전과 같이 백안시하여 무작정 배척하지는 않고 있다. 특히 유무죄가 문제된 사건에서 아예 수사기관에서부터 일관하여 부인을 하는 사건이 압도적으로 많아진 것도 눈에 띄는 현상이다. 결론적으로 종전에 비하여 최근 들어서는 허위자백을 받으려는 수사기관의 과도한 권한남용은 많이 줄어들고 있다고 추론해 볼 수 있을 것이다. 물론 지금도 허위자백의 문제가 완전히 근절된 것은 아님 역시 분명하므로 개선의 노력은 끊임없이 이어져야 할 것이다.

허위자백 사건의 연령대별 분포는 아래 표 23과 같다.

표 23 연령별 허위자백 사건 분포

연령	전체 사건수	전체 사건수(540)에서 점하는 비율	허위자백 사건수	전체 허위자백 사건수(110)에서 점하는 비율	연령대별 사건수 대비 허위자백 점유비율
15~19	22	4.1%	11	10.0%	50.0%
20~24	66	12.2%	24	21.8%	36.4%
25~29	65	12.0%	14	12.7%	21.5%
30~34	92	17.0%	16	14.5%	17.4%
35~39	78	14.4%	20	18.2%	25.6%
40~44	77	14.3%	13	11.8%	16.9%
45~49	43	8.0%	5	4.5%	11.6%
50~54	43	8.0%	3	2.7%	7.0%
55~59	27	5.0%	3	2.7%	11.1%
60~64	14	2.6%	1	0.9%	7.1%
65~69	6	1.1%	0	0.0%	0.0%
70~74	4	0.7%	0	0.0%	0.0%
75~79	3	0.6%	0	0.0%	0.0%
합계	540	100.0%	110	100.0%	20.4%

허위자백은 미성년, 정신지체 등 주로 취약한 피의자, 피고인의 경우 자주 나타나는 것으로 알려져 있다.[109] 이번 실증 분석에서도 특히 연령과 관련하여 미성년 또는 연소자에게 허위자백 무죄 사건의 비중이 높음을 확인해 볼 수 있다.

---

109) Drizin & Leo, *supra note* 30(chapter 3.2); Joshua Tepfler, Craig M. Cooley & Tara Thompson, *Convenient Scapegoats: Juvenile Confessions and Exculpatory DNA in Cook County, IL*, 62 Rutgers L. Rev. 887 (2010); Allison D. Redlich, *Mental Illness, Police Interrogations, and the Potential for False Confession,* 55 Law & Psychiatry 19 (2004); Claudio Salas, Note, T*he Case For Excluding the Criminal Confessions of the Mentally Ill,* 16 Yale J. L. & Hum. 243 (2004).

전체 무죄 사건 540건 중 15~19세의 무죄 사건 22건이 점하는 비율이 4.1%로서 미성년 연소자의 경우 강력범죄 혐의를 받아 1심에서 유죄판결을 받았다가 항소심에서 비로소 무죄 석방되는 사례는 큰 비중을 차지하지 않았다. 그런데 허위자백 무죄 사건의 경우만을 놓고 본다면, 전체 허위자백 무죄 사건 110건 중에서 15~19세의 무죄 사건은 11건으로서 그 비율이 10%에 달하고 있다. 특히 15~19세의 무죄 사건 22건 중 허위자백이 주된 원인이 되어 무죄로 된 사건은 11건으로서 미성년자 무죄 사건의 절반이 허위자백을 한 것으로 나타나고 있다. 또 20~24세의 연령층에서도 24건의 허위자백 무죄 사건이 발견되는데 동 연령대 무죄 사건에 대비한 비율이 36.4%로서 평균을 크게 상회하고 있다.[110] 피고인의 연령은 1심 선고 당시를 기준으로 한 것으로서 실제 용의자로 지목되어 수사를 받을 당시에는 그 중 일부가 미성년인 상태였을 것임을 감안해 볼 때 이처럼 나이 어린 취약자가 수사기관의 압박에 동조하여 허위자백을 하였을 비율은 더 높아질 수 있을 것이다.

미국 Gross 2012 연구에 의하면, 미국에서도 같은 현상이 발견됨을 알 수 있다. 즉 미국에서도, 미성년자와 지적 장애자는 특히 경찰의 압박에 취약해 허위자백에 이르는 경우가 많다고 한다.[111]

아래 표 24에 의하면, 범행 당시 18세 미만이었던 면죄 피고인들 중 42%가 허위자백을 하였고, 지적 장애자의 75%가 역시 허위자백을 하였다고 분석되었다.[112] 지적 장애 없는 성인의 허위자백 비율 8%와 비교해 볼

---

110) 이기수 박사학위논문에서도 같은 현상을 발견할 수 있다. 즉 이기수, "형사절차상 허위자백의 원인과 대책에 관한 연구", 서울대학교 대학원 박사학위 논문(2012), 99면. 허위자백 당시 피의자의 연령을 살펴보면 전체 72명 중 19세 미만의 미성년자는 22명으로 30.6%, 19~29세는 20명으로 27.8%로서 10대와 20대를 합칠 경우 58.4%를 차지해 압도적인 비중을 차지하고 있음을 알 수 있다. 이것은 허위자백의 취약연령으로 10대와 20대가 확연함을 알 수 있다.

111) Gross 2012 Report, *supra note* 110(chapter 2.3), at 59.

112) *Id.* at 60.

때 큰 차이가 있음을 알 수 있다. 전체적으로 면죄 피고인들 중 6분의 1(147/873)이 미성년자 또는 지적 장애자였지만 전체 허위자백자 중에서는 무려 59%(79/135)의 비율을 점하고 있다.[113] Garrett의 연구에서는 분석대상 사건 200건의 피고인들 중 11명은 지적 장애가 있는 경우였다. 12명은 범행 당시 미성년자였고, 그 중 5명은 지적 장애도 아울러 가지고 있었다. 즉, 18건의 허위자백사건에서 피고인이 미성년자이거나 또는 지적 장애(또는 양자를 겸비)가 있었던 사례이다.[114]

표 24 연령, 지적 장애에 따른 허위자백 현황(미국)

연령, 지적 장애	허위자백 비율
범행당시 18세 미만(39/92)	42%
11-14세(14/19)	74%
15-17세(25/73)	34%
지적 장애(53/70)	75%
지적 장애 없는 성인 (56/719)	8%
합계(135/873)	15%

이런 현상은 우리나라와 전적으로 동일하다. 미국 연구를 통해서도 여실히 드러나듯이 연령, 지적 장애 등 취약한 사람들에게 허위자백이 유발될 가능성이 높다는 점에 유념할 필요가 크다.

그리고 Gross 2012 연구에 의하면, 약 4분의 1(35/135)에 해당하는 경찰 허위자백 피고인이 나중에 법원에서 유죄협상을 하였다고 한다.[115] 이 수치는 자백을 하지 않은 피고인 중에서 유죄협상에 나아간 피고인이 5%(36/738)에 불과하다는 것과 대비해 볼 만하다.[116] 전체적으로 볼 때

113) *Id.*

114) Garrett, Judging Innocence, *supra note* 36(chapter 2.3), at 89.

115) Gross 2012 Report, *supra note* 110(chapter 2.3), at 61. 나머지 경찰 허위자백 피고인들은 후일 그 자백을 철회하고 정식재판(trial)을 시도했다고 분석되었다.

8%(71/873)에 해당하는 허위자백 피고인들이 유죄협상으로 처벌을 받았는데, 이 비율은 중범죄자들의 95%가 유죄협상으로 처벌을 받고 있는 미국 형사재판 현황에 비추어 볼 때[117] 대단히 낮은 수치라는 분석이다.[118] 우리나라에서도 미국식 유죄협상제도를 도입하자는 목소리가 있다. 현재 이 제도가 없는 상황에서도 현실의 재판에서는 양형 전략적인 축소사실 자백 등의 문제가 전혀 없는 것도 아니다. 이런 제도의 도입에 대하여는 그 부작용으로서 오판의 양산 가능성을 항상 염두에 두지 않으면 안 될 것이다.

허위자백은 주로 살인죄 등 생명침해범죄에서 발생하고 있고 성폭력범죄의 경우 허위자백이 무죄판결에서 문제가 된 경우가 상대적으로 적었다. 아래 표 25는 그와 같은 경향을 잘 보여주고 있다.

---

116) *Id.*

117) 한편 Garrett의 연구에 의하면, 이 연구에서 분석대상이 된 면죄자 200명중 9명만 유죄협상을 했고 나머지는 모두 정식재판으로 유죄판결을 받았다고 한다. 아마도 스스로 결백하다고 생각하는 사람이라면 검사가 웬만히 좋은 조건을 제시하지 않는 한에서는 유죄협상을 받아들이기 곤란할 것이다. Garrett는 면죄집단의 유죄협상비율은 4.5%로서, 일반적인 피고인들의 유죄협상비율(살인죄의 68%, 강간죄의 84%가 유죄협상을 하였음)과는 매우 대조적임을 지적하고 있다. Garrett, Judging Innocence, *supra note* 36(chapter 2.3), at 74.

118) Gross 2012 Report, *supra note* 110(chapter 2.3), at 61. 그러나 Gross 교수는 이런 통계를 가지고 무고한 피고인들이 거의 잘 유죄협상을 하지 않는다고 해석할 수는 없다고 한다. 오히려 유죄협상으로 유죄판결을 받은 대다수의 무고한 피고인들이 거의 면죄 절차에서 성공을 거두지 못하고 있다거나(일단 자백 또는 유죄협상을 하였다는 사실 자체로 면죄에서 성공을 거두기란 대단히 어렵다) 또는 아예 그러한 절차를 밟지 않고 있다는 것을 의미한다는 입장이다.

표 25 죄명별 허위자백 사건 분포

죄명	전체 사건수	전체 사건수(540)에서 점하는 비율	허위자백 사건수	전체 허위자백 사건수(110)에서 점하는 비율	죄명별 사건수 대비 허위자백 점유비율
생명침해범죄	115	21.3%	44	40.0%	38.3%
살인	46	8.5%	16	14.5%	34.8%
강도살인/강간살인/강도치사/존속살인	20	3.7%	13	11.8%	65.0%
상해치사/폭행치사	48	8.9%	15	13.6%	31.3%
자살방조	1	0.2%	0	0.0%	0.0%
성폭력 범죄	311	57.6%	40	36.4%	12.9%
강간/준강간	69	12.8%	7	6.4%	10.1%
강간상해/강간치상	78	14.4%	12	10.9%	15.4%
강도강간/특수강간	57	10.6%	12	10.9%	21.1%
강제추행	28	5.2%	5	4.5%	17.9%
13세미만자 강간/강제추행	47	8.7%	2	1.8%	4.3%
장애인 준강간	11	2.0%	0	0.0%	0.0%
친족관계 강간/강제추행	21	3.9%	2	1.8%	9.5%
강도죄	66	12.2%	17	15.5%	25.8%
강도	7	1.3%	1	0.9%	14.3%
강도상해/강도치상	39	7.2%	8	7.3%	20.5%
특수강도	20	3.7%	8	7.3%	40.0%
방화죄	25	4.6%	5	4.5%	20.0%
건조물방화	22	4.1%	3	2.7%	13.6%
자동차방화	2	0.4%	2	1.8%	100.0%
실화	1	0.2%	0	0.0%	0.0%
기타범죄	23	4.3%	4	3.6%	17.4%
합계	540	100.0%	110	100.0%	20.4%

위 표에 의하면 전체 무죄 사건 540건에서 살인죄 등 생명침해범죄가 점하는 비율은 21.3%인데 비하여, 전체 허위자백 무죄 사건 110건에서 생명침해범죄가 점하는 비율은 40%로서 큰 차이를 보이고 있음을 알 수 있다. 또 전체 생명침해 무죄 사건 115건 중에서 허위자백이 이루어진 사건은 44건으로서 38.4%의 비율을 점하고 있다.

이기수의 박사학위논문 분석에서는 이들 생명침해범죄의 점유비율이 38.4%에 달한다고 보았는데,[119] 본 연구에서의 점유비율과 정확히 일치하고 있음도 특기할만하다. 즉 전체 살인 등 생명침해사건에서 무죄가 선고된 사건들 중에는 약 5분의 2가 허위자백이 개재된 것이라는 결과를 얻을 수 있었다. 생명침해범죄에서 허위자백의 사례가 더 많이 발견되고 있는 것은 그 범죄의 특수성 때문인 것으로 보인다. 살인죄와 같은 중대범죄에 대하여는 수사기관은 언론, 여론으로부터 살인범 검거에 관한 압력을 강하게 받기 마련일 것이다. 그럼에도 불구하고 여타 범죄와는 달리 살인죄 등 생명침해범죄는 범죄피해자가 사망에 이르러 피해자로부터 유죄 증거를 확보할 수 없다는 데 문제가 있다. 따라서 이런 사건일수록 수사기관은 더 높은 수준으로 자백을 획득하는 데 많은 노력을 집중할 수밖에 없게 된다. 이에 따라 용의자에 대한 강도 높은 수사를 통하여 증거를 확보하려다 보면 그 과정에서 허위자백을 유발하는 위험성도 더 커지게 된다. 이 때문에 살인죄에서 허위자백의 비중이 높아지는 이유를 발견할 수 있다고 설명한다.[120]

---

119) 이기수, "형사절차상 허위자백의 원인과 대책에 관한 연구", 서울대학교 대학원 박사학위 논문(2012), 100면에 의하면, 살인에 대해 허위자백한 비율이 28.8%이고, 살인죄와 그 외 인명을 해하는 죄인 유기치사, 상해치사. 특수공무집행방해치사까지 합하면 20건으로 38.4%에 달한다는 분석결과를 내 놓고 있다.

120) 위 논문, 100면. Garrett의 연구에서도 살인죄와 강간죄의 상대비교를 통하여 볼 때 살인죄에서 자백을 받아야 할 필요성이 더 높음을 확인할 수 있다. Garrett의 분석결과 141건의 강간 오판사건에서 허위자백이 문제된 것은 9건(6%)인 반면 44건의 강간살인 오판사건에서 허위자백이 문제된 것은 18건(41%), 12건의 살

한편 성폭력범죄의 경우 전체 무죄 사건 540건에서 이들 범죄가 점하는 비율은 57.6%인데 비하여, 전체 허위자백 무죄 사건 110건에서 성폭력범죄가 점하는 비율은 36.4%로서 이 역시 큰 차이를 보이고 있다.

Gross 2012 연구(아래 표 26)에서는 모두 135건의 허위자백 사례가 발견되었는데 전체 오판 사례 중 15%에 해당한다고 한다.[121]

표 26 허위자백 유형별-범죄유형별 면죄 현황(미국)

	피고인에 의한 허위자백
생명침해범죄(416)	25%
성인에 대한 성폭력(203)	8%
아동에 대한 성폭력(102)	7%
강도(47)	2%
기타 폭력 범죄(47)	15%
기타 비폭력 범죄(58)	3%
합계(873)	15%

Gross 2012 연구에서 발견된 허위자백 사례 135건 중 60%(82/135)가 명백하게 강압에 의한 허위자백이었고, 12%(16/135)의 허위자백 사례에서 피고인들은 자백 사실 자체를 아예 부인하거나 자신들이 한 말이 유죄 인정의 의미는 아니었다고 주장하면서 자백을 부정하였다고 분석되었다. 11%(15/135)는 자발적 허위자백 사례였다고 한다. Gross 2012 연구 대상이 된 전체 허위자백 면죄 사례 중 4분의 3(102/135)이 살인죄 면죄 사건이었다. 또한 전체 생명침해범죄 면죄 사건 중 25%에서 피고인에 의한 허위자백이 발견되었다.[122]

인 오판사건에서 허위자백이 문제된 것은 3건(25%)이었다. Garrett, Judging Innocence, *supra note* 36(chapter 2.3), at 90.

121) Gross 2012 Report, *supra note* 110(chapter 2.3), at 57.

122) *Id.* at 57.

본 연구에 따르자면, 우리나라의 경우 전체 허위자백 무죄 사례 중 생명침해 무죄 사건이 차지하는 비중이 40%(44/115)인 데 비하여 미국의 경우 그 비중이 77.2%(102/135)에 달하고 있다. 우리의 경우에도 허위자백이 문제로 되어 항소심에서 무죄로 변경된 사례가 가장 많은 범죄유형은 생명침해범죄인 점에서 미국과 다를 바 없으나 미국의 경우 허위자백 면죄 사건 가운데 생명침해범죄가 점하는 비중이 우리의 경우보다 더 극단적으로 매우 높은 점에 주목된다. 즉 우리의 경우 무죄의 원인이 된 허위자백이 생명침해범죄에서 다수 발견되기는 하지만 미국에 비하여 비교적 다양한 범죄에서 허위자백이 발견된다. 반면 미국의 경우 이런 허위자백 사건들은 생명침해범죄에 압도적으로 집중되고 있다. 또 생명침해범죄를 중심으로 검토해 볼 때 우리나라의 경우 이 유형의 범죄에서 2심 무죄가 나온 비율은 38.3%(44/115)인데 비하여 미국의 경우 25%로 분석되었다. 즉 우리나라의 경우 종국적으로 무죄로 된 생명침해범죄에서 허위자백을 한 비중이 미국과 비교해 볼 때 상대적으로 더 높음을 알 수 있다. 왜 이런 차이가 발생했는가에 대하여는 향후 심도 있는 분석이 필요하다.

4. 공범의 허위자백

공범의 자백은 양면성을 갖는다. 즉 자신의 입장에서는 피고인 자백으로서의 성격이 있지만 다른 공범에 대하여는 제3자 목격자 진술로서의 성격을 겸하고 있다.[123] 그에 따라 공범의 자백진술에 대한 증거조사절차에서의 취급이나 증거법적 평가도 그간 집적된 학설과 판례, 나아가 입법론

123) 박이규, "판례를 통하여 생각해 보는 형사재판의 증거 평가와 사실 인정", 법관의 의사결정: 이론과 실무, 사법발전재단(2010), 317-8면. 류혁상/권창국, 증거의 신빙성 제고를 위한 효과적인 증거수집 및 현출방안, 한국형사정책연구원 연구총서(2005), 150면.

적 변화상을 개관해 볼 때 매우 복잡하게 전개되어 왔다.[124]

그런데 그 복잡성은 이론적 측면만이 아니라 실제 재판과정에서도 사건을 난해하게 만드는 데 바로 공범의 진술의 문제가 있다. 공범들 상호간에 진술이 일치하지 않은 상황에서 도무지 범행의 전모에 관한 그림을 그릴 수 없는 사건, 범행을 자백하는 피고인과 이를 부인하는 다른 공동피고인 사이에서 무고한 사람을 엮어서 책임의 분산을 의도한 것인지, 아니면 다른 공범에게 책임을 전가시키고 자기 혼자만 빠져나가려고 시도하고 있는 것인지 분간이 가지 않는 사건, 범행 전반에 대하여 일부분 책임은 인정하면서도 공범 상호간에 범행 주도의 책임을 떠넘기고 있는 사건, 한 피고인이 자백을 하고 이어서 공범으로 지목된 사람들도 자백을 하기는 하였지만 그 이후 부인과 자백을 번복하고 있어서 혹시 고문과 가혹행위, 강압수

---

124) 형사법학계에서 공범의 자백은 주로 증거능력과 보강증거 등 형사증거법 법리에 치중하여 논의되어 왔다. 공범 여부와 공동피고인 여부 사에 교차된 상황에서 각 경우에 따른 공범의 법정 및 법정외 진술의 증거능력문제가 주된 관심의 대상이 되었던 것이다. 그리고 2007년 개정 형소법이 이러한 논의에 어떤 영향을 미칠 것인가 하는 점도 중요한 관심사 중의 하나였다.

이 부분에 관한 최근의 주요한 논술로는, 김헌무, “공범자의 자백에 관한 연구 : 비교법적 연구를 중심으로”, 한양대학교대학원 박사학위논문(2000); 김대휘, “공범자의 법정외 진술의 증거능력과 자백의 보강법칙 - 공범자의 법정외 진술에 대한 314조 및 제310조의 적용 여부”, 형사판례연구 11권(2003); 민영성, “공범의 진술의 증거능력과 증명력”, 인권과 정의 322호, 대한변호사협회(2003); 민유숙, “공범에 대한 경찰 피의자신문조서의 증거능력 부여- 형사소송법 제314조에 의하여 증거능력을 인정할 수 있는지 여부”, 대법원판례해설 제53호, 법원도서관(2005); 신이철, “형사증거법에서의 공범자 진술에 관한 연구”, 건국대학교 박사학위논문(2008); 윤동호, “개정형사소송법과 공범의 자백의 증거능력에 관한 해석론”, 형사법연구 제20권 제1호, 한국형사법학회(2008); 민영성, “공범자자백의 취급에 관한 판례의 태도와 비판”, 형사법의 쟁점과 판례, 법문사(2009); 신이철, “공동피고인 진술의 증거법적(증거능력) 규제”, 형사법연구 제21권 제2호, 한국형사법학회(2009); 정웅석, “공범인 공동피고인의 법정진술의 증거능력과 증명력”, 형사판례연구 17호, 박영사(2009) 등이 있다.

사로 인한 허위자백의 확산효과가 있는 것은 아닌지 의심이 드는 사건, 공범들 상호간에 자백과 부인을 교차하고 있기는 하나 다른 중요한 공범을 숨기기 위하여 범행의 전모를 흐리는 것은 아닌지 의심이 드는 사건 등이 바로 여기에 해당한다.[125]

피고인의 자백은 통상 그 신빙성이 높게 평가되는 편이다. 하지만 공범의 자백은 자백강요에 의한 허위자백의 폐해와 같은 자백 일반에 존재하는 위험에 더하여 책임전가라고 하는, 공범 자백에 특유한 또 다른 위험성이 있기 때문에 피고인의 자백과 같은 정도의 신빙성을 부여하는 데 문제가 있다.[126] 실로 공범은 발생한 범죄로 인한 죄책을 분담하는 지위에 있기 때문에 본질적으로 서로 이익이 배치되는 관계일 수밖에 없다.[127]

공범을 탄핵하는 과정에서 고려해 볼 수 있는 사항으로는 ① 범행과의 연결고리에 관한 증거, ② 자백내용의 변화, 동요, 비합리성, 부자연스러움, ③ 연루, 책임전가의 동기, 원인의 존재, ④ 공범의 인적 특성 등을 고려해 볼 것이다.[128]

대법원 2002. 6. 11. 선고 2000도5701 판결은 뇌물수수죄와 같은 대향범 상호간에서 자백과 부인이 교차하는 경우, 즉 뇌물죄에 있어서 수뢰자로 지목된 자가 수뢰사실을 시종일관 부인하고 있고 이를 뒷받침할 금융자료 등 물증이 없는 경우, 증뢰자의 진술만으로 유죄를 인정하기 위한 요건을 다음과 같이 설시하고 있다. 아마도 공간된 대법원 판례로서는 이 점을 명시적으로 논한 최초의 사례가 아닌가 한다.[129]

---

125) 류혁상/권창국, 증거의 신빙성 제고를 위한 효과적인 증거수집 및 현출방안, 한국형사정책연구원 연구총서(2005), 187면 이하 참조.

126) 권기훈, "형사소송에 있어서 올바른 증인신문 방법", 재판자료 110집, 법원도서관(2006), 406-7면 참조.

127) 박이규, "판례를 통하여 생각해 보는 형사재판의 증거 평가와 사실 인정", 법관의 의사결정: 이론과 실무, 사법발전재단(2010), 319면.

128) 권기훈, "형사소송에 있어서 올바른 증인신문 방법", 재판자료 110집, 법원도서관(2006), 407-8면.

129) 한편 이 판례는 긴급체포가 요건을 갖추지 못하여 위법한 체포에 해당하는 경우

> 뇌물죄에 있어서 수뢰자로 지목된 피고인이 수뢰사실을 시종일관 부인하고 있고 이를 뒷받침할 금융자료 등 물증이 없는 경우에 증뢰자의 진술만으로 유죄를 인정하기 위하여는 증뢰자의 진술이 증거능력이 있어야 함은 물론 합리적인 의심을 배제할 만한 신빙성이 있어야 하고, 신빙성이 있는지 여부를 판단함에 있어서는 그 진술내용 자체의 합리성, 객관적 상당성, 전후의 일관성 등뿐만 아니라 그의 인간됨, 그 진술로 얻게 되는 이해관계 유무, 특히 그에게 어떤 범죄의 혐의가 있고 그 혐의에 대하여 수사가 개시될 가능성이 있거나 수사가 진행 중인 경우에는 이를 이용한 협박이나 회유 등의 의심이 있어 그 진술의 증거능력이 부정되는 정도에까지 이르지 않는 경우에도 그로 인한 궁박한 처지에서 벗어나려는 노력이 진술에 영향을 미칠 수 있는지 여부 등도 아울러 살펴보아야 한다.

이 판례에 의하자면 증뢰자 자백의 신빙성을 판정하는 세 가지 요소로 ① 진술내용 자체의 합리성, 객관적 상당성, 전후의 일관성, ② 진술자의 인간됨, ③ 그 진술로 얻게 되는 이해관계 유무(다른 범죄의 발각 등 궁박한 처지를 모면할 동기 여부) 등을 들고 있다. 특히 주목을 끄는 부분은 ②항의 진술자의 인간됨됨이를 고려요소로 하고 있다는 점이다. 거짓을 말하는 개인적 소인, 기회주의적인 배신적 태도, 상대방에 대한 악감정, 타인을 연루시키는 것에 대한 도덕적 불감증, 정의 관념의 결여, 지배와 복종에 대한 취약성 등이 두루 고려되어야 할 것인데 문제는 이러한 사항을 재판과정에서 낱낱이 드러내어 심사할 수 있는 수단이 좀처럼 없다는

및 위법한 체포에 의한 유치 중에 작성된 피의자신문조서는 위법수집증거로서 증거능력이 없다고 본 최초의 사례로서 선례로서의 가치가 매우 높은 판례이다. 조국 교수는 이 판례를 가리켜 미국 연방대법원의 'McNabb-Mallory 판결'의 한국판이라고 평가하기도 한다. 이 부분 쟁점을 두고 이루어진 이 판례에 대한 평석으로는 조국, "불법한 긴급체포 중 작성된 피의자신문 조서 및 약속에 의한 자백의 증거능력", Jurist, 384호(2002); 최복규, "위법한 긴급체포와 그 체포에 의한 유치 중에 작성된 피의자신문조서의 증거능력", 형사재판의 제문제 제5권(이용우 대법관 퇴임기념 논문집), 박영사(2005).

데 있다. 그리고 이 판례의 논지는 비단 뇌물수수죄와 같은 대향범뿐만 아니고 공범 상호간의 신술 신빙성 여부를 판정하는 데에도 유용한 지표가 될 것이다. 이 판례는 후속하는 대법원 2009. 1. 15. 선고 2008도8137 판결[130] 등 대법원 판례들[131]에 의하여 지지되어 재인용됨으로써 확립된 판례로서 자리매김 되었다.

대법원 2011. 4. 28. 선고 2010도14487 판결은 앞서의 신빙성 인정 요건법리를 재인용하는 것에 더하여 다음과 같은 판시를 추가하고 있다.

> 금품공여자나 피고인의 진술이 각기 일부는 진실을, 일부는 허위나 과장·왜곡·착오를 포함하고 있을 수 있으므로, 형사재판을 담당하는 사실심 법관으로서는 금품공여자와 피고인 사이의 상반되고 모순되는 진술들 가운데 허위·과장·왜곡·착오를 배제한 진실을 찾아내고 그 진실들을 조합하여 사건의 실체를 파악하는 노력을 기울여야 하며, 이러한 노력 없이 금품공여자의 진술 중 일부 진술에 신빙성이 인정된다고 하여 그가 한 공소사실에 부합하는 진술은 모두 신빙하고 이와 배치되는 피고인의 주장은 전적으로 배척한다면, 이는 피고인의 진술에 일부 신빙성이 있는 부분이 있다고 하여 공소사실을 부인하는 피고인의 주장 전부를 신빙할 수 있다고 보는 것과 다를 바 없는 논리의 비약에 지나지 않아서 그에 따른 결론이 건전한 논증에 기초하였다고 수긍하기 어렵다.

---

130) 이 판결은 현대그룹 로비사건 무죄판결로 세간의 주목을 끌었다. 이 대법원 판결에서는 쟁점이 된 판시 사항 이외에도 재정경제부 간부의 수뢰사건에서 여러 차례에 걸쳐 금원을 제공하였다는 사람의 진술 중 상당한 액수에 해당하는 부분의 신빙성을 배척하면서도 나머지 적은 액수 부분 진술의 신빙성을 인정한 것의 문제점에 대하여 논하고 있다.

131) 대법원 2005. 9. 29. 선고 2005도4411 판결, 대법원 2006. 5. 26. 선고 2005도1904 판결, 대법원 2006. 5. 26. 선고 2006도1713 판결, 대법원 2007. 6. 14. 선고 2007도2178 판결, 대법원 2007. 7. 27. 선고 2007도3798 판결, 대법원 2008. 2. 14. 선고 2005도4202 판결, 대법원 2008. 5. 8. 선고 2008도1652 판결, 대법원 2008. 12. 11. 선고 2008도7112 판결, 대법원 2011. 1. 27. 선고 2010도7947 판결, 대법원 2011. 10. 27. 선고 2011도9884 판결.

공소사실에 부합하는 공범 甲의 일부 진술이 객관적 사실에 비추어 신빙성이 있다면 그에 상반하는 공범 乙의 일부 진술은 신빙성이 없는 것으로 귀결될 것이다. 그런데 공범 甲의 나머지 일부 진술은 객관적 사실과 어긋나 그 부분은 신빙성이 없고 반면 그에 상반하는 공범 乙의 일부 진술이 오히려 무죄취지에 부합하는 경우가 병존할 수 있다. 이 때 공소사실에 부합하는 방향으로만 편중되어 甲의 진술 전부를 믿고 乙의 진술 전부를 배척하여 유죄를 인정한다면 이것은 편파적 취급이다. 이 경우 거꾸로 乙의 진술을 전부 믿고 甲의 진술을 모두 배척하여 무죄를 선고한다면 그것도 마찬가지로 편파적일 수 있다. 대법원은 이 점을 지적하여 원심의 유죄판단에 동원된 증거판단은 건전한 논증에 기초하지 못하였음을 지적하고 있다. 최근 들어 판결의 논증구조에 대한 논의들[132]이 활발하게 전개되고 있는 시점에 즈음하여 "건전한 논증"이라는 표현을 직접 언급하고 있는 점에 주목할 만하다.

공범의 허위자백이 문제로 되어 고등법원 항소심에서 무죄가 선고된 사건은 60건으로서 분석대상이 된 전체 고등법원 항소심 무죄 사건 540건 대비 11.1%를 점하고 있다. 허위자백을 지적하여 무죄판결이 나온 사건은 110건인데 이 가운데에는 공범도 아울러 같은 허위자백을 한 사건 24건임은 앞서 설명한 바와 같다. 따라서 공범 허위자백 무죄 사건 60건 중 36건은 피고인은 계속 부인을 하는데 공범만이 자백을 하여 피고인에게 1심 유죄가 선고되었다가 항소심에서 공범의 자백 신빙성을 부정하고 허위임을 전제로 하여 피고인에게 무죄가 선고된 것이다. 피고인의 부인에도 불구하고 피고인의 유죄를 긍정하는 공범의 상반된 자백도 유무죄 판단에

132) 이용구, "사실인정 과정의 논증" 재판실무연구, 광주지방법원(2009); 이용구, "사실인정 과정의 논증", 법관의 의사결정: 이론과 실무, 사법발전재단(2010). 유승룡/조의연, "법적 논증과 논리칙 · 경험칙", 법관의 의사결정: 이론과 실무, 사법발전재단(2010); 김성룡, "좋은 법적 논증의 조건", 형사법연구 제23권 제2호, 한국형사법학회(2011); 변종필, "판결의 논증구조", 한국 형사법학의 이론과 실천: 정암 정성진 박사 고희기념논문집, 한국사법행정학회(2010).

상당히 심각한 영향을 미침을 알 수 있고 그것이 열에 한 건 꼴로 무죄판결로 나오는 등 비중도 만만치 않다.

특히 살인 등 생명침해범죄 사건의 경우 공범의 허위자백의 영향력은 더 커진다. 아래 표 27에 의하자면 살인 등 생명침해범죄 무죄 사건이 전체 무죄 사건에서 점하는 비율은 21.3%, 본인의 허위자백이 문제로 된 무죄 사건에서 점하는 비율은 40%인 것과 비교하여, 공범의 허위자백이 문제로 된 무죄 사건에서 점하는 비율이 48.3%에 달하여 전체 공범 허위자백 사건의 절반이 바로 살인 등 생명침해범죄에서 발견되고 있음이 주목된다.

특히 살인사건에서 피해자가 이미 사망하여 그 진상을 잘 알 수 없는 상황에서 공범이라고 자칭하는 공동피고인이 무관함을 다투는 피고인을 공범관계로 연루시키고자 하는 경우 이런 사건들은 살인 유무죄의 판단에 매우 심각한 어려움을 초래하는 고난이도 사건에 해당된다고 하겠다.

표 27 죄명별 공범 허위자백 사건 분포

죄명	전체 사건수	전체 사건수 (540)에서 점하는 비율	허위자백 사건수	전체 허위자백 사건수 (110)에서 점하는 비율	죄명별 사건수 대비 허위자백 점유비율	공범 허위자백 사건수	전체 공범 허위자백 사건수 (60)에서 점하는 비율	죄명별 사건수 대비 공범 허위자백 점유비율
생명침해범죄	115	21.3%	44	40.0%	38.3%	29	48.3%	25.2%
살인	46	8.5%	16	14.5%	34.8%	10	16.7%	21.7%
강도살인/강간살인/강도치사/존속살인	20	3.7%	13	11.8%	65.0%	10	16.7%	50.0%
상해치사/폭행치사	48	8.9%	15	13.6%	31.3%	9	15.0%	18.8%
자살방조	1	0.2%	0	0.0%	0.0%	0	0.0%	0.0%
성폭력 범죄	311	57.6%	40	36.4%	12.9%	12	20.0%	3.9%

강간/준강간	69	12.8%	7	6.4%	10.1%	0	0.0%	0.0%
강간상해/강간치상	78	14.4%	12	10.9%	15.4%	1	1.7%	1.3%
강도강간/특수강간	57	10.6%	12	10.9%	21.1%	8	13.3%	14.0%
강제추행	28	5.2%	5	4.5%	17.9%	0	0.0%	0.0%
13세미만자 강간/강제추행	47	8.7%	2	1.8%	4.3%	2	3.3%	4.3%
장애인 준강간	11	2.0%	0	0.0%	0.0%	0	0.0%	0.0%
친족관계 강간/강제추행	21	3.9%	2	1.8%	9.5%	1	1.7%	4.8%
강도죄	66	12.2%	17	15.5%	25.8%	15	25.0%	22.7%
강도	7	1.3%	1	0.9%	14.3%	1	1.7%	14.3%
강도상해/강도치상	39	7.2%	8	7.3%	20.5%	9	15.0%	23.1%
특수강도	20	3.7%	8	7.3%	40.0%	5	8.3%	25.0%
방화죄	25	4.6%	5	4.5%	20.0%	2	3.3%	8.0%
건조물방화	22	4.1%	3	2.7%	13.6%	2	3.3%	9.1%
자동차방화	2	0.4%	2	1.8%	100.0%	0	0.0%	0.0%
실화	1	0.2%	0	0.0%	0.0%	0	0.0%	0.0%
기타범죄	23	4.3%	4	3.6%	17.4%	2	3.3%	8.7%
합계	540	100.0%	110	100.0%	20.4%	60	100.0%	11.1%

미국 Gross 2012 연구(표 28)에 의하면, 전체 면죄 피고인들 873명 가운데 13%(112/873)가 공범이라고 주장하는 자들의 허위자백에 의하여 유죄판결을 받았다.[133] 우리나라의 비율 11.1%(60/540)과 대비해 볼 수 있다. 공범 허위자백 사건의 86%(96/112)가 살인죄에 집중되어 있는데, 이

133) Gross 2012 Report, *supra note* 110(chapter 2.3), at 58. 이들 공범자도 어쩌면 면죄 피고인들과 아울러 처벌되었어야 하고 실제 많은 공범이 그렇게 처벌되었다. 그러나 일부는 유죄협상을 하여 보다 가벼운 범죄로 처벌되었다. 또는 공범을 더 끌어들인 것에 대한 대가로 살인과는 무관한 다른 범죄로 처벌되었거나 아예 처벌도 되지 않은 사례도 있다고 한다.

는 공범 자신의 허위자백 사건에서 생명침해범죄가 점하는 비율보다 더 높은 것이다. 우리나라의 비율 48.3%(29/60)보다 미국의 경우 공범의 허위자백 비중이 생명침해범죄에 더 높게 집중되어 있음을 알 수 있다.

표 28 허위자백 유형별-범죄유형별 면죄 현황(미국)

	피고인에 의한 허위자백	공범에 의한 허위자백	피고인 또는 공범에 의한 허위자백[134]
생명침해범죄(416)	25%	23%	39%
성인에 대한 성폭력(203)	8%	3%	8%
아동에 대한 성폭력(102)	7%	1%	8%
강도(47)	2%	2%	4%
기타 폭력 범죄(47)	15%	6%	19%
기타 비폭력 범죄(58)	3%	9%	12%
합계(873)	15%	13%	24%

이들 공범자의 허위자백 사건 중 63%의 사건에서 피고인 자신은 자백을 하지 않았다고 한다.[135] 전체 면죄사건에서 공범의 허위자백이 차지하는 비율 24%와 비교하여 생명침해범죄에서의 허위자백 사건이 차지하는 비율이 39%로서, 이런 유형의 범죄에서 공범허위자백이 더 큰 나쁜 영향을 미치고 있음을 알 수 있다.[136]

134) 이 비율은 전체 면죄 사건 중 피고인 자신과 공범들 중 어느 하나 또는 전부가 허위자백을 한 사건이 차지하는 비율이다.

135) *Id.* at 59.

136) *Id.*

5. 범인지목진술의 문제점

가. 범인지목 진술의 문제점에 관한 국내외의 논의 및 대법원 판례법리의 전개

범행을 직접 체험한 피해자, 또 그 범행 현장에 있었던 제3자는 범인을 목격할 수 있는 위치에 있었을 것이다. 현장에서 범인이 현행범으로 체포된 것이라면 더 이상의 범인 지목 문제는 남지 않을 것이다. 하지만 범인을 바로 체포하지 못하여 놓친 다음, 일정한 시간이 흐른 뒤에 다른 곳에서 용의자가 체포된 경우 문제가 발생한다. 사건을 체험한 피해자나 목격자로 하여금 당해 용의자가 범인과 동일인인지 여부를 가리는 범인식별절차를 거친다. 이 때 피해 경험과 범인 인상착의에 대한 기억에 주로 의지할 수밖에 없다. 이런 식별절차를 통하여 용의자가 범인과 동일인임을 긍정하는 진술이 여기서 말하는 범인지목 진술에 해당한다. 아래 분석대상 사건의 유무죄 판단에서 이런 범인지목 진술은 매우 중요한 유죄의 직접 증거에 해당하는 것은 분명하지만 그 진술의 취약성과 위험성 때문에 종종 유죄오판에 이르는 일이 발생한다.

증인의 실수는 목격 시간의 길이, 목격의 이격 정도, 조명, 인종적 요인 등 상황적 변인에서 야기될 수 있다.[137] 목격자의 오인식은 인간의 판단 과정에서 늘 따르는 자연스러운 심리적 오류로 인한 것이다.[138] Gary Wells 연구팀이 지적하듯이, 스트레스는 현상에 대한 지각의 내용을 변경

137) 박종선, "목격자진술에 의한 범인식별의 신용성 평가," 중앙법학 제9집 제3호, 중앙법학회(2007), 245면.

138) 권순민, "라인업 절차의 합리적 운영 방안에 대한 연구", 형사법연구 제21권 제4호(2009), 436면 이하 참조. 인간의 인지적 특성과 기억의 오류 가능성을 제시하는 심리학적 연구들은 인간기억의 과정은 정보취득단계, 정보저장단계, 기억된 정보의 인출단계 등 크게 세 가지 단계를 거친다고 본다. 문제는 이러한 단계마다 기억이 왜곡되는 등 오류가 발생할 가능성이 있다는 것이다.

시킬 수 있다. 특히 강력범죄 피해를 입는 과정에서 총이나 흉기에 직면하게 될 때, 피해자는 흉기에 과도하게 집중하는 바람에 가해자의 세부적 특징을 미처 파악하지 못하고 이를 기억해 내지 못한다고 한다.[139] 그리고 증인 스스로의 증언에 대한 자기 확신과 그 내용의 정확성 사이에는 아무런 관련이 없다는 연구도 있다.[140][141]

---

139) Gary L. Wells & Donna M. Murray, *What Can Psychology Say about the Neil v. Biggers Criteria for Judging Eyewitness Accuracy?,* 68 J. Applied Psychol. 347, 349-50 (1983).

140) *Id* at 351. 미국 연방대법원은 *Manson v. Brathwaite* 사건에서 '비록 경찰관이 잠재적으로 오인가능성이 있는 암시적 절차에 관여함으로써 결과적으로 그러한 행동이 적법절차 준수의무를 위반한 것이 된다고 하더라도, 목격자에게 확신이 있고 가해자를 목격할 수 있는 충분한 기회가 보장되었다고 하는 등 특신성이 있는 경우에는 그 목격 증언은 신뢰할 수 있는 것으로서 여전히 증거능력이 있다.'고 판시한 바 있다. *Manson*, 432 U. S. at 114. 목격증언의 현상을 연구하는 사회과학자들은 대법원의 이런 판시야말로 오류의 위험성을 가중시키는 결과에 이를 것을 우려하고 있다. 암시적 범인식별절차라고 하여도 증인이 확신만 있다면 그 증거는 유죄증거로 사용해도 좋다고 하지만, 이런 증인의 확신이야말로 경찰관의 오도된 암시에 의해 더욱 강화될 수 있는 것이기에 확신에 찬 지목증언이 오히려 허위가 개재될 위험성이 클 것이기 때문이다. *Manson* 기준이 유죄편향적일 뿐 적법절차에는 관심이 없다는 점을 지적한 Garrett, Federal Wrongful Conviction Law, *supra note* 40(chapter 2.3), at 82-85 참조; Rosen, Reflections, *supra note* 40(chapter 2.3), at 250; Gary L. Wells, *Eyewitness Identification: Systemic Reforms*, 2006 Wis. L. Rev. 615, 620-22.

141) Gross 2012 Report, *supra note* 110(chapter 2.3), at 48. 1985년 1월 North Carolina 주 Burlington 법원은 흑인 피고인 Ronald Cotton이 백인 피해자인 Jennifer Thompson을 강간한 범죄사실로 무기징역을 선고했다. 그 재판에서 유일한 증인이었던 Thompson의 증언은 어느 모로 보나 완벽했고 확신에 차 있었다. 그러한 증언은 그녀가 강간을 당할 당시 상당히 오랜 시간동안 후일 범인을 잡을 심산으로 강간범을 매우 세밀하게 관찰한 덕택이었다. 이어진 1987년의 재심재판에서도 그녀의 확신에 찬 증언으로 인하여 피고인은 다시 무기징역 선고를 받게 된다. 그러나 Cotton이 8년 후 DNA 검사 결과를 통하여 결백함이 입증되어 면죄됨으로써 그녀의 증언이 잘못되었음이 뒤늦게 드러나게 된다. 나아가

미국의 경우 인종 간 얼굴 오인식에 관한 사회과학적 연구가 축적되어 있다. Innocence Project의 보고서에 의하면 목격자 증언에 근거하여 유죄 오판을 받은 면죄자의 48%가 다른 인종 사이의 강간이었음이 밝혀졌다.[142] 특히 백인 피해자가 흑인 가해자를 오인함으로 인한 오판은 중요한 사회문제로 부각되었다.[143] 미국 Gross 2012 연구에 의하면, 강간 면죄 사건의 63%가 흑인 피고인 사건이었다는 결과를 얻었다. 같은 강간죄로 재감 중인 흑인의 비율이 25%인 것과 비교해 볼 때 위 흑인 면죄비율은 지나치게 높은 것임을 알 수 있다. 그리고 Gross 2012 연구에 의하면, 목격자 오인 진술은 모든 성폭력 범죄 오판 원인의 80%를 차지하고 있고 나아가 이런 오인 진술에 기초한 성폭력 범죄 면죄 사건에서 흑인이 피고인인 비율은 3분의 2 이상(109/163)이라고 한다. 한편 이들 흑인 면죄자 사건에서 피해자가 백인인 사건은 72%(69/96)에 달한다고 한다. 대부분의 강간사건은 같은 인종 사이에서 일어나고 인종 간 성폭력은 흔치 않다. 더구나 흑인 남성에 의한 백인 여성 강간 사건은 극소수로서 약 5%에 불과

진범은 다른 흑인이었음도 밝혀졌는데 그는 이미 다른 죄로 재감 중이었다. 후일 Thompson과 Cotton은 이런 끔찍한 오인 경험을 토대로 공동 강연을 해 왔다. 2009년에는 "Picking Cotton"이라는 책을 공동저술하기도 했다.

142) Garrett, Judging Innocence, *supra note* 36(chapter 2.3), at 79. Innocence Project, 200 Exonerated: Too Many Wrongfully Convicted 20-21, [이하 "Innocence Project, 200 Exonerated"]. 한편 Innocence Project, 250 Exonerated: Too Many Wrongfully Convicted 25-26, [이하 "Innocence Project, 250 Exonerated"]에서는 그 비율이 53%로 늘었다고 보고한다.

143) Christian A. Meissner & John C. Brigham, *Thirty Years of Investigating the Own-Race Bias in Memory for Faces: A Meta-Analysis*, 7 Psychol. Pub. Pol''y & L. 3, 5-13 (2001); Andrew E. Taslitz, *Wrongly Accused: Is Race a Factor in Convicting the Innocent?*, 4 Ohio St. J. Crim. L. 121, 123 (2006); Gary L. Wells & Elizabeth A. Olson, *The Other-Race Effect in Eyewitness Identification: What Do We Do About It?*, 7 Psychol. Pub. Pol''y & L. 230, 230 (2001).

하다. 목격자의 오인지목으로 인하여 성폭력 범죄 유죄판결을 받았다가 면죄된 사건 중 53%(69/131)가 흑인 남성이 백인 여성에게 가해행위를 하였다는 것은 그 비율의 불균형이 지나칠 정도로 크다. 흑인 남성이 백인 여성에 대하여 성폭력을 행사하는 경우 피해자의 다른 인종에 대한 범인을 인식하는 데 애로가 있는 점[144]에 더하여 인종차별적 요인[145]까지 겹쳐 유죄오판이 나오는 현상은 우려된다.[146] 우리나라의 경우에도 점차 외국인에 의하여, 또는 외국인에 대하여 저질러지는 범죄가 늘고 있는 만큼 이 문제에 대한 새로운 인식이 필요하다고 본다.[147]

목격자는 수사기관 범인식별절차에서 의도적 또는 무의식적인 암시에 의해서도 영향을 받는다.[148] 연구자들이 관찰한 오인 지목의 다수는 경찰 수사과정에서의 산물이다. 수사관이 명시 또는 묵시적 방법으로 목격자의 지목진술을 옳다고 맞장구를 쳐 준 경우, 법정 목격증언은 오염될 가능성이 높다.[149] 이런 맞장구 때문에 오인 지목증언을 한 증인 스스로로 하여

144) Meissner & Brigham, *supra note* 143(chapter 3.2).

145) Gross 2012 Report, *supra note* 110(chapter 2.3), at 49에 의하면, 미국 형사사법제도를 어둡게 덮고 있는 여러 문제점 중에서 인종과 성폭력 문제만큼 민감한 것도 없다고 한다. 강간죄 기소에서 여전히 인종차별적 편견이 한몫하고 있다는 것은 놀랄 일도 아니다. 이런 인종차별 문제가 이런 비율의 편차의 원인이다.

146) *Id.* at 48.

147) 한국인의 타인종 식별능력을 실증적으로 분석한 연구로는 정경환, "우리나라 사람들의 타인종 효과 (other-race effect)에 따른 외국인 범죄자 식별 능력과 수사에 적용", 경북대학교 수사과학대학원 석사학위논문(2012)이 있다. 정경환은 한국인 112명, 미국인 69명을 대상으로 설문조사를 한 결과, 한국인은 동양인을 59.2%, 그 외 국가 사람을 46.9% 비율로 정확한 식별을 하고 있음을 밝혔다. 결과적으로 우리에게 있어서도 외국인의 식별능력 때문에 오인지목을 할 위험성은 상존하고 있다고 할 것이다.

148) *Id.* at 43. Gary L. Wells & Amy L. Bradfield, *Good, You Identified the Suspect: Feedback to Eyewitnesses Distorts Their Reports of the Witnessing Experience*, 83 J. Applied Psychol. 360, 367 (1998).

149) *Id* at 366-7.

금 부지불식간에 자신의 증언이 옳다는 확신감을 강화시켜주는 데 문제가 있다.[150] 경찰에 의하여 이루어지는 암시는 더욱 더 은밀한 방식을 취하기도 한다. 라인업 과정에서 피고인만 유달리 드러나 보이도록 하는 인적 구성을 취한다든지 라인업을 주재하는 경찰관의 몸짓, 보디랭귀지, 목소리의 톤에 의해서도 영향을 받을 수 있다. 그러나 이런 은밀한 암시는 좀처럼 사건 기록을 통해 잘 확인할 수 없다는 데 분석상 어려움이 따른다. 따라서 목격자와 수사담당 면담자 사이의 과학적 수사면담기법의 개발 필요성도 크다.[151]

암시적 범인지목절차의 빈도를 유의미하게 추정할 수는 없었지만 그래도 그것이 주요한 문제로 작용한다고는 말할 수 있다. Garrett의 연구에 의하자면, 범인의 오인지목 증언이 문제로 된 161건의 DNA 면죄사건의 공판기록을 토대로 분석을 시도해 본 결과 87%의 사건에서 한 가지 이상의 암시적 절차진행의 문제점이 드러났다.[152] 법무부 장관 Janet Reno는 1990년대 후반 형사재판 전문가들로 위원회를 조직하여 수사기관의 범인식별절차의 문제점을 파악하여 실무적 가이드라인[153]을 권고하도록 하였다. 권고된 주요내용을 보면, 증인에게 사진을 제시하거나 라인업을 실시할 때 한꺼번에 보여주지 말고 한 사람씩 순차로 보여주고 그 때마다 질문을 하여 그가 범인인지를 답하게 할 것, 식별절차는 이중맹검(double-

150) Wells & Murray, *supra note* 139(chapter 3.2), at 357-58.

151) 홍기원/이보영, "목격증인의 범인식별 진술의 신빙성 -역사적 함의와 신빙성 제고를 중심으로", 법학연구, 한국법학회(2011), 206면 이하 참조. 홍기원은 위 논문에서 미국에서 개발된 인지면담기법을 주제로 설명하고 있다. 면담은 목격자 혼자만의 일방적인 인지 과정이 아니라, 면담자와 목격자의 상호작용으로 정보를 얻어내는 역동적인 인지 과정(cognitive process)이다. 면담자가 어떻게 반응하고, 어떻게 질문하는지에 따라 인출되는 정보의 양과 질이 달라질 수 있기 때문이라고 한다.

152) Garrett, Judging Innocence, *supra note* 36(chapter 2.3), at 48, 54-55.

153) Office of Justice Programs, Nat'l Inst. of Justice, Eyewitness Evidence: A Guide for Law Enforcement (1999).

blind)원칙을 준수하여 주요 용의자가 누구인지를 모르는 사람으로 하여금 식별절차를 시행하도록 하여 추측이나 힌트가 개입되지 않도록 할 것 등이다. 범인식별절차에 관한 개선 노력도 일부 주에서부터 입법화되는 결실을 맺었다.[154] 이들 수사실무의 문제점을 지적하면서 개혁방안을 제시한 연구결과들[155]도 아울러 나왔다.

---

154) Sandra G. Thompson, *What Price Justice? The Importance of Costs to Eyewitness Identification Reform*, 41 Texas Tech Law Review 33, 56 (2009); Garrett, Judging Innocence, s*upra note* 36(chapter 2.3), at 123-4 & n. 265.

155) 범인식별절차에서 이중맹검(double blind) 원칙의 적용 및 순차적인 범인식별절차(sequential eyewitness Identification) 등의 개혁방안을 제안한 연구로는 Drizin & Leo, *supra note* 30(chapter 3.2), at 932-43, 997-98; Garrett, Federal Wrongful Conviction Law, *supra note* 40(chapter 2.3), at 87-88, 93-94, 98-99; Gary L. Wells et al., *From the Lab to the Police Station: A Successful Application of Eyewitness Research*, 55 Am. Psychologist 581, 581-87 (2000); Nancy Steblay et al., *Eyewitness Accuracy Rates in Sequential and Simultaneous Lineup Presentations: A Meta-Analytic Comparison,* 25 Law & Hum. Behav. 459 (2001)(25건에 달하는 연구결과에 의하면 동시제시보다 순차제시가 오류의 발생가능성을 절반으로 줄일 수 있다고 한다); Bruce W. Behrman & Sherrie L. Davey, *Eyewitness Identification in Actual Criminal Cases: An Archival Analysis*, 25 Law & Hum. Behav. 475, 480-84 (2001); Otto H. MacLin, Laura A. Zimmerman & Roy S. Malpass, *PC_Eyewitness and Sequential Superiority Effect: Computer-Based Lineup Administration*, 3 Law & Hum. Behav. 303, 317-20 (2005); Ad Hoc Innocence Comm. to Ensure the Integrity of the Criminal Process, ABA Criminal Justice Section, Achieving Justice: Freeing the Innocent, Convicting the Guilty xv-xxix (Paul Giannelli & Myrna Raeder eds., 2006); Amy Klobuchar, Nancy Steblay & Hilary Caligiuri, *Improving Eyewitness Identifications: Hennepin County''s Blind Sequential Lineup Pilot Project*, 4 Cardozo Pub. L. Pol''y & Ethics J. 381, 411 (2006); Shirley N. Glaze, *Selecting the Guilty Perpetrator: A n Examination of the Effectiveness of Sequential Lineups*, 31 Law & Psychol. Rev. 199, 204-07 (2007).

우리나라의 경우 이 지목진술의 신빙성 문제는 과거 재판과정에서도 자주 문제가 되었을 것이다. 그러나 개개의 사안별로 신빙성을 판단하였을 뿐 총론적 검토가 미비한 상태였다고 보인다. 그러다가 2000년대 초반에 이르러 국내 학계[156]는 물론이고 법실무계[157]에서도 이 쟁점에 관한 문제의식하에 연구논문이 출현하였고 학술세미나가 개최되기도 하였다.[158] 그에 따라 외국의 연구, 특히 심리학적 연구 성과를 토대로 하여 목격자 증

---

156) 이 분야에 관한 검색가능한 최초의 연구는 민영성, "범인식별진술의 위험성과 그 대처방안," 법학연구 제42권 제1호(통권 제50호), 부산대학교 법과대학 법학연구소(2001)이다.

157) 범인식별진술의 증명력 판단에 대한 미국 등 외국의 판례와 학문적 연구결과를 소개하고, 이와 대비하여 우리의 판례와 범인식별진술의 증명력 제고를 위한 방안에 대하여 검토하여, 범인식별진술의 증명력 제고 방안을 제시한 법실무가들의 연구로는 안정호/이재석, "목격증인의 범인식별진술의 취약성 및 증명력 제고방안", 재판자료 110집, 법원도서관(2006); 백승민, "형사절차에 있어서 범인식별에 관한 연구," 저스티스(통권 제102호), 한국법학원(2008); 조광훈, "수사기관의 범인식별진술 및 절차의 문제점과 개선방안", 법학연구, 연세대학교 법학연구원(2008); 조광훈, "수사기관의 범인식별진술의 신빙성 제고 방안", 사법 6호, 사법연구지원재단(2008); 조원철, "목격증인의 범인식별(Eyewitness Identification)과 라인업(Lineup)", 법조 628권(2009); 김영수, "오판 방지를 위한 범인식별 방법에 관한 검토", 비교법연구 제11권 제1호(2011) 등이 있다. 한편 일본에 있어서의 사진식별의 절차와 문제점에 관한 논의로는 박병식, "일본에 있어서의 사진에 의한 용의자 식별과 그 문제점", 형사법의 신동향 제33호(2011)가 있다.

158) 법심리학회와 한림과학원 공동주최로 2003년 10월 "목격자 진술: 법과 심리학의 만남"이라는 학술세미나가 열린 바 있다. 이 때 John Jay College of Criminal Justice의 Steven D. Penrod 교수와 University of Portsmouth의 Ray Bull 교수를 초청하여 이 분야 외국 연구 성과에 관한 강연을 듣기도 하였다. 이 세미나에서 Penrod는 "Eyewitness Reliability : Recent Psychological Research and Legal Developments in the United State"라는 제목의 발표문에서 목격자 증언의 최근 연구동향을 일별하여 설명하는 발표를 한 바 있었다. 이 자리에 본 연구자를 포함한 다수의 실무가, 학자들이 참석하였다.

언의 특성, 범인 지목 진술의 취약성, 범인식별절차의 정비 등에 대한 인식이 제고되기 시작하였다.[159] 이러한 논의가 재판과정에서도 영향을 미치게 되면서 여러 재판례를 통하여 이러한 진술의 취급에 관한 일반적 법리가 형성되어 왔다. 아래에서 보는 바와 같은 대법원 판례법리가 형성됨에 따라 많은 연구가 봇물 쏟아지듯 출현하여 그 성과도 상당 정도 쌓이게 되었다. 한국 상황 하에서 심리학적 실험연구가 여러 건 발표되었다.[160] 김지영과 김시업(2006)은 목격자 증언의 정확성에 영향을 미치는 변인을 평가자 변인(estimator variables)과 시스템 변인(system variables)으로 구분한 다음, 이 중에서 시스템 변인에 초점을 맞추어 실증연구를 수행하였다.[161] 우리나라 현직 경찰관 20명을 대상으로 심층 인터뷰를 하였는데,[162] 면담 결과 경찰들은 범인식별 절차의 목적과 오류의 위험성에 대한 인식이 부족한 것으로 나타났다.[163] 그리고 목격자 증언에 대한 교육의 부족과 수사관 개인 경험에 대한 과신이 문제점으로 지적되었다.[164] 범인식별에 필요한 경찰서 내의 시설에 미흡함도 발견되었다. 아울러 대학생 299명을 상대로 실험연구를 수행했다.[165] 연구결과 순차적 제시방식

---

159) 비교적 초기(2004~5년)의 연구로는 민영성, "범인식별방법 및 식별진술 평가 시 유의사항," 법학연구 제46권 제1호(통권 제54호), 부산대학교 법과대학 법학연구소(2005); 민영성, "목격자에 의한 범인식별진술의 적정한 신용성 평가를 위한 담보방안," 저스티스 제37권 제3호(통권 제79호), 한국법학원(2004); 권창국, "목격진술(eyewitness)의 신뢰성 판단기준에 관한 고찰," 사회과학연구 제11권 제1호, 동국대학교부설 사회과학연구원(2004); 양문승, "범죄용의자 식별 시스템에서의 용의자 선택이론과 그 한계", 한국공안행정학회보, 한국공안행정학회(2005) 등이 있다.

160) 일본에서의 법심리학적 연구로는 渡部保夫 監修, 目擊證言の硏究-法と心理學の架け橋をもとめて, 北大路書房(2002)이 있다.

161) 김지영/김시업, 목격자 증언의 정확성 제고방안, 한국형사정책연구원 연구총서(2006).

162) 위 책, 49면 이하.

163) 위 책, 77면.

164) 위 책, 78면.

과 식별절차 진행자의 '이 안에 범인이 있을 수도 없을 수도 있습니다.'라는 비편향적 지시가 지목의 오류를 줄이는 데 효과가 있음이 발견되었다.[166] 조소연과 조은경(2008)은 목격자의 기억 정확성에 대한 전문가 증언이 배심원의 의사결정에 어떻게 영향을 미치는지에 대해 살펴보았다.[167] 연구결과 배심원들은 전문가 증언을 읽지 않은 집단보다 검사 측 전문가 증언을 읽은 집단에서 배심원들이 목격자를 더 신뢰하였고, 더 많은 배심원들이 피고인을 유죄로 판단하였다. 반면 변호인 측 전문가 증언을 읽은 집단과 전문가 증언을 읽지 않은 집단에서는 목격자 증인에 대한 배심원의 신뢰도에 차이가 나타나지 않았다. 그러나 전문가 증언을 읽지 않은 집단보다 변호인 측 전문가 증언을 읽은 집단에서 더 많은 배심원들이 피고인을 무죄로 판단하였다. 허성호, 김지영, 김기범(2009)은 자의식, 사회적 불안과 피암시성과 같은 개인차 변인이 범인식별의 정확성에 미치는 영향력을 실험적으로 측정하였다.[168] 분석 결과, 편향된 지시 조건에서 스트레스가 높게 나타났고, 피암시성이 높은 집단의 정확률이 낮게 나타났으며, 사회적 불안이 높은 사람들에게 편향된 지시를 했을 때, 정확률이 현저히 떨어지는 것으로 나타났다. 또한, 식별 후 확신감이 높은 집단이 정확률 또한 높은 것으로 나타났다. 2012년에 이르러서는 한국 판사들의 목격자 증언에 관한 지식이 어느 정도인지를 국제간 비교를 통해 알아보고자 하는 연구결과까지 출현하게 되었다.[169]

---

165) 위 책, 82면 이하.
166) 위 책, 94면. 순차적 제시방식과 관련된 이 실험연구 부분은 김지영/김기범/김시업, "복수면접(line-up)에서 순차적 제시와 동시적 제시방법의 식별 정확성 비교분석," 한국심리학회지: 사회 및 성격 Vol. 21, No. 2(2007)에도 게재되었다.
167) 조소연/조은경, "목격자 기억 정확성에 대한 전문가 증언이 배심원의 의사결정에 미치는 영향", 한국심리학회지: 사회 및 성격 Vol. 22, No. 3(2008).
168) 허성호/김지영/김기범, "범인식별 과정에서의 정확성에 영향력을 미치는 개인차 및 상황변인 분석", 한국공안행정학회보, 한국공안행정학회(2009).
169) 고민조/박주용, "한국, 미국, 중국, 노르웨이 판사들의 목격자 증언과 관련된 지식과 인식에 대한 비교연구", 한국심리학회지: 일반 Vol. 31, No. 3(2012). 이

피해자의 범인지목 진술의 신빙성을 의심할 수 있는 정황을 정면으로 들어 명시적 판단을 한 80년대 초기 판례로는 대법원 1984. 6. 5. 선고 84도460 판결,[170] 대법원 1986. 8. 19. 선고 86도1080 판결 등을 위시하여 몇몇 판례들[171]을 들 수 있다. 90년대에 범인지목 진술의 신빙성이 문제된 사례로는 대법원 1993. 5. 27. 선고 93도673 판결,[172] 대법원 1994. 9. 13. 선고 94도1335 판결 등이 있었다.[173] 위 94도1335 판결과 대법원 1995. 3. 10. 선고 94도2638 판결은 피해자 측 지목진술의 신빙성을 긍정

연구에서는 기존에 수행된 170명의 중국 판사, 160명의 미국 판사, 그리고 157명의 노르웨이 판사들을 대상으로 한 것과 동일한 설문을 58명의 한국 판사들을 대상으로 벌인 후 그 결과를 분석하였다. 설문 분석 결과, 한국 판사들은 14개의 항목 중 5개의 항목에 대해서 80% 이상의 정답률을 보였으며, 전체적으로는 58%의 정답률을 보였다. 이는 미국과 중국 판사들보다 높았지만, 가장 높은 정답률을 보였던 노르웨이 판사들보다는 낮았다. 이 결과는 3개국 판사들에 대한 외국 연구 결과와 일관되게, 우리나라의 판사들도 목격자 증언에 미치는 요인에 관한 이해도를 높일 필요성을 보여준다.

170) 대법원은 이 사건에서 "만일 위 피해자가 경찰이나 검찰 진술대로 범인을 확인할 수 있을 만큼 기억하고 있었다면 같은 회사에 근무하며 평소 보아서 알고 있는 피고인을 경찰에서 대면할 때까지 범인으로 지목한 바 없다가 경찰이 피고인을 범인으로 검거한 뒤에야 비로소 피고인이 범인이라고 지목하고 있는 것은 선뜻 납득이 가지 않는다."고 판시하고 있다.

171) 대법원 1985. 11. 12. 선고 85도1974 판결, 대법원 1985. 12. 24. 선고 85도2178, 85감도311 판결, 대법원 1986. 11. 25. 선고 85도2208 판결.

172) 범행시간이 4월 하순의 21:30경인 야간이고, 범행 장소가 가로등이 설치되지 않은 어두운 길이며, 피해자가 길을 가다가 갑자기 뒤에서 목을 졸리고 이어서 길에 쓰러져 양손으로 목을 졸린 상황 하에서 피고인을 범인으로 단정한다는 취지의 피해자 지목진술을 유죄증거가 아니라고 본 사례.

173) 그 밖에 이 쟁점에 관하여 90년대 나온 판례로는 대법원 1994. 9. 27. 선고 94도1905 판결, 대법원 1996. 6. 14. 선고 96도922 판결, 대법원 1994. 12. 22. 선고 94도2316 판결, 대법원 1995. 12. 26. 선고 95도1212 판결, 대법원 1996. 7. 12. 선고 96도664 판결, 대법원 1997. 5. 23. 선고 97도876 판결, 대법원 1997. 7. 25. 선고 97도1266 판결 등이 있다.

하여 무죄를 선고한 원심판결을 파기하고 유죄취지로 환송한 판결들이다.

대법원 2001. 2. 9. 선고 2000도4946 판결은 범인지목진술의 신빙성 판단에 관한 일반론을 설시한 최초의 판례이다. 특히 종전 다수 사례에서 문제가 되는 바와 같이 야간에 짧은 시간 동안 강도 등 강력범죄 피해를 본 피해자가 인상착의 등에 의하여 용의자를 범인으로 진술하는 경우 진술의 신빙성을 중심으로 논하고 있다. 일반적으로는 ① 피해자가 범행 전에 용의자를 한 번도 본 일이 없는 비면식범 사건에서 ② 피해자의 진술만이 유일한 증거이고 그 이외에는 그 용의자를 범인으로 의심할 만한 객관적인 사정이 존재하지 않는 상태이고, ③ 수사기관의 용의자 범인지목 단서에 오류 가능성이 있으며 ④ 신병을 확보한 용의자를 일대일로 대면하고 그가 범인임을 확인하였을 뿐인 경우가 문제 된다. 이 경우 대법원은 사람의 기억력의 한계 및 부정확성과 피해자에게 주어질 수 있는 무의식적인 암시의 가능성에 비추어 그 피해자의 진술에 높은 정도의 신빙성을 부여하기는 곤란하다고 판단하였다. 따라서 이상 ①~④ 요건을 갖춘 사건에서는 위 판례의 기준에 의할 때 피해자 지목진술의 신빙성은 일반적으로 배척될 여지가 있게 된 것이다. 다만 대법원은 이 경우 언제나 신빙성을 배척할 것은 아니고 별도의 증명력이 높은 부가적 사정이 있는 경우라면 신빙성을 인정할 수 있는 예외를 인정하였다. 즉 그런 부가적 사정으로는 ① 그 용의자가 종전에 피해자와 안면이 있는 사람이라든가 ② 피해자의 진술 외에도 그 용의자를 범인으로 의심할 만한 다른 정황이 존재한다든가 또는 ③ 피해자가 아무런 선입견이 없는 상태이고 그 용의자를 포함하여 인상착의가 비슷한 여러 사람을 동시에 대면하고 그중에서 범인을 식별한 경우를 들었다. 다시 이런 예외적인 부가적 사정이 있는 경우에도 다시 피해자에게 특별히 허위진술을 할 동기나 이유가 있다면 그 신빙성은 부정될 수 있음도 명시하였다. 이러한 대법원의 입장에 의한다면 진술의 신빙성을 높게 판단할 수 있는 부가적 사정 중 특히 ③의 사정을 갖출 것, 즉 일대일 대면이 아니라 라인업 절차를 밟아야 한다고 판시한 점을 수사기관은 중시해야 할 것이다. 이 판결의 영향 덕분에 하급심에서도 이 판례법리를 원용하여 목격자, 피해자의 범인지목진술의 신빙성을 부정하는 사례가 나타나게 되었다. 그 한도에서 유죄의 직접증거인 이들 증거의 증명력은 엄격한 심사 대상이 되었다고 할 것이다. 이 판례의 영향을 받은 것으로 보이는 최초의 판례는 대법원 2002. 9. 10. 선고 2002도2947 판결이다. 다만 이 사건에서 대법원은 무죄를 선고한 원심을 파기하였는데, 2000도4946 판결을 직접적으로 인용하지는 않았지만 동 판례에서 설시하고 있는 지목진술의 신빙성을 긍정할 수 있는 부가적, 예외적 정황을 유죄취지 파기환송 판결의 근거로 삼았다.[174] 그 이후에 나온 대법원 2003. 3. 28 선고 2002도6611 판결, 대법원 2003. 5. 13 선고 2003도384 판결은 지목진술의 신빙성을 부정하면서도 2000도4946 판결의 법리를 원용하지는 않았다. 그러므로 이 시점에 이르기까지는 아직 2000도4946 판결의 법리는 대법원의 확립된 법리로 자리 잡지 못하고 있었다고 평가할 수 있다.

그런데 대법원 2004. 2. 27. 선고 2003도7033 판결[175]에 이르러 대법원은 드디어 2000도4946 판결을 원용하면서 더 구체적으로 일대일 대면, 사진 한 장만을 제시하는 방식의 식별절차를 통한 목격자 진술은 신빙성이

174) 대법원의 판시 내용은 다음과 같다. "이 사건과 같이 강간 등의 범행을 당한 피해자가 지목한 범인이 종전에 피해자와 안면이 있는 사람이고 그를 범인으로 의심할 만한 정황도 존재할 뿐만 아니라, 직접 목격자인 피해자가 허위진술을 할 동기나 이유도 기록상 나타나지 아니하는 경우, 피해자의 진술은 그 증명력이 상당히 높은 것이라고 봄이 상당하며, 여기에다가 앞서 본 박금선의 진술 및 피고인이 검거되기에 이른 경위 등의 제반 사정까지 종합하여 보면, 제2공소사실은 법관으로 하여금 합리적인 의심을 할 여지가 없을 정도로 진실한 것이라는 확신을 가지게 하는 증명력을 가진 증거에 의하여 충분히 뒷받침된다고 보아야 할 것"이다.

175) 이 판결에 대한 평석으로는 심희기, "범인식별 절차에서 목격자 진술의 신빙성을 높이기 위하여 수사기관이 준수하여야 할 절차(줄세우기의 권고)", 고시연구 제32권 제5호(374호), 고시연구사(2005); 민영성, "신빙성 있는 목격진술의 확보와 적정한 평가방법", 형사법의 쟁점과 판례, 법문사(2009) 등 참조.

낮음을 정면으로 논하고 있다. 그 이유는 사람의 기억력의 한계 및 부정확성과 구체적인 상황에서 용의자나 그 사진상의 인물이 범인으로 의심받고 있다는 무의식적 암시를 목격자에게 줄 가능성이 있기 때문임을 다시 확인하였다. 이 경우 예외적으로 신빙성이 있는 부가적 사정으로 2000도4946 판결에서의 ①②의 사정, 즉 용의자가 종전에 피해자와 안면이 있는 사람이라든가 피해자의 진술 외에도 그 용의자를 범인으로 의심할 만한 다른 정황이 존재한다는 사정을 들고 있다. 대신 2003도7033 판결은 범인식별 절차에 있어 목격자의 진술 신빙성을 높게 평가할 수 있게 하려면, 일대일 대면이 아니라 라인업 절차를 밟을 것을 명시적으로 수사기관에 요구하였다. 그리고 그 절차에 관하여는 ① 범인의 인상착의 등에 관한 목격자의 진술 또는 묘사를 사전에 상세히 기록화할 것, ② 용의자를 포함하여 그와 인상착의가 비슷한 여러 사람을 동시에 목격자와 대면시켜 범인을 지목하도록 할 것, ③ 용의자와 목격자 및 비교대상자들이 상호 사전에 접촉하지 못하도록 할 것, ④ 사후에 증거가치를 평가할 수 있도록 대질 과정과 결과를 문자와 사진 등으로 서면화할 것을 요건으로 삼았다. 그리고 사진 제시에 의한 범인식별 절차에 있어서도 기본적으로 이러한 원칙에 따라야 함을 선언했다. 이 대법원 판례는 후속하는 대법원 판례들[176]에 의하여 그 판지가 반복적으로 인용됨으로써 이제는 확립된 대법원 판례법리로 자리 잡았다고 할 수 있다. 분석대상 사건 중에서도 2000도4946 판결의 판지를 인용하여 범인식별절차의 문제점을 지적하고 있는 사건들[177]이 발견된다.

그리고 대법원 2008. 1. 17. 선고 2007도5201 판결은 "이러한 원칙은

176) 대법원 2005. 5. 27. 선고 2004도7363 판결, 대법원 2005. 6. 10. 선고 2005도1461 판결, 대법원 2005. 6. 24. 선고 2005도734 판결, 대법원 2006. 9. 28. 선고 2006도4587 판결, 대법원 2007. 5. 10. 선고 2007도1950 판결, 대법원 2008. 1. 17. 선고 2007도5201 판결, 대법원 2008. 7. 10. 선고 2006도2520 판결, 대법원 2008. 7. 10. 선고 2006도2520 판결.

177) 순번 90, 158, 232, 249, 396, 419, 448 사건이 바로 그것이다.

동영상제시 · 가두 식별 등에 의한 범인식별 절차와 사진 제시에 의한 범인식별 절차에서 목격자가 용의자를 범인으로 지목한 후에 이루어지는 동영상제시 · 가두 식별 · 대면 등에 의한 범인식별 절차에도 적용되어야 한다."고 판시하여 모든 범인식별 절차에서 위 4개 항의 절차적 요건을 갖추어야 함을 명언하였다.[178] 최근 들어 수사기관에서는 라인업을 실시하려고 노력을 하고 있으나 여전히 라인업 절차에서 잘못을 범한 것이 문제가 되어 무죄가 선고된 사례들[179]이 보인다.

한편 현실의 라인업 절차는 여러 가지 어려운 문제들이 도사리고 있다. 예컨대 들러리들을 구하기가 쉽지 않은데다가 용의자의 체격, 나이, 인상착의 등에서 유사한 특징이 없는 들러리들로 라인업을 구성했을 때는 용의자가 라인에서 도드라져서 오류의 위험성이 오히려 높아질 수 있음이 지적되고 있다. 또한, 인적, 물적 자원의 투입문제도 고려해야 할 것이다. 이런 라이브 라인업(Live Lineup)의 문제점을 개선하기 위하여 영국에서 2003년부터 시행하고 있는 이른바 비디오 범인식별절차도 대안으로 제안되고 있다.[180] 비디오식별절차를 행한다면, 미리 녹화된 비디오 동영상 풀(pool)에 확보된 용의자의 동영상만 촬영해서 편집한 후, 휴대용 컴퓨터에 저장, 피해자가 심리적 안정을 느끼는 자신의 주거지 등에서 범인식별 절차를 행할 수 있다고 한다. 한번 촬영된 용의자의 비디오 클립은 이후 범죄시에 용의자가 검거되지 않더라도 계속 사용할 수 있다. 위 논문에 의

178) 조용현, "범인식별절차로서 일대일 대면(showup)이 허용되는 경우", 대법원판례해설 80호, 법원도서관(2009), 724-5면에서는 수사 절차상 목격자로 하여금 범인을 식별하게 하는 데 활용할 방법으로 ① 줄 세우기(Lineup, Identification Parade), ② 가두식별(Street Identification), ③ 유사인물 사진 제시(Photo Spread), ④ 쇼우업(Showup, Confrontation, 단독대질)을 들고 있다.

179) 순번 155(대전고등 2008. 9. 10. 선고 2007노352 판결), 232(부산고법 2007. 6. 8. 선고 2007노129 판결), 251사건(부산고등 2009. 12. 23. 선고 2009노622 판결) 등이 이 문제를 지적한 사례에 해당한다.

180) 이성기, "목격자의 범인식별진술의 증명력을 높이기 위한 실질적 대안으로서의 비디오 라인업", 경찰학연구 제10권 제2호(통권 제23호)(2011), 131면 이하.

하면 영국에서는 2003년부터 비디오 범인식별절차가 사실상 모든 라이브 라인업을 대신하고 있다고 한다.

이처럼 범인식별 진술의 신빙성을 인정하기 위한 절차적 요건을 엄격하게 보던 판례추세는 대법원 2009. 6. 11. 선고 2008도12111 판결[181]에 이르러 다소 꺾이게 되었다. 이 판결 역시 2003도7033 판결의 기본 판지를 그대로 원용하기는 하였으나 라인업에 의한 범인식별 대신 일대일 대면(쇼우업) 방식의 범인식별도 허용되는 예외를 인정하면서 다음과 같이 판시하였다.

> 범죄 발생 직후 목격자의 기억이 생생하게 살아있는 상황에서 현장이나 그 부근에서 범인식별 절차를 실시하는 경우에는, 목격자에 의한 생생하고 정확한 식별의 가능성이 열려 있고 범죄의 신속한 해결을 위한 즉각적인 대면의 필요성도 인정할 수 있으므로, 용의자와 목격자의 일대일 대면도 허용된다.

그러나 이 판시는 그간의 엄격한 판례기준을 상당 정도 허물어뜨린 점에서 큰 문제가 있다. 본 연구의 분석 대상 판결들 사례를 보면 현장에서의 범인지목에 상당한 취약성이 있어 유무죄가 교차하고 있는 사건들이 허다함을 알 수 있다. 피해자 측에서 범인추적 끝에 일시 범인을 놓쳤다가 다시 마주친 사람을 범인으로 지목하는 사례는 왕왕 있을 수 있다. 이때 피해 직후 매우 흥분된 상태에서 오지목을 할 소지는 언제나 남아 있는 것이다.[182] 이 경우 특별한 요건과 기준을 설정해 두지 않은 채 일대일

181) 이 판결에 대한 재판연구관 평석으로는 조용현, “범인식별절차로서 일대일 대면(showup)이 허용되는 경우”, 대법원판례해설 80호, 법원도서관(2009)이 있다. 이 평석에 의하면, 이 판결은 일대일 대면을 용인한 미국 연방 대법원판례 *Stovall v. Denno* 사건과 *Simmon v. United States* 사건의 논리를 참고하고 있는 것으로 보인다.

182) 예컨대 분석대상 순번 8 사건을 보면 피해자가 이 사건을 당한 직후에 피고인을 처음 발견하고 놀란 나머지 피고인과 범인이 동일인이라고 쉽게 생각하고 이로

대면을 허용하게 된다면 매우 중대한 오판의 문제가 제기될 수 있다. 이 판례는 아직 공간된 대법원 판결에서 재인용되고 있지는 않지만, 아래에서 보는 바와 같이 하급심에서는 이 판결의 판지를 인용하여 유죄판단을 하는 사례도 종종 나타나고 있다.[183] 이 판례 때문에 수사기관으로 하여금 잘못된 관행을 개선하도록 하는 데 제동이 걸릴 수도 있다는 우려를 아니 할 수 없다.

특히 이 대법원 판결이 원용하고 있는 논리는 일종의 논리적 오류에 빠져 있다고 보인다. 이 판결은 "범죄 발생 직후 목격자의 기억이 생생하게 살아있는 상황+현장이나 그 부근에서 범인식별 절차를 실시하는 경우"라면 "목격자에 의한 생생하고 정확한 식별의 가능성+범죄의 신속한 해결을 위한 즉각적인 대면의 필요성"이 긍정된다는 도식을 취한다. 그 때문에 일대일 대면도 허용된다는 논리다.

그러나 "목격자에 의한 생생하고 정확한 식별의 가능성" 요건과 "범죄의 신속한 해결을 위한 즉각적인 대면의 필요성" 요건이 모두 갖추어져야 일대일 대면이 허용될 수 있다고 보는 것이 정확한 논증이다. 바꾸어 말하자면 이런 요건을 갖춘 경우라면 일대일 대면에 의한 지목진술의 신빙성을 낮게 볼 여지는 줄어들 수 있을 것이라는 말이다. 즉 정확성과 필요성의 요건이 충족되어야 비로소 현장 일대일 대면 식별이 허용된다고 보는 것이 타당하다.

그런데 이 대법원 판례는 현장식별상황이라면 그대로 정확성과 필요성 요건이 충족된 것으로 연결 짓고 있음을 알 수 있는데 이런 논리는 일종의 역추론 오류다. 이 대법원 판결이 참고로 하고 있는 *Stovall v. Denno*

말미암은 암시로 범인과 피고인의 용모나 인상착의 등이 유사하다고 단정하였을 가능성을 지적하여 이런 지목진술의 신빙성을 부정하고 있다.

183) 서울고법 2009. 6. 25. 선고 2009노184 판결은 위 2008도12111 판결의 판지를 인용하여 1심 무죄를 파기하고 유죄를 인정한 사례이다. 한편 분석대상 사건인 순번 255 사건은 일대일 대면이 허용된다고 하는 위 2008도12111 판결의 판지를 인용하면서도 결과적으로는 무죄를 선고했다.

사건에서는 범인을 목격했던 피해자가 범죄피해로 인하여 병원에 입원하여 언제 사망할지 모르는 급박한 상황에 놓여 있었다는 점에서 피해자 기억이 생생하게 남아 있는 상황에서 즉각적 대면의 긴급성과 필요성 요건이 충족된 것으로 볼 수 있다. 그리고 *Simmon v. United States* 사건의 경우를 보면, 후속될지도 모를 다른 연쇄범죄를 방지하기 위하여 타 지역에 경고조치를 하는 것이 타당하지 여부를 신속하게 결정할 필요성이 있었기 때문에 일대일 대면을 할 수밖에 없음이 용인된 것이다. 결론적으로 현장 대면의 경우 그와 같은 현장 대면을 용인할 수 있는 별개의 사정에 기초하여 긴급성 및 필요성 요건을 갖추었는지, 아닌지를 따져야 하는 일이지, 현장 대면만 하면 이들 요건이 충족된 것으로 보는 논리는 너무나 위험한 것이라고 할 것이다. 그리고 이 대법원 판결의 구체적 사안을 보면 그처럼 서둘러 현장 대면을 시킬 급박한 필요성도 없었다고 보인다. 경찰관으로서는 피해자를 피고인이 잠을 자고 있었다는 주거지 방안으로 데리고 들어가 대면을 시키기에 앞서 2003도7033 판결이 요구하고 있는 바처럼, 범인의 인상착의 등에 관한 목격자의 진술 또는 묘사를 사전에 상세히 기록화하는 것을 선행할 여지가 있었다. 그리고 이 작업을 선행한 뒤에 라인업을 실시하는 데 어떤 시간적, 공간적, 상황적인 제약이 있었다는 점도 보이지 않는다. 사안 자체로 보더라도 범인이 도망가 사라진 막다른 골목길에 피고인의 집이 연해 있었을 뿐이지 그 골목길에서는 피고인의 집으로 정상 또는 비정상의 방법으로 들어갈 방도가 없었던 것으로 보이는데 과연 대법원의 이 판단이 실체적 진실에 맞는 것인지조차 의문이 들기도 한다.

이 대법원 판결을 평석한 재판연구관 조용연 부장판사는, 미국 연방대법원이 판시한 “즉각적인 대면의 긴급한 필요성”, “실행 가능한 유일한 절차”, “즉각적인 식별절차의 필요성을 신뢰성과 비교 형량”이라는 기준을 참고하여 예외적으로 쇼우업이 허용되는 한계를 (a) 범죄 발생 직후 목격증인의 기억이 생생하게 살아있는 상황에서 현장이나 그 부근에서 실시하는 경우, (b) 피해자와 같은 목격증인이 생사의 기로에 놓여있어 라인업을 구성할 시간적 여유가 없는 경우 등과 같이 구체적으로 정하여야 한다고 주장한다.[184] 이때 (a)의 경우는 앞서 본 바와 같은 문제점이 있고, 나머지 경우인 (b) 정도가 그 긴급한 필요성을 충족시킬 수 있을 것인데, 여전히 이 점에 관하여는 이 판결에서 별 언급이 없음도 알 수 있다.

나. 분석결과

유죄오판의 원인으로 들고 있는 가장 중요한 사유가 바로 범죄 피해자 또는 제3의 목격자의 범인지목진술의 문제이다. 특히 수사기관의 범인식별절차 사무처리 상의 과오나 권한남용이 결합되면 그 문제의 심각성은 더해진다. 분석대상 사건들 중에서도 피해자 및 목격자의 범인지목 오류, 수사기관의 범인식별절차의 과오 등이 거론되고 있는 사례들이 다수 보인다.[185] 전체 무죄 사건에서 범인 오인지목 사건은 112건으로서 전체의 20.7%의 비중을 차지하고 있다. 범인 오인지목은 피고인과 사건 이전에 이미 면식이 있었던 경우는 거의 생각할 수는 없지만, 아주 예외적으로는 면식 관계에 있으면서도 이미 얼굴을 알고 있는 피고인을 범인으로 오인하는 경우가 4건 있었다.

아래 표 29는 연도별 오인지목 사건의 분포를 나타내고 있다. 2000년대

---

184) 조용현, "범인식별절차로서 일대일 대면(showup)이 허용되는 경우", 대법원판례해설 80호, 법원도서관(2009), 733-4면.

185) Gross 2012 Report, *supra note* 110(chapter 2.3), at 48에 의하면, 경찰이 어떤 사람을 용의자로 주목하게 되는 데에는 여러 경로가 있을 것이지만, 최초로 용의선상에 오른 사람이 그의 용모에만 근거한 것이라면 이는 특히 위험하다고 볼 수 있음을 지적하고 있다. Gross 2012 연구결과에 의하면 오인 지목증언 면죄사건의 35%(130/375)에서 피고인은 최초로 지목된 용의자였고 그러한 지목은 그의 용모와 관련된 정보에 근거한 것이었다. 이 중 23건은 살인죄, 12건은 강도죄, 77건은 강간죄가 포함된 것이다.

이전에는 주로 미국에서 시행됐던 범인식별절차, 즉 라인업이나 사진 제시의 방법에 따른 범인지목에 대하여 국내 재판실무는 큰 관심이 없었다. 그러다가 2000년대에 들어오면서 이 문제가 대법원판례를 통하여 지적되기 시작했다. 그러한 상황에서 범인식별절차를 제대로 하여야 한다는 문제의식 하에 피해자나 목격자의 범인지목을 문제 삼아 무죄가 선고되는 사례가 늘어나게 된 것이다.

표 29 연도별 오인지목 사건 분포

연도	전체 사건수	오인지목 사건수	연도별 사건수 대비 오인지목 사건 점유비율
1995	3	2	66.7%
1996	15	2	13.3%
1997	22	9	40.9%
1998	34	8	23.5%
1999	27	4	14.8%
2000	17	4	23.5%
2001	32	6	18.8%
2002	38	13	34.2%
2003	35	11	31.4%
2004	32	6	18.8%
2005	31	6	19.4%
2006	27	4	14.8%
2007	38	5	13.2%
2008	33	8	24.2%
2009	41	10	24.4%
2010	34	4	11.8%
2011	53	6	11.3%
2012	28	4	14.3%
합계	540	112	20.7%

특히 2002년과 2003년에 들어오면서 두 해에 각각 선고된 무죄판결 38건 및 35건 가운데 범인지목의 잘못을 문제 삼아 무죄가 된 사건이 13건 및 11건에 달하게 되었고 그해 전체 무죄 사건에서 점하는 비율 역시 30%를 넘는 결과에 이르게 되었다. 그 이후에도 지속해서 오인지목 무죄 사건이 이어지게 되었고, 2000년대 후반에 이르면서 점차로 오인지목 무죄 사건의 비율이 줄어드는 추세에 있다가 최근 3년 사이에는 10% 전후 수준까지 줄어들게 되었다. 아래 그림 12는 그 추세를 그래프로 표시한 것이다.[186] 이처럼 오인지목 무죄 사건의 비중이 줄어들어 가는 추세는 DNA 증거의 활용에 따라 범인의 동일성 식별이 과학적으로 비교적 쉽게 입증될 수 있게 된 데다가 2000년대 초중반의 무죄 사건이 다수 나온 덕분에 수사기관 스스로 범인식별실을 마련하고 피해자 범인지목에 신중을 기하는 수사 관행의 개선 노력에 일부 원인이 있는 것으로 볼 여지가 있다.

그림 27 연도별 오인지목 사건 점유비율 추이

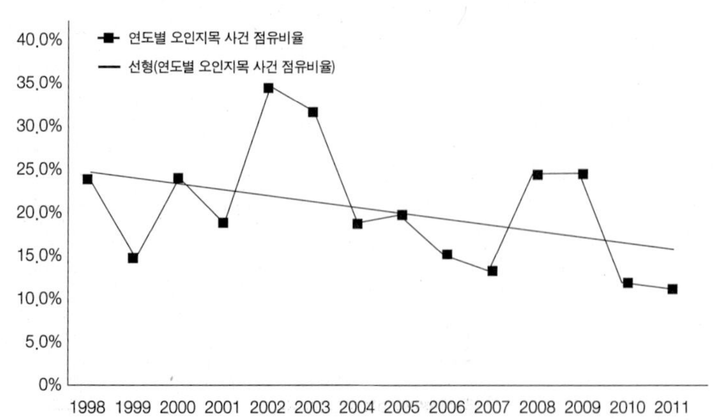

그러나 아직도 라인업을 시행함이 없이 여전히 일대일 대면을 허용하는 사례가 보이고 있고, 특히 사건 현장에서의 일대일 대면을 허용하는 대법

186) $y = -0.006x + 0.252 \quad R^2 = 0.154$

원 2009. 6. 11. 선고 2008도12111 판결이 나오면서 그러한 개선에 제동이 걸린 것도 하나의 문제로 지적될 수 있을 것이다. 이 대법원 판례의 문제점에 대하여는 앞서 상세히 검토했다.

죄명별로 오인지목 사건의 분포는 아래 표 30과 같다.

표 30 죄명별 오인지목 사건 분포

죄명	전체 사건수	전체 사건수(540)에서 점하는 비율	오인지목 사건수	전체 오인지목 사건수(112)에서 점하는 비율	죄명별 사건수 대비 오인지목 점유비율
생명침해범죄	115	21.3%	1	0.9%	0.9%
살인	46	8.5%	1	0.9%	2.2%
강도살인/강간살인/강도치사/존속살인	20	3.7%	0	0.0%	0.0%
상해치사/폭행치사	48	8.9%	0	0.0%	0.0%
자살방조	1	0.2%	0	0.0%	0.0%
성폭력 범죄	311	57.6%	66	58.9%	21.2%
강간/준강간	69	12.8%	5	4.5%	7.2%
강간상해/강간치상	78	14.4%	16	14.3%	20.5%
강도강간/특수강간	57	10.6%	27	24.1%	47.4%
강제추행	28	5.2%	7	6.3%	25.0%
13세미만자 강간/강제추행	47	8.7%	10	8.9%	21.3%
장애인 준강간	11	2.0%	1	0.9%	9.1%
친족관계 강간/강제추행	21	3.9%	0	0.0%	0.0%
강도죄	66	12.2%	37	33.0%	56.1%
강도	7	1.3%	4	3.6%	57.1%
강도상해/강도	39	7.2%	21	18.8%	53.8%

치상					
특수강도	20	3.7%	12	10.7%	60.0%
방화죄	25	4.6%	1	0.9%	4.0%
건조물방화	22	4.1%	0	0.0%	0.0%
자동차방화	2	0.4%	1	0.9%	50.0%
실화	1	0.2%	0	0.0%	0.0%
기타범죄	23	4.3%	7	6.3%	30.4%
합계	540	100.0%	112	100.0%	20.7%

범죄의 종류에 따라 오인지목이 이루어지는 사건은 큰 편차를 보이고 있다. 살인사건에서는 살인범죄가 즉석에서 성공한 한에서는 피해자의 범인지목 또는 범인식별절차의 참여는 논리적으로 불가능하다. 다만 목격자가 우연히 있을 수 있는데 오인지목 사건 112건 중 살인사건에서 오인지목이 문제로 되어 무죄가 선고된 사건은 바로 목격자의 오인에 근거한 것이었다. 그 때문에 전체 오인사건 112건 중 살인사건의 오인지목은 1건으로서 그 사건이 점하는 비율은 극히 미미하다. 그 반면 강도사건의 경우 전체 무죄 사건 540건 대비 무죄가 12.2%인 데 비하여 오인지목 무죄 사건은 33%를 차지하여 그 비율은 크게 높아짐을 알 수 있다. 성폭력 범죄의 경우 전체 무죄 사건 540건 대비 무죄가 57.6%인 데 비하여 오인지목 무죄 사건역시 58.9%를 차지하여 그 비율은 거의 균등함이 특징적이다. 다만 성폭력 범죄사건 중에서도 강도강간, 특수강간(윤간 또는 주거침입강간 등)이 점하는 비율은 10.6% 대 24.1%로서 그 점유비율에 현격한 차이가 있음도 나타나고 있다.

마찬가지로 강도 전체 무죄 사건 66건 중 오인지목 사건이 37건으로서 그 비율이 56.1%이고, 강도강간, 특수강간 전체 무죄 사건 57건 중 오인지목 사건이 27건으로서 그 비율이 47.4%로 나타나는데 강도 무죄 사건의 절반 이상이, 그리고 강도강간, 특수강간 무죄 사건의 절반 가까이 피해자 또는 목격자의 범인 오인지목에서 기인하고 있음에 주목된다. 주로 이들 범죄는 야간에 비면식범에 의하여 급습을 통해 이루어지는 관계로 하여 피해자들이 좀처럼 범인을 제대로 식별할 기회를 갖지 못한 것에서 연유하고 있다.

오인지목은 주로 피해자에 의해 이루어진다. 그러나 오인지목 112건 가운데에서 24건의 사건에서는 제3의 목격자의 오인지목이 문제로 되었는데 그 24건 중 피해자의 오인지목과 함께 오인지목을 한 사례가 20건, 목격자 단독으로 오인지목을 한 사례가 4건[187]으로 나타났다. 결과적으로 112건의 사건들 중 피해자 단독 오인지목 사건은 88건, 피해자 및 목격자 쌍방 오인지목 사건은 20건, 목격자 단독 오인지목 사건은 4건으로 분류될 수 있다.[188][189] 증인이 여러 명이 있고 그들이 일치하여 유죄 증언을 하

187) 목격자 단독 오인지목 사건은 광주고등 97노13 살인 사건(순번 2), 부산고법 2008노384 주거침입 강제추행 사건(순번 245), 서울고등 2007노2244 특수공무집행방해치상 사건(순번 446), 2012노1314 일반자동차 방화사건(순번 533)이다.

188) 미국 Gross 2012 연구에 의하면, 오인지목증언 면죄 사건의 38%(142/375)가 복수의 증인이 등장하고 있다고 한다. Gross 2012 Report, *supra note* 110(chapter 2.3), at 46. 강도 사건에서는 58%(22/38), 강간 사건에서는 26%(42/163)가 복수 증인 사건으로 분석되었다. 강간 사건에서 증인의 수가 적은 것은 아마도 대부분이 하나의 피해자에 대하여 은밀한 장소에서 그런 범행이 이루어지는 실상을 반영한 것으로 볼 수 있을 것이다. 살인죄의 경우는 44%(50/113)가 복수증인 사건이라고 한다. Garrett는 최초 250건의 DNA 면죄사건을 분석한 결과 지목오인 진술 사건에서 복수 증인이 등장한 사건은 36%로 보고하고 있다. Garrett, Judging Innocence, *supra note* 36(chapter 2.3), at 50.

189) 미국 Garrett의 연구에 의하면, 오판증거의 압도적 다수(200건 중 158건, 79%)가 목격자의 지목증언과 관련이 있다. 일반적인 강간사건에서는 비면식범의 범행이 전체의 3분의 1에도 못 미치지만, 오판사례에서는 대부분이 비면식범에 의한 것이기 때문에 불가불 범인식별절차를 거치게 된다. 135건(68%)은 피해자 스스로 목격증언을 한 경우이고, 33건(17%)은 제3자가 목격증언을 한 경우(일부는 피해자 증언도 동시에 이루어짐)다. 56건(28%)은 피해자 목격증언이 핵심 유죄증거였다. 특히 목격자 증언이 있는 오판 사건 158건 중에서 126건이 강간사건이었다. Garrett, Judging Innocence, *supra note* 36(chapter 2.3), at 78.

고 있다고 하여 그 신빙성이 늘 보강되는 것은 아닐 것이다. 어떤 한 증인이 무고한 피고인을 범인으로 오인 지목한 것이 매개가 되어 다른 증인도 똑같은 실수를 범하는 경우가 종종 발견되는데, 이런 증언들을 수사기관이나 법원이 보강된 증거들이 다수 있다는 이유만으로 맹신하는 것은 자칫 위험한 결과를 초래할 수 있음을 미국 오판 사건들의 사례[190]는 물론이고 우리나라 무죄판결례들을 보더라도 확인할 수 있다.

미국 Gross 2012 연구에서는 목격자의 오인지목 이외에도 같은 항목에서 목격증인의 고의적 위증도 아울러 검토하고 있다. 이 연구에서는 대상사건의 51%에서 목격자의 지목증언이 위증임이 발견되었다고 한다.[191] 아래 표 31은 그 결과를 나타낸 것이다.[192]

표 31 목격증언 유형별-범죄유형별 면죄 현황(미국)

	목격자의 오인 증언	목격증인 위증		합계
		고의적 허위지목	지어낸 범죄	
생명침해범죄(416)	27%	44%	0.2%	64%
성인에 대한 성폭력(203)	80%	8%	8%	96%
아동에 대한 성폭력(102)	26%	3%	67%	95%
강도(47)	81%	9%	4%	94%
기타 폭력 범죄(47)	51%	26%	4%	75%
마약 범죄(25)	19%	48%	8%	80%
기타 비폭력 범죄(33)	15%	6%	12%	30%
합계(873)	43%	27%	11%	76%

Gross 2012 연구 및 위 표에 의하면, 목격 증언의 허위성 문제는 그것

190) Gross 2012 Report, *supra note* 110(chapter 2.3), at 46.
191) *Id.* at 50.
192) *Id.* at 52.

이 의도적이든 실수이든 간에 모든 성인에 대한 성폭력, 아동 성폭력 및 강도 면죄 사건에서 94% 이상 사건에서 나타나고 있다. 이들 비생명 침해 폭력 범죄는 진실이든, 허구이든 간에 살아 있는 피해자(또는 피해자라고 주장하는 자)가 있게 마련이고 그가 거의 언제나 피고인을 범인으로 지목하여 증언할 것이기 때문이다. 주목할 것은 아동 성폭력 범죄에서의 지목 증언의 문제는 거의 전적으로 발생한 일이 없는, 지어낸 범죄로 말미암은 것에 집중되어 있다.[193] 아동 성폭력 범죄에 관한 본 연구의 분석결과와 미국 분석결과는 별도의 항목에서 따로 검토하기로 한다.

6. 피해자 진술의 신빙성

가. 피해자 진술 신빙성이 문제로 된 사건

1) 피해자 진술의 증명력 판단기준에 관한 판례법리의 흐름과 논의

피해자 진술은 피고인에게 불리한 것을 본질로 한다. 특별한 경우가 아니라면 일반론으로 볼 때 피해자가 스스로 없는 범죄피해를 만들어 무고한 자를 가해자로 모는 일은 없을 것 같다. 피해자 역시 번거로운 수사와 재판절차에서 또 다른 2차적 피해, 정신적 고통, 경제적 손실을 겪을 수 있기 때문이다. 그러나 한편으로 피해자가 통상 갖게 될 범인에 대한 악감정은 종종 사실을 왜곡시키고, 진실에 반하는 증언을 하게끔 하는 원인이 될 수 있다.[194] 이러한 악감정이 지각, 기억, 표현의 각 과정에 영향을 다소간 미쳐 오류가 발생할 여지도 있다.[195] 재판 실무에서는 종종 이런 오

193) *Id.*
194) 권기훈, “형사소송에 있어서 올바른 증인신문 방법”, 재판자료 110집, 법원도서관(2006), 399면.
195) 위 논문, 400면.

류의 가능성이 간과되고 있는 것 같다. 대법원은 피해자 진술의 신빙성에 관하여 원론적으로 아래와 같은 판시를 하고 있다.

> 피해자 등의 진술은, 그 진술 내용의 주요한 부분이 일관되며, 경험칙에 비추어 비합리적이거나 진술 자체로 모순되는 부분이 없고, 또한 허위로 피고인에게 불리한 진술을 할 만한 동기나 이유가 분명하게 드러나지 않는 이상, 표현상의 차이로 인하여 사소한 부분에 일관성이 없는 것처럼 보이는 부분이 있거나 최초의 단정적인 진술이 다소 불명확한 진술로 바뀌었다고 하여 그 진술의 신빙성을 특별한 이유 없이 함부로 배척해서는 안 될 것이다.[196)]

이러한 판시는 일단 피해자 진술의 신빙성을 인정하는 것을 기본으로 한다. 그리하여 표현 등 사소한 부분에서의 비일관성, 진술의 확신이 희박해져 가는 정황 등만으로는 그 신빙성을 바로 배척하지는 말라는 것이다. 다만 주요한 부분의 비일관성, 경험칙에 반하는 비합리성, 진술 자체의 모순, 허위의 불리한 진술을 할 동기나 이유 등을 그 진술 신빙성을 부정하는 사정으로 거론하였다.

제각각 유형이 다른 사건들에 대하여 증명력 판단의 일반적 기준을 제시하기란 어렵다. 다만 대법원 판례를 통하여 형성되어 온 판단기준을 유형화해 볼 수는 있을 것이다. 이하에서는 2004년 당시 사법연수원 교수로 재직한 이준호 판사의 분류[197)]에 따라 대법원 판례법리의 흐름을 짚어본다.

우선 증명력이 문제가 된 진술이 그 신빙성을 뒷받침하는 근거에 기초한 것인지가 관건이 된다.[198)] 즉 단순한 추측진술, 혹은 다른 사람으로부

196) 대법원 2006. 11. 23. 선고 2006도5407 판결 등.
197) 이준호, "형사재판에 있어서 증명력 판단의 기준", 사법연수원논문집 2집, 사법연수원(2004), 379면.
198) 위 논문, 380면.

터 전해들은 것에 불과하다면 그 신빙성은 상대적으로 낮을 것이다. 반면에 예컨대 직접 범행 장면을 목격한 것을 근거로 하는 진술, 처분문서 등 확실한 자료를 근거로 한 진술은 신빙성이 높아지게 될 것이다.[199)]

두 번째는, 진술이 번복되었는지가 관건이 된다.[200)] 그리고 진술이 번복된 경우 그 번복에 납득할 만한 이유가 있는지 여부이다.[201)] 시간이 경과할수록 진술내용이 더욱 명료해지면서 공소사실에 부합하는 내용으로 바뀌고 있는 점을 신빙성 배척의 근거로 삼은 경우도 있다.[202)]

세 번째는, 여러 관련 증거들을 비교 검토하여 그 진술내용들이 일치하는지도 중요하다.[203)] 그리고 그 진술내용이 객관적으로 인정된 사실에 배치되는지를 살펴보는 것도 중요한 방법이다.[204)] 일본의 경우 모순되는 종전진술(이른바 자기모순진술)은 증거능력의 문제로 다루고 있다. 재판관 면전에서의 진술을 녹취한 서면(이른바 재면조서)은 그 자체로 증거능력이 인정되고 검찰관 면전에서 한 공술을 녹취한 서면(이른바 검면조서)은 신용성의 정황적 보장이 인정되는 것을 요건으로 하여 증거능력이 부여되고 있다(일본 형소법 제321조 제1항 제1호, 제2호). 우리 형소법은 이런 규정을 두고 있지 않다는 점에서 일본의 경우와 다르다.[205)]

---

199) 대법원 1986. 3. 25. 선고 85도1572 판결, 대법원 1994. 9. 13. 선고 94도1335 판결, 대법원 1995. 3. 10. 선고 94도2638 판결 등은 피고인에 대하여 무죄를 선고한 원심판결을 파기한 사례들이다.

200) 이준호, "형사재판에 있어서 증명력 판단의 기준", 사법연수원논문집 2집, 사법연수원(2004), 381면.

201) 대법원 1984. 6. 26. 선고 84도851 판결, 대법원 1995. 10. 12. 선고 93도93 판결,대법원 1985. 6. 25. 선고 85도801 판결.

202) 대법원 1983. 3. 8. 선고 82도3217 판결, 대법원 1984. 11. 13. 선고 84도22 판결, 대법원 1997. 5. 23. 선고 97도852 판결, 대법원 1983. 9. 27. 선고 83도977 판결, 대법원 1993. 3. 9. 선고 92도2884 판결.

203) 이준호, "형사재판에 있어서 증명력 판단의 기준", 사법연수원논문집 2집, 사법연수원(2004), 382-3면.

204) 대법원 1990. 2. 27. 선고 89도1521 판결, 대법원 1995. 10. 12. 선고 93도93 판결, 대법원 1997. 5. 23. 선고 97도852 판결 등.

넷째, 진술의 논리성과 사회통념에 부합하는 것인지도 하나의 기준이 될 수 있다.[206] 증거가 합리성을 갖추었는지, 그 진술내용이 자연스러운지, 문제된 진술증거의 진술내용과 양립할 수 없는 사실이 있을 수 있는지, 진술내용이 사회통념에 비추어 수긍할 수 있는지, 혹은 논리와 경험칙에 부합하는지 등을 통상인의 상식에 비추어 판단하는 것도 신빙성 판정의 주요한 방법이다.[207]

다섯째, 문제의 진술을 한 자가 중립적 · 객관적 위치에 있는지, 아니면 피고인이나 고소인 중의 어느 한 쪽에 밀착된 자인지 아닌지도 신빙성 판정에 있어 중요한 요소로 작용한다.[208] 이 판정에 있어서는 그 사건의 배후에 있는 이해관계를 파악하고, 나아가 문제의 증인 혹은 진술자가 어느 한 쪽을 위하여 유리한 진술을 할 사정이 있는지를 살펴볼 필요가 있다.[209]

여섯째, 고소인 진술의 경우라면 피고인 범행의 동기 또는 사건화된 경위도 고려해야 한다.[210] 피고인의 측면에서 볼 때, 범행의 동기가 있는지, 그 동기가 납득할 만한지를 따져보아야 한다. 한편 소추기관 또는 피해자 측면에서 볼 때, 사건화된 경위(고소의 배경, 인지경위 등)에 의혹이 없는

205) 이 점에 관한 상세한 설명은 三井誠/酒卷匡(신동운 역), 입문 일본형사수속법, 법문사(2003), 261-2면 및 270면 이하 참조.

206) 이준호, "형사재판에 있어서 증명력 판단의 기준", 사법연수원논문집 2집, 사법연수원(2004), 384면.

207) 대법원 1983. 4. 12. 선고 82도2081 판결, 대법원 1984. 3. 27. 선고 83도3283 판결, 대법원 1984. 11. 13. 선고 84도22 판결, 대법원 1985. 2. 26. 선고 84도2974, 84감도460 판결, 대법원 1994. 9. 13. 선고 94도1335 판결, 대법원 2003. 10. 10. 선고 2003도3463 판결 등.

208) 이준호, "형사재판에 있어서 증명력 판단의 기준", 사법연수원논문집 2집, 사법연수원(2004), 386면.

209) 대법원 1984. 5. 29. 선고 84도480 판결, 대법원 2003. 12. 26. 선고 2003도5255 판결, 대법원 1986. 3. 25. 선고 85도1572 판결.

210) 이준호, "형사재판에 있어서 증명력 판단의 기준", 사법연수원논문집 2집, 사법연수원(2004), 387면.

지 등을 따져 보는 것도 중요하다.[211]

일곱째, 진술증거의 신빙성에 관하여는 간접증거에 의한 사실인정 문제와의 관련성을 고려해야 한다. 형사재판에 있어서 유죄의 인정을 위한 심증은 반드시 직접증거에 의하여 형성되어야만 하는 것은 아니다. 그 이외에도 경험칙과 논리법칙에 위반되지 아니하는 한 간접증거에 의하여 유죄 심증을 형성하여도 관계없다. 간접증거가 개별적으로는 범죄사실에 대한 완전한 증명력을 가지지 못하는 수도 있다. 이런 경우라도 전체 증거를 상호 관련 하에 종합적으로 고찰하여 종합적 증명력이 있는 것으로 판단되면 그에 의하여도 범죄사실을 인정할 수 있다. 간접사실을 증명하는 방법으로 입증하는 경우, 무엇이 상당한 관련성이 있는 간접사실에 해당할 것인가는 정상적인 경험칙에 바탕을 두고 치밀한 관찰력이나 분석력에 의하여 사실의 연결상태를 합리적으로 판단하는 방법에 따라야 한다. 이런 점을 최초로 강조한 공간된 선례로는 대법원 1988. 11. 22. 선고 88도1523 판결을 들 수 있다. 이 판결은 후속하는 다수 판례의 집적을 거쳐 이제는 매우 확고한 선례로 자리 잡았다.[212]

---

211) 대법원 1995. 3. 10. 선고 94도2638 판결, 대법원 2001. 2. 9. 선고 2000도4946 판결, 대법원 2001. 11. 27. 선고 2001도4392 판결.

212) 대법원 1976. 2. 10. 선고 74도1519 판결, 대법원 1992. 11. 24. 선고 92도1914 판결, 대법원 1993. 3. 23. 선고 92도3327 판결, 대법원 1994. 9. 9. 선고 94도998 판결, 대법원 1996. 3. 8. 선고 95도3081 판결, 대법원 1997. 7. 25. 선고 97도974 판결, 대법원 1999. 7. 9. 선고 99도1864 판결, 대법원 1999. 10. 22. 선고 99도3273 판결, 대법원 2000. 2. 25. 선고 99도1252 판결, 대법원 2000. 10. 24. 선고 2000도3307 판결, 대법원 2001. 2. 23. 선고 2000도5395 판결, 대법원 2002. 12. 24. 선고 2002도5662 판결, 대법원 2003. 2. 26. 선고 2001도1314 판결, 대법원 2003. 12. 26. 선고 2003도5255 판결, 대법원 2004. 6. 25. 선고 2004도2221 판결, 대법원 2004. 7. 9. 선고 2004도810 판결, 대법원 2006. 2. 23. 선고 2005도8645 판결, 대법원 2006. 8. 24. 선고 2006도3070 판결, 대법원 2007. 8. 23. 선고 2005도4471 판결, 대법원 2009. 1. 30. 선고 2008도6950 판결, 대법원 2010. 2. 25. 선고 2008도8356 판결, 대법원 2011. 3. 24. 선고 2010

2) 항소심에서의 1심 진술증거의 증명력 판단기준에 관한 판례법리의 흐름

항소심에서 1심 피해자 증언의 신빙성을 재심사하는 문제에 관하여는 종래부터 대법원 판결로 논하여졌다. 대법원 1991. 10. 22. 선고 91도1672 판결[213]은 원칙적으로 피고인 항소의 경우에는 항소이유가 있는 이상 조서 기재만으로 그 신빙성을 배척하고 유죄의 1심을 뒤집고 무죄판결을 할 수 있지만,[214] 1심 무죄판결에 대하여 검사 항소가 있는 경우 무죄판결의 근거가 된 1심 증인 증언의 신빙성을 배척한 1심 판단을 기록만 읽고 뒤집지 말라는 취지를 명백히 밝힌 것이다.[215] 이에 대하여 대법원 1994. 11. 25. 선고 94도1545 판결[216]은 형사재판에서 항소심은 사후심 겸 속심의 구조[217]임을 명언한 다음, 1심의 유일한 증거(도로교통법 위반 사건에

도4450 판결 등.

213) 이 판결에 대한 평석으로는 심희기, “항소심의 구조: ‘속심 겸 사후심론’의 비판적 분석”, 형사재판의 제문제 제5권: 이용우 대법관 퇴임기념 논문집, 박영사(2005)가 있다.

214) 항소심의 사후심적 성격을 강조한 부분이다. 91도1672 판결의 이 부분 판시에 영향을 미친 선례로는 대법원 1966. 5. 17. 선고 66도125 판결을 들 수 있다.

215) 같은 취지로는 대법원 2005. 5. 26. 선고 2005도130 판결이 있다. 이 대목에서 항소심의 구조가 사후심적 속심이라는 측면이 강조된 것이다. 일찍이 대법원 1966. 3. 3. 선고 65도1229 전원합의체 판결의 대법원 판사 한성수, 홍순엽의 반대의견 참조.

216) 이 판결의 평석으로는 심희기, “항소심의 구조: ‘속심 겸 사후심론’의 비판적 분석”, 형사재판의 제문제 제5권: 이용우 대법관 퇴임기념 논문집, 박영사(2005)이 있다.

217) 우리나라 항소심의 구조에 관하여는 학설의 대립이 있다. 속심적 성격을 강화하여 이해하는 견해로는 이재상, 형사소송법, 박영사(2012), 758면; 임동규, 형사소송법, 법문사(2012), 750면; 배종대/이상돈/정승환/이주원, 신형사소송법, 홍문사(2012), 831면; 정웅석/백승민, 형사소송법, 대명출판사(2012), 844면이 있고 사후심적 성격을 강화하는 방향으로 보려는 견해로는 신동운, 신형사소송법, 법문사(2012), 1503면; 차용석/최용성, 형사소송법, 21세기사(2008), 786면이 있다.

서 단속 경찰관의 증언)에 대하여 단순히 "신빙성에 대한 의문"만 가지고서는 재증인신문 없이 기록만으로 1심의 결론을 뒤집지 말라는 취지를 명시하였다. 다만 제1심의 자유심증이 명백히 잘못되었다고 볼 만한 합리적인 사유가 있는 경우만을 예외로 보았다. 앞서 든 91도1672 판결이 1심 무죄판결을 2심이 유죄로 판단한 것임에 비하여, 후자인 94도1545 판결은 1심 유죄판결을 2심이 무죄로 판단한 것으로서 서로 비교해 볼 만하다.[218]

이 쟁점에 관한 종전의 대법원 판례가 주로 항소심의 심급 구조적 속성을 중심으로 논해졌다면, 대법원 2006. 11. 24. 선고 2006도4994 판결은 시각을 달리하여 제1심 공판중심주의 및 실질적 직접심리주의의 관점에서 접근한 최초의 선례이다. 이 사건에서 1심은 증인 증언의 신빙성을 부정하고 무죄를 선고했는데 항소심이 증인 재심문 없이 그 신빙성을 긍정하여 파기자판 유죄를 선고한 것이다.[219] 대법원의 판단구조를 분해해 보자. ① 대법원은 우선 공판중심주의의 한 요소로서 실질적 직접심리주의를 채택한 것을 강조하면서 법관이 직접 원본 증거를 조사하는 방법을 통하여야만 신선하고 정확한 심증을 형성할 수 있고 이에 대하여 피고인에게 의견진술의 기회를 부여함으로써 실체적 진실의 발견과 공정한 재판을 실현할 수 있다고 보았다. ② 다음으로 그러한 당사자의 주장과 증거조사가 이루어지는 절차의 진행과 심리는 법정에서 이루어져야 하는데 그 원칙적인 절차는 제1심의 법정 중심으로 이루어져야 함을 천명하였다. ③ 그 결과 항소심은 제1심 증인이 한 진술의 신빙성 유무에 대한 제1심의 판단이 항소심의 판단과 다르다는 이유만으로, 즉 기록의 검토를 통한 이

218) 같은 취지로는 대법원 1996. 12. 6. 선고 96도2461 판결이 있다.

219) 이 사건은 고소인의 남편에 대하여 채권을 가지고 있었던 피고인이 연대보증의 취지로 받아 둔 고소인 명의의 약속어음 공정증서에 기하여 강제집행에 착수하자 약속어음 상 채무자인 고소인이 그 약속어음은 위조된 것임을 주장하여 고소를 제기한 것에서 발단된 것이다.

견만으로는 제1심의 판단을 함부로 뒤집어서는 아니 되는 것을 원칙으로 삼았다. ④ 다만 예외의 하나로 제1심 판결 내용과 제1심에서 적법하게 증거조사를 거친 증거들에 비추어 제1심 증인이 한 진술의 신빙성 유무에 대한 제1심의 판단이 명백하게 잘못되었다고 볼 특별한 사정이 있다면 항소심이 추가적 증거조사 없이 다른 판단을 할 수 있음을 허용하였다. 그리고 두 번째 예외로 제1심의 증거조사 결과와 항소심 변론종결시까지 추가로 이루어진 증거조사 결과를 종합하면 제1심 증인이 한 진술의 신빙성 유무에 대한 제1심의 판단을 그대로 유지하는 것이 현저히 부당하다고 인정되는 경우라면(명백하게 잘못된 것에 이른 것은 아니라고 하더라도) 파기자판이 가능하다고 설명하고 있다. ⑤ 그런데 특히 1심 무죄판결에 대하여는 그 판단의 근거가 된 1심 증인의 신빙성 배척 판단을 항소심이 뒤집어 "그 진술의 신빙성을 인정할 수 있다고 판단할 수 있으려면, 진술의 신빙성을 배척한 제1심의 판단을 수긍할 수 없는 충분하고도 납득할 만한 현저한 사정이 나타나는 경우이어야 한다."고 판시함으로써 1심 무죄를 유죄로 인정하는 데에는 더 제약을 가하고 있다. 대법원은 이러한 법리를 새로이 내세워 유죄를 인정한 2심 판결을 파기환송하였다.[220)]

2006도4994 판결의 판지는 후속하는 대법원 판결들에 의하여 반복하여 인용됨으로써 확립된 판례로 굳어져 지금은 항소심에서 피해자 진술의 신빙성을 판정하는 기준으로 작용하게 되었다. 이 대법원 판결의 사안과 마찬가지로 1심 무죄-2심 유죄 사건에서 대법원은 무죄취지로 파기환송한 사례들[221)]이 있는가 하면, 1심 무죄-2심 유죄 사건에서 2심의 유죄 판단

220) 기실 이 사건에서 유가증권 위조가 인정되기 위해서는 넘어야 할 산이 많이 있다고 보인다. 특히 이 사건에서 인영부분이 위조된 것은 아니고 그것이 고소인 인장의 인영임은 다툼이 없었으므로 그것이 고소인의 의사에 반하는 날인행위에 의해 현출된 것이라는 사정이 밝혀졌어야 할 것인데 이 점을 입증하기란 상당히 어렵다. 민사소송의 영역에서 문서의 진정성립 추정의 법리, 즉 인영부분의 진정성립이 인정된다면 날인행위의 진정 및 더 나아가 문서 전체의 진정성립이 추정되는 법리를 감안해 보더라도 마찬가지다.

을 지지한 사례들[222]도 있다. 1심 유죄-2심 무죄의 사안에서 유죄취지로 파기환송한 사례들[223]과 2심 무죄를 지지한 사례[224]가 보인다. 특히 2006도4994 판례는 1심 무죄 판결의 확정성을 더 강하게 보장해 주려고 하는 점에서 일정한 방향성을 가지는 것으로 보인다. 그런데 종종 1심 유죄-2심 무죄의 사건에도 이 법리가 적용되어 대법원이 유죄 취지로 파기환송하는 것은 문제다. 특히 2심에서 직접 추가 증거조사를 하는 등 사실심으로서

221) 대법원 2007. 5. 11. 선고 2007도2020 판결, 대법원 2008. 5. 29. 선고 2007도1115 판결, 대법원 2010. 2. 11. 선고 2009도14035 판결, 대법원 2010. 2. 25. 선고 2009도14409 판결, 대법원 2010. 5. 13. 선고 2009도14466 판결.

222) 대법원 2009. 1. 30. 선고 2008도7462 판결은 1심 무죄-2심 유죄 사건에서 대법원은 제1심 증인이 한 진술의 신빙성 유무에 대한 제1심의 판단이 명백하게 잘못되었다고 볼 특별한 사정이 있는 경우에 해당된다는 취지에서 2심의 유죄판단을 지지하였다. 다만 다른 법률적 사유로 피고인의 상고를 받아들여 파기환송하였다. 대법원 2010. 11. 11. 선고 2010도9106 판결 역시 1심 무죄-2심 유죄 사건에 관한 것이다. 대법원은 제1심 증인이 한 진술의 신빙성 유무에 대한 제1심의 판단이 명백하게 잘못되었다고 볼 특별한 사정이 있는 경우에 해당된다는 취지에서 2심의 유죄판단을 지지하여 상고기각 하였다.

223) 대법원 2009. 1. 30. 선고 2008도7917 판결은 1심 유죄-2심 무죄의 사안에서 2006도4994 판결의 판지를 적용하여 유죄취지로 파기환송을 한 최초의 사례이다. 대법원 2010. 6. 24. 선고 2010도3846 판결, 대법원 2010. 10. 14. 선고 2010도8227 판결도 같은 취지다. 대법원 2012. 6. 14. 선고 2011도5313 판결은 1심 유죄-2심 무죄(추가로 조사한 증거와 제1심에서 증거조사를 마친 증거들을 기초로 무죄 선고) 사안이다. 대법원은 제1심의 증거조사 결과와 항소심 변론종결시까지 추가로 이루어진 증거조사 결과를 종합하여 제1심 증인이 한 진술의 신빙성 유무에 대한 제1심의 판단을 그대로 유지하는 것이 현저히 부당하다고 인정되는 예외적인 경우에 해당하지 않는다는 이유로 유죄취지로 파기환송하였다.

224) 대법원 2009. 3. 26. 선고 2008도6895 판결은 1심 유죄-2심 무죄의 사안에서 대법원은 2006도4994 판결의 판지 중 두 번째 예외, 즉 제1심의 증거조사 결과와 항소심 변론종결시까지 추가로 이루어진 증거조사 결과를 종합하여 제1심 증인이 한 진술의 신빙성 유무에 대한 제1심의 판단을 그대로 유지하는 것이 현저히 부당하다고 인정되는 예외적인 경우에 해당한다는 이유로 2심 무죄 결론을 지지한 사례다.

심리를 하여 형성하게 된 심증, 즉 항소심까지도 검찰 측이 합리적 의심의 여지가 없는 유죄증거를 제출치 못하여 입증에 실패하였다는 심증에 따라 무죄판결을 한 경우라면 사실심의 공판중심주의적 실현 장소는 2심으로 옮겨왔다고 보는 것이 타당하다. 그렇다면 2006도4994 판결의 판지의 취지인, 사실심리를 충실히 하여 무죄를 선고한 이상 상급심에서 기록만 보고 유죄 인정을 하지 말라는 정신은 이 경우 상고심에도 미친다고 보아야 한다. 따라서 법률심인 대법원이 기록 검토만으로 판결을 통하여 반대심증을 제시한다든가, 또는 유죄를 인정할 기회를 추가로 검찰 측에 부여하라는 취지에서 심리미진으로 파기환송하는 것은 가급적 절제되어야 할 것은 아닌가 한다.

한편 국민참여재판에 관한 대법원 2010. 3. 25. 선고 2009도14065 판결은 위 2006도4994 판결의 판지를 인용하는 것에서 더 나아가 판사만이 관여한 1심 무죄판결보다 국민참여재판 1심 무죄판결의 확정성을 더욱 강하게 유지하고자 하는 입장을 천명하여 주목된다.

> 사법의 민주적 정당성과 신뢰를 높이기 위해 도입된 국민참여재판의 형식으로 진행된 형사공판절차에서, 엄격한 선정절차를 거쳐 양식 있는 시민으로 구성된 배심원이 사실의 인정에 관하여 재판부에 제시하는 집단적 의견은 실질적 직접심리주의 및 공판중심주의 하에서 증거의 취사와 사실의 인정에 관한 전권을 가지는 사실심 법관의 판단을 돕기 위한 권고적 효력을 가지는 것인바, 배심원이 증인신문 등 사실심리의 전 과정에 함께 참여한 후 증인이 한 진술의 신빙성 등 증거의 취사와 사실의 인정에 관하여 만장일치의 의견으로 내린 무죄의 평결이 재판부의 심증에 부합하여 그대로 채택된 경우라면, 이러한 절차를 거쳐 이루어진 증거의 취사 및 사실의 인정에 관한 제1심의 판단은 실질적 직접심리주의 및 공판중심주의의 취지와 정신에 비추어 항소심에서의 새로운 증거조사를 통해 그에 명백히 반대되는 충분하고도 납득할 만한 현저한 사정이 나타나지 않는 한 한층 더 존중될 필요가 있다.

이 판결의 판지가 적용될 수 있는 요건을 분석해 보자. ① 대상 사건은 배심원이 증인신문 등 사실심리의 전 과정에 함께 참여한 사건이다. ② 다음으로 증인이 한 진술의 신빙성 등 증거의 취사와 사실의 인정에 관하여 배심원들이 다수결이 아닌 만장일치의 의견으로 무죄의 평결을 한 경우이다. ③ 이런 배심원단의 권고적 의견이 재판부의 심증에 부합하여 결국 1심에서 무죄판결이 선고된 경우일 것을 요한다. 이런 요건을 충족하는 사건에서는 항소심이 이를 함부로 뒤집을 수는 없는 것을 원칙으로 하였다. 다만 예외적으로 항소심이 이를 뒤집는 경우가 있을 터인데 그 요건을 매우 엄격하게 설정했다. 이것은 제1심 공판중심주의적 일반 판례법리보다 더 제약을 가한 것이라는 점에서 주목할 만하다. 즉 ① 항소심에서 새로운 증거조사를 하여야 하고 ② 그를 통해 무죄판결에 명백히 반대되는 충분하고도 납득할 만한 현저한 사정이 나타나야 한다는 것이다. 일반사건의 경우에는 "진술의 신빙성을 배척한 제1심의 판단을 수긍할 수 없는 충분하고도 납득할 만한 현저한 사정"을 들었다면 국민참여재판의 경우에는 "명백히 반대되는 충분하고도 납득할 만한 현저한 사정"을 들고 있다. 즉 "명백히 반대되는" 사정을 국민참여재판 만장일치 무죄판결의 경우에 추가한 것인데, 무엇을 명백히 반대되는 사정으로 볼 것인가는 일의적으로 정의할 수 없다. 하지만 예컨대 증거관계가 백중하여 유무죄 판단에 혼선을 겪고 있는 상태에서 "심증 상 도저히 무죄는 아니다"라는 정도라든가, 1심의 검찰 측 증인이 1심에서는 일관성 없는 태도를 보이다가 2심에 이르러 일관되게 유죄 증언을 하는 것으로 태도를 변경한 정도만으로는 부족하다. 명백히 반대되는 사정이 나타는 경우에 해당하기 위해서는 외부적, 객관적으로 인식할 수 있는 유죄의 직접증거 또는 물증이 항소심에서 새로운 증거조사를 통하여 발견된 경우여야 할 것이다. 예컨대 피고인이 항소심에 이르러 자백으로 돌아서고 그에 기초하여 유죄의 물증이 발견된 경우가 이에 해당한다.[225] 항소심에서 이런 반전이 일어나는 일은 좀처럼

225) 김상준, "배심평결과 판사판결의 일치도 및 판단차이에 관한 연구", 서울대학교

드물 것이다. 이런 점을 감안해 볼 때 2009도14065 판결은 특히 배심원의 만장일치 무죄평결-판사 무죄판결이 일치되는 사건에서의 1심 확정성은 크게 높아지는 결과가 된다. 비록 권고적 의견에 불과하기는 하지만 배심원들의 무죄 판단을 항소심에서 좀처럼 뒤집기 어렵게 된 것이다. 이에 따라 공판중심주의적 직접주의가 가장 잘 구현되는 국민참여재판에 강력한 구심력을 실어주게 된 데 큰 의의가 있다. 이런 참여재판에서 만장일치 무죄판결을 받게 된 피고인은 항소심에서 이중위험에 처할 소지가 극소화된 것이다. 참여재판의 인권옹호 기능을 잘 살릴 수 있게 되었다는 점에서 이 대법원 판례는 대단히 중요한 선례로서의 가치를 지니게 되었다. 이 판결은 대법원 2011. 3. 24 선고 2010도4450 판결로 한 차례 더 인용된 바 있다. 주로 절차의 형식적 측면에서 진술증거의 신빙성 판단에 제약을 가하는 이런 부류의 대법원 판결들이 하급심의 증거판단에 미치는 파급력은 대단히 강력한 것이다. 이 판결을 계기로 하여 참여재판 1심 무죄를 가볍게 뒤집는 고등법원 판결이 출현할 여지는 봉쇄된 것이나 다름없다.

3) 본 연구 대상사건 분석결과

피해자 진술의 신빙성이 문제로 된 사건들의 죄명별 현황은 아래 표 32와 같다. 피해자 진술 신빙성이 쟁점인 사건 수는 266건으로서 전체 540건의 분석대상 사건 중 49.3%에 달하고 있다. 근 절반의 사건이 피해자 진술 증거의 신빙성이 쟁점으로 되어 가장 높은 비율을 점하고 있다. 또 특징적인 것은 표 32에서 보다시피 성폭력 범죄가 전체의 피해자 진술 신빙성 쟁점 무죄 사건 266건 중 240건이어서 그 점하는 비율이 무려 90.2%에 해당하는 압도적 다수를 차지하고 있다. 생명침해범죄 1.9%(5건/266건), 강도죄 4.5%(12건/266건), 방화죄 0.8%(2건/266건)로서 피해자 진술의 신빙성이 문제로 되는 사건 266건 중 다른 유형의 범죄가 점하는 비율

대학원 석사학위논문(2011), 10-11면.

은 매우 낮다.

표 32 죄명별 피해자 진술 신빙성 사건 분포

죄명	전체 사건수	전체 사건수(540)에서 점하는 비율	피해진술 쟁점 사건수	피해진술 쟁점 사건수(266)에서 점하는 비율	죄명별 사건수 대비 피해진술 쟁점 점유비율
생명침해범죄	115	21.3%	5	1.9%	4.3%
살인	46	8.5%	3	1.1%	6.5%
강도살인/강간살인/강도치사/존속살인	20	3.7%	0	0.0%	0.0%
상해치사/폭행치사	48	8.9%	2	0.8%	4.2%
자살방조	1	0.2%	0	0.0%	0.0%
성폭력 범죄	311	57.6%	240	90.2%	77.2%
강간/준강간	69	12.8%	63	23.7%	91.3%
강간상해/강간치상	78	14.4%	60	22.6%	76.9%
강도강간/특수강간	57	10.6%	29	10.9%	50.9%
강제추행	28	5.2%	21	7.9%	75.0%
13세미만자 강간/강제추행	47	8.7%	36	13.5%	76.6%
장애인 준강간	11	2.0%	10	3.8%	90.9%
친족관계 상간/강제추행	21	3.9%	21	7.9%	100.0%
강도죄	66	12.2%	12	4.5%	18.2%
강도	7	1.3%	2	0.8%	28.6%
강도상해/강도치상	39	7.2%	8	3.0%	20.5%
특수강도	20	3.7%	2	0.8%	10.0%
방화죄	25	4.6%	2	0.8%	8.0%
건조물방화	22	4.1%	2	0.8%	9.1%
자동차방화	2	0.4%	0	0.0%	0.0%
실화	1	0.2%	0	0.0%	0.0%
기타범죄	23	4.3%	7	2.6%	30.4%
합계	540	100.0%	266	100.0%	49.3%

전체 성폭력범죄 사건 311건 중 피해자 진술이 쟁점인 사건수가 240건으로서 77.2%의 비율을 점하고 있는데 이로써 성폭력범죄에서 제일 빈번하게 쟁점으로 등장하는 것이 바로 피해자 진술의 신빙성임을 알 수 있다. 즉 1심은 피해자 진술의 신빙성을 인정하여 유죄 판결을 한 반면, 2심은 이를 부정하여 무죄 판결을 하였던 것이다. 성폭력범죄 가운데에서도 일반 강간/준강간 사건은 91.3%(63건/69건), 장애인 준강간은 90.9%(10건/11건), 친족관계 강간/강제추행은 100%(21건/21건)가 각 범죄유형별 사건 중 피해자 진술의 신빙성이 문제가 된 것이다.

생명침해범죄의 경우 피해자 진술 신빙성이 문제로 된 사건은 5건으로 집계되었다. 살인죄와 같이 피해자가 범행을 당하여 사망했다면 어떻게 진술의 신빙성이 문제될 것인가 하는 의문이 들 것이다. 사건내용을 보면 서울고등 98노2369 살인미수 사건(순번 308)은 미수사건으로서 피해자가 생존하여 진술을 한 경우이고, 나머지 4건[226]은 사건 후 일정 기간 피해자가 생존한 상태에서 한 진술이 있는 경우였다.

미국 Gross 2012 연구에 의하면 허위증언에는 크게 보아 두 가지 유형이 있다고 한다.[227] 아래 표 33은 위증유형별 범죄유형별 면죄현황을 정리한 것이다.

아래 표 33에 의하면 고의로 거짓된 범인지목진술을 하는 경우로서, 면죄 사건의 27%(231/873)를 차지하고 있는 것으로 나타나고 있다.[228] 고의적 범인지목 위증 사건 중 46%(105/231)가 무고한 피고인과 공범이라고 주장하는 증인에 의한 것이었다.[229] 그리고 면죄 사건의 추가적인

226) 부산고등 96노481 살인 사건(순번 180), 대전고등 2001노185 폭발성물건파열치사 사건(순번 130), 광주고등 2002노66 상해치사 사건(순번 18), 광주고등(전주) 2012노107 살인 사건(순번 62)이 여기에 해당하는 사건이다.

227) Gross 2012 Report, *supra note* 110(chapter 2.3), at 50.

228) *Id.* 즉 한 명 또는 그 이상의 증인이 피고인이 아닌 다른 사람이 범한 범행임을 알면서도 일부러 피고인이 그 범행을 하였고 이를 목격했다고 위증하는 경우다.

229) *Id.*

11%(96/873)에서 주입된 범죄피해에 관한 망상에 따라 지어낸(fabricated) 범죄 문제가 발견된다고 한다.[230] 우리나라에서도 주로 아동 성폭력 사건에서 이런 문제가 쟁점으로 되고 있음을 확인할 수 있는데, 해당 부분에서 상세히 검토하기로 한다.

표 33 위증 유형별-범죄유형별 면죄 현황(미국)

	목격증인 위증		제3자 위증	합계
	고의적 허위지목	지어낸 범죄		
생명침해범죄(416)	44%	0.2%	22%	66%
성인에 대한 성폭력(203)	8%	8%	10%	26%
아동에 대한 성폭력(102)	3%	67%	5%	75%
강도(47)	9%	4%	6%	19%
기타 폭력 범죄(47)	26%	4%	15%	45%
마약 범죄(25)	48%	8%	16%	72%
기타 비폭력 범죄(33)	6%	12%	21%	39%
합계(873)	27%	11%	16%	53%

한편 미국에서는 이런 목격자(피해자 포함)의 위증 문제 말고도 또 다른 위증의 문제가 있을 수 있다. 이것은 주로 생명침해범죄 사건에서 나타나고 있다. 이 때 허위증언이 문제되는 증인의 유형으로는 교도소 재감 정보원(jailhouse snitches), 수사관, 과학수사 감정인 등을 들 수 있다. 살인

230) *Id.* at 51. 그런 사건에서 증인은 피고인이 어떤 범죄를 저지르는 것을 목격 또는 경험했다고 증언을 했지만 실은 그런 범죄는 아예 있지도 않은 것이었다. 전형적으로는 아동 성폭력 범죄에서 친척, 친구 또는 선생과 같은 면식 있는 피고인이 자신에게 성폭력을 했다고 주장하는 경우가 여기에 해당한다. 이 경우 아동의 이런 지어낸 피해주장은 통상 친척, 경찰 또는 치료사로부터의 압력 때문일 수도 있는데 피해자가 종전 주장을 철회하지 않는 한 문제가 해결되지 못할 수도 있다.

사건의 특수성[231] 때문에 살인 면죄사건의 경우 목격증언의 허위성에 더하여 이들 제3자에 의한 위증이 오판의 원인으로 22% 비중으로 추가되고 있음을 표 33을 통하여 알 수 있다. 미국에서는 이처럼 오판의 주요 원인 중 하나로 정보원의 허위제보와 고의적 허위증언이 문제로 된다.

Garrett의 연구에 의하면 분석대상 사건 중, 35건(18%)에서 정보원, 교도소 재감 정보원 또는 공범임을 자처하는 사람들에 의하여 거짓증언이 이루어졌다.[232] 이중 23건이 교도소 재감 정보원 사례다.[233] 연방대법원은 정보원과 피고인 사이의 관계에 관한 적절한 증거개시가 이루어지는 것을 조건으로 정보원의 활용을 승인하였다.[234] 특히 교도소 재감 정보원

---

231) *Id.* at 54. 살인죄 수사와 재판에는 다른 범죄와는 다른 특징을 가지고 있다. 첫째, 살인죄에서는 생존하는 목격증인이 없는 경우가 종종 있기 때문에, 목격증언의 허위성은 상대적으로 보아 비중이 작고 따라서 이들이 하는 위증의 문제도 발생할 소지가 적어진다. 생생한 목격 진술이 없는 상태에서 경찰로서는 이보다 증거 가치가 낮은 제3자의 진술로 유죄증거를 찾으려 할 경우 그것에 위증의 문제가 발생한다면 오판의 위험은 더욱 커지게 된다. 둘째, 살인죄 해결에 대한 사회적 관심과 이해관계는 이루 말할 수 없을 정도로 크다. 그 때문에 경찰, 검찰에서는 범인 검거에 많은 노력을 투여할 수밖에 없고, 그 결과 진범 검거율도 타 경미 범죄에 비하여 더 높아질 수도 있다. 그러나 이런 높은 이해관계는 오류를 촉발하기도 한다. 그 때문에 조작된 증거에의 유혹이 더 커질 수 있다. 한편 진범 입장에서도 이해관계가 큰 것은 마찬가지여서 수사기관의 주의를 분산시키려는 목적에서 무고한 사람을 범인으로 둔갑시키고자 하는 동기를 갖는다. 공동피고인, 공범, 교도소 재감 정보원, 경찰 정보원들은 비록 그것이 허위의 것이라고 하더라도 자신에게 유리하다는 판단을 하게 된다면 허위의 제보를 감행할 유인을 갖는다.

232) Garrett, Judging Innocence, *supra note* 36(chapter 2.3), at 86.

233) *Id.*

234) *Hoffa v. United States,* 385 U. S. 293, 311 (1966)에서 피고인은 신문과정에 자신의 변호인을 참여시킬 권리를 갖기 때문에 수사기관은 피고인으로부터 오로지 정보를 얻을 목적만으로 정보원을 구속 피고인이 재감하고 있는 방이나 그 부근 방에 적극적으로 심어 둘 수는 없다고 판시했다. 한편 *Massiah v. United States,* 377 U. S. 201, 203-6 (1964)은 하급심의 유죄판결을 파기한 것이다. 이 사건의

의 증언은 형사사법 시스템에서 가장 믿기 어려운 것으로 간주되고 있음에도 미국 경찰은 자주 이런 정보원들을 활용하고 있다고 한다.[235] 정보원들의 증언을 근거로 유죄판결을 하였다가 DNA 검사결과 오판임이 드러난 사례들은 이런 정보원들이 얼마나 거짓증언을 해 왔는가를 확증케 한다. 정보원들이 더구나 수사기관에 협조할 인센티브를 가진 경우가 있음을 감안한다면 그들이 허위증언까지도 불사하는 이유를 잘 알 수 있다.[236] 공범, 협조적 증인 또는 정보원의 허위진술로 인한 오판사례 중에는 나중에 DNA 검사결과를 통하여 확인해 본 결과 바로 그 정보원이 진범임이 밝혀진 것도 네 건이나 있는데 매우 충격적이다.[237] 더구나 사형 오판이 이루어진 사건들 중 절반에서 재소자 정보원의 허위증언이 개재되어 있다는 점을 Garrett는 지적하고 있다.[238] 이런 유해한 영향력이 있는 위험한 증거에 대하여는 재판상 특별한 취급이 필요하다.[239] Illinois 주는 대량 면죄사태를 겪은 후 입법적 조치를 취하여 사실심 법원으로 하여금 특히 사형선고 사건에 관하여 재감인 정보원 증언의 신빙성 심사를 위한

유죄증거는 수사관의 증언이었다. 이 증언은, 보석으로 석방중인 피고인과 대화내용을 비밀리에 수사관에게 송신하는 장치를 몸에 지니고 있는 협조적 공범 사이에서 피고인의 유죄를 인정할 수 있는 대화내용을 위 송신장치를 통하여 듣게 된 것을 기초로 이루어졌다.

235) Garrett, Judging Innocence, *supra note* 36(chapter 2.3), at 86.

236) Alexandra Natapoff, *Snitching: The Institutional and Communal Consequences*, 73 U. Cin. L. Rev. 645, 660-63 (2004); 현행 양형제도 체제 아래에서는 정형적인 형이 이미 예정되어 있는 피고인으로서는 자신에게 주어질 형량을 줄이기 위한 선택 가능한 방도는 수사기관에 협조하는 것만이 유일하다고 보고 있는 Ian Weinstein, *Regulating the Market for Snitches,* 47 Buff. L. Rev. 563, 578 (1999) 참조.

237) 이들 사건은 실화를 바탕으로 한 John Grisham의 소설 "The Innocent Man: Murder and Injustice in a Small Town (2006)"에 잘 묘사되어 있다.

238) Garrett, Judging Innocence, *supra note* 36(chapter 2.3), at 88.

239) 정보원 증언에 관하여 공판준비절차에서의 심사절차를 마련하는 제도를 둘 것을 제안한 것으로 Alexandra Natapoff, *supra note* 236(chapter 2.3), at 112-15 참조.

별도의 심문절차를 마련하도록 하였다.[240] Oklahoma 형사항소법원은 정보원 증언에 관하여 강도 높은 증거의 자발적 개시제도를 둘 것을 요구했다.[241] 몇몇 주는 배심원 설명에서 특별한 주의를 촉구하는 제도를 마련하기도 했다.[242]

우리나라 수사기관에서도 분명히 이런 정보원들의 정보를 토대로 암암리에 수사정보를 획득하고 있을 것이다. 그런데 수사기록에서는 인지의 단서, 용의점의 포착 등에 관한 구체적 경과를 명시치 않은 채 단순히 '첩보'에 의한 범죄인지 정도로 그치고 있는 것 같다. 더 나아가 제보자가 법정에 나와 증언을 하는 일은 드물다. 그 때문에 재판과정에서 허위제보의 문제가 드러나 쟁점으로 되는 일은 거의 없다. 그런 관계로 하여 본 연구에서는 이 점을 오판의 원인으로 별도로 검토하지는 않았다. 다만 뇌물 등 부패사건이나 사기, 횡령 등 경제사건의 경우 증뢰자의 자백(제보) 또는 경제적 이해관계자의 제보 등이 수사의 단서로 되어 재판과정에서도 이들 증인 진술의 신빙성이 정면으로 다투어지는 일이 종종 있다. 피고인의 범죄를 제보하는 대가로 자신의 다른 범죄혐의를 피해나가는 일종의 협상을 하는 과정에서 과장, 허위 제보의 문제가 뒤따르고 그 때문에 무죄판결이 선고되는 일도 꽤 잦은 것 같다. 최근 사법협조자 형벌감면제도의 도입 주장이 주로 수사기관 측에서 제기되고 있다. 그러나 은폐된 범죄 발견을 위한 고충을 이해 못하는 것은 아니지만, 그것은 다소간 수사편의에 치중된 것으로서 부작용도 만만치 않은 점을 아울러 고려해야 한다고 본다. 미국 사례에서 지속적으로 지적되어오고 있듯이 이런 경로에서 얻어지는 제보가 종종 허위임이 밝혀지고 그것이 오판으로 연결될 수 있는 위험성이 매우 높은 만큼 이런 제도 도입은 신중을 기해야 한다고 생각한다.

우리나라의 경우 피해자 진술의 유형은 다시 특징에 따라 몇 가지 유형

---

240) 725 Ill. Comp. Stat. Ann. 5/115-21(d) (West Supp. 2007)

241) *Dodd v. State*, 993 P.2d 778, 784 (Okla. Crim. App. 2000)

242) Garrett, Judging Innocence, *supra note* 36(chapter 2.3), at 88.

으로 분류할 수 있다. 우선 피고인이 피해자와의 성적 접촉을 부정하는 것은 아니지만 강간이나 강제추행에 해당하는 강압에 의한 것이 아니라 피해자와 합의에 의한 것임을 주장하는 소위 화간 대 강간이 쟁점으로 된 사건을 따로 분석해 볼 필요가 있다. 그리고 피해자의 특성과 관련하여 아동 성폭력 사건과 친족관계 성폭력 사건도 별도로 검토해 볼 필요가 있다.

나. 강간 대 화간 사건

강간 대 화간은 성폭력 범죄 유무죄 판단에서 가장 자주 등장하는 쟁점이다. 이런 유형의 사건의 구체적 쟁점은 주로 성교 행위에서 폭행ㆍ협박이 있었는지 아닌지가 문제로 된다. 강간죄에서의 폭행ㆍ협박이란 유형력의 행사 또는 공포심을 일으킬만한 해악의 고지이다. 다수설인 최협의설에 의하면, 상대방의 반항을 불가능하게 하거나 현저히 곤란하게 할 정도의 것을 의미한다고 보고 있다.[243] 판례 역시 최협의설적 입장이었다.[244] 또한 대법원은 대법원 1992. 4. 14. 선고 92도259 판결에서 최초로 종합적 판단기준설을 취하였다. "폭행 또는 협박이 피해자의 항거를 불능하게 하거나 현저히 곤란하게 할 정도의 것이었는지 여부는 유형력을 행사한 당해 폭행 및 협박의 내용과 정도는 물론이고, 유형력을 행사하게 된 경위, 피해자와의 관계, 성교 당시의 정황 등 제반 사정을 종합하여 판단하여야 한다."고 판시하였다. 이 판시는 후속 판례에 의하여 지속해서 인용

243) 강간죄의 폭행ㆍ협박의 판례, 학설의 논의상황에 관하여는 변종필, "강간죄의 폭행ㆍ협박에 관한 대법원의 해석론과 그 문제점", 비교형사법연구 8권 2호, 한국비교형사법학회(2006) 참조.

244) 대법원 1979. 2. 13. 선고 78도1792 판결; 대법원 1988. 11. 8. 선고 88도1628 판결; 대법원 1991. 5. 28. 선고 91도546 판결{이 판결에 대한 비판적 평석으로는 박상기, "강간죄와 폭행ㆍ협박의 정도", 형사판례연구 4호, 박영사(1996)가 있다} 등 다수.

됨으로써 확립된 대법원의 입장으로 굳어졌다. 최협의설에 대해서는 성폭행에 대한 불벌의 여지를 넓히는 남성 위주의 가부장적 해석론으로서 피해자인 여성에게는 불리하게 작용한다는 비판론(협의설)이 유력하게 제기되고 있다.[245] 협의설은 강간죄의 보호법익을 성적 자기결정권으로 보면서, 이런 보호법익을 중시할 때 강간죄의 성립 여부는 피해자의 의사를 중심으로 판단되어야 함을 강조한다. 강간에서의 폭행·협박은 반드시 반항을 불가능하게 하거나 현저히 곤란하게 할 정도의 것인지 아닌지는 묻지 않는다. 협의설은 이 경우 폭행·협박이 있기만 하면 충분하고 그 정도는 중요하지 않다는 견해이다. 한편 형사법학의 영역 이외에도 여성학적 관점에서 볼 때 이와 같은 판례의 태도에 대한 강도 높은 비판론이 제기되어 왔다.[246]

이와 같은 비판론에 대응하여 비록 전원합의체 판결은 아니지만 최근 들어 주목할만한 판례가 출현하여 그 이후의 변화를 촉발하였다. 그 최초의 판례는 대법원 2005. 7. 28. 선고 2005도3071 판결[247]이다. 이 사건에서 대법원은 종전 판례들이 강간죄에서의 폭행·협박의 정의에 관하여 관행적으로 언급해 오던 최협의설적 설시를 하지 아니하였다. 대신 폭행·협박의 인정기준에 관한 종전의 종합적 판단기준만은 이를 반복적으로 원

---

245) 박상기, "강간죄와 폭행·협박의 정도", 형사판례연구 4호, 박영사(1996); 한인섭, "형법상 폭행개념에 대한 이론", 형사법연구 10호, 한국형사법학회(1998).

246) 박선미, "여성학적 관점에서 본 강간범죄의 재판과정", 형사정책, 한국형사정책학회(1989). 여성학적 관점에서 성폭력 개념의 의미구성 및 성적 자기결정권의 딜레마와 관련된 쟁점을 논의한 것으로는 신상숙, "성폭력의 의미구성과 '성적 자기결정권'의 딜레마", 여성과 사회 13호, 한국여성연구소(2001)가 있다. 서구의 여성주의 법운동, 미국의 입법동향 등에 관하여는 박강우, "서구의 여성주의 법운동 및 강간죄 개혁의 성과와 성적 자기결정권의 함의", 형사법연구 26호, 한국형사법학회(2006); 류병관, "미국 강간죄에 있어 '저항'과 '동의'에 관한 연구", 비교형사법연구 9권 2호, 한국비교형사법학회(2007) 등 참조.

247) 이 판결에 대한 평석으로는 윤승은, "강간죄의 구성요건으로서의 폭행·협박의 정도", 형사판례연구 14호, 박영사(2006)가 있다.

용하여, “강간죄가 성립하기 위한 가해자의 폭행 · 협박이 있었는지 여부는 그 폭행 · 협박의 내용과 정도는 물론 유형력을 행사하게 된 경위, 피해자와의 관계, 성교 당시와 그 후의 정황 등 모든 사정을 종합”하여 판단해야 한다고 하였다. 그러면서도 그 상황의 중심은 가해자가 아니라 “피해자가 성교 당시 처하였던 구체적인 상황”을 기준으로 판단하여야 한다는 점을 새롭게 추가, 변경하는 설시를 하였다. 더 나아가 “사후적으로 보아 피해자가 성교 이전에 범행 현장을 벗어날 수 있었다거나 피해자가 사력을 다하여 반항하지 않았다는 사정만으로 가해자의 폭행 · 협박이 피해자의 항거를 현저히 곤란하게 할 정도에 이르지 않았다고 섣불리 단정하여서는 안 된다.”는 점을 주의적으로 부가하고 있다.[248] 종전까지 재판례에서는 이런 사정들은 반항을 불가능하게 하거나 현저히 곤란하게 할 정도에 이르렀다고 판단하는 데 있어서 부정적 요인으로 작용해 왔다. 그런데 이 정황을 부정적 요인으로 보지 말 것을 주문하는 2005도3071 판결은 사실심의 사실인정에 관한 실무태도에 중요한 변화를 촉구하는 의미가 있다.[249] 이 판결은 그 이후 최근까지 다수의 하급심에서 강간죄 사실인정에서 중요한 기준으로 작용해 왔을 뿐더러,[250] 후속 대법원 판결들[251]에

248) 최협의설적 설시를 명시하지 않은 것은 거의 의도적인 듯하게 보일 정도다. 판례공보에 공간된 이 판결은 참고판례로 종전의 최협의설과 종합적 판단기준설에 입각한 수많은 판례를 단 하나도 들고 있지 않다. 이러한 태도에 비추어 볼 때 이 판결의 형성 및 공간에 관여한 관계자들은 어쩌면 비록 전원합의체 판결은 아니지만 이 판결을 통하여 강간의 사실인정에 있어서 새로운 변화를 원했던 취지를 담고자 했던 것은 아닌가 하는 조심스러운 짐작도 가능할 것이다.

249) 윤승은, “강간죄의 구성요건으로서의 폭행 · 협박의 정도”, 형사판례연구 14호, 박영사(2006), 87면에서는 기존 재판관행으로부터 탈피하여 가해자 불처벌의 사각지역까지 아우를 해석이 필요하다고 보았고, 따라서 이 판례를 계기로 반항불능이나 현저한 곤란성을 일반 평균인의 관점이 아니라 피해자가 처한 상황을 기준으로 판단해야 함을 역설하고 있다.

250) 서울고등법원(춘천) 2012. 12. 5. 선고 2012노142 판결; 부산지방법원 동부지원 2012. 11. 16. 선고 2012고합68 판결; 의정부지방법원 2012. 11. 9. 선고 2012고

서 반복적으로 인용됨으로써 이제는 선례로 확립되었다고 볼 수 있다.

여성들은 동의에 의한 성관계와 강간 사이의 연속선상에서 어딘가에 위치지울 수 있는 비동의적 성을 경험하고 있다.[252] 여기서 이러한 다양한 형태의 비동의적 또는 강제적 성관계 가운데 왜 어떤 것은 강간으로 인정되고 또 어떤 것은 인정될 수 없는지 근본적인 의문이 제기된다. 특히 남녀의 경험과 인식이 일치하지 않는 한에서는 누구의 경험에 근거하여 강제 또는 동의 여부가 결정되어야 하는가 하는 것도 문제이다. 더 큰 문제는 범죄의 성립 여부를 판단하는 재판과정에서 남성 위주의 가부장적 시각이 통용될 수 있고, 이에 기초하여 강간에 대한 그릇된 통념이 작용한다면 편향적 판단을 할 위험성도 농후해진다는 점이다. 한편 시각을 조금 전환해 볼 때 근본적으로 이 문제는 양성평등이라고 하는 헌법적 가치와 형사절차에서 피고인의 인권, 절차적 권리의 보장이라고 하는 또 하나의 중요한 헌법적 가치가 충돌하는 접면에서 발생하는 갈등 양상이라고 볼 수도 있다.[253] 판단을 해야 하는 사람으로서는 이들 가치의 충돌지점에서 객관적 증거 없이 내밀하게 발생하는 관계적 억압과 동조의 상호작용 및

합257 판결; 서울고등법원 2012. 11. 8. 선고 2012노2182 판결 등 다수.

251) 대법원 2005. 12. 8. 선고 2005도7637 판결; 대법원 2007. 3. 16. 선고 2006도8476 판결; 대법원 2008. 5. 15. 선고 2007도5385 판결; 대법원 2009. 1. 30. 선고 2008도9636 판결; 대법원 2010. 6. 10. 선고 2010도4562 판결; 대법원 2010. 10. 14. 선고 2010도5355 판결; 대법원 2012. 7. 12. 선고 2012도4031 판결 등.

252) 박선미, "여성학적 관점에서 본 강간범죄의 재판과정", 형사정책, 한국형사정책학회(1989), 296-7면. 이 논문에서는 이성애적 성을 ① 동의적 성(남성, 여성 모두 똑같이 원하는 경우)으로부터, ② 이타적 성(여성은 안 된다고 말하는 데 대해 남성에게 미안하게 느끼거나 죄스럽게 느끼기 때문에 응하는 경우), ③ 순응적 성(안함으로써 오는 결과가 함으로써 오는 결과보다 나빠서 하는 경우), ④ 강간으로 나아가는 연속선으로 개념화해야 함을 언급하고 있다.

253) 재판의 쟁점이 유무죄를 가리는 것인 이상 최협의설적 입장에서 나온 무죄판결을 두고 언제나 가부장적 태도라고 보는 것도 또 다른 편향적 시각이 아닌가 하는 비판적 견해도 있다. 강간죄에서 친고죄 제도가 폐지된 현시점에서 앞으로 이 부분 쟁점을 두고 해석론의 전개에 귀추가 주목된다.

그 정도를 파악할 충분한 수단이 없다는 데 고민의 본질이 있다. 이들 여러 가지 요인들 때문에 실제 사례에서는 유무죄의 판단이 심급 사이에서, 그리고 판사들 사이에서 매우 복잡하게 달리 얽히고 있다. 강력범죄 중에서도 이런 유형의 성폭력 범죄의 유무죄 판단에 대단히 큰 어려움을 겪고 있음을 분석 대상판결들의 양상과 규모를 통하여 알 수 있다.

차제에 강간사건의 적정한 사실인정을 위해서는 최근 발달된 과학적 심리학의 성과를 도입하여야 한다는 목소리[254]도 나오고 있는데, 실제로 강간 유무죄 판단에서 균형감각을 잡는 심리학적 연구들이 국내에서도 본격적으로 이루어지기 시작했다. 양성 불평등은 그동안 우리 사회에서 뿌리 깊이 내려진 고정관념과 편견의 영향이 크다. 인종차별주의(racism)나 성차별주의(sexism)와 같은 소수집단에 대한 편견은 곧 적대감과 밀접하게 연결되어 있다는 인식은 심리학 분야에서 표준적 모델로 받아들여지고 있다.[255] 다만 인종차별주의와 달리 성차별주의는 남성의 여성에 대한 일방적 적대감만으로 형성되기 보다는 여성에 대한 남성의 질시와 애정이 뒤섞인 양가적 속성을 띈다고 한다. 이 점에 착안하여 양가적 성차별주의 이론(Ambivalent Sexism Theory)이 Glick과 Fiske에 의하여 주창되었다.[256]

---

254) 박종선, "강간죄의 적정한 사실인정 정립에 관한 연구", 법학논총 제26권 제3호(2009), 81면.

255) 안상수/김혜숙/안미영, "한국형 양가적 성차별주의 척도(K-ASI) 개발 및 타당화 연구", 한국심리학회지: 사회 및 성격 Vol. 19, No. 2(2005), 39면.

256) P. Glick & S. Fiske, *The Ambivalent Sexism Inventory: Differentiating Hostile and Benovolent Sexism,* 70 Journal of Personality and Social Psychology 491 (1996). 안상수/김혜숙/안미영, "한국형 양가적 성차별주의 척도(K-ASI) 개발 및 타당화 연구", 한국심리학회지: 사회 및 성격 Vol. 19, No. 2(2005), 40-1면에 따르자면 양가적 성차별주의는 적대적 성차별주의(HS : hostile sexism)와 온정적 성차별주의(BS : benevolent sexism)의 두 가지 하위척도로 구성된다고 한다. 적대적 성차별주의(HS)는 남성의 권위나 영역을 여성이 침범하는 데 대한 적대적 감정(antipathy)이라 할 수 있다. 기존의 남성 위주의 권력 구조에 도전하는 비전통적 여성들에 대한 처벌적인 태도이다. 온정적 성차별주의(BS)는 여성을 애

이 이론을 기초로 하여 양가적 성차별주의 척도(ASI : ambivalent sexism scale)가 개발되었는데,[257] 2005년에 이르러 우리나라에서도 ASI에 기초하여 한국적 문화에 최적화시킨 척도(K-ASI)의 개발이 이루어졌다.[258][259] 이러한 척도는 국가별, 남녀별, 연령별, 지역별 성차별주의의 성향과 정도를 파악하는 데 유용하다.[260] 이 척도는 법조사회, 판사사회의 전반적인 성차별주의적 성향을 추정하고 앞으로 개선 정도를 파악하는 데 활용될

정과 보호의 대상으로 보는 호의적 감정(favorable)이라고 할 수 있는데 그 여성의 범위는 전통적인 역할에 들어맞는 여성에 한정된다. 외견상 온정적 성차별주의(BS)는 여성을 우대하는 태도인 듯하지만 실상 보다 은밀하고 교묘한 형태로 성차별을 고착화하는 기능을 하게 된다.

257) 김양희/정경아, "한국형 남녀평등의식검사(Korean Gender Egalitarianism Scale) 개발", 한국심리학회지: 사회 및 성격 Vol. 14, No. 1(2000)에 의하면 주로 미국을 중심으로 다양한 종류의 성차별주의 척도들이 개발되는 추세에 있는데, 지금까지 잘 알려진 성차별주의 척도로는 Attitudes Toward Women Scale, Old Fashioned Sexism Scale, Modern Sexism Scale, Neo-Sexism Scale, Rape Myth Acceptance Scale 등이 있다고 한다.

258) K-ASI 척도를 개발, 타당성을 검증한 결과를 발표한 논문이 안상수/김혜숙/안미영, "한국형 양가적 성차별주의 척도(K-ASI) 개발 및 타당화 연구", 한국심리학회지: 사회 및 성격 Vol. 19, No. 2(2005)이다.

259) 김양희/정경아, "한국형 남녀평등의식검사(Korean Gender Egalitarianism Scale) 개발", 한국심리학회지: 사회 및 성격 Vol. 14, No. 1(2000)은 남녀평등의식검사라는 척도를 개발한 결과를 소개하고 있다.

260) 양가적 성차별주의 이론을 근거로 남녀 학생들의 적대적 및 온정적 성차별 태도, 강간통념 및 성폭력 피해자에 대한 지각을 살펴보고, 두 가지 성차별 태도가 강간에 대한 잘못된 통념을 매개로 하여 성폭력 피해자에 대한 비난 크기의 차이를 유발하는지를 검증하고자 한 연구로는 윤병해/고재홍, "양가적 성차별 태도에 따른 성폭력 피해자에 대한 비난 차이: 강간통념의 매개효과", 한국심리학회지: 여성 Vol. 11, No. 1(2006)이 있다. 연구 결과, 남학생이 여학생보다 더 높은 성차별 태도를 지니고 있었고, 특히 두 성차별 태도 중에서 남학생이 여학생보다 매우 높은 적대적 성차별적 태도를 지니고 있었으며, 강간통념 수용도도 높았음이 밝혀졌다. 그뿐만 아니라 남학생이 여학생보다 성폭력 사건 피해여성에 대한 책임과 비난을 더 크게 했고, 가해자에 대한 처벌은 더 작았다.

여지가 있다. 앞으로 성폭력 범죄 심리에 있어서 혹시나 있을 수 있는 성차별주의적 편향을 극복하고 양성 평등적 접근 노력의 현황과 성과를 과학적으로 제시해 주는 도구로 이 척도를 활용할 수 있을 것으로 전망해 본다.

최근에 나온 이정원, 김혜숙 연구팀의 연구[261]는 강간사건에 있어서 사건의 본질과는 무관한 주변단서가 관찰자의 유무죄 판단에 어떠한 영향을 미치는지 살펴본 국내외 최초의 연구로서 주목할 만하다. 피해자와 가해자의 관계유형(타인, 지인, 연인이나 부부), 앞서 언급한 K-ASI 척도에 따라 측정된 판단자의 온정적 성차별주의(BS), 부부 강간사건에서 피해여성의 가정생활 성실성 여부에 따른 효과가 성별에 따라 강간 성부 판단에 어떤 영향을 미치는지를 실험설계를 통해 밝혀본 것이다. 연구결과 부부강간은 다른 관계유형의 강간에 비해 강간으로 덜 지각되고, 처벌도 상대적으로 낮게 내려졌다.[262] 피해여성이 전통적 성 역할 규범에서 일탈된 행동을 보여준 연인 강간사건에서 여성관찰자는 BS가 높아질수록 피해자 비난을 더 많이 하는 것으로 나타났다. 그리고 부부 강간사건에서 피해자가 평소 가정생활에 불성실하게 임했다는 정보가 제공될 경우, 남성관찰자는 BS가 높아질수록 동성(同性)가해자에 대한 비난을 감소시키는 방식으로 피해자에 대한 비우호적 판단을 나타냈다. 반면 여성관찰자의 경우 BS가 높아질수록 동성피해자에 대한 비난을 증가시키는 방식으로 피해자에 대한 비우호적 판단이 나타났다. 이런 심리학적 연구방법론을 강간 재판 실무에 관한 실증연구에 활용하여, 판단자 변인이나 사건과 무관할 수도 있는 정황들[263]이 판단에 미치는 부정적 영향력을 최소화할 수 있는

261) 이정원/김혜숙, "강간사건 판단에 주변 단서들이 미치는 영향: 부부 강간을 중심으로", 한국심리학회지: 사회 및 성격 Vol. 26, No. 1(2012).

262) 위 논문, 67-8면.

263) 적대적 성차별주의와 온정적 성차별주의가 여성 하위 집단(전문직여성, 윤락녀, 가정주부 및 여성상담가 집단)에 대한 태도에 미치는 영향을 검토한 연구로는 김혜숙/안상수/안미영/고재홍/이선이/최인철, "적대적 성차별주의와 온정적 성

분석도 나올 수 있을 것이라 기대한다.

끝으로 최근에 선고된 대법원 2010. 11. 11. 선고 2010도9633 판결[264]을 언급하고 싶다. 이 사건에서는 환송전 원심에서 피해자의 일련의 강간 피해 주장 중 그에 부합하는 진술의 신빙성을 대부분 부정하고 그에 해당하는 강간 공소사실에 대하여 무죄가 선고되었다. 그렇지만 나머지 일부 공소사실에 대하여는 피해자의 진술을 믿어 유죄를 인정하였다. 대법원은 일부 유죄를 인정하기 위한 요건에 관하여 논하고 있다. 대법원은 일부의 강간 피해 사실에 대하여만 피해자의 진술을 믿어 강간죄의 성립을 긍정하려면, 그와 같이 피해자 진술의 신빙성을 달리 볼 수 있는 특별한 사정이 인정되어야 할 것이라는 판시를 하고 있다. 여기서 "특별한 사정"이란 무엇을 뜻하는가에 관하여 판결문만으로는 알 수 없다는 문제가 있다. 이 판결은 앞서 공범의 허위진술 부분에서 논한 바 있는, 뇌물수수 사건에 관한 대법원 2009. 1. 15. 선고 2008도8137 판결의 판지를 통하여 재음미해 볼 수 있다. 2008도8137 사건에서는 여러 차례에 걸쳐 금원을 제공하였다고 주장하는 증뢰자의 진술 중 상당 부분을 그대로 믿을 수 없는 객관적인 사정 등이 밝혀져 그 부분 진술의 신빙성이 배척되었다. 이 경우라면 여러 차례에 걸쳐 금원을 제공하였다는 진술의 신빙성은 전체적으로 상당히 허물어졌다고 보아야 한다. 그 때문에 나머지 일부 금원제공 진술 부분에 관하여는 이를 그대로 믿을 수 없는 객관적 사정 등이 직접 밝혀지지 않았다고 하더라도, 여러 차례에 걸쳐 금원을 제공하였다고 주장하는 사

차별주의가 여성 하위 집단에 대한 태도에 미치는 영향", 한국심리학회지: 사회 및 성격 Vol. 19, No. 3(2005)이 있다. 적대적 성차별주의가 높아질수록 비전통적 여성 집단들에 대해 전통적 여성 집단들에 대해서보다 더욱 부정적인 태도를 보였는데, 이는 남성들에서 더욱 뚜렷이 나타났음이 밝혀졌다. 이처럼 피해여성의 직업유형이라고 하는 정황만으로도 피해여성에 대한 적대적 차별이 성별로 드러나게 되고 그것이 강간 성부 판단에도 영향을 미칠 수 있는 것임을 유의해야 할 것이다.

264) 순번 499 사건의 환송판결에 해당한다.

람의 진술만을 내세워 함부로 나머지 일부 금원수수 사실을 인정하는 것은 원칙적으로 허용될 수 없다는 것이 대법원의 판시 내용이다. 나머지 일부 금원수수 사실을 인정하기 위해서는 "신빙성을 배척하는 진술 부분과는 달리 이 부분 진술만은 신뢰할 수 있는 근거가 확신할 수 있을 정도로 충분히 제시되거나, 그 진술을 보강할 수 있는 다른 증거들에 의하여 충분히 뒷받침되는 경우 등 합리적인 의심을 해소할 만한 특별한 사정이 존재하여야 한다."고 대법원은 판시하였다. 이 판지를 토대로 할 때 나머지 강간 공소사실을 유죄로 인정하기 위한 "특별한 사정"이라고 함은 "이 부분 진술의 신뢰근거가 충분히 제시되거나 다른 증거에 의해 신빙성이 보강되는 등 합리적 의심을 해소할 만한 사정"을 지칭한다고 할 것이다.

성폭력 범죄 중 강간사건에서 자주 등장하는 피고인의 주장은 피해자와 성관계를 가진 것은 사실이지만 서로 합의 하에 한 것이라는 주장이다. 피고인의 화간 주장이 받아들여져서 무죄가 선고된 사건은 81건이다. 피해자 진술의 신빙성 문제로 무죄가 선고된 사건 266건의 30.5%를 차지하고 있다.[265]

성관계의 특수성상 제3의 목격자가 있을 것이라고는 거의 기대하기 어렵다. 따라서 이 81건의 사건에서도 네 건만을 제외[266]하고는 목격자의 현장 목격증언은 나오지 않았다.

---

265) 미국 오판사례를 분석한 바에 의하면 그 결과가 우리와 많이 달라 앞으로 심도 있는 해명이 필요하다. 즉 미국 Gross 2012 Report, *supra note* 110(chapter 2.3), at 74에 의하면, 피고인이 고소인과 성관계가 있었지만, 그것이 화간으로 인정되어 면죄된 사건은 8건에 불과한 것으로 나타나고 있다.

266) 목격자가 있는 네 건 중 서울고등 98노1883 강간치상 사건(순번 300)은 매우 특이한 경우다. 공소사실은 피고인이 새벽 우연히 만난 피해자를 정릉천변 도로에서 다리 아래로 내려가 강간을 시도하다가 경찰관에게 발각되어 미수에 그치고 피해자에게 상해를 입게 하였다는 것이다. 이에 대하여 피고인은 화간을 주장하였다. 2심에서는 그 장면을 목격하였다는 경찰관의 목격증언의 신빙성이 배척되어 무죄가 선고된 사안이다.

아래 표 34는 성폭력범죄 죄명별로 화간 무죄 사건 분포를 표시한 것이다. 대종을 이루는 것은 일반강간 및 강간치상 사건으로서 전체의 거의 90%를 점하고 있다. 상대적으로 폭력성이 적은 성범죄 사건에서 화간 무죄가 선고되는 경향이 있음을 알 수 있다. 강간죄 무죄 사건의 56.5% (39/69), 강간치상 무죄 사건의 42.3%(33/78)가 화간 무죄 사건으로서 이들 두 유형의 성폭력 범죄에서 화간 무죄 사건이 주종을 이루고 있다. 사건의 성격상 13세미만 미성년자 성폭력 사건에서는 화간을 다투는 무죄 사건은 발견되지 않았다.

표 34 성폭력범죄 죄명별 화간 무죄 사건 분포

성폭력범죄 죄명	사건수	비율
강간/준강간	39	48.1%
강간상해/강간치상	33	40.7%
강도강간/특수강간	6	7.4%
강제추행	0	0.0%
13세미만자 강간/강제추행	0	0.0%
장애인 준강간	2	2.5%
친족관계 강간/강제추행	1	1.2%
합계	81	100.0%

강도강간/특수강간 성폭력 범죄 유형에서도 화간 무죄가 6건 발견된다. 이런 종류의 강력범죄에서도 화간 주장이 가능한 것인가 우선 의문이 들게 된다. 판결문을 검토해 보면 모두 특수한 경우에 해당되는 성폭력 범죄들로서 피해자의 주장에 과장이 있음이 밝혀진 사건들임을 알 수 있다. 대구고등 2003노456(순번 82) 특수강간 사건은 흉기인 칼로 협박하고 강간당하였다는 피해자 주장은 과장된 것으로서 그 신빙성이 부정된 것이다. 대구고등 2009노502(순번 97) 특수강간 사건, 대전고등 2003노127(순번 135) 특수강간 사건 및 서울고등 2011노3531(순번 519) 특수강간 사건은

모두 합동강간(윤간) 사건들인데 피해자가 복수의 상대방과의 성관계를 자의로 응했다는 점이 인정되어 무죄가 선고된 사건들이다. 부산고등 98노1095(순번 190) 주거침입강간 사건은 비면식범인 피고인이 모두 5차례 피해자의 집에 침입하여 강간을 했다는 피해자의 주장의 신빙성을 부정하고 원래 피고인과 피해자 사이에는 이미 안면이 있었고 이런 피해자의 주장에는 과장 · 왜곡이 있다는 점을 사유로 무죄가 선고되었다. 서울고등 2002노2092(순번 376) 강도강간 사건은 자신에게 고용된 아르바이트 종업원에게 억지로 술을 마셔 만취상태에 빠뜨린 다음 지갑을 강취하고 강간했다는 피해자 주장의 신빙성이 받아들여지지 않은 것이다.

화간의 경우 사안의 성질상 피고인과 피해자 사이에는 일정한 면식관계가 있는 것이 본래의 모습일 것이다. 전혀 얼굴을 모르는 사람들 사이에서도 합의에 의해 성관계가 이루질 수는 있겠지만 그것은 이례에 속할 것이기 때문이다. 그런데 두 건의 사건은 이런 이례에 속하는 사건에 관한 것이다. 한 건은 위에서 설명한 부산고등 98노1095(순번 190) 주거침입강간 사건으로서 피해자가 피고인을 모르는 사람이었다고 한 주장 자체가 신빙성이 없는 것으로 된 사건이므로 실질적으로는 비면식 관계에서의 성관계 사건은 아니다. 나머지 한 건은 서울고등 2011노778(순번 529) 강간 사건인네 전형적인 비면식 사이의 성관계에서 피고인의 화간 주장이 받아들여져 무죄가 선고되었는데 이 사건 자체는 매우 이례에 속하는 것으로 보인다.

피해자의 연령대는 피해자 연령이 확인되는 사건 70건 중에서 10대 28건, 20대 23건, 30대 14건, 40대 이상 4건인데, 피고인의 연령대가 10대 2건, 20대 25건, 30대 28건, 40대 17건, 50대 9건인 것과 비교된다.

피고인이 한번이라도 허위자백을 한 사건은 11건으로서 전체 화간사건의 13.6%에 불과하다. 전체 무죄 사건 중 허위자백 사건의 비율이 20.4%인 것에 비하여 화간사건은 대체로 처음부터 자신의 무죄주장을 일관되게 하는 경향이 있음을 알 수 있다.

판결문에서 피해자의 위증 · 무고의 확증 또는 의심을 표명한 사건은 15건으로서 전체 화간 사건의 18.5%를 점하고 있다.

국선변호인이 선임된 상태에서 무죄가 선고된 사건은 32건으로서 전체 화간사건의 39.5%에 달한다. 전체 무죄 사건 중 국선변호사건이 점하는 비율 33.9%에 비하여 높은 수준임을 알 수 있다.

논란의 여지가 있는 부분으로서, 무죄를 선고한 재판장 별로 화간사건에서 무죄를 선고한 건수를 비교해 보면 특정한 몇몇 재판장에게 유독 화간사건에서 무죄를 선고한 사건이 집중되는 경향이 있음을 알 수 있었다. 반항을 억압할 정도의 폭행 · 협박이 있었는지 여부, 피고인과 고소인 사이의 내심의 의사, 성관계 당시의 경위와 관련하여 증거조사가 매우 어려운 측면이 있기 때문에 누구의 주장에 힘을 실어줄 것인가가 상당히 망설여지는 사건이 특히 화간사건에서 많을 것이다. 판결문과 사건처리 결과만을 놓고 판사의 성향을 논하기는 어려울 것이지만, 확실히 이 화간사건에서도 유죄증거의 엄격성을 놓고 판사에 따라 기준이 다를 수도 있다는 가설은 성립 가능할 것이다. 앞으로 이 부분에 대하여 조심스러운 분석적 접근이 필요하다고 보이고, 법관연수 등의 기회를 통하여 판사별로 심한 편차를 보이는 것은 시정되어야 할 것으로 본다. 본 연구에서는 분석결과의 상세를 밝히기에는 오해의 소지가 따를 것이어서 이 정도 서술에 머물 것이나, 이런 유형의 연구만이 얻어낼 수 있는 하나의 간접적 성과임에는 틀림없다.

다. 아동 성폭력 사건

1) 성폭력 피해 아동 진술의 신빙성에 관한 논의 및 대법원 판례법리의 형성

공간된 대법원 판결에서 성폭력 피해 아동의 증언을 다룬 최초의 판례는 대법원 1991. 5. 10. 선고 91도579 판결이다.[267] 이 사건에서는 아동 진술증언의 증언능력이 쟁점으로 되었는데, 대법원은 다음과 같이 판시하고 있다.

> 증인의 증언능력은 증인 자신이 과거에 경험한 사실을 그 기억에 따라 공술할 수 있는 정신적인 능력이라 할 것이므로, 유아의 증언능력에 관해서도 그 유무는 단지 공술자의 연령 만에 의할 것이 아니라 그의 지적 수준에 따라 개별적이고 구체적으로 결정되어야 함은 물론 공술의 태도 및 내용 등을 구체적으로 검토하고, 경험한 과거의 사실이 공술자의 이해력, 판단력 등에 의하여 변식될 수 있는 범위 내에 속하는가의 여부도 충분히 고려하여 판단하여야 할 것이다.

대법원은 유아의 증언능력은 연령을 가지고 획일적으로 그 유무를 가릴 것은 아니라고 보았다. 대신 증언능력은 진술자의 지적 수준을 기준으로 판단할 것인데 그것은 사안별로 개별적, 구체적으로 달라질 수밖에 없을 것이다. 따라서 그 지적 수준을 판단함에 있어서 일반적으로 고려할 사항으로, 진술의 태도, 내용, 진술자의 이해력, 판단력에 의하여 경험한 과거 사실이 변식될 수 있는 범위 내의 것인지 여부 등을 들었다.[268] 이 사건에서는 유아의 증언능력만이 문제로 되었기 때문에 그 신빙성 판단기준에 관하여는 별다른 언급이 없다. 이 판례는 후속한 여러 대법원 판례에 의하여 지지됨으로써 확립된 판례로 자리 잡았다. 종래 대법원은 아동진술의 신빙성에 관하여 사안별로 개별적 증거판단을 하는 태도를 취해 왔다. 이처럼 개별적 증거판단을 통하여 진술의 신빙성을 인정한 사례[269]와 배척

267) 이 판결에 대한 평석으로는 김형태, “유아의 증언능력”, 대법원판례해설 제15호, 법원도서관(1992)이 있다.

268) 이 사건에서 피해자는 이 사건 사고 당시는 만 3년 3월 남짓, 제1심 증언 당시는 만 3년 6월 남짓의 여아였다.

269) 대법원 1999. 11. 26. 선고 99도3786 판결, 대법원 2001. 7. 27. 선고 2001도2891 판결[이 판결에 대한 평석으로는 송수진, “아동복지법과 성폭력특별법의

한 사례[270]로 대별된다. 2000년대 초반까지의 판결례를 볼 때 아동진술의 신빙성을 긍정한 사례가 더 많은 것 같다. 재판실무에서 피해 아동의 진술 신빙성 평가는 당해 구체적 사건의 증거가치의 향방에 따라 개별적으로 이루어져 왔다고 보아도 과언이 아니었다.

신빙성을 배척한 대법원 2000. 3. 10. 선고 2000도159 판결은 특히 재전문진술의 문제와 관련하여 여러 가지 증거법상 쟁점을 내포하고 있는 선례에 해당한다.[271] 대법원 2004. 9. 13. 선고 2004도3161 판결은 유아인 피해자들과의 상담내용을 촬영한 비디오테이프의 증거능력을 인정한 최초의 사례다.[272]

그런데 2000년대 진입을 전후로 하여 아동진술의 신빙성 평가와 관련하여 막연한 사례별 평가에서 벗어나고자 하는 움직임이 새롭게 나타났다. 특히 법심리학을 중심으로 한 사회과학계의 연구들이 다수 출현하였다. 이들 연구에서는 아동진술의 특성과 성폭력 피해 아동의 보호를 감안하여 진술 분석의 과학적 접근을 시도한 선진국의 연구 성과와 그에 바탕을 둔 외국판례를 소개하였다. 이러한 연구결과를 참작하여 재판실무도

관점에서 본 성폭력 피해아동의 권리보호 문제", 사회법연구 2호, 한국사회법학회(2004)가 있다.], 대법원 2004. 10. 14. 선고 2002도2478 판결, 대법원 2003. 3. 14. 선고 2002도4048 판결, 대법원 2004. 7. 9. 선고 2004도2534 판결, 대법원 2004. 9. 13. 선고 2004도3161 판결, 대법원 1998. 2. 13. 선고 97도2657 판결, 대법원 2003. 6. 13. 선고 2003도1718 판결, 대법원 2004. 9. 13. 선고 2004도3161 판결 등.

270) 대법원 1992. 7. 14. 선고 92도874 판결, 대법원 2000. 3. 10. 선고 2000도159 판결 등.

271) 이 사건 공소사실은 피고인이 1997년 8월 일자 불상 경 피고인의 집에서 피해자의 하의를 벗기고 피고인의 성기를 피해자의 음부 등에 비벼대는 등 강제로 추행하였다는 것이다. 유죄 증거 중에서 재전문진술이 문제된 증거로는 피해자 모친의 수사기관 진술, 부친의 법정 증언 및 수사기관 진술, 성폭력상담소 상담원의 수사기관 진술 등이 있었다.

272) 이 판결에 대한 평석으로는 여훈구, "유아의 증언능력 유무의 판단기준", 형사판례연구 14호, 박영사(2006)가 있다.

변해야 한다는 목소리들이 나오게 되었다. 그 최초의 연구들 중 하나로 박광배 교수의 연구를 들 수 있을 것이다.[273] 2000년대 중반에 이르기까지 성폭력 피해 아동 진술에 대한 준거기반 내용분석(Criteria-Based Content Analysis, CBCA) 기법[274]의 활용에 관하여 주로 심리학계의 연구들이 연

273) 박광배, "성학대 피해아동의 증언 문제", 인간발달연구 3권 1호, 한국인간발달학회(1996).

274) CBCA에 관한 상세한 내용은 조은경, 성폭력 피해 아동의 진술 타당도 분석 및 활용 방안에 관한 연구, 한국형사정책연구원 연구총서(2004); 김동완, "아동진술의 신빙성", 법관의 의사결정: 이론과 실무, 사법발전재단(2010) 등 참조. 진술의 진위 여부를 판별하는 것은 ① 언어적(verbal), ② 비언어적(nonverbal), ③ 정신-생리적(psycho-physiological) 측면으로 구분된다. 종래 비언어적 측면이나 정신-생리적 측면에서의 접근은 진술의 거짓을 탐지하기 위한 것이 목적인 반면, 언어적 접근은 진실성을 탐지하는 것을 목표로 삼고 있다. 언어적 내용에 초점을 맞추어 진술의 신빙성을 평가하는 대표적인 분석기법으로는 준거기반 내용분석(Criteria-Based Content Analysis: CBCA)과 현실모니터링(Reality Monitoring: RM)이 있다. 1950년대 독일에서 처음으로 피해 아동의 진술이 진실인지 여부를 판단하기 위하여 특정 준거들을 기반으로 한 진술분석(CBCA)이 개발되었다. CBCA는 19개의 준거를 기초로 아동의 진술을 평가하여 아동 피해-목격자의 진술의 진실성을 판단하는 절차로 오늘날 진술타당성 평가(Statement ValIdity Assessment: SVA)에 가장 많이 활용되고 있는 진술분석 방식이다. 2000년대 중반까지 CBCA에 관한 연구로는 고은영, "성폭력 피해 아동의 진술녹화 영상자료에 대한 준거기반 내용분석의(criteria-based content analysis: CBCA) 타당화를 위한 연구", 성신여자대학교 대학원 석사학위논문(2002); 이미선/조은경, "한국사회 및 성격 심리학회 동계학술대회 포스터 발표: 성폭력 피해 아동 진술에 대한 준거기반 내용분석 (Criteria-Based Content Analysis)의 타당화를 위한 연구", 한국심리학회 연차 학술발표논문집, 한국심리학회(2004); 이미선, "성폭력 피해 아동 진술에 대한 준거기반 내용분석(Criteria-Based Content Analysis)의 타당화를 위한 연구", 한림대학교 대학원 석사학위논문(2005). 2000년대 중반 이후에도 CBCA에 관한 연구는 이어져 박종선, "신뢰성 판단을 위한 아동의 진술분석", 형사법의 신동향 제4호(2006); 박종선, "아동진술의 증명력 판단에 관한 연구 : SVA기법을 중심으로", 중앙대학교 대학원 박사학위논문(2006); 김현정, "성폭력 피해 아동의 진술 신빙성 평가도구의 상대적 유용성 비교", 경기대학교 일반대

이어 나왔다. 특히 2003. 12. 11. 개정된 성폭력범죄의 처벌 및 피해자보호 등에 관한 법률은 전문가의 의견조회제도(동법 제22조의 2)를 새로이 도입하였다. 법원은 정신과의사·심리학자·사회복지학자 그 밖의 관련 전문가에게 행위자 또는 피해자의 정신·심리상태에 대한 진단 소견 및 피해자의 진술내용에 관한 의견을 조회할 수 있도록 했다. 그 때문에 국내에서도 재판에 관여할 수 있는 전문가들을 확보할 필요가 있었다. 이 문제에 관한 연구 성과를 통한 임상적 실무경험의 축적이 시급히 필요했다. 이 분야 연구의 비약적 증대는 이러한 제도의 변화에 따른 필연적인 일이었다. 아울러 장차 재판실무의 모습도 변화가 불가피할 것이었다. 정신과의사, 심리학자 등 아동전문가를 통하여 아동의 진술이 이루어지게 된 심리적 메커니즘에 관한 조언을 들음으로써 유아의 증언과 관련된 실체적 진실에 더 접근할 수 있게 된 것이다.[275] 그 밖에도 아동증언의 특성, 피해아동진술의 영상녹화 제도의 도입 등을 주장하는 많은 연구가 쏟아졌다.[276]

학원 박사학위논문(2010); 김현정, "CBCA와 RM을 이용한 성폭력 피해 아동의 진술 신빙성 평가", 한국심리학회지: 여성 Vol. 15, No. 3(2010); 조은경, "성폭력 피해 아동 진술신빙성 평가의 한계와 전망", 피해자학연구 제18권 제2호(2010); 이수정, "아동 성폭력 피해진술에 대한 신빙성 분석도구들의 타당도 연구" 한국심리학회지: 사회 및 성격 Vol. 24, No. 2(2010) 등의 연구가 출현했다. 이재경, "형사절차에 있어서 진술의 허위성 판단에 관한 연구", 중앙대학교 대학원 박사학위논문(2011)은 진술분석기법 중 SCAN에 관하여 설명하고 있다.

275) 여훈구, "유아의 증언능력 유무의 판단기준", 형사판례연구 14호, 박영사(2006), 210면.

276) 이재연/정영숙, "아동증언과 신뢰성 판단에 대한 발달적 접근", 아동권리연구 2권 2호, 한국아동권리학회(1998); 박자경/이승복, "유도 질문이 아동 진술에 미치는 영향", 한국심리학회지: 발달 Vol. 12, No. 1(1999); 김재연/이재연, "유아 증언의 신뢰성 연구", 아동학회지 21권 3호, 한국아동학회(2000); 정진수, 아동증언에 관한 연구, 형사정책연구원 연구총서(2000); 김윤진, "강화조건과 질문유형이 아동의 사건기억 정확성에 미치는 영향", 성균관대학교 대학원 석사학위논문(2002); 송수진/이재연, "면담자의 인형사용과 질문유형이 5세 유아의 진술에

이러한 과정에서 출현한 대법원 2004. 5. 28. 선고 2004도1462 판결[277]은 종전 판례의 태도와는 다소 다른 접근을 하고 있어 주목된다. 이 사건에서 피해자는 7세 6개월 남짓, 공소외 2는 8세 1개월 남짓 되는 초등학교 2학년의 아동들이었다. 대법원은 피해자가 아동인 성폭력 사건의 형사절차에서 아동의 정신적·신체적 피해 상황의 반복되는 회상 진술에 의한 이른바 '제2차적 피해'로부터 아동을 보호할 필요가 있음을 강조했다. 아동 진술의 특성에 착안하여 진술 장소의 아동 친화적 환경이나 해부학적 인형의 활용 등 그 기억의 보유나 복구의 결함 문제를 보완하기 위한 여러 배려나 절차가 필요하다고 보았다. 한편 피고인의 형사절차상의 인권보호와 엄격한 증거재판주의 또한 양보할 수 없는 가치임을 강조했다. 나아가 아동진술의 특징에 관하여 여러 연구 결과와 보고가 있음을 거론하면서, 그러한 연구 성과를 다음과 요약하고 있다. "아동의 연령 폭과 지적 능력의 개인차가 크고, 아동의 사회·문화적 환경이 다르다는 점에서 한마디로 말할 수는 없지만, 순수성이 있는 아동이 적극적으로 거짓말을 하는 경우는 적지만 꾸며대서 말하는 경향이 발견되고 적극적으로 거짓말을 하기보다는 소극적으로 은폐하는 성향 쪽이 강하다는 것을 알 수 있으며, 그 정보의 양과 정확성 문제, 기억의 보유나 회상의 결함 문제가 있고, 암시성 질문에 쉽게 유도되고 오염되는 경향이 있다는 등의 사정은 부정적 요소로 알려져 있다."고 판시를 한 것이다. 이러한 판시는 이 무렵까지 축

미치는 영향", 아동학회지 23권 5호, 한국아동학회(2002); 곽금주/김연수, "취학 전 아동증언에서 참여여부, 질문 및 질문자의 특성에 따른 기억의 정확성", 한국심리학회지: 발달 Vol. 16, No. 2(2003); 권영민/이춘재, "아동의 사건기억 회상에 대한 인지면접의 유용성", 한국심리학회지: 발달 Vol. 16, No. 3(2003); 황만성, 형사절차상 성범죄 피해아동의 보호방안, 한국형사정책연구원 연구총서(2004); 박강우, "형사절차에서 아동증언의 보호", 형사정책, 한국형사정책학회(2005); 이혜숙, "성폭력 피해아동의 법정증언 능력에 대한 연구", 한국교육논단 4권 2호, 한국교육포럼(아시아태평양교육학회)(2005).

277) 순번 395 사건의 대법원 환송판결이다.

적되어 온 사회과학계의 연구 성과를 재판과정에 반영하는 신호탄으로 보아도 부족함이 없을 것이다.[278)279)]

이런 2004도1462 판결이 나온 뒤 잠시 뜸을 들였다 출현한 대법원 2006. 10. 26. 선고 2005다61027 판결은 성폭력 피해 아동 진술의 신빙성 판단 방법에 관하여 하나의 시금석을 놓는 기념비적인 판례이다. 이 사건은 성추행을 당했다고 주장하는 여자 어린이와 그 어머니가 가해자로 지목된 초등학교 고학년 남학생의 아버지를 상대로 치료비와 위자료 손해배상 청구를 한 민사사건이다. 사건 당시 여자 어린이는 만 7세 4개월 정도였다. 1심은 원고 측 승소판결을 선고했다. 그러나 항소심인 서울중앙지방법원은 원고 측 주장을 뒷받침하는 증거, 특히 여자 어린이의 진술의 신빙성을 부정함으로써 원고청구를 받아들여 주지 않았다. 주요한 쟁점은 어린이 진술의 불안정성 때문에 과연 그 피해진술을 그대로 믿을 수 있는가 하는 점이었다. 대법원은 이 사건에 관하여 다음과 같은 법리를 새롭게 제시한 다음, 원고 측 상고를 기각했다.

> 성추행 피해를 주장하는 아동의 진술의 신빙성을 판단함에 있어서는, 그 아동이 최초로 피해 사실을 진술하게 된 경위를 살펴서, 단서를 발견한 보호자 등의 추궁에 따라 피해 사실을 진술하게 된 것인지 또는 아동이 자발적, 임의적으로 피해 사실을 고지한 것인지를 검토하고, 최초로 아동의 피해 사실을 청취한 질문자가 편파적인 예단을 가지고 사실이 아닌 정보를 주거나 특정한 답변을 강요하는 등으로 부정확한 답변을 유도하지는 않았는지, 질문자에 의하여 오도될 수 있는 암시적인 질문이 반복됨으로써 아동 기억에 변형을 가져올 여지는 없었는지도 살펴보아야 하며, 아동의 경우 현실감시 능력이 상대적으로 약해서 상상과 현실을 혼동할 우려가 있는 점, 특히 시기를 달리하는 복수의 가해자에 의한 성추행의 피해가 경합되었다고 주장하는 경우에는 아동의 피해 사실에 대

---

278) 대법원은 이 사건에서 유죄를 인정한 원심판결을 무죄취지로 파기환송하였다.
279) 2004도1462 판결을 인용한 후속 판례로는 대법원 2008. 6. 26. 선고 2008도2839 판결이 있다.

> 한 기억 내용의 출처가 혼동되었을 가능성이 있는 점 등도 고려하여야 하고, 진술이 일관성이 있고 명확한지, 세부 내용의 묘사가 풍부한지, 사건 · 사물 · 가해자에 대한 특징적인 부분에 관한 묘사가 있는지, 정형화된 사건 이상의 정보를 포함하고 있는지 등도 종합적으로 검토하여야 한다.

이 판결이 나오기 조금 전인 2006년 7월 4일 대법원 비교법실무연구회에서는 성추행 피해 아동 진술의 신빙성 판단 기준에 관한 박광배의 발표가 있었다.[280] 이 연구회에서는 대법원에 위 사건이 심리 중에 있을 당시 최종 결론에 참고할 목적으로 외국 연구 성과를 비교법적으로 소개하고자 하였다. 이 논문은 아동이 정확한 기억을 보유하고 있더라도 그 기억이 진술로 현출되는 과정에 개입되는 외부적 요인에 의해서 기억의 내용 혹은 의미가 바뀌거나 왜곡된 진술이 나타날 수 있음을 강조하고 있다.[281] 망각된 기억을 회상하려고 노력하거나, 망각되었다고 가정되는 기억을 회상하려고 노력하거나, 의미를 정확히 파악하지 못한 경험에 대한 기억을 회상하거나, 스트레스를 유발하는 기억에 관하여 진술하는 경우, 아동의 기억내용을 변형시키고 사실과 다른 진술을 유발하는 가장 중요한 외부적 요인으로 널리 알려진 것이 '피암시성(suggestibility)'이다.[282] 반면에 아동의 기억내용을 변형시키고 사실과 다른 진술을 유발하는 가장 중요한 내부적 요인으로 널리 알려진 것이 '현실감시능력(reality monitoring ability)'과 '출처감시능력(source monitoring ability)'이다.[283] 또 아동 진술의 정확

280) 이 발표문은 후일 박광배, "아동진술의 신뢰성", 판례실무연구 IX, 대법원 비교법연구회(2010)에 등재되었다.

281) 위 논문, 389면.

282) 위 논문, 389-92면. '암시가능성' 혹은 '피암시성'은 사실이 아닌 정보, 오도질문(misleading question), 특정한 답변을 강요하는 사회적 압력 등의 외부적 요인에 의하여 사실이 아닌 진술을 하도록 하는 것을 말한다.

283) 위 논문 393-7면. '현실감시(reality monitoring)'는 실재하는 현실과 만들어진 상상, 혹은 실재 사건에 대한 기억과 상상했던 것에 대한 기억을 구별하는 능력을 의미한다. '출처감시(source monitoring)'는 실재 사건이 발생한 장소와 시간, 행

성[284]에 영향을 미치는 요인으로는 질문자 편파, 반복신문과 질문, 고정관념심기, 비난분위기의 조성, 선별적인 강화(강압), 또래집단의 영향, 질문자의 지위, 연령효과 등을 들고 있다.[285] 또 아동 진술의 진실성(즉 의도적 거짓말 여부)에 대하여도 그 진실성 판단을 위하여 준거기반 진술분석기법(CBCA)을 활용할 수 있음을 제안하고 있다.[286] 박광배의 이런 연구 및 제안이 위 2005다61027 판결에 많은 영향을 미쳤음을 이 발표문의 내용과 위 판결을 비교해 보면 알 수 있다. 드디어 우리 대법원도 관련 전문가의 의견을 보다 더 입체적으로 적용하여 과학적 근거를 가지고 성폭력 피해아동 진술의 신빙성을 신중하게 판단해야 한다는 방침을 명백히 세운 것이다. 그 후 형사사건에 관한 대법원 2008. 7. 10. 선고 2006도2520 판결은 위 2005다61027 판결의 판지를 그대로 인용하여 같은 판시를 함으로써 형사재판에서도 성폭력 피해아동 진술의 신빙성 판단에 명실상부한 준거를 제시하게 되었다.

이러한 대법원 판례를 통한 발전에 힘입어 하급심에서도 심리학자를 아동진술의 신빙성 평가를 위한 감정인으로 지정하거나 전문심리위원으로 위촉하여 의견을 듣는 방식의 실무례가 출현하게 되었다. 대전고등법원 2007. 12. 5. 선고 2007노327 판결은 본 연구자가 대전고등법원에서 재판장으로 사건 심리를 담당했던 사건인데, CBCA 결과를 활용하여 피해자 진술의 신빙성 평가를 한 하급심 최초 사례로 꼽을 수 있다.[287] 피고인은

위자, 발언자 등을 정확히 기억하고 판단하는 능력을 말한다. 거의 유사한 경험을 한 바가 있는 경우에는 암시에 의해서 그때의 경험에 대한 기억이 현재 문제시되고 있는 사건의 기억으로 '전이 (transference)'될 수 있다.

284) 진술의 '정확성 (accuracy)'이란 진술자가 자신의 기억과 엄밀하게 부합하는 진술을 하려는 정직한 동기를 가진 경우에 그 진술이 사실과 부합하는지의 여부를 나타내는 용어이다. 위 논문, 398면.

285) 위 논문, 399-412면.

286) 위 논문, 413-7면.

287) 칼 부분에 관한 피해자 진술의 신빙성에 집중하여 피해자 진술에 대하여 한림대 심리학과 조은경 교수를 감정인으로 지정하여 CBCA 분석을 시도했는데 이 부

지적 장애가 있는 55세 여자를 칼로 위협하여 강간했다는 혐의로 공소제기되었다. 피고인은 성관계 사실은 인정하면서도 그것은 합의에 따라 한 것이지 피해자를 칼로 위협하거나 다른 물리력을 사용한 것은 아니라고 주장했다. 피해자의 지적 장애로 말미암아 그 진술이 분명치 못한 점 등이 유죄인정에 있어서 장애요인이었다. 심리학 교수에게 의뢰하여 피해자 진술에 대하여 CBCA 분석을 시도했다. 감정의견을 토대로 피해자 진술의 신빙성을 인정하여 유죄판결을 선고한 것이다.

이어서 대전고등법원 2008. 2. 1. 선고 2007노86 판결은 본격적으로 5세 아동 성폭력 사건에서 CBCA 분석을 시도하였다.[288] 이 사건에서 피고인은 공범과 함께 5세 된 여자 어린이를 수차례에 걸쳐 추행했다는 공소사실로 기소됐다. 피고인은 범행 자체를 부인하면서 공소사실 일시에는 범행장소에 있을 수 없다는 알리바이를 주장했다. 알리바이는 상당히 개연성이 높은 것이었다. 피해자가 공범 또는 그 밖의 동네 청년 3~4명으로부터 추행을 당한 점은 분명했다. 문제는 공범과 피해자 모두 피고인의 범행 연루에 부합하는 듯한 진술을 하고는 있었지만, 그 진술이 오락가락하는 등 안정적이지 못했다. 피고인이 범행에 가담했는지 여부에 관하여 피해자 진술을 과학적으로 분석해 볼 필요가 있었다. 분석결과 피해자 진술의 구체성이 너무 떨이지기 때문에 이것만을 가지고 피고인을 유죄로 보

분 신빙성은 낮은 것으로 평가되었다. 다만 다른 정황을 토대로 할 때 반항을 억압할 정도는 아니었지만 피고인이 정신장애 1급으로 심신미약자인 피해자에게 욕설을 하고 험악한 인상을 쓰는 등으로 위력을 행사하여 간음하였다는 점에 관한 피해자의 진술은 신빙성이 있다고 분석되었다.

288) 이 사건에서는 피해자 진술을 종합해 볼 때, 피해자가 공범 관계에 있는 3-4명의 어른들로부터 수차례 추행을 당하였다는 피해자의 진술은 신빙성이 있고, 범인 중 하나로 피고인을 지목하고 있는 부분 진술 또한 상당한 정도의 신빙성이 인정된다고 판단되지만, 피해자의 진술만으로는, 피해자가 추행을 당한 시기와 횟수, 추행을 당한 때별로 추행을 한 사람이나 경위에 관하여는 알 수 없었다는 이유로 피고인에 대하여 무죄가 선고되었다. 이러한 판단에 대한 보충적인 근거로서 감정인 조은경의 준거기반 내용분석을 판결문에 직접 거시하였다.

기 어려웠다. 결국 피고인에 대하여 무죄가 선고됐다.

그 이후에도 대전고등법원은 계속하여 법원으로부터 위촉된 감정인 또는 전문심리위원의 CBCA 분석결과를 활용하여 피해자 진술의 신빙성을 판단하는 자료로 삼았다.[289] 그 중 한 사건인 대전고등법원 2009. 2. 12. 선고 2007노442 판결의 상고심인 대법원 2009. 2. 12. 선고 2008도9890 판결은 위 2006도2520 판결의 판지를 인용함과 아울러 원심이 전문가를 통하여 CBCA 방식에 따라 피해자들 진술의 신빙성 분석을 한 것에 대하여 종전 대법원 판례[290]의 법리에 따른 것으로서 수긍할 수 있다고 명시적으로 판시하고 있다.[291] CBCA를 재판실무에 활용하는 이런 실무례는 그 이후 널리 전파되어 현재는 하나의 확립된 관행으로 자리 잡았다고 보인다.[292]

---

289) 대전고등법원 2008. 10. 8 선고 2007노442 판결; 같은 법원 2008. 12. 24. 선고 2007노 533 판결; 같은 법원 2009. 2. 12. 선고 2007노442 판결; 서울고등법원 2009. 9. 11. 선고 2008노3336 판결 등.

290) 대법원 2008. 7. 10. 선고 2006도2520 판결 등.

291) 이 사건에서 대법원은 "원심은 ① 가해자의 인상에 관한 피해자들의 진술이 일관되지 못한 점, ② 피해자들의 진술이 자발적으로 이루어졌다기 보다는 조사관이 유도적 · 폐쇄적 · 암시적 질문들을 사용하여 답변을 이끌어 낸 것으로 보이는 점, ③ 전문가의 준거기반 내용분석(criteria-based content analysis) 방식에 의한 피해자들의 진술 신빙성분석결과 가해자의 특정에 관한 진술의 신빙성이 떨어지는 점, ④ 피해자들이 범인식별절차에서 피고인을 범인으로 지목하게 된 것이 보호자 등의 암시나 유도 없이 자발적으로 이루어졌다고 확인할 객관적 자료가 부족한 점 등을 종합하여 피해자들의 진술에 신빙성이 없다고 판단하였는바, 위와 같은 원심의 판단은 위의 법리에 따른 것으로 수긍할 수 있고, 거기에 상고이유로 주장하는 바와 같은 채증법칙 위반 등의 위법이 없다."고 판시하였다.

292) 서울고등법원 2012. 9. 4. 선고 2012노1500 판결; 부산고등법원(창원) 2012. 8. 24. 선고 2012노65 판결; 창원지방법원 거창지원 2012. 7. 19. 선고 2012고합45 판결; 대전지방법원 2012. 6. 29. 선고 2010가단48124 판결; 창원지방법원 진주지원 2012. 6. 15. 선고 2011고합138 판결; 서울고등법원 2011. 8. 26. 선고 2011노1729 판결; 대전지방법원 2011. 7. 8. 선고 2010고합392 판결; 서울중앙지방법원 2011. 3. 11. 선고 2010고합1692 판결; 서울서부지방법원 2011. 2. 25.

따라서 아동의 진술분석을 위한 이론적 틀로서 CBCA는 학계에서뿐만 아니라 대법원 판례를 통하여도 그 유효성을 인정받기에 이른 것이다.[293] 그 이후 2000년대 후반에 들어와서는 형사법 학계[294]나 재판실무계[295]는 물론이고 심리학 등 유관 사회과학계에서 성폭력 피해아동 진술의 신빙성 평가를 놓고 많은 연구가 봇물이 터지듯 출현하고 있음도 특기할만하다. 심리학적 연구들을 대별해 보면 아동진술의 특징에 관한 외국의 선행연구를 종합적으로 정리한 것,[296] 아동진술의 양상과 신빙성에 대한 실증적

선고 2010고합329 판결; 서울고등법원 2010. 11. 26. 선고 2010노2531 판결; 서울중앙지방법원 2010. 11. 5. 선고 2010고합1212 판결; 서울고등법원 2010. 10. 22. 선고 2010노2006 판결; 인천지방법원 2010. 7. 15. 선고 2010고합244 판결; 인천지방법원 2010. 6. 10. 선고 2010고합211 판결; 의정부지방법원 2010. 5. 28. 선고 2010고합23 판결; 서울서부지방법원 2010. 5. 28. 선고 2009고합351 판결; 수원지방법원 2010. 4. 28. 선고 2009고합538 판결; 서울고등법원 2009. 9. 11. 선고 2008노3336 판결; 대전지방법원 2009. 8. 20. 선고 2007고합253 판결.

293) 김동완, “아동진술의 신빙성”, 법관의 의사결정: 이론과 실무, 사법발전재단(2010), 638면.

294) 박종선, “형사절차상 아동증인에 대한 조사방법”, 형사정책 18권 2호(2006); 박종선, “형사법상의 아동보호 법제에 대한 연구”, 형사법연구 제19권 제3호(2007); 원혜옥, “대법원 판례를 통해 본 성폭력 피해아동 증언의 인정여부”, 피해자학연구 15권 2호, 한국피해자학회(2007); 김현수, “아동 대상 강력범죄에 대한 형사정책적 문제점”, 법과 정책 제14집 제2호, 제주대학교(2008); 박종선, “형사재판에 있어서 아동증언의 증거능력”, 경희법학 44권 1호, 경희대학교 법학연구소(2009); 박종선, “범죄피해아동의 진술능력을 고려한 효과적인 조사기법에 관한 연구”, 경희법학 45권 3호(2010); 김혜정, “성폭력범죄피해자의 보호방안에 관한 소고”, 홍익법학 13권 1호, 홍익대학교 법학연구소(2012).

295) 최승록, “형사재판절차에 있어서 아동 증언의 신뢰성에 관한 연구”, 재판자료 110집, 법원도서관(2006); 김동완, “아동진술의 신빙성”, 법관의 의사결정: 이론과 실무, 사법발전재단(2010).

296) 곽금주/이승진, “아동 증언에 영향을 주는 요인들”, 한국심리학회지: 일반 Vol. 25, No. 2(2006)에서는, 면담자의 태도가 아동의 출처 감찰 수행에 어떠한 영향을 미치는지를 살펴보았는데, 면담자의 사회적 지지는 아동의 출처 감찰 수행에 긍정적인 영향을 주는 것으로 나타났다.; ; 이승진, “아동 증언의 맥락에서 출처

분석 연구를 수행한 것,[297] 아동 면담에 있어서의 유의할 점을 경험적으로 탐색한 것,[298] 아동 피해 진술 분석의 준거를 개발하고자 한 것,[299] 아

감찰 이론과 연구들의 동향", 한국심리학회지: 법정 Vol. 2, No. 3(2011); 이승진, "국외 아동 증언 분야의 학술 연구와 현장 실무의 호혜적 관계에 대한 고찰", 한국심리학회지: 일반 Vol. 31, No. 3(2012); 이승진, "성학대 피해자 아동의 법적 개입에 대한 발달심리학적 고찰: 영미권의 학술 연구들을 중심으로", 피해자학연구 20권 1호, 한국피해자학회(2012); 이승진, "아동 수사면담시 라포형성의 중요성에 관한 고찰: 국외 아동 증언 연구를 중심으로", 한국심리학회지: 사회 및 성격 Vol. 26, No. 1(2012); 이승진, "지적 장애 및 발달 장애 아동의 목격 진술에 대한 고찰 국외 아동 증언 연구를 통한 시사점 도출을 중심으로", 한국심리학회지: 법정 Vol. 3, No. 2(2012);

297) 이승진/곽금주, "아동의 출처 감찰(source monitoring)수행에 미치는 면담자 지지와 인지훈련의 연령별 효과", 한국심리학회지: 발달 Vol. 12, No. 1(2009); 김태경/이영호, "성폭력 피해 아동의 진술양상", 한국심리학회지: 일반 Vol. 29, No. 1(2010); 고연정/최영은, "만 3-4세 아동의 신뢰성 판단에 관찰 경험이 미치는 영향", 한국심리학회지: 발달 Vol. 24, No. 4(2011); 김은희/박재옥/이향아, "성폭력 피해아동의 폭로에 관한 연구", 피해자학연구, 한국피해자학회(2011); 신기숙, "성폭력 피해아동의 피해경험", 한국심리학회지: 일반 Vol. 30, No. 4(2011); 이승진, "질문 유형과 개인차 변인이 스트레스 경험에 대한 아동 진술에 미치는 영향", 한국심리학회지: 법정 Vol. 3, No. 1(2012); 최영은/장나영/이화인, "학령전기 아동의 증언판별, 증거성표지 이해와 정보확실성 판단 능력 발달", 한국심리학회지: 발달 Vol. 25, No. 1(2012).

298) 이재웅, "해부학적 인형 사용과 조사자의 질문유형에 따른 성폭력 피해 아동의 반응 연구", 피해자학연구 제17권 제2호(2009)[아동면담에서 해부학적 인형 사용의 긍정적 효과를 밝히고 있다]; 김순진, "성폭력 피해 아동 조사 시 전문가 참여제의 효용성", 경기대학교 대학원 석사학위논문(2010)[ONE-STOP 전문가 참여제를 1년 동안 실시한 성과를 토대로 이 제도를 통한 피해 아동 진술의 신빙성 제고의 효용성을 밝히고 있다]; 이경하, "성피해아동 진술/평가도구로서의 구조화 모래상자(SSTA) 특성과 적용 연구", 한국심리학회지: 법정 Vol. 1, No. 3(2010).

299) 김태경/이영호, "아동성폭력 피해 가능성 평가기준 개발 및 타당화", 한국심리학회지: 일반 Vol. 29, No. 3(2010)[이 연구는 아동성폭력 피해 가능성 평가기준을 개발하고 타당화하는 것을 목적으로 한 것이다]; 오영록, "아동용 피암시성 척도의 신뢰도와 타당도", 충북대학교 대학원 석사학위논문(2012).

동 성범죄자의 특성을 일반적으로 연구한 것,[300] 재판과정에서 피해아동 보호에 주안점을 두고 정책적 제안을 한 것[301] 등이다. 이러한 저변의 확대에 영향을 받아 2000년대 중반 이후부터는 사실심 법원에서 아동성폭력 피해자 진술의 평가에 대하여도 보다 더 엄정한 심사가 이루어지게 되었음을 알 수 있다.

2) 분석결과

분석대상이 된 무죄 사건 중 아동 성폭력 사건은 모두 47건으로서 전체의 8.3%를 차지하고 있다. 요즈음 우리 사회에서는 아동 성폭력사건에 대한 우려가 점증하고 있고 그간 온정적 수준에 머물고 있었던 법원의 양형 관행에 대한 비판도 거세다. 하지만 실제 재판사례에서 만만치 않은 비율로 무죄 사건이 출현하고 있다는 결과에 대하여는 조금 더 세밀한 분석을 필요로 한다.

아래 표 35는 연도별 아동성폭력 사건의 분포를 나타낸 표이다. 분석대상 사건만을 본다면 1990년대에는 이런 유형의 사건이 유무죄 사건으로 쟁점으로 된 경우가 매우 희소한 편이었다. 그러던 것이 2000년대 초반부터 점차 아동성폭력 범죄사건에서 유무죄를 다투는 사건이 출현하기 시작하여 지금까지 일정비율 무죄선고사건을 점하게 되었다.

이들 사건은 1심 유죄 - 2심 무죄로 판단되어 심급간에 유무죄가 교차된 사건들이다. 이 이외에도 1심부터 무죄가 선고되어 2심까지 무죄판단을 받은 사건은 상당한 다수가 존재한다. 특히 피해아동의 피해에 관한

300) 고려진/이수정, "아동 대상 성범죄자, 친족 성범죄자 그리고 강간범 간의 특성 비교: 인구통계적 변인과 범죄 관련 변인을 중심으로", 한국심리학회지: 일반 Vol. 27, No. 1(2008).

301) 권창국, "성폭력범죄 피해아동 진술의 신뢰성 판단과 피고인의 반대신문권", 형사정책 21권 2호, 한국형사정책학회(2009); 김택수, "형사절차상 성폭력 피해자의 보호와 지위강화 : 프랑스와 한국간의 비교법적 고찰을 중심으로", 형사정책연구 20권 3호, 한국형사정책연구원(2009);

인지경위과정에서 피해를 당한 바 없음에도 오인된 범죄피해경험이 주입되었을 가능성 때문에 무죄가 선고된 오인피해 사건이 상당히 발견되는데 이런 패턴을 보이는 사건들을 아래에서 따로 추출하여 검토할 필요가 크다.

표 35 연도별 아동성폭력 사건 분포

연도	전체 무죄 사건수	연도별 아동성폭력 사건수	연도별 사건수 대비 아동성폭력 사건 점유비율
1995	3	0	0.0%
1996	15	0	0.0%
1997	22	1	4.5%
1998	34	1	2.9%
1999	27	1	3.7%
2000	17	0	0.0%
2001	32	2	6.3%
2002	38	4	10.5%
2003	35	2	5.7%
2004	32	4	12.5%
2005	31	1	3.2%
2006	27	4	14.8%
2007	38	4	10.5%
2008	33	4	12.1%
2009	41	6	14.6%
2010	34	4	11.8%
2011	53	8	15.1%
2012	28	1	3.6%
합계	540	47	8.7%

아동성폭력 사건에서 피해자 연령별 분포를 보면 아래 표 36과 같다. 최소 2세에서부터 최대 12세까지 피해자 연령대는 고르게 퍼져 있음을 알 수 있다.

표 36 피해자 연령별 분포

피해자 연령	사건수
2	1
3	5
4	4
5	4
6	7
7	9
8	2
9	4
10	2
11	3
12	6
합계	47

가장 많은 연령대는 6~7세이다. 이 연령대 이하의 유아들의 경우 피해에 관한 진술의 명료성이 떨어지기 때문에 실제 재판에서 많은 애로를 겪고 있다. 그것이 다수의 무죄를 초래하는 원인이 되고 있는 것이다.

아래 표 37은 피고인 연령별 아동성폭력 무죄 사건 분포를 나타낸 표이다. 일반 무죄 사건의 피고인 연령대와 대비해 볼 필요가 있다. 일반 무죄 사건 전체를 놓고 볼 때 무죄를 선고받은 피고인의 주 연령대는 30대로서 전체 피고인 연령 평균은 37세이다. 이에 비하여 아동성폭력 사건 피고인의 주 연령대는 30대에서부터 50대까지 분포되어 있고 평균 연령은 45세임을 알 수 있다. 특별히 무죄를 선고받은 피고인의 연령이 전체 무죄 사건에 비하여 현저히 높아진 것에 대하여 심층적인 분석이 필요할 것이다.

표 37 피고인 연령별 아동성폭력 무죄 사건 분포

연령	전체 무죄 사건수	전체사건(540) 대비 점유 비율	아동성폭력 무죄 사건수	전체사건(47) 대비 점유 비율
15~19	22	4.1%	1	2.1%
20~24	66	12.2%	1	2.1%
25~29	65	12.0%	3	6.4%
30~34	92	17.0%	7	14.9%
35~39	78	14.4%	5	10.6%
40~44	77	14.3%	10	21.3%
45~49	43	8.0%	4	8.5%
50~54	43	8.0%	3	6.4%
55~59	27	5.0%	6	12.8%
60~64	14	2.6%	1	2.1%
65~69	6	1.1%	3	6.4%
70~74	4	0.7%	2	4.3%
75~79	3	0.6%	1	2.1%
합계	540	100.0%	47	100.0%
평균연령	37		45	

아동 성폭력 사건에서 무죄가 나오는 사건들 중 일정한 경향적 패턴을 보이는 사건 유형이 있는데 이 점에 주목할 만하다. 어린이집, 유아원, 미술학원 운전기사, 초등학교 교사가 어린이 보육 또는 교육시설 내에서 또는 등하교 승합차 내부에서 추행을 범하였다는 공소사실로 기소된 사건들이 문제이다. 이런 유형의 사건은 분석대상 사건에서 모두 13건이 발견된다.[302]

302) 순번 13(목사로서 처 운영 어린이집 원생 2회 추행), 순번 45(학원 승합차 운전기사로서 귀가 차량 내에서 추행), 순번 50(유아 상대 시간제 생활체육교사로서 체육지도 중 유아 추행), 순번 56(어린이집 사무장으로서 유아 추행), 순번 58(어린이집 운영자로서 원생 추행), 순번 61(유치원 운전기사로서 등하교 버스 내에서 아동 추행), 순번 78(처 운영 미술학원 운전기사로서 학원 등교 카니발 승

이런 유형의 사건의 첫출발은 대부분의 사건에서, 피해 아동의 어머니가 아동의 일시적인 특이행동이나 음부에서 진물이 나오는 현상을 발견하고 그 자리에서 아동을 추궁하던 끝에 아동의 성폭력 피해진술과 범인지목진술을 받아내면서 이루어졌다는 공통점을 가지고 있다. 그리고 아동이 먼저 범인을 지목한 것이 아니라 어머니가 특정인을 의심한 것에 기인한 추궁에 대하여 단순한 긍정 답변을 받아낸 것에 더하여 이후 성폭력상담센터, 경찰에서도 반복적으로 이런 진술을 유도하는 것을 방치한 것도 또한 가지 공통점이다. 후자의 공통점 때문에 피해아동 진술이 암시와 유도에 따라 오염될 위험성이 무척 커지게 된 것이다.

순번 56사건에서 광주고법 전주부는 "피해자가 피고인을 이 사건 범행의 범인으로 지목하게 된 과정에는 처음부터 피해자가 스스로 범인으로 피고인을 지목한 것이 아니고 그 어머니인 하ㅇㅇ의 영향을 받아 진술이 일부 왜곡되었을 가능성"이 있음을 지적한 바 있다. 또 순번 78 사건에서 대구고법은 피해자가 피고인을 성추행범으로 지목한 이유에 관하여 "2007. 3. 18. 피해자의 음부가 충혈되어 있는 것을 발견한 피해자의 모가, 음부충혈이 발생될 수 있는 여러 원인을 제시하고 그 중 어떤 원인에 의한 것인지 추궁하지 아니한 채 막바로 누가 만졌냐고 묻자,[303] 그 원인을 설명하는데 어려움을 느끼거나 혹은 심하게 긁는 등 피해자의 부주의

용차 내부에서 추행), 순번 81(초등학교 경비원으로서 병설 유치원의 어린이 강간, 추행), 순번 91(초등학교 경비원으로서 1학년 어린이 추행), 순번 96(초등학교 교감으로서 1학년 어린이 추행), 순번 101(초등학교 교사로서 1학년 어린이 추행), 순번 103(초등학교 특수교사로서 교실에서 어린이 추행), 순번 134(초등학교 교사로서 교실이서 1학년 어린이 추행)를 들 수 있다.

303) 위 판결법원은 "아동은 신체 구조상 항문과 질의 거리가 짧아서 대변의 균이 질 속으로 들어가기 쉽고, 지저분한 손으로 자신의 성기를 긁고 만지거나 놀이터의 오염된 모래밭 등에서 놀 경우 일종의 방어 역할을 하는 음모가 아직 발달하지 못한데다가, 얇은 점막구조와 적은 층의 상피층으로 이루어진 미성숙한 질 구조 때문에 어른보다 쉽게 세균에 감염이 되어 외음부가 붓거나 분비물이 나오는 등의 증상을 보일 수 있는" 가능성이 있음을 지적하고 있다.

로 그리 되었다고 답하면 모로부터 꾸중이나 벌을 받을 것을 걱정한 피해자가, 자기를 방어하기 위하여 또는 피고인에게 뭔가 불쾌한 일을 당하였기 때문에 보복적으로 거짓말을 하였을 가능성을 배제할 수 없다. 이 최초의 거짓말을 번복할 수 없어 계속 노래방, 모텔 등지에서도 추행당한 것으로 거짓말이 확대되었다고 추정하는 것이 결코 무리가 아니다."라고 추론하기도 하였다.

순번 58사건에서 광주고법 전주부는 피해자가 거짓말을 하는 성향이 있음을 지적하는 등 상세하게 피해자 진술의 신빙성에 관하여 분석적 접근을 시도한 판결이다. 반면 그 원심법원은 이 점에 대하여 아무런 판단을 하지 않은 채 막연하게 피해자 진술을 유죄증거로 거시하고 있다. 이러한 1심 법원의 판결문 거시 태도는 종래 유죄판결의 일반적 태도와 궤를 같이하고 있는 것으로 보이는데, 무죄 주장에 대한 판단을 판결이유에서 생략하는 경우, 단순히 판결 이유 기재만의 생략이 아니라 판단과정 그 자체도 소략하게 검토해 버리고 말거나 또는 유죄편향적인 선입견 때문에 유죄증거에 대한 심도 있는 검토를 생략할 수도 있는 위험이 농후하다. 유죄판결의 이유를 증거 표목의 열거만으로 그치고 있었던 종래의 판결작성의 관행에 뿌리 깊게 자리 잡고 있는 유죄편향적 오판 위험을 적나라하게 보여주는 실례라고 아니할 수 없다.

순번 478사건에서 서울고법은 매우 상세하게 이런 유형의 사건에 대한 수사 및 심리 원칙을 밝히고 있어 주목된다. 우선 담당 재판부는 피해자 및 피해의 특수성에 관하여 "아동을 상대로 한 성범죄의 경우 가해 행위의 성격이나 의미를 제대로 이해하지 못하고 그에 대한 대처능력이 떨어지는 피해자의 특성으로 인하여, 범죄 발생일로부터 많은 시간이 흐른 뒤에 비로소 사건화되는 사례가 다수 발견된다. 일반적으로 범행일로부터 시간이 흐를수록 물적 증거는 차츰 사라지고 피해자의 기억은 희미해지기 마련이고, 특히 아동인 피해자는 실제로 자신이 입은 피해의 내용을 구체적으로 기억해내지 못하거나 범행 당시의 상황을 말로써 일관성 있게 표현하지 못하는 경우도 흔히 볼 수 있다. 따라서 수사기관이나 법원으로서는 이러한 피해자의 연령이나 지적 수준 등을 감안하여 성인과 달리 진술의 신빙성을 판단하여야 하고, 단지 일관적이고 논리적이지 못하다는 이유만으로 피해자의 진술을 배척하는 것은 적절하지 않다."고 보았다. 그러면서도 위 재판부는 피해자 진술의 신빙성과 무죄추정의 원칙 상호간의 관계에 대하여 "한편, 아동을 상대로 한 성범죄의 경우에도 가해자로 지목된 피의자 또는 피고인에 대하여 무죄추정의 원칙이 배제될 수는 없고, 나아가 다른 범죄와 마찬가지로 합리적 의심을 배제하고 공소사실을 유죄로 인정하기에 충분한 정도의 엄격한 증명이 요구된다. 따라서 아동 상대 성범죄에 대한 처벌의 필요성을 고려하더라도, 아동의 진술에 전적으로 신뢰를 부여하고 그에 반하는 피의자 또는 피고인의 진술에 대해서는 어느 정도 부합하는 정황이 발견됨에도 깊이 있는 분석 없이 한낱 구차한 변명으로 단정하고 배척하는 행태는 형사소송의 기본원리인 무죄추정의 원칙을 심히 훼손하는 것으로 심각한 부작용을 낳을 수 있다. 아동이 성인과 달리 자신의 개인적 이해관계나 탐욕, 시기심 등에 의하여 허위로 피해 사실을 밝히고 가해자를 지목하는 경우는 극히 희박하다고 할 수 있으나, 반면에 지적 능력이나 표현의 한계 등으로 인하여 피해 사실을 과장되거나 왜곡된 형태로 인식하거나 표현하고, 나아가 그와 관련하여 자신이 의지하는 부모나 지인 등의 유도나 암시에 따라 실제와 다른 사실을 언급할 가능성도 매우 높다."고 설명하고 있다.

미국 Gross 2012 연구에 의하자면 일어나지도 않은 범죄를 오인하여 범죄가 발생한 것으로 보아 오판이 발생한 사건(No-Crime 오판사건)[304)]

304) Gross 2012 Report, *supra note* 110(chapter 2.3), at 68에 의하면, No Crime 오판은 실제 범죄가 일어나지도 않았는데 범죄가 발생한 것으로 오해하고 피고인을 처벌한 사례들이다. 전체 오판 사건들 중 129건이 이런 유형의 오판으로 확인되었는데 이 중 78%(100/129)의 오인범죄는 존재하지도 않는 범죄를 지어내어 피고인이 저지른 것처럼 엮어서 오판에 이른 사례(가공범죄 오판)이고, 나머지 22%(29/129)의 오인범죄는 피해자가 질병이나 사고 또는 자살로 사망하였음

의 55%(71/129)가 아동 성폭력 범죄와 관련이 있다고 한다.[305] 이 중 48건이 30년 전 아동 성폭력 히스테리(child sex abuse hysteria)의 광풍 속에서 출현했던 것으로 밝혀졌다.[306] 미국 전역에 걸쳐 150명 이상의 피고인들이 아동 성폭력 히스테리에 근거하여 기소되었고 그 중 70명에게 유죄판결이 내려졌다. 그러나 일부 아동 피해자들이 자신들의 주장을 철회하면서 이런 유죄판결들은 무너지기 시작했다. 이들 48건에 달하는 아동

에도 살인사건이 발생한 것으로 오인하여 피고인을 살인죄로 처벌하는 사례와 같이 우연히 발생한 사건을 피고인의 범행으로 연결 지으면서 발생한 오판사례(오인범죄 오판)라고 한다. 실제로 범행이 일어난 경우라면 무고한 피고인은 그 범행이 제3자에 의하여 저질러진 것임을 소명하여 오해를 벗어날 수도 있을 것이지만, 이런 오인범죄 유형에서는 피고인으로서는 이런 방식으로 무고함을 증명하기란 지극히 곤란한 일이다. 이들 29건의 오인범죄는 수사기관이 사실관계를 오해하여 실수로 그것을 범죄로 잘못 봄으로써 일어나는 현상이다. 일부 오인범죄는 경미한 범죄와 관련하여 나타나기도 하지만 대부분 오인범죄는 사람의 사망과 관련이 있다고 한다(12명은 살인죄로, 3명은 상해치사로, 3명은 방화로, 1명은 아동 성학대로 처벌되었다).

305) *Id.* at 75.

306) *Id.* 1980년대 초기부터 몇몇 검사, 심리치료사, 아동복지사들은 아동 성폭력이 사회에 만연해 있다고 확신하기 시작했다. 그들은 피해자 대부분이 너무나도 두렵고 당혹스러워서 그 성폭력을 드러내 놓고 말하기 어려워한다고 믿었다. 그래서 그들이 이들 피해자의 공포와 망설임을 극복하는 데 적극적으로 나서야 한다고 생각했다. 그들은 어린아이 또는 성인이 된 피해여성들을 인터뷰할 때 매우 암시적이고 지속적이면서도 끈질긴 질문 기법을 활용했다. 그것이 먹혀들어가 일부 여성들은 부모, 주간 보육사, 친척들의 끔찍하고 기괴한 범행을 털어놓기 시작했고, 그로 말미암은 매우 이례적인 기소가 이어졌다는 것이다. 미국 기억연구의 전문가 엘리자베스 로프터스 교수는 이런 사건들 재판에 관여하여 심리학적 분석결과를 통하여 소위 억압된 기억 이론의 오류를 지적하고 가공된 피해기억에 근거한 피해자의 주장에 따라 기소된 피고인들의 구명활동에 조력한 경험을 정리하여 "The Myth of Repressed Memory"라는 대중서를 발간했다. 그 번역서로는 엘리자베스 로프터스(정준형 역), 우리 기억은 진짜 기억일까?(원제: The Myth of Repressed Memory), 도서출판 도솔(2008)이 있다.

성폭력 히스테리 면죄가 지역별로 무더기로 출현했다. Kern 카운티에서 20건, Wenatchee 카운티에서 11건 등의 면죄가 선고되었다.[307] 아동 성폭력 사건의 끔직한 피해결과가 사회적 공분을 불러일으키고 있지만 다른 한편으로는 이런 유형의 사건들이 때로 지나치게 되면 또 다른 부작용을 불러일으킬 수도 있다는 교훈을 일깨워 주는 외국의 사례다. 이 경우 더 무서운 일은 실제 물리적 성폭력 피해를 당한 바도 없는 아동이 이런 식으로 오도되어 주입된 기억 때문에 제대로 치유가 되지 못하는 한에서는 적어도 뇌 속에서는 여전히 정서적 피해의 경험을 안고 평생 고통을 받을 수 있다는 점이다. 이 분야에 관여하는 여러 전문가들로서는 상당히 유념하여 조심스런 접근이 필요한 대목이라고 생각한다.

라. 친족관계 성폭력 사건

친족 성폭력 미성년 피해자 진술의 신빙성에 관하여 판단기준을 제시한 최초의 판례는 대법원 2006. 10. 26. 선고 2006도3830 판결이다. 이 사건에서 대법원은 "미성년자인 피해자가 자신을 보호 · 감독하는 지위에 있는 친족으로부터 강간이나 강제추행 등 성범죄를 당하였다고 진술하는 경우에 그 진술의 신빙성을 판단함에 있어서, 피해자가 자신의 진술 이외에는 달리 물적 증거 또는 직접 목격자가 없음을 알면서도 보호자의 형사처벌을 무릅쓰고 스스로 수치스러운 피해 사실을 밝히고 있고, 허위로 그와 같은 진술을 할 만한 동기나 이유가 분명하게 드러나지 않을 뿐만 아니라, 그 진술 내용이 사실적 · 구체적이고, 주요 부분이 일관되며, 경험칙에 비추어 비합리적이거나 진술 자체로 모순되는 부분이 없다면, 설령 표현방법이 미숙하여 진술 내용이 다소 불명확하거나 표현상의 차이로 인하여 사소한 부분에 일관성이 없는 것처럼 보이는 부분이 있다고 하여도, 그 진술의 신빙성을 특별한 이유 없이 함부로 배척해서는 안 된다."고 판시하

307) Gross 2012 Report, *supra note* 110(chapter 2.3), at 77.

였다. 이 판결은 공간되지 않은 것이기는 하나 대법원 2010. 11. 25. 선고 2010도11943 판결에서 인용된 바 있고, 사실심에서도 친족관계 성폭력 피해아동의 진술신빙성 판단에 있어서 중요한 판단기준으로 자주 원용되고 있다.[308)]

친족관계 성폭력 피해아동의 진술 신빙성이 쟁점으로 된 사건은 모두 21건이다. 주된 피해자 유형별로 보면 친딸 9건,[309)] 사실혼 관계에 있는 동거녀의 딸, 즉 의붓딸 9건,[310)] 기타 친족 2건[311)]으로 나뉘고 있다. 피해아동의 진술의 신빙성에 관하여 1심과 2심 법원은 의견이 극명하게 갈렸다. 분석대상 고등법원 형사 항소심 재판부에서 피해자 진술의 신빙성이 부정된 사유에 관하여 진술의 비일관성과 모순을 지적한 사례는 2건,[312)] 부부간 불화 또는 이혼소송에서의 유리한 지위를 차지할 목적에서 모친 사주로 허위진술할 가능성을 명시적으로 지적한 사례는 5건,[313)] 아버지의 통제로부터 벗어나 별거하고 있는 모친과 살고 싶은 마음에서 허위진술을

---

308) 서울동부지방법원 2012. 10. 17. 선고 2012고합145 판결; 서울고등법원 2012. 10. 5. 선고 2012노2166 판결; 서울고등법원 2012. 7. 12. 선고 2012노861 판결; 광주지방법원 해남지원 2012. 5. 24. 선고 2011고합24 판결; 서울고등법원 2012. 4. 26. 선고 2012노63 판결; 서울고등법원 2012. 3. 29. 선고 2011노3377 판결; 수원지방법원 2012. 1. 26. 선고 2011고합630 판결; 수원지방법원 2012. 1. 12. 선고 2011고합510 판결; 서울남부지방법원 2011. 12. 23. 선고 2011고합30 판결; 전주지방법원 군산지원 2011. 11. 18. 선고 2011고합78 판결; 서울고등법원 2011. 11. 10 선고 2011노1593 판결; 수원지방법원 2011. 8. 11. 선고 2011고합154 판결; 서울고등법원 2011. 6. 24. 선고 2011노1008 판결; 수원지방법원 평택지원 2011. 4. 27. 선고 2010고합123 판결; 광주지방법원 2011. 3. 31 선고 2010고합258 판결; 대구고등법원 2010. 12. 30. 선고 2010노524 판결; 대구고등법원 2010. 12. 23. 선고 2010노446 판결 등 다수.

309) 순번 19, 22, 119, 239, 334, 398, 402, 447, 493 사건.

310) 순번 59, 165, 247, 403, 411, 434, 442, 494, 532 사건.

311) 순번 252, 461 사건.

312) 순번 19, 22 사건.

313) 순번 119, 334, 398, 411, 494 사건.

한 것을 지적한 사례는 1건,[314] 피해자의 피고인에 대한 악감정에 기인한 무고의 가능성을 지적한 사례는 3건[315] 등이다. 특히 순번 493 사건의 판결문에 의하면 피해자는 경찰에 무고성 피해고소를 한 바 있는데 숨은 내심의 동기는 피고인이 피해자가 늦게 귀가한다는 것을 들어서 외출을 금지시키고 친구들을 만나지 못하게 해서 피고인을 혼내 주기 위해서 피고인을 고소하였다는 것이다. 피해자의 짧은 생각에 피고인이 벌금만 받고 끝날 것인 줄로만 알았는데 피고인이 법원에까지 가서 실형을 선고받게 되자 일이 그릇되게 커진 것을 깨닫고 법정에 이르러서는 무고를 한 점을 실토한 사건이다. 이런 유형의 사건이 종종 출현하고 있음에 유의할 것이다.

미국의 경우에도 마찬가지 현상이 있음이 보고되고 있다. 즉 Gross 2012 연구에 의하면, 미국에서도 아동에 의하여 가족 구성원을 고의적으로 허구의 범죄를 만들어 무고한 사건이 발견된다는 것이다.[316] 부모에 대한 분노, 양아버지나 어머니의 남자친구를 쫓아내기 위한 동기에 기한 것들도 보인다고 한다.[317] 이들 무고사건들은 대부분은 이혼과 양육 분쟁 속에서 출현하고 있는데 치열한 이혼소송 과정에서 일방의 부모가 상대방에게 타격을 가할 목적으로 아이들을 시켜 상대방의 성폭력을 거짓으로 증언하게 하는 사례도 있었다는 분석은 마찬가지로 충격을 주고 있다.[318]

---

314) 순번 239 사건.
315) 순번 252, 434, 493 사건.
316) Gross 2012 Report, *supra note* 110(chapter 2.3), at 78.
317) *Id.*
318) *Id.*

7. 과학적 증거

가. 과학적 증거에 관한 국내외의 논의 및 대법원 판례법리의 흐름

과학적 증거가 유무죄 사실인정에서 활용되는 빈도는 점점 늘어가고 있다. 하지만 과학적 증거에 대한 과도한 신뢰나 비판적 통제는 모두 바람직하지 못한 결과를 초래할 수 있다. 일반인으로서는 이해하기 힘든 복잡한 이론을 토대로 제시되는 과학적 증거는 외견상 전문성을 갖춘 것으로 보여 자칫 높은 신뢰를 줄 수도 있다. 하지만 과학적 증거에 과도한 증거가치를 부여하는 경우 오판으로 이어질 수 있음은 앞서 미국 오판사례의 분석을 통하여 잘 알 수 있다.

미국 Gross 2012 연구에 의하자면, 면죄로 끝난 오판의 4분의 1이 잘못되거나 오인 가능한 과학적 증거 때문이었다고 한다.[319] Garrett의 연구에서 드러난 두 번째로 많은 오판 원인도 바로 과학적 증거였다.[320] Garrett의 연구에서 분석대상이 된 200건의 면죄사건에서 과학적 증거가 오판의 원인이 된 사례는 113건인데, 이 중에서 활용된 증거로는, 혈액, 정액에서 혈액형 검사(79건), 모발증거 비교검사(43건), 토양비교 검사(5건), DNA 검사(3건), 치흔 증거(3건), 지문(2건), 탐지견을 이용한 신원확인 검사(2건), 성문검사(1건), 족적검사(1건), 섬유비교검사(1건) 등이었다.[321] 최근 들어 미국에서는 형사재판에서의 과학적 증거 남용에 대판 비판의 목소리가 높다.[322] 과학적 증거의 문제점들은 단순한 실수에서부터 근거가 박약

---

319) Gross 2012 Report, *supra note* 110(chapter 2.3), at 63.

320) Garrett, Judging Innocence, *supra note* 36(chapter 2.3), at 81.

321) *Id.*

322) 흠 있는 과학적 증거의 문제점을 논한 연구로는 Paul C. Giannelli, The *Supreme Court's "Criminal" Daubert Cases*, 33 Seton Hall L. Rev. 1071, 1072-73 (2003); Michael J. Saks, *The Legal and Scientific Evaluation of*

한 과학기술 및 노골적인 사기에 이르기까지 광범위하게 걸쳐 있다.[323) DNA 검사가 활용되기 이전에 수사기관이 범인식별에 활용한 과학적 증거들로 가장 많이 활용된 것이 지문이다. 그러나 현재로서는 지문감식에는 타당성 테스트 결여 및 지문 일치를 판정하는 유효한 기준의 부재 등 많은 문제점들이 지적되고 있다.[324) 지문감식의 증거능력을 부정한 판례도 있다.[325) 과거 재판에서 증거로 활용되어 온 모발비교분석도 연구 결과 오류율이 최대 67%에 달하는 등[326) 그 정확성에 의문이 제기되었다.[327)

Forensic Science (Especially Fingerprint Expert Testimony), 33 Seton Hall L. Rev. 1167, 1170-86 (2003); Nat'l Research Council, Strengthening Forensic Science in the United States: A Path Forward (2009); Brandon Garrett & Peter Neufeld, *InvalId Forensic Science Testimony and Wrongful Convictions*, 95 Va. L. Rev. 1 (2009); Paul C. Giannelli, *Scientific Fraud,* 46 Crim. L. Bull. 1313 (2010).

323) Gross 2012 Report, *supra note* 110(chapter 2.3), at 63.

324) James E. Starrs, *There's Something About Novel Scientific* EvIdence, 28 Sw. U. L. Rev. 417 (1999); Jennifer Mnookin, *The ValIdity of Latent Fingerprint Identification: Confessions of a Fingerprinting Moderate,* 7 Law, Prob. & Risk 127, 129 (2008); Lyn Haber & Ralph Nonnan Haber, *Scientific ValIdation of Fingerprint EvIdence Under Daubert,* 7 Law, Prob. & Risk 87 (2008). Garrett는 혈액형 검사결과, 육안에 의한 모발비교검사 등 과학적 감정증인의 증언 중에는 박약한 근거에 의한 부적절한 증언들이 많이 발견되고 있는데, 이를 과학적 증거의 남용사례로 지적하고 있다. Garrett, Judging Innocence, *supra note* 36(chapter 2.3), at 82.

325) In Maryland v. Rose, No. K06-0545, mem. op. at 31 (Bait. County Cir. Ct. Oct. 19, 2007) 사건에서 법원은 잠재적 지문감식 ACE-V 기법은 무결함을 주장하기에는 주관적이고, 검증되지 않았으며, 증명되지 아니한 식별절차라고 판단했다. Nat'l Research Council, *supra note* 322(chapter 3.2), at 105 n.78 참조.

326) Gould & Leo, *supra note* 1(chapter 2.3), at 853. 미국 전역의 235개 과학수사연구소 합동의 Law Enforcement Assistance Administration Laboratory Proficiency Testing Program 연구결과 모발비교분석이야말로 가장 취약한 기법 중 하나로 평가되었다.

327) Larry S. Miller, *Procedural Bias in Forensic Science Examinations of Human*

혈액형 검사에 관하여는, 그 자체가 범인을 식별하는 기능을 갖는 것은 아닌데도 배심원들은 곧잘 혈액형이 같다는 검사결과를 범인식별의 과학적 확증이 있는 것으로 인식하는 것이 문제점으로 지적되고 있다.[328)]

한편 과학기술의 발전에 따라 재판의 영역에서도 과학의 발전성과를 활용할 여지가 점차 넓어지게 되었음에도 이를 외면한 채 막연한 정황만으로 유무죄 판단을 하는 것도 문제다. 이제는 과학적 증거방법이 법정에서 활용되는 기준을 명확하게 설정해 놓고 오도된 정보는 차단하되, 질 높은 과학이라면 이를 법정에서 활용하여 올바른 판단에 도움이 되도록 하는 방향으로 중점이 옮겨져야 한다.

종래 대법원은 과학적 증거의 판단기준과 관련하여 거짓말탐지기, 필적감정 등과 같은 증거방법별로 개별적인 판단을 해 왔었고 과학적 증거의 증거능력이나 증명력에 대하여 일반적 판시를 한 바는 없었다.[329)] 대법원 1983. 9. 13. 선고 83도712 판결은 거짓말탐지기의 검사결과에 대하여 증

Hair, 11 Law & Hum. Behav. 157 (1987); Edward J. Imwinkelried, *Forensic Hair Analysis: The Case Against the Underemployment of Scientific* EvIdence, 39 Wash. & Lee L. Rev. 41 (1982); Peter J. Neufeld, *The (Near) Irrelevance of Daubert to Criminal Justice and Some Suggestions for Reform*, 95 Am. J. Pub. Health S 107, S 111 (2005); Clive A. Stafford Smith & Patrick D. Goodman, *Forensic Hair Comparison Analysis: Nineteenth Century Science or Twentieth Century Snake Oil?*, 27 Colum. Hum. Rts. L. Rev. 227 (1996). Garrett의 연구에 의하면 분석대상 사건 중 43건(22%)의 사례에서 잘못된 육안 모발 섬유 비교검사가 수행되었다고 한다. Garrett, Judging Innocence, *supra note* 36(chapter 2.3), at 83.

328) Andre A. Moenssens, Foreword, *Novel Scientific EvIdence in Criminal Cases: Some Words of Caution*, 84 J. Crim. L. & Criminology 1, 13 (1993). Garrett, Judging Innocence, *supra note* 36(chapter 2.3), at 81.

329) 심우용, "과학적 증거의 판단기준에 대한 판례의 입장", 자유와 책임 그리고 동행: 안대희 대법관 재임기념 논문집, 사법발전재단(2012), 533면; 송혜정, "과학적 증거에 대한 법원의 판단기준", 재판자료: 형사법 실무연구 제123집, 법원도서관(2012), 560면.

거능력을 인정하기 위한 전제요건[330]을 언명한 최초의 판례이다.[331] 이 판례는 후속되는 대법원 판례에 의하여 거듭 확인됨으로써 이제는 확립된 대법원의 입장이 되었다.[332] 한편 필적감정과 관련하여서는 대법원 1976. 11. 23. 선고 76도2938 판결이 처음으로 판시를 한 이래[333] 강기훈 유서대필사건에 관한 대법원 1992. 7. 24. 선고 92도1148 판결 등에서 그 필적감정의 증거능력을 인정해 오고 있다.[334] 대법원은 "필적감정이란 감정

330) 거짓말탐지기의 검사결과에 대하여 증거능력을 인정할 수 있는 전제로는 첫째로 거짓말을 하면 반드시 일정한 심리상태의 변동이 일어나고, 둘째로 그 심리상태의 변동은 반드시 일정한 생리적 반응을 일으키며, 셋째로 그 생리적 반응에 의하여 피검사자의 말이 거짓인지 여부가 정확히 판정될 수 있다는 요건이 충족되어야 한다. 특히 생리적 반응에 대한 거짓여부의 판정은 거짓말탐지기가 위 생리적 반응을 정확히 측정할 수 있는 장치이어야 하고 검사자가 탐지기의 측정내용을 객관성 있고 정확하게 판독할 능력을 갖춘 경우라야 그 정확성을 확보할 수 있어 증거능력을 부여할 수 있을 것이다.

331) 이 판례에 대한 평석으로는 신동운, "자백의 신빙성과 거짓말탐지기 검사결과의 증거능력", 경사 이회창 선생 화갑기념논문집(1995)이 있다. 신동운 교수는 이 대법원 판지의 진보성을 높게 평가하면서도 대법원이 법적 관련성을 부정하여 증거능력을 부인하는 논리를 취하지 못하고 있는 점에 대하여 아쉬움을 표명하고 있다. 위 논문, 250면.

332) 대법원 1983. 11. 22. 선고 82도2087 판결; 대법원 1984. 2. 14. 선고 83도3146 판결; 대법원 1984. 3. 13. 선고 84도36 판결; 대법원 1985. 4. 9. 선고 84도2277 판결; 대법원 1985. 9. 24. 선고 85도306 판결; 대법원 1986. 11. 25. 선고 85도2208 판결; 대법원 1987. 7. 21. 선고 87도968 판결; 대법원 2005. 5. 26. 선고 2005도130 판결; 대법원 2009. 2. 26. 선고 2008도4340 판결 등 다수.

333) 이 사건에서는 문제된 필적과 피고인의 필적과의 동일여부를 감정함에 있어서 피고인으로 하여금 문제된 필적을 보면서 유사하게 시필하도록 하여 채취한 필적과 문제된 필적과의 동일여부를 감정한 사례이다. 대법원은 이런 방식으로 필적을 채취하게 되면 두 필적의 동일성을 긍정하는 판정이 나올 것은 당연함(그런데 이런 판단의 근거는 제시하지 않았다)을 전제로 하여 이는 감정자료 선정, 채취의 객관성을 결여하였으므로 그 감정결과를 증거로 삼을 수 없다고 보았다.

334) 이 판결은 국립과학수사연구소의 필정감정의 신빙성을 긍정하여 피고인의 유죄를 확정했다. 이 판결에 대한 평석으로는 심희기, "필적감정의 신빙성의 조건",

의 대상이 되는 2개 이상의 필적의 동일 또는 상이여부를 과학적 또는 특별한 지식경험을 기초로 하여 판단하는 것"임을 전제로, "필적의 선정, 채취에 있어서는 객관성이 있는 타당한 방법"에 의할 것을 주문하고 있다.[335] 이처럼 대법원은 필적감정에 대하여는 증거능력의 문제보다는 증명력의 문제로 접근하고 있으나 필적감정의 과학성에 관한 비판적 문제제

판례와 이론 1호, 영남대학교 법학연구소(1995)가 있다. 심희기 교수는 이 평석에서 이 사건의 필적감정 방법의 객관성과 공정성을 부정했어야 했다고 비판한다. 국과수에서 행하고 있는 필적감정은 너무나 원시적이고 무모한 것으로서 필적감정의 과학성을 높이기 위한 획기적인 개선책을 시급히 강구해야 함을 강조하였다.

위 92도1148 판결의 원심인 서울고등법원 1992. 4. 20. 선고 92노401 판결에 대하여는 진실 · 화해를 위한 과거사정리 위원회의 재심권고결정에 따라 재심이 제기되었는데 서울고등법원 2009. 9. 15.자 2008재노20 결정으로 재심개시결정이 이루어졌다. ① 재심대상판결이 유죄증거로 한 감정증인의 증언 중 위증부분이 포함되어 있으므로 제420조 제2호 소정의 재심사유가 있고, ② 전대협노트와 낙서장, 진실화해위원회의 의뢰에 따라 회보받은 여러 필적감정결과, 진실화해위원회의 진실규명결정과 경찰청 과거사위원회의 중간조사결과는 재심사유로서의 신규성 있는 증거에 해당하므로 형사소송법 제420조 제5호 소정의 재심사유가 있다고 본 것이다. 재항고심 사건인 2012. 10. 19. 자 2009모1181 결정으로 재항고가 기각되었는데, 대법원은 위 ①항의 재심사유는 인정하였다. 하지만 대법원은 국과수 필적감정결과와 배치되는 새로운 증거들의 객관적 우월성을 인정하지 않음으로써 ②항의 재심사유를 인정한 원결정은 잘못이라고 판단하였다.

335) 대법원 1994. 9. 13. 선고 94도1335 판결, 대법원 2011. 6. 30. 선고 2011도3955 판결 등은 필정감정에 대하여 고도의 개연성을 담보하고 있다고 하여 그 신빙성을 인정한 사례이다. 반면 대법원 2000. 12. 22. 선고 99도4036 판결은 국립과학수사연구소장 작성의 필적감정의뢰 회보에 대하여 이를 당연히 증거능력이 있는 서류라고 할 수 없고, 피고인이 증거로 함에 동의하지 않는 한 형사소송법 제313조에 따라 공판기일에서 작성자인 감정인의 진술에 의하여 그 성립의 진정함이 증명되는 때에 한하여 증거능력을 가지는 것인데, 이에 대하여 피고인이 증거로 함에 동의하지 않았음은 기록상 명백하므로, 그 증거능력이 없다고 보았다.

기에 대하여 국내 필적감정의 수준을 높이는 획기적 조치들이 수반되어야 할 것으로 본다.[336]

그런데 2000년대 후반에 들어오면서부터 분위기가 일전하여,[337] 대법원이 과학적 증거의 판단기준에 관하여 일반적 법리를 적극적으로 설시하는, 태도의 변화가 나타나게 되었다. 대법원 2007. 5. 10. 선고 2007도1950 판결[338]은 처음으로 과학적 증거방법 일반의 판단기준을 제시하였다. 그 이후 대법원 2007. 9. 20. 선고 2007도5888 판결, 대법원 2009. 3. 12. 선고 2008도8486 판결, 대법원 2010. 3. 25. 선고 2009도14772 판결, 대법원 2011. 5. 26. 선고 2011도1902 판결에서 계속하여 과학적 증거방법 일반에 관한 판단기준을 반복적으로 설시해 오고 있다. 다만 전체 맥락은 동일하지만 그 내용은 판례마다 약간씩 다른 부분들도 있다. 5건의 판결에서 나타나는 과학적 증거방법에 관한 우리 대법원의 판단기준을 정리해 보면 다음과 같다.[339]

우선 유죄증거로 될 과학적 증거는 상당한 정도의 구속력을 인정받을 수 있는데 그러한 구속력을 인정받으려면 ① 전제로 하는 사실이 모두 진실임이 입증되고 ② 추론의 방법이 과학적으로 정당하여 오류의 가능성이 전혀 없거나 무시할 정도로 극소한 것이라는 요건을 갖추어야 한다. 보다

---

336) 김정호, "한글 필적감정의 문제점", 법조, 법조협회(2008)는 한글 필적감정에 관한 보다 객관적이고 계량화된 감정기준의 마련을 위하여는, 한글필적특징의 희소성과 희소한 필적특징에 대한 가중치 부여 기준에 관한 연구, 한글 필적특징점 산출기준이 감정결과에 미치는 영향에 관한 연구 등이 계속되어야 함을 지적하고 있다.

337) 심희기, "과학적 증거방법에 대한 대법원판결의 최근동향", 비교형사법연구 13권 2호, 한국비교형사법학회(2011).

338) 이 판결에 대한 평석으로는 심우용, "과학적 증거의 판단기준에 대한 판례의 입장", 자유와 책임 그리고 동행: 안대희 대법관 재임기념 논문집, 사법발전재단(2012)이 있다.

339) 송혜정, "과학적 증거에 대한 법원의 판단기준", 재판자료: 형사법 실무연구 제123집, 법원도서관(2012), 568-72.

더 구체적으로는 ㉮ 감정인의 요건으로 전문적인 지식 · 기술 · 경험을 갖추어야 할 것 ㉯ 분석의 전제가 되는 방법론의 표준에 관한 요건으로 공인된 표준 검사기법(일반적으로 확립된 표준적인 분석기법)을 활용하여 분석을 실행할 것, ㉰ 분석방법론에 관한 요건으로 분석이 적정한 절차를 통하여 수행된 것일 것, ㉱ 분석자료에 관한 요건으로 시료의 채취 · 보관 · 분석 등 모든 과정에서 시료의 동일성이 인정되고(적절하게 관리 · 보존된 감정자료), 인위적인 조작 · 훼손 · 첨가가 없었음이 담보되어야 할 것, ㉲ 각 단계에서 시료에 대한 정확한 인수 · 인계 절차를 확인할 수 있는 기록이 유지되어야 할 것 등이다. 이런 요건이 두루 갖추어진 경우 과학적 증거를 사실심 법관이 합리적 근거 없이 배척하는 것은 자유심증주의의 한계를 벗어나는 것에 해당한다. 이 요건은 주로 유죄의 과학적 증거에 해당되는 것인데, 이를 피고인에게 유리한 과학적 증거에도 마찬가지로 적용할 것인가에 대하여는 논란의 여지가 있지만 대법원은 이 증거에 대해서도 같은 입장에 서 있는 것 같다.[340] 그리고 과학적 증거 유형에 따라 증거가치의 측면에서 차별적 취급이 가능할 수 있을 것인데 2008도8486 판결은 유전자검사의 증명력은 매우 높게 평가하는 반면, 모발검사의 경우 여러 변수로 인하여 반증의 여지가 있어 그 증명력을 유전자검사보다 낮게 평가하고 있다. 그리고 2011도1902 판결의 취지에 비추어 이 요건은 문제된 과학적 증거가 전형적인 경성과학에 기초한 것이 아닌 경우에도 원칙적으로는 동일한 판단기준이 적용된다는 입장을 나타낸 것으로 생각된다.[341] 대법원은 이들 5건의 판결들에서 과학적 증거의 증거가

340) 송혜정, "과학적 증거에 대한 법원의 판단기준", 재판자료: 형사법 실무연구 제123집, 법원도서관(2012), 569면. 이에 대하여는 권창국, "자연과학적 증거에 의한 개인식별에 관한 연구", 동국대학교 대학원 박사학위논문(2005), 226면에서는 이중적 판단기준(dual standard for scientific evIdence)에 따라 피고인 측이 원용하는 과학적 증거의 경우 상대적으로 유연하고 개방적인 기준에 의하여, 검찰 측이 원용하는 과학적 증거의 경우 상대적으로 엄격한 판단기준에 의하여 판단하는 것이 적절하다는 의견도 있다.

치를 증거능력의 문제로 다룬 것이라기보다는, 판시에서 언급하고 있는 바와 같이 자유심증주의의 한계로서 과학적 증거의 구속력을 시사하고 있는 점에 비추어 증명력의 문제로 다루고 있다.[342]

그런데 과학적 증거가치의 평가에 관한 2000년대 논의를 집약한 결정판이라고 할 수 있는 판례가 2011년에 출현하게 되었는데 대법원 2011. 9. 2. 선고 2009다52649 전원합의체 판결이 바로 그것이다. 광우병 보도 정정보도 및 반론보도에 관한 민사판결이기는 하나 그 판시의 본질에 비추어 민사사건을 넘어 형사 등 모든 재판 분야에 적용될 법리라고 할 것이다.[343]

이 판결에서는 과학적 증거의 신뢰성 여부의 판단기준으로 ① 그 이론이나 기술이 실험될 수 있는 것인지, ② 그 이론이나 기술에 관하여 관련 전문가 집단의 검토가 이루어지고 공표된 것인지, ③ 오차율 및 그 기술의 운용을 통제하는 기준이 존재하고 유지되는지, ④ 그 해당 분야에서 일반적으로 승인되는 이론인지, ⑤ 기초자료와 그로부터 도출된 결론 사이에 해결할 수 없는 분석적 차이가 존재하지는 않는지 등을 제시하였다.[344] 이 중 ① 내지 ④기준은 미국 연방대법원이 *Daubert* 판결[345]에서 과학적 증거의 허용성과 관련하여 제시한 기준[346]과 동일한 것이고, ⑤기준은

---

341) 송혜정, "과학적 증거에 대한 법원의 판단기준", 재판자료: 형사법 실무연구 제123집, 법원도서관(2012), 570-1면.

342) 위 논문, 571면.

343) 위 논문, 574면.

344) 이 부분 정리는 위 논문, 572-5면 참조.

345) *Daubert v. Merrell Dow Pharmaceuticals*, 509 U. S. 579(1993). 이 판결의 의미 등 미국 판례에 대 흐름을 정리한 것으로는 송혜정, "과학적 증거와 전문가 증언", 법관의 의사결정: 이론과 실무, 사법발전재단(2010), 725-34 참조. 이 연방대법원 판례는 과학적 증거 및 이에 관한 전문가 증언의 허용성에 관한 것이다. 연방증거규칙의 시행 이후 더는 종전의 프라이 판결에서 제시한 일반적 승인 기준(general acceptance test)이 적용되지 않는다고 하면서 법관의 문지기(gatekeeper)로서의 역할을 강조하고 있다.

Daubert 판결 이후 역시 과학적 증거의 허용성에 관한 쟁점을 다룬 미국 연방대법원의 Joiner 판결[347]에서 언급한 기준[348]이다.[349] 이 전원합의체 판결로써 우리 대법원이 과학적 증거의 신뢰성 판단기준으로 미국 연방대법원이 Daubert 판결 및 그 후속 판결에서 취한 것과 동일한 기준을 채택하였음이 보다 명확해졌다고 볼 수 있다.[350] 이 판결 역시 증거능력의 문제가 아닌, 증명력의 문제를 다룬 것으로 이해하는 것이 좋을 것이다. 이 판례는 민사사건인 서울고등법원 2011. 12. 15. 선고 2010나109260 판결에서 인용된 바 있는데 아직 형사사건에서 인용된 사례는 나오지 않았다.

나. 분석결과

과학적 증거가 쟁점으로 된 사건은 전체 분석대상 사건 540건 중 75건으로서 13.9%를 차지하고 있다. 죄명별로 과학적 증거가 쟁점이 된 사건은 아래 표와 같다.

---

346) ① whether it can be tested, ② whether the theory or technique has been subjected to peer review and publication, ③ the known or potential rate of error and the existence and maintenance of standards controlling the technique's operation, ④ whether the technique or theory has been generally accepted in the scientific community

347) *General Electric* v. Joiner, 522 U. S. 136(1997).

348) Trained experts commonly extrapolate from existing data. But nothing in either Daubert or the Federal Rules of EvIdence requires a district court to admit opinion evIdence that is connected to existing data only by the ipse dixit of the expert. A court may conclude that there is simply too great an analytical gap between the data and the opinion proffered.

349) 송혜정, "과학적 증거에 대한 법원의 판단기준", 재판자료: 형사법 실무연구 제123집, 법원도서관(2012), 573면.

350) 위 논문, 573면.

표 38 죄명별 과학적 증거 사건 분포

죄명	전체 사건수	전체 사건수(540)에서 점하는 비율	과학적 증거 쟁점 사건수	과학적 증거 쟁점 사건수(75)에서 점하는 비율	죄명별 사건수 대비 과학적 증거 쟁점 점유비율
생명침해범죄	115	21.3%	34	45.3%	29.6%
살인	46	8.5%	14	18.7%	30.4%
강도살인/강간살인/강도치사/존속살인	20	3.7%	6	8.0%	30.0%
상해치사/폭행치사	48	8.9%	14	18.7%	29.2%
자살방조	1	0.2%	0	0.0%	0.0%
성폭력 범죄	311	57.6%	27	36.0%	8.7%
강간/준강간	69	12.8%	4	5.3%	5.8%
강간상해/강간치상	78	14.4%	7	9.3%	9.0%
강도강간/특수강간	57	10.6%	3	4.0%	5.3%
강제추행	28	5.2%	2	2.7%	7.1%
13세미만자 강간/강제추행	47	8.7%	9	12.0%	19.1%
장애인 준강간	11	2.0%	0	0.0%	0.0%
친족관계 강간/강제추행	21	3.9%	2	2.7%	9.5%
강도죄	66	12.2%	5	6.7%	7.6%
강도	7	1.3%	0	0.0%	0.0%
강도상해/강도치상	39	7.2%	4	5.3%	10.3%
특수강도	20	3.7%	1	1.3%	5.0%
방화죄	25	4.6%	8	10.7%	32.0%
건조물방화	22	4.1%	8	10.7%	36.4%
자동차방화	2	0.4%	0	0.0%	0.0%
실화	1	0.2%	0	0.0%	0.0%
기타범죄	23	4.3%	1	1.3%	4.3%
합계	540	100.0%	75	100.0%	13.9%

과학적 증거가 주로 문제되는 사건 75건 중 생명침해범죄가 34건으로서 45.3%를 차지하고 있는데 전체 사건 대비 생명침해사건이 점하는 비중이 21.3%인 데 비하여 그 비중이 높음을 알 수 있다. 이런 생명침해범죄의 경우 피해자가 사망한 사건이 대종을 이루고 있으므로 피해자의 사체를 중심으로 한 과학적 증거들이 유죄증거로 제시되는 경우가 많을 것이다.

다음으로 성폭력 범죄가 36%를 차지하고 있다. 성폭력범죄가 전체 무죄 사건에서 차지하는 비중은 57.6%인데 비하여 과학적 증거가 쟁점으로 된 사건은 그에 현저하게 미치지 못하고 있음을 알 수 있다. 방화죄의 경우 전체 분석대상사건 중 10,7%를 차지하고 있는데 전체 사건 대비 방화죄가 점하는 비중 4.6%와 비교하면 방화죄는 주로 화재원인 등과 관련한 과학적 증거를 동원해야 하는 일이 비일비재하고 그로 인하여 유무죄 판단이 엇갈리는 경우가 많음을 알 수 있다.

미국 Gross 2012 연구에서, 오도된 과학적 증거의 문제가 면죄 사건에서 원인으로 작용한 비율을 범죄유형별로 보면 성폭력 37%(76/203), 생명침해범죄 23%(96/416), 아동 성폭력 21%(21/102)로 나타나고 있고 강도죄의 경우 6%(3/47)에 불과하다.[351] 우리의 비율과 상당한 차이가 있는데 이는 법정에서 과학적 증거가 활용되는 방식이 다른 데에서 연유하는 것이 아닌가 생각된다.

생명침해사건에서 과학적 증거가 쟁점으로 된 것은 주로 사망시각 추정, 사인, 사건 당시 피고인의 장소적 시간적 위치 추정 등의 입증과 관련되어 있다. 순번 2 사건은 피해자 사망시각(오전 10시)에 관한 과학적 입증 곤란성, 피해자의 집 거실에 놓여 있던 재떨이에서 나온 담배꽁초 중의 하나는 피고인이 아닌 다른 남자의 것으로 밝혀졌고, 피해자의 사체에서 발견된 두모(頭毛) 중의 하나가 피고인이나 피해자의 혈액형이 아닌 A형으로 밝혀진 사정 등이 무죄 판단의 근거가 되었다.

사체의 체내 음식물 분석을 통하여 피살시점을 추정한 사례로는 순번

351) Gross 2012 Report, *supra note* 110(chapter 2.3), at 65.

2, 64, 226, 314, 472, 538사건을, 사체시반의 분석을 통하여 사망시각 추정이 쟁점으로 된 사례로는 순번 271,[352] 314[353]사건을 들 수 있다. 순번 26, 76, 299사건은 사인과 관련한 부검 감정서의 증거가치가 쟁점으로 된 사건들이다. 상해부위에 관한 부검감정서를 통하여 자해에 의한 손상 여부가 쟁점으로 된 사건으로는 순번 152사건을, 피살자 후두부 손상이 차량에서의 추락이 아니라, 그 후 다른 외력에 의한 것이라고 보는 것이 합리적이라고 판단한 사건으로는 순번 361사건을 각각 들 수 있다.

순번 511 사건은 교통사고로 충돌할 당시 차량에 묻은 적색페인트를 채취하여 방호벽 내부 측면에 부착된 철제구조물의 도색페인트와 비교분석을 한 과학적 감정서의 증거가치가 문제로 된 사건이다.

순번 175사건은 소위 심리생리검사, 행동분석, 진술분석 결과통보서의 증거가치에 관하여 언급하고 있는 사건이다. 이 사건에서 대전고법 청주부는 "행동분석 결과통보서의 기재 및 분석관 김○○의 환송후 당심 법정에서의 진술은, 행동분석이 통계학에 기초한 학문인 점, 거짓말을 하거나 진실을 은폐하려고 할 때 반드시 일정한 심리상태의 변동이 일어나고, 그 심리상태의 변동은 반드시 특정 행동이나 얼굴표정의 변화로 나타나며, 그 변화가 모든 행동분석관에 의하여 항상 일률적으로 해석하거나 판단된다고 단정할 수 없는 점 등을 종합할 때 행동분석관의 의견에 불과하고,

---

352) 이 사건은 소위 인기 그룹 듀스의 김성재 살인사건에 관한 것이다. 이 사건에서는 피고인이 피해자를 살해하기 위하여 황산마그네슘의 투입여부가 쟁점으로 되었는데 피해자의 사체 소변에서 검출된 마그네슘염 농도를 분석한 과학적 증거를 토대로 하여 유죄 입증이 곤란하다고 보았다.

353) 소위 치과의사 모녀살해사건이다. 1심은 국립과학수사연구소의 감정결과를 종합하여 본건 화재는 훈소 현상(불꽃 없이 타들어가는 현상)이 수반된 환기지배형 화재로서 연소가 서서히 진행되어 연기, 냄새 등이 뒤늦게 인지된 것이라는 판단하는 한편, 긴장정점검사법의 방법으로 행하여진 거짓말탐지기 검사결과에서 피고인에게 거짓반응이 나온 점 등을 유죄정황으로 들었으나 환송전후 2심 판결은 모두 이런 과학적 증거의 증거가치를 부정하였다.

진술분석 결과통보서의 기재 및 분석관 김△△의 환송후 당심 법정에서의 진술은 피고인의 진술을 근거로 피고인의 심리적, 육체적 상태를 관찰하거나 진단한 결과를 담고 있을 뿐 피고인이 실제로 이 사건 공소사실과 같이 피해자를 살해하였다는 점에 대한 직접적인 증거로 볼 수 없는바, 위 각 증거들은 피고인 진술의 신빙성에 관한 보조자료에 불과하거나 피고인 진술의 신빙성이 인정되어야 그와 함께 증거가치가 있을 뿐 피고인 진술의 신빙성이 부정될 경우 독립된 증거가치가 있다고 볼 수 없다."고 판시하였다.

혈흔 분석을 통한 유전자형 감정결과가 문제로 된 사건은 순번 87사건을 들 수 있고, 모발 분석을 통한 유전자형 감정결과가 문제로 된 사건은 순번 272사건을 들 수 있다. 한편 순번 221 사건에서 제1심은 피해자의 손톱 2조각의 혈흔에서 성염색체의 유전자좌(Y-STR) 11개가 검출되었는데, 그것이 피고인의 타액에서 검출된 성염색체의 유전자좌 11개와 일치하는 것으로 판명된 점을 유죄 증거로 들었다. 이에 대하여 항소심은 성염색체의 유전자좌 검사결과의 증거가치를 1심과 같이 높게 보지 않았다.[354] 순번 170 사건에서는 사건 현장의 벽면에 묻은 혈흔 및 피해자의 양손에 묻은 혈흔이 피고인의 혈흔과 DNA형(Id/PP16공통좌위)이 일치한다는 취지의 감정서의 기재가 유죄증거가 될 수 있는가가 쟁점이 되었다. 1심은 이 증거를 유죄의 증거로 본 반면, 2심은 다른 진범이 있을 가능성이 농후한데다가, 피고인의 혈흔이 반드시 피고인의 피해자에 대한 폭행과정에서 나온 것은 아닐 수 있음을 근거로 이 과학적 증거의 가치를 낮게 평가하였다.

순번 48사건은 공소장에서 지적한 피해자의 사인인 뇌저부 지주막하출혈이 피고인의 폭행(손바닥으로 뺨을 1회 때린 일)으로 인한 것인지 아니

354) 위 법원이 이 검사결과의 신빙성을 낮게 본 근거로 성염색체 유전자좌(Y-STR)는 동일 부계를 확인하는 의미는 있으나, 그 자체만으로는 같은 부계의 사람들 사이에서의 개인식별력이 별다른 의미를 가지지 못하는 점 등을 들었다.

면 피해자의 소인 등 기타의 원인으로 발생한 것인지 여부가 쟁점으로 된 사건이었는데, 2심 법원인 광주고법은 피고인의 폭행으로 인한 출혈로 볼 과학적 근거가 부족함을 이유로 무죄를 선고하였다. 순번 117 사건은 두개골 정맥 파열이 사인으로 된 것인데, 일명 원상폭격과 같은 외력 정도로는 그런 파열은 발생하지 않는다는 과학적 증거에 터잡아 무죄가 선고된 사례이다. 순번 112 사건은 피해자가 두정부와 후두부에 가해진 외력에 의하여 뇌경막하출혈상을 입고 사망하였는데, 뇌 기저부 골절은 후두부에 가해진 외력에 의하여 출혈과 함께 동시에 발생한 것으로 추정되며, 두정부와 후두부에는 서로 다른 외력이 작용하였고, 두정부와 후두부 두피에 좌상과 부종만 있는 점으로 미루어 볼 때 그 외력은 둔기에 의하여 가해진 것으로 추정되므로 피고인이 피해자를 파리채로 때린 정도만으로는 피해자를 사망에 이를 정도로 폭행한 것은 아니라고 보았다. 순번 475 사건은 피고인의 폭행과 전두골 선상골절 사이의 인과관계에 관한 증거가 없다고 본 사례다.[355] 상해치사, 폭행치사 사건에서 심근경색에 대한 예견

---

355) 미국에서도 이와 유사하게 범죄로 인한 뇌출혈이 아님에도 수사기관의 범죄오인과 과학적 증거의 부실 때문에 오판으로 밝혀진 사례들이 있다. 미국 Gross 2012 연구에 의하자면 이른바 "shaken baby syndrome(SBS)" 사건들이 이에 해당한다고 한다. Gross 2012 Report, *supra note* 110(chapter 2.3), at 70. 2003년 10월 Julie Baumer는 그녀의 태어난 지 6주 된 조카를 병원으로 급히 데리고 갔다. 아이가 혼수상태에 빠져 괴로워하면서 토하기 시작했기 때문이다. CT 촬영 결과, 아기는 두개골 골절과 뇌출혈로 심각한, 영구적인 뇌손상을 입은 것이 확인되었다. Baumer는 아기를 심하게 흔들어 피해자를 shaken baby syndrome에 이르게 하였다는 범죄사실(아동 1급 학대죄)로 기소되어 2005년 9월 징역 장기 15년, 단기 10년의 유죄판결을 받았다. 피고인이 피해자를 학대했다거나 피해자의 두개골 골절상에 책임이 있다는 물적 증거는 없었다. 그녀에 대한 유죄판결은 2009년 파기되어 2010년 10월 재심 무죄판결을 받게 되었다. 재심에서 여섯 명의 전문가 증인들은 아기의 뇌손상이 유아 뇌졸중의 한 형태인 부비강 정맥혈전증(venous sinus thrombosis)에 의한 것임이 분명하고 그 증상은 외견상 shaken baby syndrome과 같은 증상으로 오인될 수 있다고 증언하였다.

가능성을 둘러싸고 전문의 의견의 증거가치가 쟁점으로 된 사례로는 순번 275, 293 사건을 들 수 있다.

성폭력 사건에서 과학적 증거가 활용되거나 쟁점으로 되는 양상은 생명침해범죄와 다소 다름을 알 수 있다. 거짓말탐지기 증거는 언제나 증거능력이 부정되고 있어왔음에도 여전히 수사기관에서는 이 검사를 계속적으로 시도하고 있다.[356] 그리고 그러한 조사를 통하여 나오게 된 피고인의 거짓반응결과가 암암리에 1심 유죄판단에 영향을 미치고 있는 것으로 보인다. 순번 292사건에서 피고인의 행동 및 성격을 관찰, 분석한 결과를 기술한 검찰 수사보고서에 의하면 피고인은 검사의 조사과정에서 고개를 숙이고 눈을 깜박거리며 검사의 유사 사건 설명에 관한 화제에 귀를 기울이고, 검사의 스트레스적 질문에 경동맥이 뛰고 손을 만지작거리는 동작을 보이며, 검사가 의자를 밀착하자 뒤로 피하는 제스처로 더욱 경동맥의 반응이 커지고 얼굴이 상기되는 등 전형적인 유죄의 피의자임을 강력히 시사하는 행동을 보이고 있고, 아울러 전형적인 가학적 성격의 소유자라는 판정을 하였다는 것인데 제1심은 이를 유죄정황의 한 근거로 들고 있다. 이에 대하여 2심은 치료감호소장 작성의 정신감정서를 근거로 하여 피고인은 전체지능지수가 IQ 71로서 소심하고 내성적이며 꼼꼼한 성격을 가지고 있고 가학적인 성격은 가지고 있지 않으며 사고면에서 융통성이 결여되고 판단력이 부족한 사실을 인정한 다음 이에 비추어 위 수사보고의 기재는 피고인을 범인으로 인정하는 데에 아무런 도움이 될 수 없다고 판단

20년 전에는 SBS가 아기의 머리를 과격하게 흔들면 생길 수 있는 것으로 여겨졌고 이것은 범죄행위라고 보아 그러한 진단이 나오게 되면 그 아기를 마지막으로 돌본 사람이 그 범행을 저지른 것으로 연결되곤 했다. 최근 들어와 SBS 이론은 강한 공격을 받고 있다. 많은 의사와 생명공학자들은 사람이 아기의 머리를 아무리 흔들더라도 그런 일은 현실적으로 생길 수 없다고 주장한다. SBS 이론을 개발한 의사들 일부조차도 이제는 그 이론에 문제가 있음을 인정하고 있다.

356) 순번 7, 13, 20, 107, 123, 149, 210, 284, 418, 443사건.

하고 있다.

혈액형 검사결과가 쟁점으로 된 사건은 순번 8사건이 있다.[357] 유전자 검사결과의 신빙성을 놓고 이를 부정한 비교적 초기의 재판사례로는 순번 97사건이 있다. 순번 54사건은 유전자를 채취하는 과정에서의 문제점 때문에 그 증거가치가 낮은 것으로 평가되었다.[358] 순번 158사건은 본 연구

357) 한편 분석대상 사건은 아니지만 서울고법 1998. 9. 30. 선고 97노2813 판결은 살인미수 사건에서 피고인의 차내에서 발견된 혈흔이 피해자의 혈액형과 동일한 것이 유죄증거로 될 것인가가 문제로 되었다. 위 법원은 "피고인의 생활권 내에 있는 차량에서 피해자 소○영의 혈흔이 묻어 있었다는 사실은 피해자 소○영이 그 차량에 탄 적이 없기 때문에 그 혈흔이 범행 이외의 기회에 부착된 것이라는 의심의 여지가 전혀 없는 이 사건에 있어서 피고인의 범행을 뒷받침할 수 있는 적극적인 정황증거로서 그 추정력이 매우 강력한 것으로 피고인이 이 사건 범행의 범인이라는 것을 결부시킬 수 있는 결정적인 증거로 될 수 있는 것이다."라고 판시한 바 있다. 이 판결은 결론적으로 피고인의 무죄를 선고하기는 했으나 이 판시에서 명시하고 있듯이 혈액형이 동일하다고 하여 그것을 곧바로 피해자의 혈액으로 본다든가, 더 나아가 그것을 추정력이 매우 강력한 유죄의 정황증거로 본 것은 문제다. 유전자 감식결과가 매우 폭넓게 사용되고 있는 지금 시점에서는 혈액형이 동일한 것으로 나왔다고 하여 그것에 증거가치를 거의 두지 않게 되었지만, 판사들이 동일성 식별과 관련하여 의존할 수 있는 신뢰성 있는 과학적 증거가 없었던 1990년대 이전 과거 재판실무에서 이런 정도의 증거에 과도한 신뢰성을 부여했다고 하는 것은 정말 문제가 아니라 할 수 없다. 그로 인하여 얼마나 많은 오판이 있었을까 하는 우려를 해 보게 된다.

358) 의사인 피고인이 피해자를 산부인과 진료 도중 피해자가 피고인의 성기가 질내부에 삽입되었다고 항의함으로써 발단된 사건이다. 즉시 현장에 출동한 경찰관이 피고인 성기 귀두부분을 거즈로 닦아 증거물 채취하고 피고인의 팬티를 임의제출한 사례이다. 1심은 ① 피고인의 성기를 닦은 거즈에서 피해자의 유전자형이 발견되었는데, 거즈로 피고인의 성기를 닦고 그 거즈를 소독포에 포장하는 과정에서 피고인의 왼손에 묻어 있던 질액이 위 거즈에 옮겨 묻을 가능성이 없어 보이는 점, ② 피고인의 팬티에서 정액 양성반응이 나왔고, 그 정액의 유전자형이 피고인의 유전자형과 일치하는 점 등의 사유를 들어 유죄를 인정하였다. 이에 대하여 2심은 피해자의 오인 가능성, 범행의 객관적 곤란성, 유전자검사의 오염가능성(2차 증거채취 당시 피고인 왼손에 묻은 피해자의 질액이 거즈에 묻

자가 재판장이었던 주거침입강간사건의 재판사례이다. 이 사건에서는 유전자검사 결과에 대하여 사실적 관련성을 가진 증거로서 증거가치를 인정할 수 있는지 여부가 문제되었다.[359] 그 판시사항은 다음과 같다.

> 유전자검사 결과에 대하여 사실적 관련성을 가진 증거로서 증거가치를 인정할 수 있으려면, 첫째 감정자료가 범행과정에서 범인의 몸에서 나온 것이고, 범행현장이나 피해자의 신체 등 범행과 고도의 장소적 관련성이 인정되는 곳에서 채취되었으며, 둘째 감정자료가 그 후 적절하게 관리·보존되어 감정인에 의하여 감정이 이루어졌고, 셋째 충분한 자격을 갖춘 감정인에 의하여 일반적으로 확립된 표준적인 검사기법을 활용하여 감정이 실행되고, 그 결과의 분석이 적정한 절차를 통하여 수행되었음이 인정되어야 하며, 넷째 그 감정결과가 유전자감정 분야에서 일반적으로 승인된 전문지식에 비추어 유죄의 증거로 삼기에 충분한 정도에 이른 것이어야 할 것을 그 요건으로 한다. 또한 감정자료를 채취·관리·보존하는 수사관으로서는 사후에 재판과정에서 증거가치를 평가할 수 있도록 감정자료의 채취과정 및 채취 후 감정인에게 전달될 때까지의 연속성 증명을 위하여 감정자료의 채취, 관리 및 보존과정을 문자 및 사

을 가능성 있음) 등을 들어 1심판결을 파기하고 무죄를 선고하였다.

359) 위 법원은 유전자검사결과의 증거가치에 관하여 "유전자검사 결과가 법관의 자유심증주의의 한계와도 관련될 수 있는 고도의 증명력을 가지는 것이기에, 그 유전자감정의 기초가 되는 감정자료의 채취에서부터 최종 분석결과가 나오기까지 그 전 과정은 그 강한 증명력에 상응할 정도로 매우 조심스러우면서도 섬세하게 다루어져야 하고, 그 전 과정이 추후 법정에 증거로 현출되는 경우 투명하게 검증되어야 할 것이다. 즉, 유전자검사 결과에 이와 같은 고도의 증명력이 인정되는 데에 상응하여 그 전제로 하는 사실이 모두 진실이고, 그 추론의 방법이 과학적으로 정당하여 오류의 가능성이 전무하거나 무시할 정도로 극소하다는 점에 관하여 재판절차에서 합리적 의심의 여지가 없는 정도로 충분한 입증이 이루어져야 한다. 이는 과학적 증거방법이라는 이유로 전제조건에 대한 충분한 검증 없이 유죄의 증거로 삼을 경우 과학적 증거방법의 이용이 그 강한 증명력 또는 편파적 영향력 때문에 오히려 오판의 원인이 될 수도 있기 때문이다."고 판단하였다.

진 등 촬영기구를 이용하여 객관적·물적으로 기록하는 등의 조치를 취하여야 할 것이다.

성폭력 과정에서의 처녀막 손상 여부에 관한 전문의 의견의 증거가치가 문제로 된 사례로는 순번 160사건이 있다.

심야에 만취한 여자승객에 대하여 택시기사가 성폭력을 한 것 여부가 문제로 된 사건에서는 종종 그 운행과정에서의 성폭력 가능성 여부를 확인하기 위하여 택시 타코미터 기록판독결과가 활용되기도 한다. 그런 사례로는 순번 286사건이 있다. 같은 유형인 부산고법 2011. 11. 9. 선고 2011노255 판결, 서울고법, 2009. 3. 12. 선고 2008노2648 판결은 1심 및 2심 모두 무죄가 선고된 사례들인데 마찬가지로 타코미터 기록판독결과가 사건의 쟁점이 되었다.

성폭력 피해아동 진술의 신빙성에 관한 전문가 의견이 쟁점으로 된 사례들도 있다. 순번 45사건의 아동상담사 소견, 순번 58사건의 피해자에 대한 임상심리학적 평가보고서, 순번 61사건의 아동행동진술분석 전문가와 위 진술분석결과를 검토한 범죄심리학 교수의 의견,[360] 순번 96사건의 놀이치료사의 놀이치료 소견서 및 임상심리전문가의 심리학적 평가 보고서, 순번 395사건의 아동복지센터 상담사가 한 피해자에 대한 면담 내용, 순번 490사건의 성폭력피해아동의 진술분석의 타당성에 대한 종합결과보고서, 심리평가보고서, 순번 59사건의 상담센터의 피해자에 대한 상담결과보고서와 심리검사확인서와 같은 전문가증거의 증거가치를 낮게 본 사례이다.

360) 피해자에 대하여 "사건의 사실관계를 인지하고 기억해 낼 능력이 있으며 경험한 사건에 대해서 타인에게 신뢰할 수 있는 진술과 행동을 구체적이고 상세한 묘사를 통하여 진술한 것으로 진술의 신빙성이 매우 높다. 진술시 외부의 영향을 적게 받았고, 경험한 사실과 공상을 구별할 수 있는 능력을 갖추었다고 할 수 있으며, 허위지목의 가능성은 매우 낮다."고 평가하였다.

8. 정황증거, 경험칙 및 논리칙의 적용상 문제

가. 합리적 의심의 여지 없는 정황증거에 관한 논의 및 판례법리의 전개

자백이나, 목격자, 피해자 증언과 같은 직접증거 또는 증명력이 매우 높은 과학적 증거(예컨대 유전자검사결과)없이 정황증거, 간접증거만으로 사실을 인정해야 하는 사건들이 있다. 이들 유형의 사건이야말로 진상을 파악하기 극히 어렵고 심급간에 유무죄 판단이 극명하게 교차되는 일이 종종 발생한다. 직접증거 없이 간접적 정황증거에 의하여 간접사실을 인정하여 주요사실을 추리하는 작업이 필요하다. 이때 간접사실을 인정하는 단계에서도 합리적 의심의 여지를 남기지 않는 간접증거가 필요하다. 그 다음 논리칙과 경험칙에 입각하여 주요사실을 추리하여야 한다. 간접증거에 의한 사실인정에서 심사의 중요한 표준 역시 합리적 의심의 향방을 찾는 일에 집중된다. 또 자백이나 목격자 증언과 같은 직접증거가 있는 경우에도 그 진술의 신빙성이 다투어지는 경우라면 그 가부를 심사하기 위하여 합리적 의심의 여지가 없는 간접증거에 의하여 신빙성 여부를 판정하는 정황들을 인정해야 한다. 이 측면에서도 여전히 합리적 의심 기준은 중요한 사실판단의 준거가 된다.

따라서 정황증거에 의한 사실인정에 있어서 첫출발은 무죄추정의 원칙에 입각하여 합리적 의심의 여지 없는 유죄 정황을 발견하는 것이다. 여러 사실인정의 쟁점들 중 간접증거에 의한 유죄인정에서 합리적 의심 기준은 중요하게 작용하고 있다. 그러므로 우선 합리적 의심이라는 개념이 판례법리에서 유죄심증 결정기준으로 형성되어 온 경과를 일별해 본 다음 간접증거에 의한 사실인정의 문제에 관한 판례법리를 살펴본다.

헌법 제27조 제4항 및 형사소송법 제275조의 2는 무죄추정의 원칙을 선언하고 있다.[361)362)] 그리고 2007년 개정된 형사소송법은 형사소송법

제307조 제2항을 신설하여 범죄 사실의 인정은 합리적 의심이 없는 정도의 증명에 이르러야 한다고 규정하게 되었다. 역사적으로 보면 형사소송에서 입증의 정도에 관한 판례의 설시는 대륙법적 표현에서 미국법적 표현인 "합리적 의심의 여지가 없는 입증"의 용어를 사용하는 쪽으로 변화해 왔다.[363]

유죄판결에 있어서 요구되는 심증의 정도에 관하여 대법원 1965. 6. 22

---

361) 1789년 프랑스혁명을 계기로 그 당시 중세 유럽에서의 혐의형제도(일정한 혐의가 있으면 충분한 증명이 없어도 감경된 형을 과하는 제도)를 폐지하고 인간과 시민의 권리선언에서 "누구든지 유죄로 선고되기까지는 무죄로 추정된다."라는 규정을 두게 되었다. 1948년 유엔 인권에 관한 세계 선언 제9조로 무죄추정의 원칙을 천명하였고 우리 헌법도 같은 규정을 두게 된 것이다. 이 무죄추정의 원칙은 형사소송의 지도이념이자, 형사 피의자와 피고인의 인권보장적 기능을 하는 것이다. 이와 아울러 유죄의 거증책임 소재가 검사에게 있음을 확인하면서 범죄사실에 대한 증명이 있기까지는 범죄사실의 증명이 없는 것으로 보아 무죄를 선고하여야 한다는 증거법적 의미가 있다. 곽동효, "형사재판과 증명의 정도", 형사증거법(상), 재판자료집 제22집(1984), 30-1면 참조. 헌법재판소 2003. 11. 27. 자 2002헌마193 결정 등. 무죄추정에 관한 상세한 최근의 연구로는 정영훈, "무죄추정에 관한 연구", 고려대학교 대학원 박사학위논문(2012)이 있다.

362) 무죄추정 원칙이 인신구속 제한 원리로서 작용하는지에 관하여 논란이 있다. 통설은 이를 긍정하고 있다. 반대설로는 이진국/도중진, "인신구속과 무죄추정원칙", 형사정책연구, 한국형사정책연구원(2005)이 있다. 김정한, "무죄추정 원칙에 적용 범위에 관한 소고", 형사정책연구 17권 1호, 한국형사정책연구원(2006), 353면은 무죄추정 원칙을 유죄의 판결이 확정되기 전에는 피의자 또는 피고인에 대하여 유죄임을 전제로 하는 처분이나 대우를 하여서는 아니 된다는 원칙으로 이해한다. 유죄임을 전제로 하는 처분이 아니라 유·무죄를 밝히기 위한 처분인 인신구속 자체는 무죄추정 원칙과 직결되지 아니한다는 것이다. 인신구속 제도가 유·무죄를 밝히기 위한 처분으로서가 아니라 유죄임을 전제로 하는 처분으로 운용된다면 이는 명백히 무죄추정의 원칙에 반한다는 견해를 취하고 있다.

363) 설민수, "민사·형사 재판에서의 입증의 정도에 대한 비교법적·실증적 접근", 인권과 정의 388호(2008), 92면. 다만 이 논문에서 설민수 판사는 위 규정만으로 미국과 같은 체계를 취하고 있다고 보기는 어렵다고 보았다.

선고, 65도370판결은 "범죄사실의 증명은 합리적인 의심의 여지없을 정도로 고도의 개연성에 대한 심증 즉 이른바 확신을 요한다고 할 것"이라고 판시한 바 있었다. 판례의 위 표현은 합리적 의심의 여지가 없을 정도의 증명(proof beyond a reasonable doubt)이라는 영미법상의 증명개념과 사실존재의 고도의 개연성(hoher Grad von Wahrscheinlichkeit)이라는 독일에서의 증명개념을 종합하여 사용한 것이다.[364] "고도의 개연성"이 심증형성의 기준으로 포함된 판례의 표현은 지금까지도 간간이 이어지고 있다.[365] 그러다가 "고도의 개연성"을 제외한 채 합리적 의심만으로 심증형성의 기준을 삼은 대법원 1982. 12. 28. 선고 82도263 판결[366]이 처음 나온 이래, 대법원 1985. 10. 8. 선고 85도1146 판결이 "형사재판에 있어서 유죄의 증거는 단지 우월한 증명력을 가진 정도로서는 부족하고 법관으로 하여금 합리적인 의심을 할 여지가 없을 정도의 확신을 생기게 할 수 있는 증명력을 가진 것이어야 하며 이와 같은 증거가 없다면 설사 피고인에게 유죄의 의심이 간다고 하더라도 피고인의 이익으로 판단할 수밖에 없는 것이다."라고 판시한 것을 효시로 하여, 이후 같은 취지의 판례들이 누적되면서[367] 합리적 의심 기준은 유죄심증 형성에 관한 확립된 법리로 자리 잡았다. 나아가 대법원 1996. 3. 8. 선고 95도3081 판결은 합리적 의심을 할 여지가 없을 정도로 공소사실이 진실한 것이라는 확신을 가지게 하는 증명력을 가진 증거가 없다면 피고인의 이익으로 판단할 수밖에 없다

364) 곽동효, "형사재판과 증명의 정도", 형사증거법(상), 재판자료집 제22집(1984), 39면.

365) 대법원 1976. 2. 10. 선고 74도2823 판결; 대법원 1976. 3. 23. 선고 75도3512 판결; 대법원 1994. 10. 14. 선고 94도1964 판결; 대법원 1991. 8. 13. 선고 91도1385 판결; 대법원 2007. 11. 30. 선고 2007도163 판결; 대법원 2010. 7. 8. 선고 2008도7546 판결; 대법원 2011. 12. 13. 선고 2011도8664 판결 등 다수.

366) 같은 취지로는 대법원 1983. 5. 10. 선고 82도2279 판결.

367) 대법원 1986. 11. 25. 선고 86도1636 판결; 대법원 1986. 12. 23. 선고 86도2041 판결; 대법원 1987. 3. 24. 선고 86도2783 판결; 대법원 1992. 9. 1. 선고 92도1405 판결 등 다수.

는 원칙을 재확인하면서, “형사재판에 있어서 공소된 범죄사실에 대한 거증책임은 검사에게 있는 것”이므로 ”민사재판이었더라면 입증책임을 지게 되었을 피고인이 그 쟁점이 된 사항에 대하여 자신에게 유리한 입증을 하지 못하고 있다 하여 위와 같은 원칙이 달리 적용되는 것은 아니다.”라고 판단하여 민사재판의 경우라면 피고인에게 입증책임이 있더라도 형사재판에서는 이와 달리 그 입증책임은 여전히 검사에게 있는 것으로 보았다.[368)]

그런데 대법원 1994. 9. 13. 선고 94도1335 판결은 형사재판에서의 자유심증주의의 한계[369)]에 관하여 최초로 판시하면서 “증거의 증명력은 법관의 자유판단에 맡겨져 있으나 그 판단은 논리와 경험칙에 합치하여야 하고, 형사재판에 있어서 유죄로 인정하기 위한 심증형성의 정도는 합리적인 의심을 할 여지가 없을 정도여야 하나, 합리성이 없는 모든 가능한 의심을 배제할 정도에 이를 것까지 요구하는 것은 아니며, 증명력이 있는 것으로 인정되는 증거를 합리적인 근거가 없는 의심을 일으켜 이를 배척하는 것은 자유심증주의의 한계를 벗어나는 것으로 허용될 수 없다.”고 판시하였다.[370)][371)] 이 판결을 이어받은 대법원 1997. 7. 25. 선고 97도

---

368) 이 판례는 대법원 2003. 12. 26. 선고 2003도5255 판결에서 재인용되었다.

369) 변종필, “자유심증주의와 그 내재적 한계”, 사법행정 제442호(1997), 12-7에서는 자유심증주의의 내재적 한계기준으로, 법관은 최대한의 증거판단 원칙(공판에서 획득된 모든 인식을 판결에서 고려해야 하며 판결획득에 중요한 제반 관점을 고려하여 모든 증거사실과 증거자료를 남김없이 평가해야 한다는 원칙), 논리법칙(증거로부터 판단을 도출하고 그 판단을 전제로 다시 다른 판단에 도달하는 사유법칙을 따라야 하고 그와 같은 증거판단은 일관되며 모순이 없어야 한다), 경험법칙을 따라야 한다는 점을 들고 있다. 이런 내재적 한계 일탈, 예컨대 논리법칙과 경험법칙 위반 시에는 자유심증주의의 한계를 벗어난 것으로 상고심에서 법령위반을 이유로 원심판결을 파기할 수 있다.

370) 같은 취지로는 대법원 1994. 9. 13. 선고 94도1335 판결; 대법원 1995. 5. 9 선고 95도535 판결; 대법원 1998. 11. 13 선고 96도1783 판결; 대법원 2003. 10. 23 선고 2003도3797 판결; 대법원 2004. 6. 25. 선고 2004도2221 판결 등 다수.

974 판결은 합리적 의심의 개념의 외연을 일정한 범위로 제한한 최초의 판례인데, 이 사건에서 대법원은 "유죄로 인정하기 위한 증거의 증명력은 논리와 경험칙에 따른 객관적이고 합리적인 증거평가의 결과 합리적인 의심을 배제할 정도의 확신을 가져 올 수 있는 것이어야 하나, 여기에서 합리적인 의심이라 함은 모든 의문, 불신을 포함하는 것이 아니라 논리와 경험칙에 기하여 요증사실과 양립할 수 없는 사실의 개연성에 대한 합리성 있는 의문을 의미한다."고 판단하였다.[372] 이러한 판단의 논리적 귀결로 정황에 관한 간접증거와 경험칙에 의하여 간통죄의 유죄를 인정하였다.

대법원 1993. 3. 23. 선고 92도3327 판결은 유죄 "심증이 반드시 직접증거에 의하여 형성되어야만 하는 것은 아니고 경험칙과 논리법칙에 위반되지 아니하는 한 간접증거에 의하여 형성되어도 된다."는 표현을 최초로 써서 간접증거에 의한 원심의 유죄인정을 수긍하였다. 나아가 대법원 1999. 10. 22. 선고 99도3273 판결은 "간접증거가 개별적으로는 범죄사실에 대한 완전한 증명력을 가지지 못하더라도 전체 증거를 상호 관련 하에 종합적으로 고찰할 경우 그 단독으로는 가지지 못하는 종합적 증명력이 있는 것으로 판단되면 그에 의하여도 범죄사실을 인정할 수가 있다."고 최초로 판시하면서,[373] 피해자의 시체가 발견되지 아니하였더라도 간접증거를 상호 관련 하에 종합적으로 고찰하면 살인죄의 공소사실을 인정할 수 있다는 원심의 유죄판결을 확정지었다.[374] 마찬가지로 시체가 발견되

---

371) 자유심증주의 관련 판례를 유형화한 연구로는 김선화, "형사소송에서 자유심증주의에 관한 이론적 연구", 고려대학교 대학원 박사학위논문(2005), 45-57참조.

372) 같은 취지로는 곽동효, "형사재판과 증명의 정도", 형사증거법(상), 재판자료집 제22집(1984), 34면. 같은 취지의 판례로는 대법원 1998. 6. 9. 선고 98도827 판결; 대법원 2000. 2. 25. 선고 99도1252 판결; 대법원 2003. 6. 27. 선고 2002도7289, 2002감도111 판결; 대법원 2004. 4. 9. 선고 2004도585 판결 등이 있다.

373) 조원철, "간접증거에 의한 사실의 인정", 재판자료 110집, 법원도서관(2006), 63-4면.

374) 같은 취지로는 대법원 2000. 10. 24. 선고 2000도3307 판결; 대법원 2003. 10. 23. 선고 2003도3797 판결 등 다수.

지 않은 살인사건인 대법원 2008. 3. 13. 선고 2007도10754 판결[375]은 “살인죄 등과 같이 법정형이 무거운 범죄의 경우에도 직접증거 없이 간접증거만으로 유죄를 인정할 수 있으나, 그러한 유죄 인정에 있어서는 공소사실에 대한 관련성이 깊은 간접증거들에 의하여 신중한 판단이 요구”된다고 판시함으로써 법정형이 무거운 중범죄에서 간접증거에 의한 공소사실 인정은 보다 더 신중할 것 또는 간접증거와 공소사실 사이에 더 높은 관련성이 있을 것을 요구하고 있다.[376] 이 사건에서는 유죄를 인정한 원심판결을 무죄취지로 파기환송하였다. 그리고 위 99도3273 판결이 개개의 간접사실의 증명력은 완전치 못하지만 이들 간접사실을 종합적으로 고찰하여 종합적 증명력이 있다면 유죄정황으로 삼을 수 있다고 판단하고는 있지만, 이에 더하여 대법원 2010. 12. 9. 선고 2010도10895 판결은 ① 간접증거에 의하여 개개의 간접사실을 인정함에 있어서도 그 증명이 합리적인 의심을 허용하지 않을 정도에 이르러야 하고,[377] ② 그 하나하나의 간접사실은 그 사이에 모순, 저촉이 없어야 함은 물론 ③ 논리와 경험칙, 과학법칙에 의하여 뒷받침되어야 할 것을 요구하고 있다.[378] 간접증거에 의

375) 이 판결에 대한 평석으로는 조현욱, “형사재판에서 범죄사실을 유죄로 인정하기 위한 심증형성의 정도에 있어 합리적 의심 대법원 2008. 3. 13. 선고 2007도10754 판결”, 홍익법학 제13권 제2호(2012)가 있다.

376) 김홍창, “간접증거에 의한 강력범죄 유죄 입증에 관한 연구”, 성균관대학교대학원 석사학위논문(2008)은 주로 검사의 시각에서 위 판결의 결론을 비판적으로 검토하고 있다.

377) 最高裁 昭和45. 7. 31. 判決, 刑集 24巻 8號 597면(仁保事件)도 같은 취지다. 이 판결은 주요사실 인정의 기초가 되는 간접사실은 모두 합리적인 의심을 허용하지 않을 정도로 증명되어야 한다는 취지이다. 中川武隆 外 二人, 情況證據の觀點から見た事實認定(司法研究報告書 第42集 第2號), 日本 司法研修所 編 法曹會(1994), 12-3면.

378) 변종필, “간접증거에 의한 유죄인정”, 비교형사법연구 5권 2호(2003)에서는 ‘간접증거에 의한 유죄인정’의 문제에 관한 판례의 태도를 바탕으로 하여 직접증거 없이 공소사실을 유죄로 인정하기 위한 요건을 구분하여 설명하고 있다.

한 사실인정은 간접증거로부터 간접사실을 인정하는 단계와 간접사실로부터 주요사실, 그 밖의 요증사실을 인정하는 단계의 두 가지로 나누어 볼 수 있다.[379] 판지 ①항은 첫 번째 단계에 관한 것으로서 간접증거에 의하여 개개의 간접사실을 인정할 때에도 여전히 합리적 의심의 여지가 없는 간접증거에 의하여 간접사실을 인정해야 한다는 것이다. 판지 ③항은 두 번째 단계에 관한 것으로서 간접사실로부터 주요사실을 추리하는 과정은 논리칙과 경험칙에 따라야 한다는 것이다.

유죄정황과 반대정황이 내용상 모순되는 것이라면 전자의 증명력이 커질 경우 후자의 탄핵의 힘이 감소하는 관계에 있고, 반대정황이 유죄정황과 상호 독립적인 것이라면 유죄정황의 증명력이 커진다고 하더라도 이로써 반대정황의 탄핵의 힘이 감소한다고 보기는 어려울 것이다.[380] 조원철은 신림동 청수장 여관 김 순경 살인사건 사례는 독립적 반대정황의 가치를 무시하였다가 초래된 오판 사례임을 지적하고 있다.[381]

유죄에 관련된 여러 간접정황 중 범행의 동기도 하나의 유죄 정황이 될 수 있다. 그런데 이런 범행의 동기가 발견되지 못하는 경우가 있다. 이때 나머지 간접정황만을 가지고 유죄를 인정해야 할 것인지가 쟁점이 될 수 있다. 일반적으로 볼 때에는 피고인에게 범행의 동기가 있다는 것은 무엇보다도 유력한 적극적 간접증거가 되지만, 동기가 불분명한 것은 소극적 간접증거로 보아야 할 것이다.[382] 살인죄와 같은 중대 범죄의 경우에는 워낙 범죄 자체가 정상적인 상황에서라면 발생할 수 없는 범죄라는 점에서 다른 종류의 범죄에 비하여 범행의 동기를 중요시하는 것으로 보인다. 이런 경우 나머지 간접증거의 증명력에 관하여 대법원 2006. 3. 9. 선고

379) 조원철, "간접증거에 의한 사실의 인정", 재판자료 110집, 법원도서관(2006), 60면.

380) 조원철, "심급별로 사실인정이 달라진 사건의 원인 분석(형사편)", 법관의 의사결정 이론과 실무, 사법발전재단(2010), 507면.

381) 위 논문, 507면.

382) 위 논문, 511면.

2005도8675 판결은 "범행에 관한 간접증거만이 존재하고 그 간접증거의 증명력에 한계가 있는 경우, 범인으로 지목되고 있는 자에게 범행을 저지를 만한 동기가 발견되지 않는다면, 만연히 무엇인가 동기가 분명히 있는데도 이를 범인이 숨기고 있다고 단정할 것이 아니라 반대로 간접증거의 증명력이 그만큼 떨어진다고 평가하는 것이 형사 증거법의 이념에 부합하는 것이라 할 것"이라고 판단하였다. 즉 범행의 동기에 관한 정황이 인정되지 않는 경우라면 증거의 종합적 판단에 의할 때 하나의 중요한 정황이 결여된 셈이다. 이런 경우 피고인이 범행 동기를 숨기고 있다는 점, 즉 자신의 잘못을 인정하지 않는 태도를 보이고 있는 점으로 연결 지어 피고인에게 불리하게 판단하지 말라는 취지다. 범행 동기의 결여라고 하는 정황은 의심날 때 피고인에게 유리하게 판단하는 방향, 즉 나머지 유죄 정황의 증명력을 약화시키는 쪽으로 사실인정을 하라는 뜻이다. 객관적 사실관계가 고도로 입증된다면 동기가 불분명하다는 정황만으로는 유죄인정에 방해되지 않지만, 동기의 입증만을 가지고 이로써 객관적 사실관계에 대한 입증의 부족을 보충할 수는 없다.[383)]

나. 간접증거의 유형[384)]

간접증거, 정황증거에 의한 사실인정을 함에 있어서는 잡다한 정황을 만연히 병존적으로 늘어놓고 이를 종합 판단하는 총체적 접근방식 보다는 정황을 그 성격과 유형별로 분류한 다음 각 정황유형별로 묶어서 주요사

383) 위 논문, 512면.

384) 이 부분 논의는 中川武隆, 위 책의 내용을 재정리한 조원철, "간접증거에 의한 사실의 인정", 재판자료 110집, 법원도서관(2006); 배태연, "간접증거에 의한 주요사실의 인정", 재판자료 22집, 법원도서관(1984); 권창국, "간접증거(정황증거)에 의한 사실인정-성격 및 전과 등 유사사실증거에 의한 범죄사실 입증 가능성", Jurist 第386호(2002); 植村立郎, 實踐的 刑事事實認定と情況證據, 立花書房(2008), 48면 이하를 주로 참고했다.

실과의 관련성을 판단하는 분석적 접근방식이 논리적 오류를 줄일 수 있을 것이다. 이 점에서 간접증거의 분류는 중요한 의미를 가진다. 통상 정황증거의 분류는 영미 증거법의 기초를 닦은 아래 표 39와 같은 내용의 Wigmore의 분류[385]를 따르는 것이 일반적이다.

표 39 간접사실 분류표

예견적 사실	병존적 사실	소급적 사실
① 성격 ② 피고인의 범행수행 능력 - 육체적 정신적 능력, 지능, 숙련, 지식 - 명정과 그 정도 - 수단 내지 도구 ③ 동기, 정서, 욕망 ④ 계획, 기도, 의도 ⑤ 습관	① 범행의 기회 - 범행 일시 장소에 있어서 피고인의 물리적 현존 또는 그 가능성[386] - 범행방법으로부터 본 범행의 가능성[387] ② 범행의 기회를 가진 자가 피고인 이외에도 있는지 여부[388] ③ 범행과 피고인과의 결부에 관한 상황적 기초 ④ 본질적 불일치 - 부재증명 - 제3자의 범행이 있다는 점 - 피해자의 자손행위가 있다는 점 또는 그 가능성	① 물질적 증적 - 흉기나 범행 도구의 소지가 사후적으로 밝혀진 점 - 피고인과 접촉 후 피해자의 객관적 상황 - 혈흔, 受傷, 피해자와 결부된 물품의 소지, 사체의 발견, 경제상황의 급격한 변화 등 범행의 결과의 존재 ② 유기적, 생물학적 증적 ③ 정신적 증적 - 유죄인식의 발현에 따른 행위 - 범죄로 알게 된 지식을 표명하거나 그 지식을 전제

385) Wigmore, Treatise on the Anglo-American System of EvIdence in Trials at Common Law, 3rd. 中川武隆, 위 책, 33면에서 재인용. 한편 과학적 사실인정을 목표로 논증의 시각화, 도식화를 시도한 최근의 연구로는 김종률, "합리적 심증과 과학적 사실인정", 형사법의 신동향 제26호(2010)가 있다. 위 논문 47면 이하에 의하면, 1960대말부터 1970년대 초반 미국 증거법에 관한 새로운 법학 방법론인 신증거학(New EvIdence Scholarship)이 대두하였다고 한다. 그 이후 컴퓨터와 인공지능의 기술적 발전에 따라 법적 논증 작업은 논증도식(Argumentation Schemes)의 문제로 넘어가, 이를 시각화하는 도구를 개발하는 데까지 이르고 있는데, 인공지능과 논증학은 법적 논증에 관한 다양한 종류의 추론 구조를 분석하는 데 유용한 논증의 시각화 도구를 제공하고 있다고 한다.

	⑤ 기타 병존적 사실 - 범인이 현장에 남겨둔 육체의 흔적 등 - 범행에 사용된 도구에 의하여 현장, 피해자에게 남겨진 흔적 - 특수한 방법으로 도구가 사용된 점을 시사하는 흔적	로 한 행위 - 무죄인식을 표명하는 행위

이 경우 입증 명제를 기준으로 하여 ① 인간의 행위(Human Act) ② 인간의 성질 또는 상태(Human Quality, Condition or State) ③ 외계의 사실 또는 상태(Fact or Condition of External Nature) 등으로 분류할 수 있다. 정황증거에 의한 유죄인정의 입증주제에 착안하게 되면 ①항의 인간의 행

386) 조원철, "간접증거에 의한 사실의 인정", 재판자료 110집, 법원도서관(2006), 70-1면. 범행의 일시, 장소 또는 이에 근접한 일시, 장소에 피고인이 존재하고 있었다는 정황을 뜻한다. 범행장소가 인적이 매우 드문 곳으로서 피고인 아니면 범행일시에 현장에 갈 사람이 없었다고 하는 정황까지 더해진다면 이 정황은 거의 배타적으로 피고인을 범행과 결부시키는 추정력이 매우 강한 정황으로 평가될 것이다. 이 간접사실을 인정하는 간접증거로는 범행장소 내지 이에 근접한 장소에 남아 있는 피고인의 물질적 흔적(피고인의 유전자를 확인할 수 있는 정액, 지문 등), 범행 장면의 목격자는 아니지만 그 무렵 부근에서 피고인이 있었음을 목격한 사람의 증언을 들 수 있다.

387) 위 논문, 71-2면. 범행방법이 객관적으로 가능하다는 것은 적극적 간접증거이다. 이에 반하여 범행방법이 피고인에게는 객관적으로 불가능하다면(이때 인정된 범행방법은 피고인의 허위자백이나 수사기관, 감정인의 잘못된 추론에 근거하는 경우가 많을 것이다), 그것은 소극적 간접증거로서 결정적인 의미를 갖는다. 방화사건에서 피고인이 자백한 방화방법으로는 도무지 화재를 일으킬 수 없다는 합리적 의심을 할 수 있는 경우라면 바로 이 범행방법상의 불가능성이라고 하는 이런 유형의 정황은 유무죄 결론에 바로 영향을 미치는 결정적인 소극적 정황증거가 될 것이다.

388) 위 논문, 72-3면. 피고인의 범행현장 소재에 관한 정황이 단순한 가능성에 그친다 하더라도 피고인 이외에는 같은 기회를 가진 사람이 없었다고 하는 간접정황을 더하게 된다면 피고인과 범행의 결부에 관한 추정력도 높아지게 된다.

위를 증명하는 정황증거가 가장 중요한 유형의 것이다.

①항의 정황증거를 다시 요증사실과의 시간적 관계에 따라 ㉠예견적(Prospectant) 사실 ㉡병존적(Concomitant) 사실 ㉢소급적(Retrospectant) 사실에 관한 증거로 분류할 수 있다. 각 시간유형별 세부 증거항목들은 위 분류표에서 보는 바와 같다.[389]

다. 분석결과

아래 표 40은 심급간 유무죄 판단에서 정황증거가 쟁점으로 된 죄명별 사건 분포이다. 판결이유에서 정황증거가 1회라도 거론된 사건은 모두 124건으로서 전체 분석대상 사건 540건 중 23%를 차지하고 있다. 죄명별로 보면 124건 가운데 생명침해범죄가 61건으로서 거의 절반인 49.2%를 차지하고 있다. 또 생명침해범죄 115건 중 정황증거가 거론된 사례가 53%에 달하여 이런 유형의 범죄에 관하여는 정황증거가 유무죄 판단에 중요한 자료가 됨을 알 수 있다. 살인과 같은 생명침해범죄에서는 피고인이 자백을 하지 않는 경우라면 피해자의 진술과 같은 직접증거가 없는 경우가 일반적일 것이다. 이때 범행의 동기, 피고인과 피해자의 관계, 범행현장 및 시각과 피고인의 관련성, 현장의 유류품, 피고인의 사후적 언동과 행태 등 정황증거가 다수 동원되어 유무죄 판단이 이루어지게 된다. 이런 생명침해사건 유형의 고유한 특성 때문에 확실히 정황증거가 생명침해범죄에서 활용되는 빈도가 높고 유무죄 판단에서의 쟁점으로 다수 등장하게 되는 것이다.

아래 표에서 보다시피 방화죄의 경우 분석대상사건 25건 가운데 14건에서 정황증거에 의한 유무죄 판단이 문제로 되었다. 그 비율은 56%에 달하여 범죄유형 중에서는 가장 높은 비율을 보인다. 방화죄도 피고인이 범행을 부인하는 경우 다른 직접증거가 없는데다가 화재로 인한 현장훼손으

389) 中川武隆, 위 책, 36-71면

로 피고인을 방화범으로 연결, 추리하는 데 있어서 상당한 어려움이 따르는 특수성이 있다.

정황증거가 작동하는 측면은 크게 보아 두 부류로 나뉠 수 있다. 우선 자백의 신빙성, 목격진술의 신빙성 등 직접증거의 신빙성 여부에 관한 판단에 활용될 수 있다. 이 때 이런 직접증거의 신빙성이 인정된다는 것은 정황증거가 유죄인정을 위한 직접증거들의 증명력을 보강하는 자료 또는 정황증거의 고유한 성질에 따라서는 곧바로 요증사실을 인정하는 자료가 될 수 있다는 것이다.

표 40 죄명별 정황증거 사건 분포

죄명	전체 사건수	전체사건수 (540)에서 점하는 비율	정황증거 쟁점 사건수	정황증거 쟁점 사건수(124)에서 점하는 비율	죄명별 사건수 대비 정황증거 쟁점 점유비율
생명침해범죄	115	21.3%	61	49.2%	53.0%
살인	46	8.5%	30	24.2%	65.2%
강도살인/강간살인/강도치사/존속살인	20	3.7%	10	8.1%	50.0%
상해치사/폭행치사	48	8.9%	20	16.1%	41.7%
자살방조	1	0.2%	1	0.8%	100.0%
성폭력 범죄	311	57.6%	33	26.6%	10.6%
강간/준강간	69	12.8%	10	8.1%	14.5%
강간상해/강간치상	78	14.4%	7	5.6%	9.0%
강도강간/특수강간	57	10.6%	8	6.5%	14.0%
강제추행	28	5.2%	5	4.0%	17.9%
13세미만자 강간/강제추행	47	8.7%	1	0.8%	2.1%
장애인 준강간	11	2.0%	0	0.0%	0.0%
친족관계 강간/강제추행	21	3.9%	2	1.6%	9.5%
강도죄	66	12.2%	11	8.9%	16.7%
강도	7	1.3%	1	0.8%	14.3%
강도상해/강도치상	39	7.2%	8	6.5%	20.5%

특수강도	20	3.7%	2	1.6%	10.0%
방화죄	25	4.6%	14	11.3%	56.0%
건조물방화	22	4.1%	12	9.7%	54.5%
자동차방화	2	0.4%	1	0.8%	50.0%
실화	1	0.2%	1	0.8%	100.0%
기타범죄	23	4.3%	5	4.0%	21.7%
합계	540	100.0%	124	100.0%	23.0%

정황증거, 간접증거가 작동하는 두 번째 국면은 아무런 직접증거가 없는 상황에서 간접증거에 의하여 간접사실을 인정하고 이러한 간접사실의 종합을 통하여 주요사실을 인정하는 경우이다. 이 때 간접증거는 개개의 간접사실을 인정하는 데 있어서 합리적 의심의 여지를 남겨두어서는 안 된다. 간접증거의 결합만으로 유죄를 인정할 수 있을 것인가가 쟁점이 되는 이런 유형의 사건들은 사실심리에서 난이도가 최고로 높은 수준의 사건들이라 아니할 수 없다.

라. 방화사건의 특수성

방화사건에서 자백이 없거나 자백을 한 바 있다고 하더라도 그 신빙성이 다투어지는 사건은 유무죄 판단이 매우 어려운 고난이도 사건 유형에 속한다. 자백이나 방화현장을 목격한 증인과 같은 직접증거가 없다면 정황증거만으로 유무죄를 판정해야 하고, 자백을 한 경우에도 나중에 그 신빙성이 다투어진다면 다시 자백의 임의성이나 신빙성을 놓고 간접증거로 판단해야 한다. 이때 가장 중요한 간접사실은 발화원인일 것이다. 방화사건은 본질적으로 화재원인을 제대로 밝혀내기가 어렵다는 데 그 특징이 있다.[390] 특히 보험금 편취목적, 원한, 증거인멸 등 동기의 반사회성, 화

390) 권창국, "화재사건에 있어서 형사법적 쟁점의 검토", 형사정책, 한국형사정책학회(2010), 285면.

재로 인한 다수 인명의 살상과 막대한 경제적 소실 등 피해결과 등으로 인하여 유죄가 인정될 경우 상당한 중형이 선고되어야 하는 사례도 비일비재하다. 그 때문에 유무죄 사이의 재판결과의 극심한 편차로 인하여 재판에서의 심리적 압박감은 여타 사건에 비교할 수 없을 정도로 큰 것들도 많다. 더구나 방화로 의심을 받는 사건들은 주로 보험회사와의 이해관계가 결부되어 보험회사가 문제제기를 먼저 해 오는 사건들도 다수 눈에 띈다. 특히 사업상 재정적 압박을 받는 등 경제적 여건이 어려운 피고인이 화재보험에 가입한 다음 인적이 없는 시간대에 자신의 사업장 또는 영업소 건조물이 돌연 화재로 소실된 사건들이 자주 문제로 되고 있다. 이때 보험금 청구에 대한, 보험회사의 문제제기로 보험금 편취목적 고의방화혐의로 공소가 제기된 사건에서 유무죄 판단은 어려움에 봉착하는 경우가 많다. 이런 사건에서는 피고인의 방화범죄 수행능력, 방화수단의 준비, 범행계획, 동기, 범행현장과 피고인의 시적, 장소적 관련성, 알리바이, 화재원인, 경제적 여건의 변화, 화재사건을 확인한 피고인의 사후적 태도 등 정황을 총체적으로 검토해야 한다. 이런 유형의 방화사건에서의 사실인정은 간접사실에 의한 공소사실 인정의 결정판이라 하여도 과언이 아니다.

9. 재심사건

유죄확정 판결 이후 새로운 증거의 발견 등 재심사유가 있음이 밝혀져 재심무죄를 주장하는 사례들이 있는데, 그간 실무의 태도는 재심을 좀처럼 잘 인정해 주지 않으려는 입장이었다. 재심요건인 '명백한 증거가 새로 발견된 때'의 의미에 관하여 종래 판례에서 발견되는 구체적 판시내용 중 대표적인 것으로는 "확정판결의 소송절차에서 발견되지 못하였거나 발견되었어도 제출 또는 신문할 수 없었던 증거로서 그 증거가치에 있어 다른 증거들에 비하여 객관적인 우위성이 인정되는 것을 발견하거나 이를 제출할 수 있게 된 때"를 들 수 있다.[391] '증거의 객관적인 우위성'을 요구한 귀결로 "법관의 자유심증에 의하여 그 증거가치가 좌우되는 증거"는 재심의 신규증거로 보지 않았고[392] 그에 따라 재심이 인용되는 사례는 매우 희소하였다. 이러한 경직적 재심제도의 운영에 대하여는 학계로부터 많은 비판이 있었다.[393] 그러던 중 대법원 2009. 7. 16.자 2005모472 전원합의체 결정에 이르러 지금까지의 재심에 대한 경직성을 다소 완화하는 변화

391) 대법원 1995. 11. 8.자 95모67 결정

392) 대법원 1962. 2. 21. 선고 4294형항42 판결, 대법원 1962. 3. 24.자 62모1 결정, 대법원 1962. 7. 16.자 62소4 결정, 대법원 1980. 9. 10.자 80모24 결정, 대법원 1984. 6. 14.자 84모23 결정, 대법원 1990. 2. 19.자 88모38 결정, 대법원 1990. 11. 5.자 90모50 결정, 대법원 1991. 9. 10.자 91모45 결정, 대법원 1993. 10. 12. 선고 93도1512 판결, 대법원 1995. 11. 8.자 95모67 결정, 대법원 1996. 8. 29.자 96모72 결정, 대법원 1997. 1. 16.자 95모38 결정, 대법원 1999. 8. 11.자 99모93 결정.

393) 학계의 비판은 주로 재심심판절차의 재심사유 및 재심이유의 신규성 및 명백성에 집중되어 있는 것으로 보인다. 이용식, "형사재심제도의 한계와 구조에 관한 재조명", 형사법연구 제19권 제3호 (하)(2007)에서는, 시각을 달리하여 재심재판 실무의 운영 측면에서의 비판론을 전개한다. 재심개시절차 측면에서 볼 때 형사소송법이 사실조사를 법원의 재량행위로 방치해 둔 데다가 실제로 법원의 소극적인 태도까지 겹쳐 재심청구인인 피고인의 지위와 권리를 심각하게 위협하고 있음을 지적하고 있다. 입법론으로 사실조사와 의견진술기회 부여 등의 세부적인 절차를 법원의 재량이 아니라 의무로 강제하고, 이를 담보할 수 있는 판단지표와 가이드라인을 소송규칙 등으로 규율할 것을 제안하고 있다. 이에 대하여 민영성, "오판 구제수단으로서의 형사재심의 재인식", 성균관법학 21권 1호(2009), 99면에서는 법원의 적극적인 개입을 전제로 하는 직권주의 구조설에는 현실적인 한계가 있기 때문에 기본적으로 재심청구인을 피동적 지위가 아닌 주체적 관여를 인정하는 당사자주의적 절차로 구성하면서(실질적이고 충분한 의견진술기회의 보장, 사실조사에의 참여권 보장) 재심청구인이 주장하는 재심청구사유나 증빙서류에 문제가 있는 경우 이를 바로잡아주는 선에서의 직권개입을 요구하는 식으로 운용하는 것이 바람직하지 않은가 생각된다는 견해가 제시되고 있다.

가 있었다.[394] 이 결정의 내용은 다음과 같다.[395]

형사소송법 제420조 제5호는 재심사유의 하나로 "유죄의 선고를 받은 자에 대하여 무죄 또는 면소를, 형의 선고를 받은 자에 대하여 형의 면제 또는 원판결이 인정한 죄보다 경한 죄를 인정할 명백한 증거가 새로 발견된 때"를 규정하고 있는바, 여기서 무죄 등을 인정할 '증거가 새로 발견된 때'라 함은 재심대상이 되는 확정판결의 소송절차에서 발견되지 못하였거나 또는 발견되었다 하더라도 제출할 수 없었던 증거로서 이를 새로 발견하였거나 비로소 제출할 수 있게 된 때를 말한다. 그리고 '무죄 등을 인정할 명백한 증거'에 해당하는지 여부를 판단할 때에는 법원으로서는 새로 발견된 증거만을 독립적 · 고립적으로 고찰하여 그 증거가치만으로 재심의 개시 여부를 판단할 것이 아니라, 재심대상이 되는 확정판결을 선고한 법원이 사실인정의 기초로 삼은 증거들 가운데 새로 발견된 증거와 유기적으로 밀접하게 관련되고 모순되는 것들을 함께 고려하여 평가하여야 하고, 그 결과 단순히 재심대상이 되는 유죄의 확정판결에

394) 이 결정에 대한 평석으로는 이상원, "재심이유의 확장", 정의로운 사법 : 이용훈 대법원장 재임기념, 사법발전재단(2009); 김태업, "형사소송법 제420조 제5호의 재심사유에서 증거의 신규성과 명백성", 사법 11호, 사법연구지원재단(2010)이 있다.

395) 피고인은 강간상해죄로 재심대상판결인 유죄확정판결(징역 10년)을 받고 복역 중 재심청구를 하였다. 재심대상사건의 기록에 편철된 증서 중에는 국립과학수사연구소의 감정의뢰회보와 검찰주사의 수사보고서가 있는데, 위 감정의뢰회보는 피해자의 체내(질)에서 채취한 가검물에서 정액양성반응이 나타났을 뿐 정자는 검출되지 않았다는 내용이고, 위 수사보고서는 이러한 감정의뢰회보에 비추어 볼 때 범인이 무정자증으로 추정된다는 내용이었다. 피고인은 재심개시결정 신청사건에서 판결 확정된 후 이루어진 정액검사 결과를 증거로 제출하였다. 새로운 정액검사 결과에 의하면 피고인은 정상으로서 무정자증이 아니라는 내용이었다. 피고인은 형사소송법 제420조 제5호 소정 재심이유인 새로운 명백한 증거가 발견된 때에 해당한다고 주장하였다. 쟁점은 과연 위 정액검사 결과가 위 조항이 규정하는 재심이유로서의 새로운 명백한 증거에 해당하는가 하는 점이다. 대법원은 이 재심이유에서 말하는 증거의 신규성과 명백성에 관하여 새로운 판시를 하였던 것이다.

> 대하여 그 정당성이 의심되는 수준을 넘어 그 판결을 그대로 유지할 수 없을 정도로 고도의 개연성이 인정되는 경우라면 그 새로운 증거는 위 조항에서 말하는 '명백한 증거'에 해당한다.

학설상 증거가 '새로 발견'되었다는 의미에 관하여 ① 증거가 원판결 후에 새로이 생긴 경우 ② 원판결 당시 이미 증거가 존재하고는 있었으나 당시에는 그 존재를 알지 못하다가 그 후에 그 존재를 알게 된 경우 ③ 원판결 당시 이미 증거가 존재하고 있었고 그 존재도 알고 있었으나 그 제출이나 조사할 수 없었는데 원판결 후 비로소 가능하게 된 경우를 모두 포함한다는 견해가 통설이다.[396] 종전 판례나 위 2005모472 결정도 같은 입장이다.

증거의 존재 여부는 일의적으로 판단할 수 있는데 비하여, 그에 대한 인식 여부와 증거의 제출·조사 가능성 여부는 법원 또는 피고인 중 누구를 기준으로 하여야 하는지에 관하여 법원기준설, 완화된 절충설, 엄격한 절충설, 법원·피고인 기준설의 대립이 있었다.[397] 종래 판례가 법원·피고인 기준설(법원뿐만 아니라 피고인에게도 새로운 증거여야 신규성이 인

---

396) 김형만, "형사신동운, 신형사소송법, 법문사(2012), 1578면; 이재상, 형사소송법, 박영사(2012), 788면; 배종대/이상돈/정승환/이주원, 신형사소송법, 홍문사(2012), 872면; 차용석/최용성, 형사소송법, 21세기사(2008), 833면; 임동규, 형사소송법, 법문사(2012), 795면; 정웅석/백승민, 형사소송법, 대명출판사(2012), 880면; 이상원, "재심이유의 확장", 정의로운 사법 : 이용훈 대법원장 재임기념, 사법발전재단(2009), 884면.

397) 다수설은 법원기준설(즉 피고인 기준 불필요설)의 입장이다. 신동운, 신형사소송법, 법문사(2012), 1580면; 이재상, 형사소송법, 박영사(2012), 789면; 배종대/이상돈/정승환/이주원, 신형사소송법, 홍문사(2012), 873면; 차용석/최용성, 형사소송법, 21세기사(2008), 834면; 정웅석/백승민, 형사소송법, 대명출판사(2012), 881면; 이상원, "재심이유의 확장", 정의로운 사법 : 이용훈 대법원장 재임기념, 사법발전재단(2009), 885-6면. 임동규, 형사소송법, 법문사(2012), 796면은 위 2005모472 결정과 같은 절충설을 취한다.

정된다는 견해로서 신규성에 대하여 피고인에게 불리한 가장 엄격한 기준을 설정하는 견해)로 이해될 수도 있었지만, 위 2005모472 결정은 엄격한 절충설의 입장을 분명히 하여 법원에게 새로운 증거이더라도 증거를 제출하지 못한 데에 피고인에게 고의·과실 등의 귀책사유가 없는 경우에 한하여 신규성을 인정하는 견해를 취하여 그 신규성 인정요건을 다소 완화하였다.

다음으로 명백성의 의미에 관하여는 학설상 (i) 원판결을 파기할 고도의 개연성이 인정되어야 한다는 견해(고도개연성설), (ii) 확정판결의 정당성에 대한 중대한 의심을 불러일으키기에 족한 것을 의미한다는 견해(중대의심설), (iii) 합리적인 의심을 넘는 확실성의 정도까지 요구하는 것은 아니지만 찾고자 하는 사실에 관하여 확실한 믿음 또는 설득력을 제공할 수 있는 정도여야 한다는 견해(설득력설) 등이 대립하고 있는데 다수설과 종전 판례는 고도개연성설을 취하였다.[398] 위 2005모472 결정 역시 종전의 입장을 유지하고 있다. 명백한지 여부를 판단함에 있어 어떠한 자료를 근거로 판단하는지 하는 문제에 대하여는 (i) 새로 발견된 증거만으로 판단하여야 한다는 견해(단독평가설, 고립평가설, 개별평가설), (ii) 새로운 증거와 구 증거를 모두 종합적으로 고려하여야 한다는 견해(종합평가설), (iii) 새로운 증거 및 구 증거 중 새로운 증거와 유기적으로 밀접하게 관련되고 모순되는 것들을 함께 고려하여야 한다는 견해(제한평가설)가 대립될 수 있다.[399] 위 2005모472 결정은 종전 판례의 단독평가설에서 제한평

---

398) 이상원, "재심이유의 확장", 정의로운 사법 : 이용훈 대법원장 재임기념, 사법발전재단(2009), 887면.

399) 다수설은 종합평가설이다. 신동운, 신형사소송법, 법문사(2012), 1582면; 이재상, 형사소송법, 박영사(2012), 790면; 배종대/이상돈/정승환/이주원, 신형사소송법, 홍문사(2012), 874면; 차용석/최용성, 형사소송법, 21세기사(2008), 832면; 정웅석/백승민, 형사소송법, 대명출판사(2012), 883면; 이상원, "재심이유의 확장", 정의로운 사법 : 이용훈 대법원장 재임기념, 사법발전재단(2009), 887면. 임동규, 형사소송법, 법문사(2012), 797면은 위 2005모472 결정과 같은 제한평가설을 취

가설로 입장을 전환함으로써 재심이유의 확정에 기여하였다는 데 큰 의미가 있다.[400]

재심법원이 증거의 명백성을 판단함에 있어 구 증거를 함께 고려한다고 할 경우, 구 증거에 대한 원판결법원의 심증을 이어받은 상태에서 판단을 하여야 하는지가 문제된다. (i) 새로운 증거가 원판결법원에 제출되었더라면 어떻게 판단하였을 것인가를 기준으로 명백성 판단을 하여야 하므로 재심법원으로서는 원판결법원의 심증을 인계한 데 더 나아가 새로운 증거를 고려하여 판단할 것이라는 견해(심증인계설), (ii) 재심법원은 원판결법원의 심증에 구속되지 아니하고 증거 전체를 재평가하여야 한다는 견해(전면적 재평가설), (iii) 새로운 증거와 직접적인 관련이 없는 구 증거에 대하여서만 원판결법원의 심증에 따라야 하고 유기적인 관련이 있는 범위에서 구 증거에 대한 재평가를 허용하는 견해(한정적 재평가설) 등이 대립될 수 있다.[401] 위 2005모472 결정은 종전의 심증인계설로부터 한정적 재평가설로 완화된 것으로 평가할 수 있다.

이 결정은 후속하는 하급심 재심사건에서 자주 인용됨으로써 이제는 확고한 선례로서 자리를 잡았다.[402] 다만 긴급조치 위반 등 시국사건[403]을

한다.

400) 이상원, “재심이유의 확장”, 정의로운 사법 : 이용훈 대법원장 재임기념, 사법발전재단(2009), 892면.

401) 이재상, 형사소송법, 박영사(2012), 790면; 배종대/이상돈/정승환/이주원, 신형사소송법, 홍문사(2012), 874면; 차용석/최용성, 형사소송법, 21세기사(2008), 832면; 정웅석/백승민, 형사소송법, 대명출판사(2012), 883면; 이상원, “재심이유의 확장”, 정의로운 사법 : 이용훈 대법원장 재임기념, 사법발전재단(2009), 888면은 전면적 재평가설을 취한다.

402) 춘천지방법원 강릉지원 2012. 12. 6. 선고 2012재노2 판결; 서울중앙지방법원 2012. 12. 4. 선고 2012재노2 판결; 서울서부지방법원 2012. 11. 30. 선고 2012재노2 판결; 대구지방법원 상주지원 2012. 11. 19 선고 2012재고약195 판결; 광주지방법원 2012. 10. 31. 선고 2011재노13 판결; 서울고등법원 2012. 10. 30. 선고 2011재노9 판결; 서울남부지방법원 2012. 10. 29. 선고 2011재고합24 판

제외하고는 일반 형사사건에서 재심개시결정이 인용되는 사례는 드문 것 같다.[404] 현재로서는 재심 인용 확대 측면에서 볼 때 이 판례의 영향력은 제한적 수준에 그치고 있다고 평가할 수 있다.

10. 법원과 수사기관의 예단 등 터널비전의 문제

지금까지 유무죄 판단에 있어서 판단차이를 초래한 원인이 되는 외적 정보, 즉 증거의 유형별로 그간의 논의와 대법원 판례의 흐름, 분석대상 사건을 중심으로 한 세부적 분석 결과 등을 살펴보았다. 그런데 판단차이를 초래한 것은 그런 유형별 증거가 특정한 범죄 유형에서 갖는 취약성 때문이라고 할 것이다. 하지만 같은 증거를 놓고도 1, 2심 사이에서 판단이 달라진 것은 결과적으로 그 증거에 내재한 증명력의 취약성에 관하여 각 심급 판단자들이 감지력을 달리하였기 때문이라고 보는 것은 어쩌면 당연한 일일 것이다.

그런데 한 가지 중요한 문제로 제기할 수 있는 것은 1심 판사가 유죄

결; 대전지방법원 2012. 10. 9. 선고 2011재노1 판결; 인천지방법원 2012. 10. 4. 선고 2012재고단14 판결; 창원지방법원 2012. 9. 10. 선고 2012재고합3 판결; 부산지방법원 동부지원 2012. 7. 12. 선고 2012재고단20 판결; 부산지방법원 동부지원 2012. 7. 3 선고 2012재고정36 판결; 부산지방법원 동부지원 2012. 6. 15 선고 2012재고정12 판결 등 다수.

403) 대통령 긴급조치 제9호 위반 사건인 전주지방법원 2012. 10. 16. 선고 2011재고합1 판결; 서울북부지방법원 2012. 7. 26. 선고 2011재고합3 판결; 서울북부지방법원 2012. 7. 26. 선고 2011재고합5 판결; 서울북부지방법원 2012. 7. 26. 선고 2011재고합4 판결; 서울북부지방법원 2012. 7. 26. 선고 2011재고합6 판결; 집회 및 시위에 관한 법률 위반 사건인 전주지방법원 2012. 10. 16. 선고 2011재고합6 판결 등 다수.

404) 일반 형사사건에서 재심이 받아들여진 사례로는 수원역 노숙소녀 살인사건인 서울고등법원 2012. 7. 12. 선고 2012재노47 판결이 대표적이다.

증거로 본 증거의 증거가치를 2심 판사는 달리 본 이유는 무엇인가, 거꾸로 무엇 때문에 항소심에서는 무가치한 취급을 받은 증거를 1심 판사는 유죄증거로 보았고, 그런 유죄판단으로 이끌린 데에는 어떤 문제점이 도사리고 있는가 하는 점이다. 이 부분에 대하여 거의 유일하게 가능한 답은 아래 4장에서 논하게 될, 수사기관과 1심 법원이 그런 질 낮은 증거에 집착하여 그 가치의 저열함을 분간하지 못하게 하는 소위 터널비전(Tunnel Vision)[405]에서 찾아볼 수 있을 것이다. 터널비전은 앞서 본 증거유형별 원인에 더하여 중요한 오판원인으로 거론되고 있다. 사람들은 이런 터널비전에 취약하다. 그것은 형사절차에 관여하는 사람들도 마찬가지다. 예컨대 조사관이 용의자의 혐의에 확신을 가지면 가질수록 이런 결론에 모순되는 다른 시나리오를 고려할 가능성은 줄어들게 된다. 여기서 출발하여 증거가 수집되고 그것이 기초가 되어 재판의 결론에 이를 때까지 계속하여 이런 터널비전이 지배하게 된다면 큰 문제가 발생한다. 심지어는 변호인조차 터널비전에 빠져 제대로 된 변론을 하지 못하는 현상이 일어난다. 피고인이 무고한 사람일 수 있다는 다른 가능성을 도외시하게 될 때, 종종 유죄오판은 발생한다. 오판의 원인을 탐구하는 대부분 연구가 주로 증거의 획득 측면에서 접근하고 있다. 하지만 그것만으로 충분치 못하다. 본디 이처럼 오류 있는 증거들은 재판과정에서 걸러져야 할 일이다. 그럼에도 판단자의 터널비전에 의하여 이런 오류가 걸러지지 못한 채 오판으로 이어진다면 이 또한 중요한 오판의 원인으로 볼 수 있는 것이다. 따라서 오판 연구의 종착점은 바로 사람의 터널비전을 어떻게 극복하고 보다 더 중립적이고 공정하며 합리적 이성이 지배하는 판단과 의사결정을 회복시킬 수 있을 것인가에 집중될 수밖에 없다. 결론적으로 판단차이를 초래

---

405) tunnel vision의 적절한 번역어를 찾지 못해 그냥 터널비전으로 번역하기로 한다. 대응 한자어로는 관견(管見, 대롱으로 사물을 볼 정도로 자신의 시야가 좁음을 이르는 말로서 자신의 견해를 겸양하여 지칭하는 한자성어)을 생각해 볼 수 있으나 적절한 번역어는 아니라고 보아 사용하지 않기로 하였다.

하는 원인 또는 유죄오판을 초래하는 원인으로는 우선적으로 외적 정보의 유형별 취약성을 들 수 있을 것이지만, 보다 근본적으로는 판단자의 내적인 심적 한계에 그 원인이 도사리고 있다고 보는 시각이 여기서는 유효하다고 본다.

본 연구에서는 오판원인 중 바로 터널비전의 문제를 중심으로 삼아 논의를 전개하고자 하는데, 이 오판원인 항목은 제4장에서 별도로 검토하기로 한다. 그러므로 본 연구의 제3장에서 제4장으로 넘어가는 자연스러운 연결고리의 하나로, 분석대상 사건들 중 2심 판결문에서 1심법원과 수사기관이 예단과 터널비전에 빠져 피고인에 대한 유죄 확증편향을 갖게 됨으로써 증거판단을 그르친 것으로 지적하고 있는 몇 가지 대표적인 사례들을 골라 소개하기로 한다.

허위자백의 영향력 등에서 기인한 확증편향에 빠져 명백히 모순되는 객관적 정황을 도외시하고 판단 오류를 범한 사례

① 순번 88사건은 자백의 강력한 영향력을 확인할 수 있는 사건이다. 이 사건에서 피고인은 부부싸움 과정에서 남편의 머리를 망치로 내리쳐 살해하였다는 공소사실로 기소되었다. 1심은, 피고인의 경찰 자백은 증거조사 과정에서 내용부인으로 증거능력은 없지만 이를 정황증거로 삼아 유죄를 인정하였다. 이 사건은 증거능력 없는 자백 증거를 정황증거화하여 유죄심증의 자료로 삼았다는데 주목할 만하다. 다만 이 부분은 증거법을 정면으로 무시한, 대단히 이례적 판단으로 평가할 수 있을 것이다. 자백 이외에도, 피고인을 의심할 정황으로 남편과의 지속적 불화로 인한 범행 동기가 있다는 점, 그 직전에 남편으로부터 같은 망치로 머리를 얻어맞고 실신했다가 깨어나 보니 태연히 그 옆에서 잠을 자고 있는 남편에 대하여 격분한 나머지 범행에 이르게 된 점, 제3자 침입 가능성이 없다는 점, 이웃 목격자의 진술에 의하면 동거하던 시어머니가 사건 직후 망치를 담 밖으로 버린 점 등을 들었다.

그러나 2심은 결론적으로 이 사건은 제3자의 침입으로 인한 강도살인 범행이라고 보았다. 우선 사건 직후 사건 현장에 여러 사람이 드나들면서 현장이 심하게 어지럽혀져 보존이 제대로 되지 못했다. 이로 인하여 제3자 침입의 흔적이 없다고 단정하는 것은 곤란했다. 또한 시어머니가 망치를 버리는 것을 보았다는 목격자의 진술은 오인 진술이라는 점도 밝혀졌다. 그리고 그 망치는 공업용 도구로서 피고인 부부의 가정집에서 사용하는 것은 아니었다. 더구나 남편의 바지 속에 들어있던 지갑이 없어졌다. 이런 제반 정황을 놓고 본다면, 사건의 전모는 범인인 제3자가 피고인 부부 침실에 침입하여 망치로 부부의 머리를 차례로 내리치고 남편의 지갑이 들어있는 바지를 강취한 것으로 보는 것이 자연스럽다. 그 후 범인은 담장을 넘어 도주하면서 지갑을 뺀 바지와 망치를 그곳에 버리고 간 것일 뿐이다. 나아가 부부 불화는 이미 과거지사일 뿐 그 당시 그와 같은 불화가 지속되어 망치로 서로의 머리를 내리칠 정도로 부부싸움을 벌일 이유가 없었다는 점에서 피고인에게 범행의 동기를 발견할 수도 없었다. 이런 범행을 당하여 피고인의 남편은 사망했고 피고인은 머리에 중상을 입고 뒤늦게 깨어난 것이었다. 피고인의 자백은 피고인이 머리에 중상을 입고 혼수상태에 빠져 병원에 입원한 상태에서 근 한 달 만에 이루어졌다. 그 당시에도 피고인의 의식은 매우 불명료했다는 의학적 진단 결과에 의하자면 그 자백은 피고인의 진정한 기억을 바탕으로 한 것이라기보다는 경찰의 유도신문에 영향을 받았을 소지가 농후했다. 이 사건 2심 무죄판결은 확정되었는데, 그 확정취지대로라면 수사기관과 1심은 사건 해결을 위한 실마리의 첫 단추부터 잘못 끼운 나머지 이 사건을 피고인의 범행으로 오인하는 중대한 실수를 저지른 셈이 된다. 초동수사의 미흡으로 현장보존이 제대로 되지 못한 것 때문에 외부자의 범행 단서를 찾지 못하자 그렇다면 범인은 내부자일 것이라고 하는 반대 가설을 세운 것 자체가 문제다. 범인 검거에 심혈을 기울이고 있었던 경찰로서는 모든 가능성을 열어 놓고 수사를 했어야 한다. 그런데 내부자 범행에 집착한 나머지 외부자 범행의 다른 가능성은 도외시한 과오가 있다고 본다.[406] 그리고 마침 기억이 혼미하여 취약한 상태에 놓여있던 피고인에게 접근하여 그런 의심을 갖고 신문을 하였다. 이 경우 허위자백이 유도될 위험성이 커지게 될 수 있음은 여러 선례들이 웅변으로 잘 말해주고 있다. 그런데 이런 실수는 피고인의 자백으로 말미암아 더욱더 교정될 여지가 없어진 채 정의의 탈선행 특급 열차를 타도록 하고야 만 것이다. 이런 오판에 이르게 되는 데 결정적인 영향력을 미친 것이 바로 피고인의 자백이었다. 비록 그 자백이 그 당시 피고인의 의식이 매우 혼미한 상태에서 이루어진 부실한 것인 데도 말이다. 이런 자백은 내용부인으로 증거능력조차도 없는 것이었다. 그럼에도 불구하고 1심 법원은 그것을 유죄의 정황으로 당당하게 판결문에 명시하기까지 하였던 것이다. 확정판결 취지대로 피고인이 끔찍한 범행을 당한 것이 이 사건의 실체적 진실이라고 믿는 한에서는, 더구나 사랑하는 남편을 잃기까지 한 피해자를 남편 살해범으로 둔갑시키는 형사사법제도의 마법에 슬픔과 탄식을 표하지 않을 수 없다. 다행히 뒤늦게나마 2심에서 무죄가 되어 구제되기는 하였지만 오판으로 인하여 2차적 피해를 거듭 입게 된 피고인의 고통을 보상하기에는 너무나 미흡할 것이다. 이 사건은 자백 때문에 과도한 유죄 확증편향을 갖게 되면 다른 반대 정황을 놓친 채 진실을 못 보는 실수를 범하게 됨을 타산지석의 교훈으로 잘 일깨워주는 선례다.

② 순번 207사건은 앞서의 순번 88사건처럼 직접적, 명시적으로 증거능력 없는 경찰 자백을 유죄정황으로 삼지는 않았지만 그런 증거능력 없는 자백의 영향력에서 벗어나지 못할 수 있음을 추론케 하는 사건이다. 이 사

406) 조원철, "심급별로 사실인정이 달라진 사건의 원인 분석(형사편)", 법관의 의사결정 이론과 실무, 사법발전재단(2010), 509면에 의하면, 범인의 윤곽이 쉽게 드러나지 않을 경우 경찰은 종종 사건 해결의 압박감에 몰리게 된다. 따라서 동기에서 뚜렷한 단서나 증거도 없이 배우자와 같은 가족이나 범죄현장을 처음 발견한 사람을 용의자로 보아 고문 등 가혹행위나 협박 등으로 무리하게 자백을 이끌어내려는 경향이 있다고 한다.

건에서 피고인은 지하철 역사 여자 화장실에서 피해자를 강간하고 상해를 가한 혐의로 기소되었다. 범인은 범행을 마친 후 화장실 밖으로 나오다가 피해자의 언니와 마주쳤고 그 자리를 피해 도망을 가면서 행인의 추적까지도 따돌리고 인근 마을로 들어가 행적을 감추었다. 범인은 아이보리색 니트를 입었다고 한다. 경찰은 범인이 그 마을 주민일 것으로 추정하고 탐문수사를 벌이다가 사건 발생 이틀 뒤 그 마을에 있는 피고인의 집 베란다 빨래건조대에 아이보리색 니트가 걸려 있는 것을 확인하게 된다. 그 집에는 마침 젊은 남자형제가 살고 있는 것이 확인되었다. 형제 중 동생이 바로 피고인이었다. 범인과 대면한 바 있는 피해자와 그녀의 언니로 하여금 그 집에 거주하는 피고인과 그의 형의 주민등록 사진을 확인하도록 했더니 피해자와 언니는 모두 피고인의 형을 범인으로 지목했다. 그랬다가 직접 대면한 이후부터는 피고인을 지목하는 것으로 말을 바꾸었다. 피고인에 대한 경찰 조사가 시작된 지 4시간 만에 피고인은 범행을 자백했다. 더 나아가 피해자의 부친 앞에서 울면서 용서를 구했다. 피고인은 검찰 이후부터는 경찰관들의 고문과 폭행 때문에 자백을 한 것이라고 그 자백을 번복했다. 아울러 피고인은 알리바이로 사건 발생 시간대 무렵 친구와 PC방에서 포트리스 게임을 한 정황을 입증했다. 그러나 검사는 경찰에서 순순히 자백한 피고인의 알리바이를 믿지 않았다. 더 나쁜 일은, 피고인이 구속된 상태에서 누군가가 피고인의 Id로 게임 접속을 시도한 일이 밝혀졌다. 그 때문에 검사는 피고인이 Id를 대여한 상태에서 이 사건 강간범행을 저질렀을 수도 있다고 추론한 것이다. 그러나 곧바로 이 부분은 해명이 되었다. 피고인의 여자 친구와 형이 피고인의 결백을 증명하기 위하여 그 Id로 접속을 하여 그날 피고인과 게임을 한 사람을 찾고자 한 사실이 드러났다. 하지만 검찰은 이런 변명을 믿지 않은 채 피고인을 기소했다. 1심은 경찰 자백은 증거능력이 없어 증거로 삼지는 않았지만 피해자 자매의 지목진술을 유죄의 유력한 직접증거로 본 반면,[407] 피고인의 알리바이 주장

407) 이 사건 1심 판결에서는 "피해자 자매가 거짓으로 피고인을 범인으로 지목하여

을 배척했다.

이 사건에서 우선 아이보리색 니트에 혈흔이 있는가가 문제로 되었다. 감식결과 혈흔이 발견되지 않았다. 그리고 실은 그 니트는 여성복으로서 피고인의 누나 옷임이 밝혀졌다. 경찰이 니트를 발견하고 이 점을 먼저 수사했더라면 아마도 피고인 형제는 용의선상에 오르지도 못했을 것이다. 경찰이 피고인을 용의자로 지목하는 데 유일한 단서가 된 것은 아이보리색 니트였지만 그 니트가 범인과 피고인을 연결 짓기에는 너무나도 고리가 허약한 것이었다. 아이보리색 니트는 누구도 가지고 있을 수 있는 것이다. 이런 식의 수사라면 마침 운 없게도 그 당시 그 마을에서 빨래 건조대에 아이보리색 니트를 걸어 놓은 사람이라면 누구라도 용의자로 지목될 수 있는 형편이었을 것이다. 그런데 이미 피고인은 자백을 하였고 피해자 자매도 피고인을 범인으로 지목한 상태였다. 세척을 완벽히 하면 혈흔이 검출되지 않을 수 있다는 감식결과도 나온 터에 피고인이 누나 옷을 입고 범행을 한 다음 증거를 인멸하기 위해 세탁을 한 것에 더 무게를 싣게 된 것이다. 나중에 확인된 사실이지만, 압수되어 혈흔감정에 제공된 니트는 더구나 빨래건조대에서 처음 발견된 그 옷도 아니었다는 사실에 이르게 되면 실소가 절로 나온다. 이 역시 자백의 영향력이 지속적으로 미친 결과

야 할 아무런 이유가 없는 점"을 들어 지목진술의 신빙성을 인정하고 있다. 이런 판시태도는 여러 유죄판결에서 자주 나타나고 있다. 그렇다. 진범을 처벌하기를 강하게 바라고 있을 강간 피해자가 거짓말로 무고한 사람을 잡을 이유는 전혀 없을 것이다. 그러나 범인식별이 다소간 불분명한 상태에서 피해자로서는 그가 범인일 가능성이 전혀 없는 것은 아닌 한에서는 누구라도 나의 피해에 대한 응징을 받아야만 된다는 무의식적 정향을 가질 수 있다. 그 때문에 범인지목을 하는 일도 있다는 것이 많은 경험적 연구에서 드러나고 있다. 더구나 이 부분 쟁점의 핵심은 허위지목이 아니라 오인지목이다. 즉 피해자가 거짓으로 범인지목을 할 리는 없겠지만 오인지목의 위험성은 여전히 남겨져 있는 것이다. 허위지목의 여지가 없다면 오인지목 문제는 무시되어도 좋을 것인지는 문제다. 1심 판시와 같은 표현으로 피해자 지목 진술을 평가하는 것은 논리적으로도 완전한 것이 되지 못할 것이다.

다. 더구나 피고인이 주장하는 알리바이 정도면 상당히 입증에 성공한 것이라고 보아야 함에도 거듭 알리바이 탄핵 증거조사에 치중한 것도 마찬가지로 자백의 영향에서 벗어나지 못한 소치일 것이다. 1심은 경찰자백과 관련된 조사 경찰관 증언, 경찰의 현장검증조서의 증거능력을 모조리 부정하기는 했지만, 여전히 경찰 자백의 영향력에서 벗어나지 못한 것으로 보인다. 항소심에서도 당시 유치장 수감자를 불러 증인신문을 벌인 일이 있었다. 그때 확인하고자 한 것은 피고인이 경찰 조사를 받고 나왔을 때 폭행을 당한 흔적이 있는지 여부였다. 경찰 자백은 이미 증거능력이 없어서 유죄증거로 쓰지도 못할 것인데 굳이 수사과정에서의 가혹행위를 염두에 둘 여지는 원래부터 없는 것이다. 그럼에도 항소심 법원은 왜 이 점을 확인하고자 한 것일까? 이는 확실히 눈여겨볼 대목이다. 이런 조사를 통하여 자백이 담고 있는 범행내용의 진정성에 대한 재검증을 추가적으로 시도한 것인데 이런 태도는 판사들이 여전히 경찰 자백을 깨끗이 무시하지 못하고 그 영향력의 굴레에 갇혀있었다는 점을 추단케 한다.

이 사건은 2004년 8월 사법개혁위원회에서 주최한 모의배심재판의 시나리오의 모델이 된 사건이었다. 본 연구자는 모의배심재판의 실행 책임자로서 나름대로 사실인정이 애매한 사건들 중에서 이 사건을 선정했다. 그런데 이 모의재판과정에 참여한 9개 배심원단은 별 어려움 없이 대부분 만장일치로 무죄평결을 내놓았다. 참여한 시민들은 배심 평의 과정에서 사안이 너무 평이하다는 의견을 피력하였다. 배심재판 시나리오에서는 피고인이 자백한 부분이 전부 제외됐다. 증거능력이 없는 경찰자백을 당초부터 배심원들이 알지 못하도록 철저하게 통제되어야 하기 때문이다. 그 때문에 시나리오상으로 합리적 의심 여지없이 유죄인정을 하기에는 부실한 증거들만 남아 있었던 것이다. 실제 이 사건의 유죄증거도 부실하기는 매한가지다. 재판 일선의 판사들로부터 유무죄로 고심하는 어려운 사건을 고르고 골라 이 사건을 선정했는데 막상 일반 시민들은 모의재판에서 아무런 부담감 없이 무죄평결을 하였다. 그것은 모의재판 배심원은 피고인의 경찰 자백을 알 도리가 없었으므로, 실제 사건의 판사들과는 달리 증거능력 없는 자백의 영향력에서 자유로울 수 있었기 때문이라는 해명이 가능할 것이다. 이 사건은 판결문의 분석에 더하여 본 연구자 스스로의 체험을 통하여 자백의 강한 영향력을 실감할 수 있었던 선례다.

③ 순번 365사건 역시 허위자백의 강한 영향력에 우연까지 겹쳐 사건과 무관한 물증이 더해지는 경우 어이없게도 아예 발생하지도 않은 범죄를 저질렀다고 판단오류를 범할 수 있음을 알려주는 사건이다. 이 사건 공소사실의 요지는, 피고인 A, B, C가 한여름 성수기 야밤에 콘도 객실에 침입하여 강도 범행을 저지른 다음 남자 피해자는 살해한 후 암매장, 유기하고 여성 피해자에게는 상해를 가하였다는 것이다. 피고인들의 자백에 더하여 피고인들이 암매장했다는 사체가 발견되었기 때문에 이것이 강한 유죄증거로 작용했다. 1심에서 A는 징역 20년, B는 무기징역, C는 징역 7년이 선고되었다.

그러나 유죄증거와 정황은 딱 거기에서 그쳤을 뿐이다. 나머지는 도무지 상식적으로 납득할 수 없는 반대정황이 즐비했다. 우선 공소사실 자체로는 피해자들의 신원을 특정할 수 없었다. 현장이 어질러진 채 콘도 객실에 투숙하였다가 실종된 투숙객은 없는 것으로 나타났다. 객관적으로 확인할 수 있는 범행현장이 아예 없는 것이다. 남자의 시신은 발견되었지만, 여자의 생사와 행방은 여전히 오리무중이었다. 피해남녀의 신원도 확인되지 않은 상태에서 기소가 이루어졌다. 사체의 상황은 피고인들의 자백과는 대부분 맞지 않았다.[408] 피고인들의 자백도 오락가락하고 서로 맞지

408) 공소사실은 범행일자를 2001년 7월경으로 보았다. 그런데 2001년 11월 18일 발견된 비닐에 쌓여 암매장된 사체는 부패가 진행되어 근육이나 다른 조직이 남아있지 않은 백골화 상태이고, 내의 등 면으로 된 옷은 거의 삭았으며 점퍼 혁대 등도 상당히 부패 되어 있었다. 넉 달이 경과한 사체로서는 그 매장시점, 즉 범행시점이 의심스러웠다. 발굴된 사체는 긴팔 티셔츠와 겨울용 점퍼를 착용한 상태로서 피해자가 7월경 살해되었을 당시의 복장으로 보기 어려웠다. 경찰도 사체발굴 후 그 상태로 보아 범행일시를 사체발견 시점으로부터 약 1년반 전인

않는 부분이 너무 많았다. 더구나 항소심에서 밝혀진 자백의 경위는 실소를 자아내게 한다. A, B는 다른 강도상해 범죄사실로 인하여 경찰에 구속되었다. A는 경찰관이 여죄를 추궁하면서 'B가 자기가 사람을 죽였다고 하더라.'라는 유도심문에 발끈하여 '내가 아니고 B가 사람을 죽였다'라고 대답함으로써 이 사건 강도살인 수사의 단서를 제공하였다. 그리고 B, C와 함께 이 사건 강도살인, 사체유기 범행을 하였다고 털어놓았다. 그로부터 나흘 뒤 B, C도 범행을 시인했다. A, B, C 모두 연령, 사회적 경험, 학력, 지능 정도에 비추어 허위자백으로 유도될 수 있는 매우 취약한 사람들이었다.[409] 이러한 피고인들의 학력, 경력, 생활환경 등에 미루어 자포자

2000년 늦은 봄경으로 추리하였다. 피고인들도 애초에는 범행일자를 2000년 늦은 봄으로 자백했다. 그러다가 피고인들의 과거 행적을 조사하는 과정에서 피고인들의 과거 수감전력, 병원 입원 상황 등에 비추어 2000년 늦은 봄경에는 피고인들이 함께 모여 범행을 하기란 물리적으로 불가능함이 밝혀졌다. 같이 범행할 수 있는 가장 이른 시기는 2001년 6, 7월경이었다. 재수사 과정에서 범행일자가 사체발견으로부터 불과 4개월 전인 2001년 7월로 특정되었다. 피고인들의 자백도 그에 맞추어 변경되었다. 그러나 이런 범행일자는 사체의 객관적 상태와는 명백히 모순되는 것이어서 문제라 할 것이다.

409) 특히 1심 법정까지 비교적 일관되게 자백을 한 C는 1975년생으로서 초등학교를 중퇴하고 중증도의 정신지체의 장애로 정신연령은 6-9세의 수준에 겨우 자기 성명밖에 쓸 줄 모를 정도였다. 현실상황을 판단하고 행동의 결과를 예측하는데 장애가 있어 다른 사람의 명령이나 권유를 거절치 못하고 주변의 압력에 쉽게 영향 받고 복종하기 쉬운 상태였다. 이 사건에서 C는 수사기관에서부터 1심까지 줄곧 자백을 한 것은 물론이고 항소를 하면서도 단지 양형부당만 다투었을 뿐, 무죄를 다투지 않았다. 이런 C의 태도와 비교해 볼 수 있는 미국사례로 *Victoria Banks* 사건을 들 수 있다. Gross 2012 Report, *supra note* 110(chapter 2.3), at 69. 1999년 8월 Alabama 주 Choctaw에서 Victoria Banks는 별거 중인 남편 Medell Banks, Jr.와 그녀의 여동생 Dianne Tucker와 더불어 그녀가 두 달 전에 출산하였다는 영아를 살해한 혐의로 체포되었다. 세 명 모두는 지적 장애인이었는데 외부와 차단된 오랜 신문 끝에 사형에 처할 수도 있다는 말에 겁을 먹고 급기야 자백하고, 유죄협상으로 상해치사죄로 처벌되었다. 다만 이들의 처벌에는 영아가 태어났다는 점에 관한 아무런 물증이 없었다. 실은 Victoria Banks는

기 끝에(C는 아무런 판단작용이나 의식 없이) 허위의 자백을 할 가능성도 배제할 수는 없었을 것이다.

열흘 후 암매장하였다는 장소에서 발견된 이 사건 사체도 단순한 우연의 일치에 의한 것으로 보인다. 사체발견 장소가 일반적으로 사체가 묻혀 있을 수 없는 야산이고 피고인들의 진술에 의한 수색에 의하여 비로소 그 사체가 발견된 것이라면 그 사체와 피고인들의 진술과의 강한 연관성이 있다고 볼 수 있을 것이다. 그러나 사체가 발견된 장소는 2심이 지적한대로 "널리 사체가 다양한 형태로 묻힐 수 있는 공동묘지"였다. 따라서 그곳에서 이 사건 신원불상의 사체가 나왔다는 것은 피고인들의 사전 진술이 있다고 하더라도 피고인들이 이 사건 사체의 장본인을 살해하여 암매장하였다고 단정할 수는 없다고 본 것이다.

이 사건은 피고인들이 범행을 저질렀다거나, 사체와 피고인들 사이의 관련성이 있다거나, 또는 나아가 아예 범죄 자체가 발생하였을 가능성을 부정할 수 있는 여러 객관적 정황들이 두루 존재하고 있는 사건이다. 더구나 피고인들의 자백 경위, 내용, 취약성 등에 비추어 허위자백일 가능성이 매우 농후했다. 그럼에도 수사, 기소, 1심 유죄판결이 이루어진 것은 자백증거의 강한 영향력에 더하여 마침 자백을 뒷받침하는 듯한 사체 발견의 강한 영향력을 벗어나지 못한 것에서 기인하는 것으로 볼 수 있다는 점에서 검토의 가치가 높은 선례라고 할 것이다.

④ 순번 507사건도 허위자백이 문제된 사건이다. 당초 피고인은 2010. 10. 3.자 절도범행 다섯 건으로 현행범 체포되었다. 수사과정에서 피고인은 그 두 달 전부터 발생한 다른 17건의 절도범행도 아울러 자백했다. 이

이미 1995년에 나팔관 불임시술을 받은 바 있었고 의학적 검사결과 그 이후에도 그런 상태는 계속 유지되었기 때문에 임신은 불가능하였음이 밝혀지게 되었다. Dianne Tucker는 감형되었다가 2002년 출소하였고, Medell Banks는 면죄처분을 받아 2003년 1월 석방되었다. Victoria Banks 그녀 자신만은 징역 15년형의 유죄판결을 다투지 않았다.

사건에서 쟁점으로 된 공소사실은 17건 가운데 피고인의 2010. 9. 17.자 주거침입절도 부분(이하 '이 사건 절도범행')이다. 피고인은 모든 절도범행에 대하여 1심 제1, 2회 공판기일에서도 일단 자백하였다. 그러나 이후의 1심 공판과정에서 앞의 17건에 관한 자백은 허위자백임이 대체로 밝혀졌다. 17건의 범행시기에 피고인은 범죄 발생지역이 아닌 타지에 있었다는 알리바이 입증에 성공했기 때문이다. 중한 처벌을 면하기 위해 수사협조 차원에서 자백하고 저지르지 않은 죄를 덮어 썼다는 것이다. 그런데 검찰은 이들 17건 중 16건은 공소사실을 철회하면서 유독 이 사건 절도범행만은 남겨두었다. 그 이유는 피고인이 2010. 9. 17.부터 같은 달 18.까지 사이에 범행이 발생한 지역에서 자신의 휴대전화를 사용한 적이 있음이 밝혀졌기 때문이었다. 즉 이 부분은 피고인이 완전한 알리바이 입증에는 실패한 셈이 된다.[410] 1심은 이 사건 범행에 관한 피고인의 자백, 2010. 9. 17.부터 같은 달 18.까지 사이의 피고인의 통화내역, 범행현장에서의 범인이 남긴 족적이 체포 당시 피고인이 신고 있던 신발의 족적과 일치하는 정황을 종합하여 피고인의 유죄를 인정했다. 2심은 피고인이 17건에 대한

---

410) 피고인의 알리바이 주장이 허위임이 드러난 정황을 오히려 유죄정황으로 볼 수 있는가 하는 점이 재판실무상 종종 문제로 된다. 피고인은 스스로 자신이 범인이 아니라는 소극적 가설을 입증할 책임은 없는 것이므로, 알리바이 등 범죄와 관련된 주장이 객관적 정황과 들어맞지 않음이 드러났다고 하더라도 이를 가지고 공소사실을 뒷받침하는 정황으로 보는 것은 대단한 주의를 요한다. 조원철, "심급별로 사실인정이 달라진 사건의 원인 분석(형사편)", 법관의 의사결정 이론과 실무, 사법발전재단(2010), 504면은 광주고법 1982. 5. 20. 선고 82노150 판결 사례를 이 부분 유의점을 일깨워주는 사건으로 들고 있다. 이 사건 항소심은 피고인의 알리바이 주장이 허위로 밝혀진 정황을 유죄 정황의 하나로 거론하여 피고인을 유죄로 인정하였다. 그런데 대법원에 사건이 심리 도중 진범이 검거되는 바람에 피고인의 무고함이 확증된 것이다. 한편 본 연구대상 판결 순번 120 사건(대전고법 1997. 11. 25. 선고 97노368 판결), 469사건(서울고법 2008. 12. 30. 선고 2008노2379 판결)은 알리바이 주장이 허위라고 하여 유죄정황으로 삼지 못함을 지적하고 있다.

자백을 한 동기와 경위, 자백 번복의 경위 등을 종합해 볼 때 이 사건 범행도 허위자백임을 인정했다. 알리바이가 입증된 데다가 허위자백을 한 이유와 번복 이유가 모두 사실로 밝혀진 이상 16건의 범행은 피고인이 저지르지 않은 것이 명백하다. 나머지 한 건인 이 사건 절도범행에 대한 자백도 같은 맥락에서 자백을 한 동기와 번복 경위를 따져 볼 수밖에 없는데 유독 이 부분 자백만 진정한 것이라고 볼 정황은 이제 남아있지 않게 된 것이다.

누군가가 과거 범행 현장 부근에서 통화를 하였다는 정황만으로 그를 범인으로 단정하기에 너무나 부족하다. 그 부근이 대단히 인적이 드문 외지라면 모를까 이 사건 절도범행 현장과 같이 주택가 일대에서 전화를 한 사람은 얼마든지 더 있을 것이기 때문이다. 그리고 이 사건 절도범행 현장에서 채취된 족적이 피고인이 체포 당시 신고 있던 운동화 바닥문양과 유사하다는 것도 부족한 증거이기는 마찬가지다. 2심은 "피고인만이 그러한 종류의 운동화를 신고 다닌다고 단정할 수 없을 뿐만 아니라 바닥문양이 유사한 다른 제품이 있을 수도 있으므로 위 증거들만으로 이 사건 절도범행을 인정하기 부족하다."고 판단하였다.

이 사건에서 절도죄 유죄를 인정할 정황증거는 매우 빈약함에도 불구하고 검사는 공소장 변경을 하면서 굳이 이 사건 절도범행을 남겨 두었고 1심 법원도 이를 유죄로 인정하였다. 그것은 알리바이가 객관적으로 인정되어 나머지 상당수의 범행에 대한 자백이 허위임이 밝혀졌고 같은 맥락에서 나머지 범행인 이 사건 범행의 자백도 허위성에 대한 의심이 농후하게 되었음에도 기왕에 한 자백의 영향력이 크게 남아 있는 상태에서 유죄에 대한 예단에 빠져 그 유죄 프레임을 벗어나지 못하는 소치일 것이다.

수사기관과 법원의 터널비전으로 반증 가능성에 대한 검토를 소홀히 한 것이 문제로 된 사례

① 순번 255 사건에서 피고인은 빈집을 털고 나오다 주인인 피해자와

마주쳐 체포면탈 목적 폭행을 가한 준강도상해 혐의로 공소제기되었다. 1심은 피해자의 일대일 대면에 의한 일관된 지목진술, 피해자가 신고한 가해 차량이 '54다4592호 회색 갤로퍼 차량'인데 피고인이 당일 타고 다녔던 '50다4592호 회색 스포티지 차량'과 차량번호, 색깔, 차체가 거의 유사한 점을 토대로 유죄를 인정했다. 그러나 2심은 경찰이 피고인의 종전 범행과 이 사건 범행의 수법이 유사하고 차량종류나 번호 등이 비슷하다는 이유로[411] 처음부터 피고인이 범인이라는 강한 예단을 가지고 수사를 하면서 다른 가능성에 대한 검토나 수사를 소홀히 하였음[412]을 지적하고 있다. 피해자의 지목진술 역시 그와 같은 수사기관의 예단이 피고인을 범인으로 지목하도록 암시를 주어 피해자 기억이 왜곡되었을 가능성이 있었

---

411) 2심 판결에 의하면 경찰은 피해 신고 당시 범인이 타고 간 차량번호에 관한 피해자의 진술이 매우 불분명하였음에도 억지로 뜯어 맞추기 식 수사를 한 것으로 보인다. 피해자는 차량번호 첫 두 글자인 '54' 정도만 기억하고 있었는데 어떤 연유에선지 '4594' 번호가 튀어나온 것이다. 긴급수배일지의 가해 차량 '54다4592호 회색 갤로퍼 차량'이라는 기재 자체도 신고 즉시 기재된 것이 아니라 사후에 보충된 것으로 볼 여지가 충분했다. 더구나 위 54다4592호는 갤로퍼가 아니라 소나타 승용차였다. 그러자 차량조회조건을 앞 번호 '50', 뒷 번호 '4592'로 조회한 결과 전국넘버, 즉 흰색 번호판을 단 회색계통의 갤로퍼 비슷한 차종(SUV)은 이 사건 차량밖에 없었다고 보아 피고인을 범인으로 지목한 것이다. 그러나 그 조회결과상으로도, 차량번호가 '50부4592'인 소렌토 차량 역시 흰색번호판을 단 회색 SUV 차량임에도 그에 관하여는 전혀 조사가 이루어지지 않았다. 결과적으로 피해자 신고의 차량번호와 이 사건 차량번호 사이에는 합리적 연결이 없게 된 것이다. 이런 엉터리 수사로 범인을 특정한다면 어느 국민이든 안전할 수 없을 것이다.

412) 이 사건의 경우 범인은 피해자의 방에 들어가 서랍장 등을 뒤졌고 피해자와 격투까지 하였으며, 그 과정에서 피해자에게 2주간 치료를 요하는 상해까지 가하였다. 경찰로서는 범인이 범행과정이나 피해자와의 격투과정에서 남긴 지문이나 모발 등을 수거, 분석함으로써 객관적이고 과학적인 방법으로 피고인이 진범인지 여부를 확인하는 시도를 하였어야 할 것이다. 2심 법원은 경찰이 실체적 진실 발견을 위한 최소한의 조사나 확인도 하지 않았음을 지적하고 있다.

다. 결국 2심은 피고인에 대하여 무죄를 선고하였다. 처음 피고인 차량을 특정한 것은 매우 엉성한 기초에 근거한 것이었다. 그런데 일단 피고인이 특정되고 나자 경찰은 다른 가능성을 염두에 두지 못한 확증편향에 빠지고 만 것이다. 그 때문에 사건현장에 대한 감식 등 기본적인 사실 확인도 소홀히 한 것이다. 이런 조치를 취했더라면 범인과의 연계성을 찾을 수 있는 여러 가지 증거들, 더 나아가 피고인이 범인인지 여부를 확인할 수 있는 증거들이 있었을 것임에도 그에까지 생각이 미치지 못하였던 것이다. 검찰, 1심 법원 역시 차량번호가 서로 유사하다는 것에만 집착한 나머지 최초 신고에서 차량번호가 특정된 경위까지는 더 깊게 관심을 기울이지 못하였다. 이것은 터널비전에 갇혀버릴 때 나타나는 전형적인 현상인 것이다.

② 초동수사과정에서 확증편향적 태도로 인하여 수사미진의 문제점을 지적한 사례로는 순번 170사건이 있다. 이 사건은 상해치사 사건이었는데 범행현장에는 피고인 이외에도 김○○이 같이 있었다. 쟁점은 피고인과 김○○ 중 누가 피해자를 폭행했는지가 문제였다. 피고인이 범인이라는 주된 증거는 김○○의 진술에 더하여 범행현장인 방안 벽에 묻은 혈흔과 피해자에게서 발견된 혈흔이 피고인의 것이라는 감정결과였다. 당연히 김○○은 자신이 범행을 한 것이 아니라고 주장했다. 그런데 경찰은 초동수사 단계에서 피고인에게만 혐의를 두고 수사를 한 나머지 김○○에 대하여는 신체, 의복 등을 살피거나 조사하는 등 수사를 미진하게 한 점이 밝혀졌다. 그 결과 2심은 이 사건은 과학적이고도 합리적으로 범인을 특정하기 어려운 상황에 이르게 되었음을 이유로 무죄를 선고했다.

③ 순번 320사건은 범인식별절차의 중요성에 관한 인식이 부족하던 90년대에 나온 판결(서울고법 1999. 3. 31. 선고 98노3501 판결)이다. 이 사건에서 피고인은 심야 호프주점에 손님을 가장하고 들어와 여주인을 폭행하고 금품을 강취한 공소사실로 기소되었다. 피해자에 따르자면 범인은 반바지 차림으로 3일 연속 피해자가 경영하는 주점에 왔다는 것이었다.

경찰은 범인이 밤늦은 시간에 반바지 차림으로 사건현장인 주점에 3회나 찾아갔던 점으로 보아 범행현장 인근에 거주하는 우범자가 범인일 것이라고 추정하였다. 동일 전과가 있고 우범자로 관찰 대상자인 피고인이 용의선상에 올랐다. 경찰은 피해자에게 피고인의 주민등록부에 붙어있는 사진을 보여주었다. 수사기관에서 한 피해자의 피고인 범인지목진술[413]을 토대로 체포에서부터 1심 유죄판결까지 이어진 것이다.[414] 피고인은 위 주점에 간 바가 한 번도 없다고 주장했고, 피해자가 범인이 왔다고 주장하는 처음 두 번의 시간대에는 알리바이까지 입증된 바 있었다. 경찰은 당초 이 사건 현장에 있던 맥주 컵 등에서 지문을 채취하였지만 감식의뢰를 하지 아니하였다. 재판과정에서 경찰은 그 지문이 뚜렷하지 아니하였기 때문이라고 변명하였으나 2심은 지문 사진들의 영상을 보면 그 지문이 과연 감정을 의뢰하지 못할 정도로 뚜렷하지 아니한지 의심스러울 뿐만 아니라 그 감정의 불능 여부는 감정전문가의 판단에 속하는 사항이라고 그 변명을 일축하였다. 2심은 "지문감식은 그 결과에 따라서 피고인이 범인과 동일인이라는 것을 입증할 수도 있지만 거꾸로 피고인이 범인이 아니라는

413) 다만 최초 대면에서 피해자는 피고인이 범인이 아니라고 진술하였다. 당초 피해자는 범인이 전라도 말씨를 쓴다고 하였으나 피고인은 실제로는 경상도 사람이었다. 당초 피해자는 범인의 모든 특징에 관하여 기억을 다하여 진술하고자 한 것으로 보이는데 범인의 가장 중요한 특징 중 하나인 다리에 있는 장미문신에 관하여는 언급한 바 없었다. 그런데 나중에 피고인이 체포된 이후부터 범인은 다리에 장미문신을 하였고 그 문신을 확인하게 된 경위에 관하여 진술하고 있다. 2심은 시간이 흐를수록 문신을 보게 된 경위에 관한 진술이 구체화하고 있는 점에 비추어 보면, 문신에 관한 진술은 피해자가 연행된 피고인의 신체적 특징을 보거나 경찰로부터 그러한 사실을 전해 듣고서 그에 맞추어 진술을 하는 것이 아닌가 하는 의문을 가지지 않을 수 없다고 판단하였다. 그리고 피해자는 검찰에서 범행을 완강히 부인하는 피고인에 대하여 피고인이 잘못을 뉘우치면 용서를 해 주고 싶다는 이례적인 태도를 보이기도 하였다.

414) 피해자는 소재불명되어 법정에는 나오지 않았고 그로 인하여 수사기관에서 한 진술조서에 증거능력이 부여된 것이었다.

것을 입증할 수도 있는 것이므로 그 같은 증거조사가 합리적인 이유 없이 시행되지 아니하는 이상 그로 인한 불이익을 피고인에게 돌릴 수는 없다 할 것이다."라고 결론짓고 무죄를 선고하였다. 과거의 사례이기는 하지만, 어처구니없는 경위로 피해자 진술로 범인지목이 한번 되면 그 직접증거가 매우 강력한 편파적 영향력을 행사할 수 있음을 잘 알 수 있다. 지금의 기준으로 본다면 여러 대목에서 피고인을 범인으로 본 수사기관과 유죄판결을 내린 1심 판결은 문제가 많은 것임을 잘 알 수 있다. 특히 알리바이까지 입증이 되었음에도 이를 도외시하는 것은 문제다. 수사기관이 이런 유형의 부실한 직접증거의 증명력에 많은 무게를 둔 나머지 손쉽게 확인할 수 있었던 지문감식도 소홀히 한 것은 확실히 터널비전에 갇힌 것에 기인한 것이라고 보아야 할 것이다.

④ 순번 322사건도 같은 맥락에서 이해할 수 있는 사건이다. 이 사건은 강간사건이었는데 범인을 목격한 사람으로는 피해자 이외에도 범인을 추적하다가 놓친 경찰관 임○우가 있었다. 범인이 두 번이나 피해자 집을 찾아오고 도주 경로 등으로 보아 근처에 사는 사람이라고 생각하여 피해자와 임○우는 동사무소에 가서 주민등록표에 첨부된 사진을 확인하게 되었다. 어떤 기준과 순서에 의하여 확인할 것인가에 관하여는 피해자가 범인이 26세 내지 28세 정도 되어 보인다고 진술하니까 임○우가 그러면 24세부터 28세까지의 남자 주민등록표를 보자고 제안하여 24세부터 주민등록표를 확인하기 시작하였다. 30분 후 피해자가 피고인의 주민등록표를 보고 범인으로 확인하였다는 것이다. 그런데 피고인은 24세였다. 2심은 만일 피해자 진술대로 26세부터 확인을 하였다면 24세인 피고인은 아예 그 확인대상에 포함되지도 않았을 것인데 이런 우연 때문에 범인지목을 당한다는 것은 문제임을 지적하고 있다. 한편 임○우로서는 범인을 놓치고 나서 그 책임추궁을 회피하기 위해서라도 어떻게 해서든지 범인을 검거해야만 하는 입장에 놓여 있다는 것이 2심의 판단이었다. 더구나 임○우는 피해자가 범인의 정액이 묻은 팬티를 보관하고 있다고 진술하였음에도 팬티

를 증거물로 확보하지 아니하였으며 또한 범인의 샌들을 압수한 즉시 보존하여 감정기관에 유전자감식, 족적감정 등을 의뢰하였어야 함에도 이를 하지 아니하는 등 기초적인 증거수집절차를 제대로 하지 못한 잘못도 지적되었다. 이 사례는 범인을 놓친 실수를 만회할 것에 급급한 경찰관의 조급한 심정이 터널비전으로 연결되어 누구라도 한시바삐 범인으로 지목만 된다면 신중하고도 정밀한 증거수집(그것은 피고인이 범인이 아닐 수도 있는 반증이 될 수도 있는 것이었다)에는 관심이 집중되지 않음을 잘 보여주는 사례라 할 것이다.

⑤ 분석대상 사건은 아니지만 본 연구자가 담당한 사건 중에 대전고법 2007노485 사건도 경찰의 확증편향이 문제로 되었다.[415] 이 사건은 남편이 부인을 아파트 집안에서 살해한 혐의로 기소된 것인데 부인의 사체가 발견되지 않은 소위 사체 없는 살인사건에 해당한다. 제반 정황을 종합하여 추정컨대 피고인은 며칠간 아파트 안에서 사체를 훼손, 처리한 후 모처에 은닉한 것으로 보였다. 하지만 피고인은 범행을 강하게 부인하면서 피해자가 어딘가에 숨어 행방을 감춘 채 살인사건을 조작하여 자신에게 덮어씌운 것이라고 억울함을 호소했다. 대법원은 시체가 발견되지 아니한 상황에서 범행 전체를 부인하는 피고인에 대하여 살인죄의 죄책을 인정하기 위해서는 피해자의 사망사실이 추가적·선결적으로 증명되어야 함을 물론, 그러한 피해자의 사망이 살해의사를 가진 피고인의 행위로 인한 것임이 합리적인 의심의 여지가 없을 정도로 증명되어야 한다고 판시(대법원 2008. 3. 13. 선고 2007도10754 판결)한 바 있다. 이런 대법원 판례가 나올 정도로 이런 유형의 사건에서 유죄를 인정하기에는 매우 신중한 접근이 필요하다. 특히 피해자의 사망사실이 선결적으로 입증되지 않고서는 유죄심증 형성은 한 걸음도 나아갈 수 없는 것이다. 그런데 항소심 심리과정에서 피해자의 생존흔적에 관하여 경찰은 아무런 조사를 하지 않았음이

---

415) 이 사건은 1심 및 2심 모두 유죄가 선고되었고 대법원 상고기각으로 유죄 확정되었다.

발견되었다. 즉 피해자의 사망 및 실종 시점 이후에도 피해자의 휴대전화와 이메일 교신 흔적이 무수히 발견되었던 것이다. 만일 그 교신 중 단 한 건이라도 살아있는 피해자가 관여한 것이 있다면 모든 유죄 정황은 무너질 판이었다. 아파트 안에는 피해자의 사체가 처리되었을 것으로 추정되는 여러 물증들과 과학적 감정결과들이 나오기는 하였지만 모두 간접증거일 뿐 유죄인정에 강한 증명력을 가진 것은 그리 없는 형국이었다. 조사를 담당한 경찰관은 항소심 법정에 나와 미처 이러한 교신사실을 검토하지 못하였음을 실토하였다. 나름대로의 과학적 증거를 확보하여 유죄를 확신한 순간 확증편향이 빠져 반대사실의 가능성을 검증하는 데 소홀히 한 실례라 하겠다. 항소심에서 이런 교신내역과 같은 피해자의 생존흔적에 대한 추가심리를 심도 있게 실시하지 않을 수 없었는데 그 결과 모든 교신은 피해자가 관여한 것이 아님이 밝혀졌기에 나머지 간접정황들을 종합하여 피고인에 대한 유죄를 선고했던 것이다.

범인지목의 단서가 부실한 추론에 근거했음에도 결과편향에 빠져 거기에 과도한 비중을 둠으로써 판단오류로 연결된 사례

① 순번 77사건은 범인지목진술의 신빙성 판단에 관한 일반론을 설시한 최초의 판례인 대법원 2001. 2. 9. 선고 2000도4946 판결의 파기환송후 2심 사건이다. 이 대법원 판결에서는 범인식별절차로서 라인업의 필요성을 강조한 이외에도 피해자의 범인지목 진술의 위험 요인으로 꼽히는 무의식적 암시 가능성의 근본원인을 수사기관이 잘못된 단서에 의하여 범인을 지목하는 것에서 찾고 있다. 이 사건에서 피해자들이 피고인을 이 사건 범인으로 지목하게 된 것은 당초 경찰의 어처구니없는 잘못된 추론 때문이었다. 범인 2명으로부터 강도 범행을 당했다는 피해 신고를 받고 경찰은 즉시 출동하여 탐문수사를 벌이던 중 부근을 지나가던 수상한 트럭을 불심검문을 하려고 하였다. 그러자 운전자가 차량을 버리고 도망을 가버렸다. 차적 조회를 통하여 그 운전자는 A로 그 신원이 특정되었다. 그런데

그 시간대에 A는 그가 일하는 고물상에서 같이 일을 하는 동료이자 고물상 주인의 동생인 피고인과 통화를 한 사실이 밝혀졌다. 그것이 발단이 되어 피고인도 A와 함께 강도 범행을 같이 저지른 것으로 추정된 것이다. A가 검거되지 않은 상태에서 피고인은 A와 합동으로 강도를 저지른 것으로 기소되었다. 나중에 A가 검거되었는데 자신이 도망간 이유는 다른 절도 범행이 탄로 날 것이 두려웠기 때문이라고 주장했다. A는 절도 범행만으로 기소됐다. 그러자 검찰은 1심에서 피고인이 A가 아니라 "성명불상자"와 합동 강도를 저지른 것으로 공소장을 변경하였다. 이에 대해 1심은 성명불상자와 합동한 부분은 증거가 없다는 이유로 피고인 단독 강도 범행 유죄를 인정하였고 환송전 2심도 같은 유죄를 유지하였다. 이 사건 강도 범행과 피고인을 연결하는 고리로 유일한 것은 A와 피고인 사이의 전화통화였다. 그 과정에서 피해자들의 범인지목진술이 추가된 것인데 이런 지목진술이 무의식적 암시에 의하여 왜곡될 수 있음은 위 대법원 판례가 지적한 바와 같다. 범인으로 추정되는 사람과 전화통화를 하기만 하면 그를 공범으로 지목한다는 발상 자체가 매우 기이하다. A는 강도가 아닌 절도를 범했다는 것이므로 왜 피고인을 절도 공범으로 추가기소하지 않았는지 궁금할 지경이다. 그런데 사후적으로 1심 재판과정에서 A는 강도범행과는 무관한 것이 밝혀져 더 이상 그런 희박한 연결고리조차도 끊어져 버렸다. 그럼에도 혼자 남게 된 피고인에 대하여 공소장 변경, 공범부재 이유무죄를 하는 한이 있더라도 어떻게든 반드시 범인으로 연결 지어 처벌하고야 말겠다는 검사 및 1심, 환송전 2심 법원의 태도는 참으로 납득이 되지 않는다. 피고인이 아무리 무죄정황을 제시해도 고집스럽게 유죄를 유지하는 이러한 융통성 없는 태도를 보면서 어떠한 간난고초에도 불구하고 주인공은 살아남는다는 영화 '다이하드'가 떠오른다. 한번 범인으로 지목이 되면 좀처럼 그 구렁에서 잘 빠져나오지 못하는 이런 현상은 프레임의 한계를 벗어나지 못하게 하는 확증편향의 지독하고도 강력한 효과 때문일 것이다.

② 순번 355사건은 경찰의 범인지목 및 검거 경위의 이례성의 문제점을 지적한 판결이다. 이 사건에서 피고인은 동두천시에서 발생한 흉기휴대 주거침입 강도죄 및 강간죄로 기소되었다. 피고인은 범행 일체를 부인하면서 알리바이를 주장하였다. 최초의 사건은 전곡 시외버스 터미널 옆 화장실 내에서 발생한 강도상해사건이었다. 피해자는 야구모자와 흰색 운동화를 착용한 신장 160센티미터 가량, 170센티미터 가량의 범인 2명으로부터 강도 피해를 당했다고 진술했다. 탐문수사 중 성명불상의 목격자가 사건 발생 장소와 시간 무렵 30대 초반의 신장 170센티미터 가량, 체격 보통, 짧은 머리형, 눈이 크고 쌍꺼풀이 진 사람이 황급히 뛰어 가는 것을 보았는데 그 사람은 동두천시 생연동에서 자주 목격한 바 있다고 진술하였다. 연천경찰서 소속 경찰관들은 동두천시 생연동에서 탐문수사를 벌이던 중 이 사건 피해자 자매를 만나 위와 같은 인상착의, 즉 "야구 모자를 쓰고 신장 170센티미터 가량, 체격 보통, 짧은 머리형, 눈이 크고 쌍꺼풀이 진" 사람을 본 적이 있는지를 묻게 되었는데, 갑자기 피해자 자신들도 그 비슷한 사람으로부터 약 한 달 전에 이 사건 강도 강간피해를 당한 사실이 있다는 이야기를 비로소 듣게 되었다. 피해자들은 범인의 인상착의에 대하여 "신장 170센티미터 가량, 체격은 왜소한 편, 머리 짧은 편, 눈이 크고 쌍꺼풀, 빨간 색 잠바 착용, 야구 모자 착용, 흰 색 운동화 착용, 부엌칼 등을 소지하였다."고 진술하였다. 경찰은 전곡 화장실 강도상해 사건과 이 사건 강도강간 사건은 일단 동일범의 소행으로 판단하고 수사에 착수했다. 강도강간 피해자는 범인이 친구와 배회하는 것을 2~3차례 목격한 사실이 있다고 하면서 그 친구 인상착의를 진술했다. 경찰은 동두천시 생연동 일대 거주자들을 상대로 위 친구의 인상착의를 중심으로 탐문하던 중 방앗간 아주머니의 제보와 주민등록원부 사진을 피해자로 하여금 확인케 한 것을 토대로 그 친구로 이○우를 특정했다. 경찰은 이○우를 찾아가 주변사람 중에 맥가이버형의 머리를 가진 사람을 아는가 물어 그런 사람은 없다고 하는 답을 들었다. 다만 자주 만나는 사람으로 40대 가량의

성명불상자와 피고인이 있다고 하여 그 중 피고인의 인상착의를 물어보니 "신장이 170센티미터 조금 넘고 눈이 크고 쌍꺼풀졌으며 머리는 짧은 편이라는 답을 듣고 피고인을 범인으로 경찰관은 직감하였다는 것이다. 이 사건 강도강간 피해자들은 피고인을 범인으로 지목했다. 피고인을 용의선상에 올리기까지 전곡 강도상해 피해자→전곡 목격자→동두천시 이 사건 피해자들(피해사실 및 범인과 친구 인상착의 진술부분)→방앗간 아주머니→동두천시 이 사건 피해자들(범인의 친구 지목 진술부분)→이○우→동두천시 이 사건 피해자들(피고인에 대한 범인지목 진술부분)라고 하는 무려 일곱 단계의 사람 진술을 거치고 있다. 전곡 강도상해 피해자도 피고인을 범인으로 지목했으나 이 부분 혐의에 대하여는 알리바이가 입증되어 무혐의 처분되었다. 이 사건에 관하여도 피고인은 알리바이를 주장하였으나 검찰과 1심은 받아들이지 않았다. 항소심은 이 사건 수사 경위 및 피고인을 범인으로 지목, 검거하게 된 경위가 이례적이고 부자연스럽다고 판단하였고 그 결과로 피고인을 범인으로 지목하는 피해자들의 진술의 신빙성도 인정하지 않았다.

경찰이 피고인을 지목하게 된 경위를 보면 '서울에서 왕 서방 찾기'식의 극단성을 보이고 있다. 범인 지목의 이 같은 경위를 듣게 된다면 상식적으로 보아 그것은 곤란하다는 생각이 들어야 한다. 그런데 수사 경찰관들은 이○우의 피고인에 관한 인상착의 진술을 듣자마자 피고인이 범인임을 직감했다는 것이다. 애타게 범인을 찾는 데 몰두하다 보면 그와 같은 동물적 직감이 들 수는 있을 것이다. 그것이 늘 들어맞는다는 보장은 없을 것이지만 말이다. 하지만 자기과신에 빠지는 편향과 오류는 판단자를 눈멀게 하고 만다. 이 역시 범인검거라고 하는 결과에 매달려 급급하다보면 매우 희박한 단서조차도 자신에게는 유달리 크게 보이는 터널비전의 전형을 이 사건 수사관들이 보여준 것이다. 문제는 그 나쁜 영향력은 피해자들의 지목진술에도 이어지고 유죄판결을 내린 1심 판사들에게도 미친다는 데 있다. 알리바이 주장에 관한 2심의 판단은 다음과 같다.

"피고인은 전혀 교육을 받지 못한 문맹자일 뿐만 아니라 이 사건은 약 한 달 전의 일로서 아무런 다른 자료나 주위 사람들의 도움 없이 긴급체포된 상태에서 정확하게 자신의 지난 일정을 기억하는 것이 용이하지 않다고 보이는 점, 위 전화 통화내역 및 관계자들의 진술에 의하면 피고인이 이 사건 당일 소요산에 친구들과 놀러갔다가 함께 맥주를 마시고 집으로 돌아갔다고 보는 것이 자연스럽고 그 사이에 피고인이 집에 가서 부엌칼을 들고 피해자 집에 가서 강도강간 범행을 저지르고 다시 그 칼을 피고인 집에 갖다 놓은 후 태연하게 친구들이 있는 장소로 돌아와서 술을 마시고 갔다고 보기 어려운 점, 피고인의 지적수준 및 이 사건의 성격상 피고인이 사전에 치밀하게 알리바이를 만들어 놓고 범행을 하였다고는 볼 수 없고(피고인은 경찰 이래 범행을 적극 부인하면서도 이와 같은 알리바이에 부합되는 진술을 하지 못하고 있다), 더욱이 범행 종료시간 무렵 피고인은 이미 다른 곳에서 휴대폰 통화를 한 것으로 확인된 점, 이 사건 당일 함께 놀러갔던 친구들과 피고인 간에 만났다고 주장하는 시간 전후에 상호 만나기 위하여 연락한 것으로 보이는 점 등에 비추어 보면, 피고인의 변소대로 피고인은 이 사건 당일 소요산에 친구들과 놀러갔다가 함께 맥주를 마시고 집으로 돌아갔을 뿐 피해자들의 집에 들어가 이 사건 범행을 저질렀다고는 보기 어렵다 할 것이다."

2심 판결문을 통하여 알 수 있듯이, 통화내역 조회상 도저히 피고인은 범행 현장에 있었던 것으로 보이지 않는다. 1심 유죄판결에 대한 의문과 안타까움을 금할 수 없다.

잘못된 확률적 추론 등에 근거하여 피고인의 합리적 변명이 과소평가된 사례

순번 155사건은 피고인이 심야 편의점 강도를 7회 저지른 혐의로 기소된 사건이다. 피고인이 부인을 하고 있는 이 사건에서 매우 유력한 유죄의 간접증거는 피고인이 렌트를 하고 수일간 충청도 일대를 특별한 목적이 밝혀지지 않은 채로 야간에 돌아다녔는데(피고인은 처, 유아와 함께 같이 돌아다녔다고 주장한다) 렌터카 GPS 기록과 도로방범 CCTV에서 드러난 피고인이 돌아다닌 경로 인근에서 그 시간대에 편의점 강도사건이 7건이나 일치하여 발생했다는 정황이었다. 피고인에게는 이미 유사한 전과도 있었고 확실한 것은 아니나 편의점 종업원들의 진술도 대체로 피고인을 범인으로 지목하는 데 일치하고 있었다. 또한 피고인이 체포 당시 소지하고 있던 점퍼가 7번째 범행 당시 범인이 입고 있던 점퍼와 동일한 것으로 보이는 점도 유죄 정황 중 하나였다. 1심은 이런 정황을 종합하여 피고인을 유죄로 인정하였다.

그러나 본 연구자가 재판장을 맡았던 2심은 이와는 달리 7건의 범행 전부에 대하여 무죄를 선고했다. 일련의 범죄가 발생하였는데 마침 각 범죄마다 어떤 특정인이 시간과 장소적으로 항상 근접하여 위치하고 있었다는 사정이 밝혀진 경우라면 그를 범인으로 지목할 수 있을 것인가 하는 것이 이 사건에서 쟁점으로 되었다. 그런데 그 일대에서는 그 당시 편의점 강도사건이 단 7건만이 아니라 굉장히 많이 동시다발적으로 발생하던 때였다. 그리고 피고인이 주행한 경로는 피고인 이외에도 많은 사람이 다니던 통행로였다. 이 사례에서와 같이 주행경로라고 하는 특정한 조건에서(그것도 그 주행경로는 피고인 이외에는 다른 사람은 절대로 선택할 수 없다는 전제하에서) 다른 곳이 아닌 오로지 그 주행경로에서만 특정한 동일 수법의 범죄가 다발적으로 발생하였다고 한다면 그 우연성이 겹친 확률 때문에 피고인을 의심할 여지가 생기게 된다. 그러나 이 사례에서는 피고인 이외에 또 다른 누군가에 의하여도 같은 경로를 선택할 가능성이 여전히 남아있다. 그리고 도처에 흩어진 편의점에서 강도사건이 빈발하였다. 이 경우 그 일대를 지나간 여러 불특정인들 중에서 마침 한 여행객이 그 일대 통행경로를 따라 지나갔음이 밝혀진 경우 그를 붙들고는 여러 건의 편의점 강도사건들 가운데 그 경로 인근에 위치한 사건들만을 골라내어 "왜 공교롭게도 당신이 지나간 지역에서 동일 수법의 강도사건이 발생하였는가?"라고 추궁을 한다면 타당한 것인가를 2심은 문제 제기하고 있다. 이런 확률적 가능성을 중시하는 태도는 역추론의 오류에 빠진 것이다. 지금껏 밝혀진 내용은 피고인이 이동한 지역에서 범죄가 발생하였다는 것에 불과할 뿐, 피고인의 이동사실 자체만으로는 범행과의 사이에 유의미한 관련성을 부여하기 어렵다고 할 것이라는 것이 2심의 판단이었다. 순번 155사건의 판결문에도 적시하였듯이 이 사건은 이런 정황을 제외한다면 경찰의 피고인 지목경위, 피해자들의 범인식별절차 및 그 진술 경위, 렌터카 차내에서 발견되었을 수도 있는 범행도구와 장물의 부재, 편의점 내부 CCTV의 촬영된 영상을 통하여 확인할 수 있는, 동일범의 소행인지 조차도 의심스러운 정황 등 피고인의 유죄를 인정하기에는 의심스러운 정황이 도처에 널려 있었다. 이런 이유로 2심은 무죄를 선고했다. 특히 주목할 것은 1심은 1심 법정에서 증인으로 나온 피해자들이 법정에 서 있는 피고인과 범인의 동일성에 관하여 확신할 수 없다고까지 증언하였음에도 오히려 이런 진술을 선해하여 유죄증거로 거시하고 있다. 이 점에 대하여 2심은 "특히 이 사건과 같이 피고인이 그 지목 진술의 신빙성을 강하게 다투고 있는 사건에서 거의 유일한 증거라고도 볼 수 있는 피해자나 목격자의 지목진술의 증거가치 중요성을 감안할 때 합리적 의심을 배제할 정도로 고도의 신빙성이 요구되는 요증사실의 진부에 관하여 이들 모순되는 지목진술은 유죄의 증거로 쓰기에 부족한 증거로 보는 것이 자유심증주의의 내적 한계를 벗어나지 않은 판단이라 할 것"이라고 판단했다. 요컨대 오류가 있는 확률추론적 정황에 이끌려 증거가치가 떨어지는 증거들의 증명력의 정도를 오인하는 것은 물론, 피고인이 주장하는 여러 반증가능성을 무시하는 위험성이 있음을 이 사례를 통하여 잘 알 수 있게 된다.

피고인을 범인으로 단정한 경위에 수사기관의 그릇된 예단이나 악의가 작용한 것으로 의심되는 사례

① 심야 노상에서 이루어진 강도상해 사건인 순번 214 사건에서 1심은

피해자의 지목진술만을 가지고 피고인의 유죄를 인정하였다. 이에 대하여 2심은 피해자 진술의 신빙성을 부정했다.[416] 2심은 여기에 더하여 경찰의 이 사건 인지경위에 관한 문제점을 지적하고 있다. 경찰은 피고인을 여러 건의 성폭력 범죄 혐의로 긴급체포한 당일 갑자기 무슨 근거인지는 모르나 이 사건도 피고인이 저지른 것인지 추궁하였다. 피고인이 이를 부인하였음에도 일단 피고인의 범행으로 인지를 먼저 한 다음 이틀 후 피해자를 대면시켜 범인으로 확인을 하게 하는 순서로 수사를 진행하였다. 통상적이라면 먼저 기왕에 범죄피해 신고를 한 피해자로 하여금 피고인이 범인인지를 확인한 이후에 다음 단계 수사로 나갈 것인데 이 사건은 그 순서를 바꾸었다. 피해자 지목 전에 피고인을 범인으로 단정한 경위를 법원에 명확히 하지 못한 것을 보면, 이런 지목은 오로지 수사관의 직감 정도에 근거한 것은 아닌가 보인다. 그런데 관내 미제사건을 해결하고 싶은 욕구의 발로로 '어차피 다른 중한 성폭력범죄로 처벌될 것이니까 소소한 여죄를 추가시켜 떠안고 가게 하자'는 생각이 개재된 것은 아닌지 하는 의문이 재판현장에서 종종 제기된다. 만일 그것이 사실이라면 이는 큰 문제다. 이것은 무고한 사람을 처벌하는 불의는 물론이고 더 나아가 진범을 처벌하지 못한 채 사회 내에 그대로 내버려둔다고 하는 한층 더한 불의를 조장하는 일이 된다. 이 사건에서 2심은 수사기관이 모종의 예단을 가지고 덮어씌우기식 수사를 한 것을 1심이 미처 감지하지 못하였던 점을 간접적으로 지적하고 있다.

② 여러 건의 범죄를 저지른 피고인에 대하여 여죄로 미제사건을 덮어씌우는 식의 수사의 문제점을 지적한 사례들은 분석대상 사건들 중에서 여러 건이 나타나고 있는데 그 예로는 순번 281, 344, 392, 415, 488, 507

---

416) 피해자가 범인의 인상착의의 구별에 있어서 매우 중요한 요소 중 하나인 안경착용 여부에 관하여 수사기관과 법정진술에 일관성이 없었다. 피해자는 범인의 얼굴을 보지 못하여 모른다고 하면서도 키, 덩치, 머리 스타일, 옷 등 간접적인 정황사실만을 토대로 피고인이 범인임에 틀림없다고 진술하는 것에 불과했다.

사건이 있다. 이런 패턴을 보이는 사건들 가운데, 특히 순번 407 사건도 경찰이 잘못된 예단에 따라 피고인을 용의자로 지목한 것에서 발단이 되어 문제가 된 사건이다. 경찰은 피고인이 다른 범행으로 긴급체포되어 구속된 후 미제로 남아 있던 이 사건 강도상해 범행을 저지른 것이 아닌가 의심하고 사건 발생 50일 만에 피해자에게 피고인의 사진을 보인 결과 피해자로부터 범인이 맞는다는 진술을 듣게 된 것이다. 여기서 경찰이 피고인을 강도상해 범인으로 의심한 근거는 전혀 나오지 않았다.

③ 순번 146사건은 경찰이 피고인을 지목한 경과에 관하여 경찰의 피고인에 대한 악의가 근저에 깔려 있었던 것은 아닐까 의심되는 사건이다. 피고인은 새벽에 길 가던 여성에 대하여 강제추행을 한 혐의로 기소되었다. 이 사건에서 범행방법으로 특기할 것은 피고인이 과도로 피해자를 위협하다가 피해자로 하여금 입으로 칼을 물게 하였다는 것이다. 그런데 그 이전에 피고인은 동거녀로부터 고소를 당한 바 있었는데 그 때에도 동거녀로 하여금 칼을 물리고 강제추행했다는 혐의를 받은 바 있었다. 그러나 검찰로부터 무혐의 처분을 받았고 도리어 동거녀가 무고로 처벌되었다. 이에 피고인은 그 고소사건의 조사를 담당하였던 경찰관 4명을 직권남용혐의로 진정서를 제출하였던 것이다. 이런 와중에 피고인은 다시 유사한 수법으로 체포된 것이다. 피고인은, 진정을 당한 경찰관들이 자신들은 억울하게 진정을 당한 것으로 만들고 피고인은 나쁜 범죄인임을 부각시키기 위하여 종전 무혐의 처분되었던 사건의 범행수법과 동일한 범행수법을 재차 범한 것으로 왜곡, 과장하여 사건을 조작한 것이라고 주장했다. 2심 법원은 이 주장을 액면 그대로 받아들이지는 않았지만 적시한 몇 가지 정황에 의하면 피고인의 위 주장을 전혀 설득력 없는 추측으로만 단정하기도 어렵다고 판단하고 있다. 이 사건은 결국 무죄 확정되었는데 만일 피고인의 주장이 사실이라면 경찰이 피고인을 그런 범행수법을 사용한 범인으로 지목한 것은 이 사건과는 무관한, 그 직전 진정 사건의 영향력에 기인한 것으로 추론해 볼 수 있는 것이다.

제3절 분석 결과 요약

본 연구 제3장이 취한 기본적 연구방법론 및 주요 분석결과는 다음과 같이 요약될 수 있다.

[분석방법론]

고등법원 형사 항소심 판결 중에서 법원 내부 판결문 검색시스템을 활용하여 검색된 540건의 무죄판결을 분석대상으로 삼았다. 이들 사건은 사실관계상의 쟁점에 따라 1심 유죄판결을 취소하고 무죄판결을 선고한 강력범죄 사건이다. 이 540건의 사건은 표본표집을 한 것이 아니라 1995년부터 2012년 8월까지 판결문 검색시스템을 통하여 검색된, 분석대상 적격조건에 부합하는 전체 사건이다. 주된 외적 변인은 유무죄 판단에 단서가 된 증거유형이었다.

[분석결과]

① 고등법원 파기자판 무죄비율은 2002년 1.2%에서 2007년 1.8%로 증가한 이래 2011년까지 대략 2.0%~1.8%대를 유지하고 있다. 10년 평균으로는 1.6%이다.

② 2000년대 이후에는 매년 30건 전후되는 수준으로 무죄 파기자판 사건들이 출현하고 있는데, 최근 들어 약한 증가추세를 보인다. 다만 그 수준이 감소치 못하고 계속 유지되는 것에는 관심을 기울일 필요가 있다.

③ 분석대상사건 중 성폭력 범죄가 가장 많은 57.6%를 점하고 있고 생명침해범죄가 21.3%, 강도죄가 12.2% 방화죄가 4.6%를 점하고 있다.

④ 항소심 변호인 유형을 보면 사선변호사 66.1%, 국선변호사 33.9%이다. 상당한 수준에서 국선변호 무죄 사건이 있음에 주목된다.

⑤ 심급간 유무죄 판단차이를 초래한 증거유형은 허위자백이 20.4%, 공범의 허위자백이 11.1%, 피해자 또는 목격자의 오인 지목진술이 20.7%, 피해자 허위진술 또는 피해오인진술이 49.3%, 과학적 증거의 오류가 13.9%, 정황증거의 문제가 23%를 차지하고 있다.

⑥ 살인, 강도살인, 상해치사 등 생명침해범죄에서는 제일 많은 쟁점을 차지하는 유죄증거는 정황증거(53%)이고 이어서 허위자백(38.3%)이다. 성폭력범죄에서는 피해자 허위진술 또는 피해오인진술이 77.2%를, 강도죄에서는 목격자 또는 피해자 지목진술의 오인이 56.1%를, 방화죄에서는 정황증거의 문제가 56%를 차지하여 가장 빈도가 높다.

⑦ 허위자백 무죄는 1990년대부터 2000년대 중반 경까지는 증가하다가 2000년대 후반부터 감소추세에 있다. 미성년 또는 연소자에게 허위자백 무죄 사건의 비중이 높은 경향이 있다. 허위자백은 주로 살인죄 등 생명침해범죄에서 발생하고 있고 성폭력 범죄의 경우는 상대적으로 적었다.

⑧ 공범의 허위자백이 문제로 된 무죄 사건에서 점하는 비율이 48.3%에 달하여 전체 공범 허위자백 사건의 절반이 바로 살인 등 생명침해범죄

에서 발견되고 있다.

⑨ 2000년대에 들어오면서 범인식별절차를 제대로 하여야 한다는 문제의식하에 피해자 및 목격자의 범인지목을 문제 삼아 무죄가 선고되는 사례가 늘기 시작했다가 2000년대 후반에 이르면서 점차로 오인지목 무죄사건의 비율이 줄어드는 추세에 있다. 죄명별 대비 범인 오인지목 사건은 강도죄가 가장 높고 생명침해범죄가 가장 낮은 것으로 분석되었다.

⑩ 성폭력 범죄에서는 피해자 진술 신빙성이 쟁점이 되어 무죄가 되는 경우가 압도적으로 많다. 피고인의 화간 주장이 받아들여져서 무죄가 선고된 사건은 81건으로서 피해자 진술의 신빙성 문제로 무죄가 선고된 사건 266건의 30.5%를 차지하고 있다. 재판장의 성향이 이 부분 유무죄 판단에 영향을 미칠 수도 있다는 조심스러운 징표를 발견하였다.

⑪ 아동성폭력 범죄사건에서 47건이 무죄로 되어 전체의 8.3%를 차지하고 있다. 미국에서 관찰된 피해오인 성폭력 사건에 견주어 최근의 국내 동향을 예의주시할 필요가 있다. 이 분야에 관여하는 전문가들의 세심한 접근이 필요하다.

[판례의 동향]

① 범인지목진술의 신빙성에 관한 국내 연구가 상당정도 쌓이게 되었다. 그 과정에서 출현한, 일대일 대면이 아니라 라인업 절차를 취할 것을 명시한 대법원 2004. 2. 27. 선고 2003도7033 판결은 지금 사실심 심리에 하나의 재판준칙으로 작용하게 되었다.

② 강간죄에서의 폭행·협박의 정도에 관하여 최협의설을 취한 대법원 판례의 입장은 비판을 받아왔다. 대법원 2005. 7. 28. 선고 2005도3071 판결은 피해자 중심적 사고방식 하에 이 쟁점을 심사할 것을 요구한 선례로서 사실심의 사실인정에 관한 실무태도에 중요한 변화를 촉구하는 의미를

가진 것으로 평가된다.

③ 2000년대 이후부터 아동진술의 신빙성 평가와 관련한 연구가 다수 쌓이게 되었다. 그 과정에서 나온 대법원 2006. 10. 26. 선고 2005다61027 판결은 성폭력 피해 아동 진술의 신빙성 판단 방법에 관한 심리준칙을 제시하였다.

④ 대법원 2011. 9. 2. 선고 2009다52649 전원합의체 판결은 과학적 증거의 증명력 심리에 있어서 명료한 준칙을 제시하였는데 이 판례에서 제시된 기준들은 미국의 도버트 판결 등에서 상당한 영향을 받은 것이라고 볼 수 있다.

제4장
법관의 사실인식과 편향의 문제

제1절 서론

제3장에서 본 바와 같이 유무죄 판단에 있어서 판단차이를 초래한 원인을 보면, 질이 떨어지는 증거들이 법정에 판단자료로 들어오고 있다는 외적 요인이 판결문 분석을 통하여 드러난다. 그런데 같은 증거들을 놓고도 심급간에 판단차이가 초래된 것을 보면 이런 외적 요인들과 아울러 이런 질 낮은 증거 유형에 대한 판단 주체의 인지적 민감도 편차라고 하는 내적 요인도 한 원인으로 작용하고 있음을 알 수 있다.[1] 특히 후자의 문제는 제2장에서 미국에서 논의되고 있는 오판의 원인으로도 지적된 바 있듯

---

1) 이종엽, "법심리학적 관점에서 본 진술증거의 평가방법", 저스티스 120호, 한국법학원(2010), 213면. 日本辯護士聯合會 人權擁護委員會, 誤判原因の實證的硏究, 現代人文社(1998)에서는 일본의 대표적 오판사례 14건에서 발굴되는 오판원인으로 다음과 같은 사유를 지적하고 있다. 우선 수사 및 소추기관에 의한 오판원인으로는 예측적 수사관행, 자백강요와 편중, 증인의 유도 및 증거의 위·변조, 은닉, 객관적 수사의 불비를, 법원 및 법관에 의한 오판원인으로는 검사에 대한 맹신, 자백의 임의성 및 신빙성 판단에서의 오류, 피의자 및 피고인에 대한 위법·부당한 불법인신구속의 용인, 피고인에 대한 부당한 예단과 편견을, 변호인에 의한 오판원인으로는 불충분한 기소 전 변호활동, 공판과정에 있어서의 수동적이고 소극적인 변호활동, 증거에 대한 과학적 검증 및 분석력 부족 등을 들고 있다. 이 모든 오판원인들이 형사절차에 관여하는 주체의 주관적 상황과 밀접한 관계를 맺고 있음을 알 수 있다.

이 소위 터널비전과 밀접한 관련을 가지고 있다. 우리나라의 경우에도 제3장 제2절 10항에서 살펴본 바처럼 같은 현상으로 인하여 여러 재판사례에서 오류가 거듭 발견되고 있는 것이다.

그러므로 본 연구의 제4장에서는 제3장의 분석을 통하여 제기된 연구과제인 "판사들이 같은 증거를 놓고 달리 판단한 이유는 무엇인가?"를 검토해 보기로 한다. 이 부분 연구는 판사의 판단 그 자체를 연구의 대상으로 삼고자 하는 연구의 한 분야다. 판단과 의사결정 분야[2]에 관하여 선도적인 연구가 수행되고 있는 미국에서도 21세기에 들어와 비로소 연구가 시작되었다.[3] 우리의 경우에도 이제 실증적 연구가 몇 차례 시도된 바 있는 매우 새로운 연구 분야라고 할 수 있다.[4] 제4장은 이러한 최근의 국내외 연구동향을 일별하여 보고, 주어진 문제의식에 대한 해결책을 찾을 수 있는 앞으로의 후속연구를 위하여 그 매개점을 찾아본다는 측면에서 의미가 있다고 생각한다.

유죄오판 원인은 크게 보아 세 측면에서 접근이 가능할 것이다.

우선, 시스템의 현실과 관련된 문제다. 문명국가의 헌법 및 형사소송법

---

2) 판단과 의사결정에 관한 심리학적 연구(Judgment and Decision Making, JDM)에 대한 개관은 안서원, 의사결정의 심리학, 시그마프레스(2000), 1면 이하 참조. 이 분야 전 세계 연구자들의 연구를 집대성한 자료로는 Derek J. Koehler & Nigel Harvey ed. Blackwell Handbook of Judgment & Decision Making, Blackwell Publishing (2004)이 있다. Society for Judgment and Decision Making은 JDM에 관한 대표적인 학제적 학술단체다. 이 학회의 회원에는 심리학, 경제학, 조직행동론, 의사결정론 분야 연구자들이 포함되어 있다. 학회지로는 Judgment and Decision Making이 있다. http://journal.sjdm.org/을 방문하면 저널의 내용을 얻을 수 있다.

3) Guthrie et. al. *InsIde the Judicial Mind, supra note* 1(chapter 1.2).

4) 박광배/김상준/한미영, "가상적인 재판 쟁점에서의 현역판사의 판단과 모의배심의 집단판단에 대한 인지적 방략의 효과"(이하 "판사의 판단"), 한국심리학회지: 사회문제 Vol. 11, No. 1(2005); 김청택, "법정의사결정에서의 판사들의 인지편향", 서울대학교 법학 제51권 제4호(2010).

상의 제도는 무죄추정의 원칙, 합리적 의심의 여지가 없을 정도의 강한 유죄증거 증명력 요구, 고문 금지와 같은 인권침해 방지장치를 갖추고 있다. 그러나 왕왕 시대 여건에 따라 폭압적 권력의 남용 탓에 수사와 재판의 현실에서 이러한 근본 원칙이 몰각되었다. 인권침해적 수사관행이 횡횡함에도 불구하고 이를 통제하는 억지 기능이 작동하지 않았다. 이 때문에 형사시스템이 권력의 시녀로 전락하는 사태를 체험하고 목도해 왔다. 그 과정에서 권력에 굴종하여 의도적 오판사례가 양산되는 것은 불가피한 현상이었던 것이다.

다음으로, 형사시스템 운영의 한계와 관련된 문제다. 앞서 제3장에서의 분석에서 드러났듯이 허위자백, 목격자 오인 증언의 문제, 위증과 무고 등 거짓말에 대한 식별력의 상실, 과학적 증거에 대한 과잉반응, 논리칙 및 경험칙에서 이탈한 정황증거 등 질 낮은 증거가 자주 수사와 재판현장에 들어오고 있다. 이것은 부실한 수사시스템, 형사변호체제의 불완전성, 형사증거법의 결함, 공판심리의 부실, 상소심의 구제기능의 제약, 기억의 불완전성에 대한 대비책의 부재 등 제도 운용의 미흡함 때문이다. 그럼에도 소극적으로 이를 내버려두는 것에서 더 나아가 적극적으로 활용함으로써 사실인정에서의 오류가 발생한다는 것이다. 본 연구논문의 주된 관심사 중 하나는 이런 부실증거들이 오판을 이끌어내는 요인으로 작용하고 있으므로 수사 및 재판 현장에서 이들 증거에 대하여 경각심을 가질 필요가 있고 그런 증거가 만들어지지 않도록 근본 대책을 세울 필요가 있다는 것이다.

마지막으로 유죄오판의 원인으로 지적할 것은 판단주체에 내재하고 있는 한계와 관련된 문제다. 아무리 좋은 헌법 원칙을 천명하고 시스템이 그것을 잘 보장해주며 양질의 증거를 식별할 수 있는 제도적 보완을 다 한다고 하더라도 그것만으로 족한 것은 아니다. 형사 판사들이 우둔·불성실하거나 아집, 독선과 편견에 빠져 오판방지에 대한 사명감과 책임의식이 없이 현상에 대한 민감한 식별력을 잃게 된다면 이 모든 노력은 무위로 돌아갈 것이다. 한편 판사들이 진지하고 책임감 있게 이 문제에 접근하여 유죄오판 방지를 위한 의식적 노력을 기울인다고 하더라도 신이 아닌 인간으로서 판사가 갖는 본질적 한계와 관련된 문제도 있다. 판사도 사람인 한에서는 사람들이 흔히 범하기 쉬운 실수들에서 벗어날 수가 없다는 것이 최근 들어 국내외의 경험적 연구를 통하여 거듭 확인되고 있다. 이해관계가 첨예하게 대립되고 상반된 주장이 난무하는 혼란스러운 재판 심리과정에서 늘 범하는 것이 자신의 착각이고 실수라는 것을 재판실무가인 본 연구자 스스로 이 자리에서 실토할 수밖에 없다. 실수를 범한 근본원인을 따져 들어가 보니 정말 어처구니없는 소소한 대목에서 인지적 오류가 일어나 보아야 할 것을 못 보고 없는 것을 있는 것으로 오인하였던 것이다. 이를 자각할 때마다 정말 '내가 이 일을 맡을 자격이 있을까?' 하는, 아찔하면서도 송구스런 느낌이 들 때가 한두 번이 아니다. 제3장에서 본, 1심 유죄를 2심이 무죄로 판단한 수많은 사례 가운데에는 무죄가 절대적 진실을 반영한 것인지가 애매한 것도 있겠지만, 게 중에는 1심의 유죄판단이 어떤 사소한 대목에서 정말 터무니없는 착각을 함에 따라 오판으로 연결된 것도 있음을 부정할 수 없다. 이런 중범죄 사건에서 유죄오판 탓에 중형을 선고받아 비참한 나락에 빠지게 되는 피고인의 입장이 되어 볼 때 결코 범해서는 안 될 실수인 사건들도 판결문을 통해 확인해 볼 수 있다.

그리고 판사에 따라서는 자신의 성향에 관하여 관심과 자각을 하려는 이들도 있다. 보수인지, 진보인지 하는 이념적 성향을 말하는 것이 아니다. 무죄추정의 원칙, 합리적 의심의 정도 등 추상적 개념을 어느 정도로 스스로 체득하여 실천에 옮기고 있는지 다른 판사들과 비교를 해 보고자 하는 것이다. 사건을 처음 접하고 혹시 처음에 품게 된 심증이 선입견이나 고정관념에 근거한 것은 아닌지 자신을 스스로 되돌아보려 노력하는 것을 말한다. 그리고 항소심 재판부로서는 유무죄 판단과 관련하여 관할구역 내의 1심 재판장들의 무죄 또는 유죄 성향상의 편차가 있다는 느낌을 받게 된다는 것도 공감할 수도 있는 실무 감각이다.

그러므로 오판의 이 마지막 요인인 판단주체의 심적 한계에 관련된 논의야말로 오판방지를 위한 노력의 마지막을 완결하는 중핵적 과제라 아니할 수 없다. 그런데 이 대목에서의 문제는 이른바 자유심증주의라고 하는 큰 울타리 안에서 보호되고 감추어져 있는 판사의 심리적 정향을 외부적으로 알기가 매우 어려운 일인 데다가, 본질적으로 현실의 재판과정에서 판사들의 심증형성 과정에 재판부 이외의 외부인이 접근하는 것 자체가 허용될 수 없기 때문에 판단주체의 내적 심증의 문제를 다루어 연구·분석하고 그 개선책을 내놓기가 쉽지 않다는 점에 있다.

형사법 영역에서 이 문제를 정면으로 다루고 있는 논의는 그리 많은 것 같지는 않다. 하지만 제2장 및 제3장에서 보듯이 관련된 사회과학의 학문분야에서 21세기에 들어오면서부터 재판과 법현상의 영역도 분석의 대상으로 삼는 연구들이 점진적으로 증가하고 있다. 특히 본 연구논문의 주된 관심사와 마찬가지로 판사의 판단과 의사결정의 문제를 정면으로 연구주제로 삼는 연구들도 나오기 시작하였고 국내에서도 같은 연구의 움직임이 개시되었다. 본 장에서는 이런 문제의식 하에 법관의 판단과 의사결정 연구의 필요성과 국내 실무적 논의 상황을 먼저 정리해 본 다음 판사의 무죄추정에 관한 인식과 유죄편향성과 관련하여 학문통섭적 견지에서 이루어지고 있는 국내외의 연구들을 일별해 보기로 한다.

제2절
사실인정 판례법리의 발전적 전개

제3장에서 일별해 보았듯이, 2000년대 들어오면서 우리의 형사재판 이론과 실무의 모습은 여러모로 발전적 변모를 거듭해 왔다. 형사사법제도의 개선 노력은 그런 노력 자체만으로도 형사재판의 실무관행을 바꾸는 데 중요한 영향을 미쳤음은 물론이고, 반대로 개선된 재판관행은 이를 입법화하려는 노력으로도 이어졌다. 나아가 개선된 입법은 다시금 재판실무의 개선으로 이어졌다. 결과적으로 새로운 형사재판의 기틀을 재정비하는 데 있어서 개혁노력 및 그 입법화와 형사재판 실무 운영 사이의 상호작용은 순기능적 시너지를 발휘하고 있다고 보아도 과언이 아니다.

특히 2000년대 들어오면서 나온 대법원 판례 중에는 기존에 형성되어 온 판례법리를 재검토한 다음 새로운 지평을 여는 선도적 판례들이 다수 출현하였다. 본 연구의 관심대상인 사실심리의 문제에서도 중요한 판례들이 나타나 그것이 후속되는 사실심 재판에 압도적 영향을 미치게 되었다. 그런데 그 판시사항을 보게 되면 사실심리(審理)에 있어서 심사 객체의 심리(心理) 상태는 물론이고 심사 주체의 판단과 의사결정상의 심리(心理) 상태에 대한 언급이 자주 등장하고 있음에 주목할 필요가 있다.

① 증뢰자 자백의 신빙성을 인정하기 위한 요건에 관한 대법원 2002. 6. 11. 선고 2000도5701 판결은 증뢰자의 인간됨이나 수사 중 협박이나

회유 앞에서 궁박한 처지를 벗어나고자 하는 의도가 있었는지를 살펴보아야 함을 판시하고 있다. 늘 자원이 부족할 수밖에 없는 한계를 가진 재판 심리과정에서 사람의 인간됨을 다 알아 본다고 하는 것은 쉽지 않은 일이다. 사람의 인간됨이나 외부적 압박과 회유 상황에 처하여 내심의 의도, 동기, 심적 취약성, 배신적 태도 등은 모두 섬세한 심리(心理) 작용에 관한 심리(審理)가 필요한 일이다.

② 증뢰자 자백 진술의 일부만이 신뢰성이 있으면 곧바로 전부를 신뢰할 수 있다고 하는 것은 건전한 논증에 기초하지 않았다고 본 대법원 2011. 4. 28. 선고 2010도14487 판결은 '형사재판을 담당하는 사실심 법관은 금품공여자와 피고인 사이의 상반되고 모순되는 진술들 가운데 허위·과장·왜곡·착오를 배제한 진실을 찾아내고 그 진실들을 조합하여 사건의 실체를 파악하는 노력을 기울여야' 함을 강조하였다. 이 판시에서 알 수 있듯이 심리 객체의 허위·과장·왜곡·착오를 찾아야 하는 일은 매우 지난한 작업으로서 심리 주체인 사실심 법관의 심적 노력이 필요함을 역설한 것이다.

③ 범인지목진술의 신빙성 판단에 관한 일반론을 설시한 대법원 2001. 2. 9. 선고 2000도4946 판결 및 대법원 2004. 2. 27. 선고 2003도7033 판결은 사람의 기억력의 한계 및 부정확성과 피해자에게 주어질 수 있는 무의식적인 암시의 가능성이 있음을 지적하였다. 특히 2003도7033 판결은 목격자의 진술의 신빙성을 높게 평가할 수 있게 하려면, 일대일 대면이 아니라 라인업 절차를 취할 것을 명시적으로 수사기관에 요구하였다. 형사재판은 일종의 기억과의 한판 싸움이라고 볼 수 있다. 기억의 입출력과 그 과정에서 개재될 수 있는 암시에 의한 왜곡가능성은 매우 미묘한 심리적 역동성을 갖고 있다. 사실심 법관은 이런 부분에 관한 심리학적, 과학적 지식을 두루 갖춘 상태에서[1] 수사기록의 문면이나 법정 증언상의 표현에

---

1) 이종엽, "법심리학적 관점에서 본 진술증거의 평가방법", 저스티스 120호, 한국법학원(2010), 178면.

만 의지하지 말고 심리객체의 내심의 의중과 기억의 표출 과정에서 영향을 미칠 외부적 정황을 참작해야 하는 심적 작업을 수행해야 한다. 수사기관 역시 이런 왜곡 가능성을 잘 인식한 바탕 하에서 중립적인 입장에서 공정한 범인식별, 지목절차를 진행함으로써 증인의 기억에 왜곡이 일어나지 않도록 해야 함에 유의해야 할 것이다.

④ 제1심 공판중심주의 및 실질적 직접심리주의의 관점에서 1심 증언의 신빙성에 관한 항소심 심사기준에 관한 대법원 2006. 11. 24. 선고 2006도4994 판결은 법관이 직접 원본 증거를 조사하는 방법을 통하여야만 신선하고 정확한 심증을 형성할 수 있음을 전제로 삼고 있다. 사본 증거는 그 사본화 및 전달 과정에서 오염원에 노출되어 원본과는 괴리를 초래할 수 있는 위험성이 있다. 특히 진술증거는 사람의 기억에 기초하고 있는 것이기 때문에 화자와 청자가 정보의 표출-수신-처리 및 저장-재표출의 상호작용 과정에서 진의와 경험에 관한 기억과 묘사가 언제나 동일하게 유지될 보장이 없다는 데 큰 문제가 있는 것이다. 그 때문에 법관의 심증 형성은 법정에서 직접 증거를 대면할 때 그 정확성이 보장되는 것임을 이해할 수 있다. 하지만 직접 증거조사를 통하여 얻게 될 법관의 신선한 심증도 판단주체인 법관이 열린 마음으로 그 정보를 허심탄회하게 받아들이고자 하는 태도 여하와 정도에 따라 제대로 전달이 되지 못한 채 얼마든지 변형될 수도 있다. 여기서 직접심리를 감당할 판단주체의 판단과 의사결정의 구조에 대한 성찰, 편견과 오류에 빠질 가능성, 나쁜 정보와 좋은 정보를 분간해 낼 수 있도록 정보 입출력에 대한 객관적이면서도 엄격한 판단준거 및 통제기준의 마련, 판단주체의 통찰력의 확보 및 훈련 등이 두루 필요한 일임을 잘 알 수 있는 것이다.

⑤ 강간죄에서의 폭행 · 협박의 정의에 관한 대법원 2005. 7. 28. 선고 2005도3071 판결은 피해자가 성교 당시 처하였던 구체적인 상황을 기준으로 폭행 · 협박의 존부를 심사해야 함을 강조하고 있다. 여기서 말하는 '피해자가 처한 구체적 상황'이라고 하는 말에는 성폭력 피해를 당하였다고

주장하는 피해자의 외적 상황 이외에도 피해자의 내적 심적 상황도 포함되어 있다고 본다. 성관계라고 하는 행위가 이루어진 시공간, 폭행 · 협박의 도구나 방법, 상해의 정도 등 피해 결과와 같은 외적 상황은 객관적으로 확인이 비교적 용이한 것이고 이런 상황은 가해자, 피해자가 공유하고 있는 상황이기도 한 경우가 많을 것이다. 그러므로 위 판례에서 말하는 피해자를 기준으로 한 구체적 상황이란 피해자의 외적 상황보다는 내적 심적 상황으로 치중하는 쪽에 더 기울어진 것으로 위 판례의 의미를 이해하는 것이 피해자의 성적 자기결정권을 보호하고자 한 판례의 취지를 살릴 수 있는 길이 된다. 그렇다면 피해자가 처한 구체적 상황을 심리함에 있어서는 피해자의 폭행 · 협박에 대한 기질적 취약성, 피해자가 평소 가해자에 대하여 품어온 비호감 · 호감, 지배복종 지향성의 정도, 성관계 경험이 의미하는 장래 관계 발전 · 악화 및 유리 · 불리에 대한 전망, 성관계에 즈음하여 피해자가 가해자에게 명시 또는 묵시적으로 표현한 동의 · 거부 의사표시의 추이, 당시 피해자가 현실적이고도, 구체적으로 느끼게 된 해악에 대한 인식 정도, 성폭력에 이은 더 큰 법익침해 방지를 모면하고자 하는 의도 등 피해자의 심리상태를 위주로 그 상황을 따져 보아야 할 것인데, 이 역시 판단주체로서는 피해자 심리에 대한 탐색적인 심적 수고를 상당히 들여야 할 것임을 알 수 있다.

⑥ 성폭력 피해아동 진술의 신빙성 심사에 고려할 사항을 설시한 대법원 2004. 5. 28. 선고 2004도1462 판결은 아동진술의 특징에 관하여 여러 연구 결과와 보고가 있음을 거론하면서, 그러한 연구 성과를 요약하여 아동의 연령 폭과 지적능력의 개인차가 크다는 점, 순수성이 있는 아동이 적극적으로 거짓말을 하는 경우는 적지만 꾸며대서 말하는 경향이 발견되고 적극적으로 거짓말을 하기보다는 소극적으로 은폐하는 성향 쪽이 강하다는 점, 아동에게는 정보의 양과 정확성 문제, 기억의 보유나 회상의 결함 문제가 있다는 점, 암시성 질문에 쉽게 유도되고 오염되는 경향이 있다는 점 등을 언급하였다. 이런 언급은 전적으로 아동에 대한 발달심리학적, 사

회심리학적 연구 성과를 참고한 것인데 이런 아동의 심리적 특성에 적합한 진술 청취환경을 조성할 것은 물론이고 그런 아동 진술의 신빙성 심리에 있어서 이런 특성들을 잘 알고 있어야 함을 주의적으로 강조한 것이다.

⑦ 성폭력 피해아동 진술의 신빙성 심사에 고려할 사항을 설시한 대법원 2006. 10. 26. 선고 2005다61027 판결 역시 아동이 최초로 피해 사실을 진술하게 된 경위를 살펴서, 단서를 발견한 보호자 등의 추궁에 따라 피해 사실을 진술하게 된 것인지 또는 아동이 자발적, 임의적으로 피해 사실을 고지한 것인지를 검토할 것, 최초로 아동의 피해 사실을 청취한 질문자가 편파적인 예단을 가지고 사실이 아닌 정보를 주거나 특정한 답변을 강요하는 등으로 부정확한 답변을 유도하지는 않았는지, 질문자에 의하여 오도될 수 있는 암시적인 질문이 반복됨으로써 아동 기억에 변형을 가져올 여지는 없었는지도 살펴볼 것, 아동의 경우 현실감시 능력이 상대적으로 약해서 상상과 현실을 혼동할 우려가 있는 점, 특히 시기를 달리하는 복수의 가해자에 의한 성추행의 피해가 경합되었다고 주장하는 경우에는 아동의 피해 사실에 대한 기억 내용의 출처가 혼동되었을 가능성이 있는 점 등도 고려할 것, 진술이 일관성이 있고 명확한지, 세부 내용의 묘사가 풍부한지, 사건·사물·가해자에 대한 특징적인 부분에 관한 묘사가 있는지, 정형화된 사건 이상의 정보를 포함하고 있는지 등도 종합적으로 검토할 것 등을 주문하고 있다. 이런 언급은 앞서 제3장 해당부분에서 설명한 바와 같이 아동진술의 특성에 대한 그간의 축적된 심리학 등 사회과학적 연구 성과에 힘입은 바 크다.

⑧ 과학적 증거가치의 평가에 관한 대법원 2011. 9. 2. 선고 2009다52649 전원합의체 판결은 ㉠ 그 이론이나 기술이 실험될 수 있는 것인지, ㉡ 그 이론이나 기술에 관하여 관련 전문가 집단의 검토가 이루어지고 공표된 것인지, ㉢ 오차율 및 그 기술의 운용을 통제하는 기준이 존재하고 유지되는지, ㉣ 그 해당 분야에서 일반적으로 승인되는 이론인지, ㉤ 기초자료와 그로부터 도출된 결론 사이에 해결할 수 없는 분석적 차이가 존재

하지는 않는지 등을 제시하고 있다. 물론 이런 판시는 미국의 연방대법원 판례법리들에 의해 많은 영향을 받은 것임은 분명하지만, 오류가능성이 열려 있음에도 불구하고 과학적 증거방법이 갖는 편파적 속성에 휘둘리지 말고 과학적 정보의 입출력 통제기준을 사전에 설정하고 사이비 과학이 법원에 들어와 판단과 의사결정을 오도하는 일이 없도록 사실심 법관이 문지기 역할을 할 때 지켜야 할 심리상의 심적 기준으로 작용하고 있음도 부인할 수 없다.

이상 판례법리의 저변에 깔린 여러 가지 정책들은 상당 부분 사실심리에 있어서 판사의 판단과 의사결정에 영향을 미칠 수 있는 대내외적 요인들에 대한 인지적 자각을 촉구하는 내용으로 채워져 있다. 그리고 이런 판례법리의 제시는 크건 작건 심리학적 사회과학의 연구 성과에 힘입고 있다. 형사재판실무의 이론과 관행의 발전에는 이처럼 판단주체의 심적 무장이 필요한데 그를 뒷받침하는 학문적 연구 성과를 동원한 기여가 필요한 시점이 되었다. 이제는 앞서 제3장에서 인용된 여러 연구들처럼 법학과 심리학 등 유관 학문분야와 제휴한 학문통섭적 연구, 이론가와 실무가가 연합한 산학협동연구도 그리 생소한 일은 아니게 되었다.

특히 법관 등 법실무가들 사이에서도 판단과 의사결정 이론에 대한 관심이 점증하고 있음도 주목된다. 그 연구 성과를 토대로 하여 과학적 근거를 가지고 판단의 질적 수준을 높일 수 있다면 유죄오판과 같은 오류를 범할 위험도 줄일 수 있을 것이다.

2000년대 들어와 본 연구자를 포함한 판사들을 중심으로 주로 법심리학적 관점에서 법관의 판단과 의사결정에 관한 연구들이 10년째 이어져 오고 있다.[2] 아직 그 수준은 미미해 보이는 듯도 하지만, 기실 지난 10년

---

2) 김상준, "재판작용에 대한 심리학의 기여", 한국심리학회 추계심포지엄자료집, 한국심리학회(2006), 85-6면. 회고해 보면, 1997년 출범한 한국법심리학회는 한국에서 처음으로 본격적인 법심리학적 연구의 시동을 건 학회였다. 위 학회의 지원 아래 2002년 늦가을부터는 심리학, 그 밖의 인접 사회과학 분야 연구자와 법관

이래 형사사법제도의 개선에 이러한 연구들이 미친 성과가 미력하게나마 나오게 되어 앞에서 언급한 주요 판례의 사실심리상의 판단기준을 이끌어 내는 역할을 부분적으로 담당하였다. 2005년 법관들이 중심이 된 사실인정론 연구회의 연구를 토대로[3] 출간된 논문집 "사실인정 방법론의 정립[형사재판편]"[4]에 수록된 논문들은 사실인정론의 핵심적 연구 분야를 모두 망라한 것으로서 이 분야 재판실무 연구의 출발점이자 후속하는 연구

다수가 관여하는 "법과 심리학의 포럼"이 발족하여 그 때부터 월례 발표회를 근 3년간에 걸쳐 진행해 왔고, 특히 2005년에 들어와서는 사법참여제도, 배심제도의 도입 논의에 즈음하여 법원 당국과 공동으로 세부적인 연구발표가 수차례 진행되기도 하였다. 실무가들이 참여한 법심리학적 연구동향을 정리한 것으로는 안대희, "법적 판단과 심리학", 2010 한국심리학회 연차학술대회 자료집(2010)이 있다.

3) 사법연수원, 2005년도 세미나 자료집: 사실인정론 정립 및 법정 커뮤니케이션을 위한 법관 세미나(2005). 2004년 형사사법제도 개혁, 개선의 활동이 시작된 것에 힘입어, 2005년에는 정확한 사실인정을 연구의 목표로 법관들이 중심이 된 사실인정론 연구회가 결성되어 연구 모임을 지속하였다. 이 연구 성과를 모아 2005년 11월 21일부터 24일까지 사법연수원에서 법관세미나가 개최되었다. 이 세미나에는 연구자 본인을 포함한 법관 24명, 변호사 3명, 검사 1명, 대학의 법학, 심리학, 커뮤니케이션학 교수 6명이 참석하였다. 이 세미나에서는 그간의 연구결과들이 발표되었다. 1주제는 미국, 일본, 독일 등 외국의 사실인정론, 2주제는 피의자 자백의 임의성 및 신빙성, 수사기관의 조서를 통한 진실발견, 3주제는 아동 등 유소년 진술의 증명력, 목격자 진술의 증명력, 4주제는 간접증거에 의한 사실인정, 증명력 판단에 관한 대법원 판례의 기준, 형사소송에서의 증명도, 5주제는 바람직한 증인신문방법, 7주제는 사실인정에 있어서 법관의 착각과 편견, 8주제는 수사과정에서의 사실인정, 9주제는 진실과 거짓말, 10주제는 사실인정 방법론의 모색, 11주제는 변호사가 본 법원의 사실인정, 12주제는 법정 커뮤니케이션 클리닉으로 구성되었다. 그 이외에도 진실발견을 위한 일종의 모의실험도 시도되었다. 조은경 한림대 교수가 진실발견을 위한 실험의 개요, 거짓말의 특징과 탐지에 관한 주제발표를 듣고, 실제로 참여법관들이 3개조로 나뉘어 진실과 거짓을 가리는 실험적 진실게임에 참여하였다. 이 세미나의 연구 성과를 모아 "사실인정 방법론의 정립[형사재판편]"이라는 논문집이 발간된 것이다.

4) 앞의 각주 서적. 논문들의 내용은 앞의 각주 참조.

활동[5]에 중요한 단초를 제공하였다는 데 그 의미가 크다. 한편 2009년 법관들로 구성된 의사결정 연구반의 연구 활동[6]의 성과를 기초로 하여 "법관의 의사결정: 이론과 실무"라는 연구서가 발간되었다.[7] 이번 연구는 궁극적으로 "재판학의 아카데미즘"의 이론적 토대를 구축하는 출발점을 설정하고 모색해 보았다는 데 그 의미를 두었다. 앞으로 재판이라고 하는 문

5) 2007년 10월 11일부터 13일까지, 그리고 다음해인 2008년 9월 1일부터 3일까지 각각 사법연수원 주관으로 재판의 심리학 법관연수가 개최되었다. 사법연수원, 2007년도 법관연수 자료집: 재판의 심리학 법관연수 자료(2007) 및 사법연수원, 2008년도 법관연수 자료집: 재판의 심리학 법관연수 자료(2008) 참조. 2007년 연수에는 법관 22명이 참석했는데, 기조 강연으로 연구자 본인이 재판과 심리학에 관한 발제가 있은 데 이어, 법심리학의 과제와 역할(발표자: 충북대 심리학과 박광배 교수), 동기와 의사결정의 심리학(발표자: 한림대 심리학과 전우영 교수), 진실과 거짓의 심리학(발표자: 한림대 심리학과 조은경 교수) 등의 발표가 있었다. 2008년 연수에서는 이 연수에는 법관 36명이 참석했다. 역시 연구자 본인의 기조 발제에 이어 사법판단에 관여하는 인지 편향성(발표자: 충북대 심리학과 박광배 교수), 배심원단에서의 집단의사결정과정의 심리학(발표자: 육군사관학교 남기덕 교수), 성폭력 사범의 재범위험성 예측(발표자: 경기대학교 범죄심리학과 이수정 교수) 등의 발표가 있었다.

6) 본 연구자가 2009년 법원행정처 사법정책실장, 2010년~2011년 사법연수원 수석부장판사 겸 동 연수원의 교육발전연구센터 수석연구위원으로 재직하던 시절 앞서 사실인정론 연구회의 연구 활동을 이은 새로운 연구모임들의 연구 활동이 재개되었다. 2009년에는 4월부터 12월까지 1기 의사결정 연구반이 활동이 있었다. 사법발전재단, 법관의 의사결정: 이론과 실무(2010) 서문 부분 참조. 이진만 당시 서울행정법원 부장판사를 반장으로 하여 본 연구자를 포함한 법관 14명, 교수 1명(충북대 박광배 교수)을 연구반원으로 하여 매 3주 단위로 연구모임을 지속하였다. 연구반은 올바른 결론에 이르는 질 높은 재판을 구현하기 위해서는 법관의 의사결정과정에 대한 실증 연구가 필수조건이라는 인식하에 결성되었다. 연구반은 "판단과 의사결정론(Judgment & Decision Making)", "인지과학(Cognitive Science)", "법적 논증론(Legal Reasoning)", "범죄학(Criminology)", "법 정신의학(Forensic Psychiatry)" 등 법학 및 법학인접학문의 성과를 통섭하고 이를 재판실무 연구에 접목시켜보고자 하였다.

7) 앞의 각주 서적. 논문들의 내용은 앞의 각주 참조.

화현상에 대한 인문학적, 자연과학·사회과학적 규명을 통하여 집대성된 연구 성과가 명실상부한 "종합과학"으로 발전되어 갈 것을 이 연구를 통하여 전망할 수 있게 한다. 또 이러한 의사결정연구반의 활동은 그 이후에 이루어져 오고 있는 사법연수원의 법관연수, 세미나에서의 연구와 논의의 모태가 되었다.[8] 이러한 첫 연구반의 활동을 토대도 2010년에도 관련 세

8) 2009년 11월 2일부터 4일까지 사법연수원에서 사법정책실이 주관한 형사재판제도 개선을 위한 법관세미나가 열렸다. 공판중심주의 실질화 및 재판환경개선이 이 세미나의 목표였다. 법원행정처, 2009 형사 법관세미나 백서 및 자료집(2009) 참조. 이 세미나에는 모두 47명의 법관이 참여하였다. 이 세미나를 위하여 2009년 5월부터 총 41명의 형사재판장들이 세미나 준비팀에 참여하여 3분과로 나누어 연구를 진행하였다. 1분과는 효율적인 기일운영방안 및 심리진행방식 연구, 2분과는 증거조사방식 개선 및 증거법칙 연구, 3분과는 양형심리절차 및 재판환경 개선을 주제로 연구를 진행했다. 이 세미나에서는 그간의 분과팀 연구발표를 듣는 것에 더하여 외부에서 김청택 서울대 심리학과 교수의 "법관의 의사결정인자"(김청택 교수는 이 발표를 위하여 법관의 의사결정인자에 관한 연구용역을 법원행정처로 받아 연구를 수행하였다. 이 연구의 결과를 정리한 논문이 김청택, "법정의사결정에서의 판사들의 인지편향", 서울대학교 법학 제51권 제4호(2010) 이다), 박이규 대법원 재판연구관의 "판례와 법적 판단", 조은경 한림대 심리학과 교수의 "진술의 신빙성판단방법", 주미숙 경희대 심리학과 교수의 "법정커뮤니케이션 기법", 이재협 서울대 법대 교수의 "법정에서의 언어/비언어 표현에 대한 미국사례연구"를 각 주제로 한 초빙강연을 들었다. 이 세미나의 특징은 세미나에 참여하는 법관들이 사전에 준비팀을 꾸려 스스로 장기간 연구를 한 성과를 공유하였다는 점 이외에도 세미나 자체가 일방적인 강연에만 그친 것이 아니라 상당한 실험적 실습과 자체 토론 및 역할극으로 구성되어 있었다는 점이다. 그에 따라 사실인정 실습, 법적 논증 실습, 심리방식 실습, 법정커뮤니케이션 실습, 증인신문절차 역할극이 진행되었다. 이 세미나는 참여법관들로 하여금 사실심리의 제반 쟁점에 관한 문제의식을 피부로 직접 느끼고 이를 머릿속으로만 생각하는 것이 아니라 바로 재판일선에서 실천에 옮기도록 하는 실험적 시도였다는 평가를 받을만하다. 한편 2009년 10월 26일부터 28일까지 같은 방식으로 민사재판제도 개선 법관세미나가 열렸다. 그 구체적 내용은 법원행정처, 2009 민사 법관세미나 백서 및 자료집(2009) 참조.

미나가 계속 이어졌다.[9)][10)] 2010년 3월부터 7월까지 개설된 '재판 이론과 실무-증거조사 심화과정'에 참여한 법관들의 연구 성과[11)]를 집대성하여 "재판이론과 실무: 증거조사"가 출간된 바도 있다.[12)] 2010년 12월 20일부터 21일까지 사법연수원에서 이루어진 법관연수 "재판이론과 실무-판단과 의사결정론"은 법심리학에서 출발하여 실무가들이 본격적으로 법인지과학적 연구에 관심을 갖게 하는 계기가 되었다는 점에서 큰 의미가 있었다.[13)] 2011년도에도 2010년과 마찬가지 포맷의 법관세미나, 법관연수가

---

9) 2010년 4월 26일부터 30일까지 사법연수원에서 사법제도 개선을 위한 법관세미나가 개최되었다. 사법연수원, 2010 법관연수: 상반기 법관세미나 백서 및 자료집(2010). 이 세미나에는 모두 61명의 법관이 참여하여 민사조와 형사조로 나뉘어 종전과 유사한 형태의 세미나가 진행되었다. 주제는 법정커뮤니케이션, 민사분쟁 분석, 사건관리, 법적논증, 역할극 등을 내용을 한 것이었다.

10) 2010년 11월 1일부터 5일까지 다시 형사재판제도 개선을 위한 법관세미나가 열렸다. 사법연수원, 2010년도 형사사법제도 개선을 위한 법관세미나 자료(2010). 이 세미나에는 모두 26명의 법관들이 참여했는데 증거채부결정의 합리적 기준을 설정하기 위한 기록실습, 증거로 제출된 행동분석 결과를 통해 본 피고인 진술 진위 판단에 관한 기록실습 및 발표, 재범의 위험성의 의미와 심리방식, 사실인정 및 법적 논증 실습, 성범죄사건 재범의 위험성 판단과 관련한 심리검사도구의 타당성 평가실습, 양형심리 실습 등이 이루어졌다. 한편 2010년 10월 25일부터 29일까지 같은 방식으로 민사재판제도 개선 법관세미나가 열렸다. 그 구체적 내용은 사법연수원, 2010년도 민사사법제도 개선을 위한 법관세미나 자료(I)(II)(2010).

11) 같은 해 7월 5일부터 6일까지 사법연수원에서 모두 40명의 법관이 참여한 "재판이론과 실무-증거조사론"이라는 법관세미나가 열렸다. 사법연수원, 2010년도 세미나 자료집: 재판이론과 실무-증거조사론(2010). 이 세미나에서는 유도신문 금지원칙에 관한 검토, 전자증거에 대한 증거조사, 증거서류의 조사방법, 증거서류에 대한 형사소송법 제292조에 규정된 각 증거조사방법에 따른 인지실험결과, 개정 형사소송법상 조사자 증언의 문제점과 개선방향, 수사기관 작성 영상녹화물의 증거능력, 전문가 증언의 실제 및 적정성 확보를 위한 방안 등 주제발표가 있었다.

12) 사법연수원 교육발전연구센터, 재판이론과 실무: 증거조사(2010).

13) 사법연수원, 2010년도 법관연수: 재판이론과 실무-판단과 의사결정론(2010). 이 연수에는 모두 36명의 법관이 참여하였다. 이 연수 준비를 위하여 실은 법관연수 수개월 전부터 의사결정 연구 심화반을 설치하고 참여법관들을 3개 분과로 나누

계속되었다.[14] 특히 2011년은 재판이론과 실무 법관연수 시리즈의 체계화를 시도한 해로 기록될 것이다.[15][16] 한편 사법연수원 교육발전연구센터

어 사전 연구에 참여하도록 한 것이다. 1분과는 판단과 의사결정론의 기초이론을, 2분과는 법관의 의사결정 메커니즘을, 3분과는 법정에서의 인지신경과학(마음과 뇌, 재판에 관하여)을 각 연구주제로 삼아 각 해당분야의 주요한 외국 서적을 공동 번역하였다. 각 분과별 변역대상으로 삼은 서적은 1분과의 경우 Derek J. Koehler & Nigel Harvey ed., Blackwell Handbook of Judgment & Decision Making, Blackwell Publishing (2004)을, 2분과의 경우 DavId Klein & Gregory Mitchell ed., The Psychology of Judicial Decision Making, American Psychology-Law Society Series, Oxford (2010)을, 3분과의 경우 William R. Uttal, Neuroscience in the Courtroom, Lawyers & Judges Publishing Company (2009)이다. 이 연수에서는 박광배 충북대 심리학과 교수가 "문화와 법관의 의사결정", 김청택 서울대 심리학과 교수가 "일반인과 전문가로서의 법관의 법정 의사결정 과정 비교", 형사정책연구원 손지영 박사가 "과학적 판단자로서의 법관과 법인지과학"이라는 각 주제발표가 있었다.

14) 2011년 개최된 세미나로는, 2011년 5월 16일부터 20일까지의 민ㆍ형사 사법제도 개선을 위한 법관세미나[사법연수원, 2011년도 민ㆍ형사사법제도 개선을 위한 법관세미나(2011) 참조. 법관 43명 참가. 사건관리, 전자소송, 조정화해, 민형사 증거조사 실습, 의사소통과 토론기법, 사실인정과 논증 실습(증인 진술의 신빙성 판단 및 유무죄 판단) 등을 주제로 삼았다.], 같은 해 10월 24일부터 28일까지의 2011년도 민사사법제도 개선을 위한 법관세미나[사법연수원, 2011년도 민사사법제도 개선을 위한 법관세미나(2011)] 및 같은 해 10월 31일부터 11월 4일까지의 형사사법제도 개선을 위한 법관세미나[사법연수원, 2011년도 형사사법제도 개선을 위한 법관세미나 기본자료집(2011) 참조. 법관 29명 참가. 증거조사 토론 및 실습. 회복적 사법, 형사화해조정. 양형기준제 및 양형사례 실습 등을 주제로 삼았다.] 등이 그것이다.

15) 우선 2011년 4월 18일부터 22일까지 재판이론과 실무I 법관연수가 개최되어 20명의 법관이 참석했는데, 이 연수에서는 재판이론과 실무에 관한 주제를 놓고 그간 이루어진 연구 성과를 개론적으로 소개하는 강좌가 마련되었다. 사법연수원, 2011년도 재판이론과 실무(1) 법관세미나(2011). 민형사재판에서 심급별로 사실인정이 달라진 원인분석, 형사재판의 증거평가와 사실인정, 증인 진술의 신빙성 판단 실습, 진술신빙성 평가에서의 과학과 실제, 사실인정과 통역, 인지과학적 관점에서 바라본 자유의지와 형사책임, 사실인정에서의 법적 논증, 법률해석과 언어

는 앞서 재판이론과 실무시리즈로 발간된 "재판이론과 실무: 법관의 의사결정"과 "재판이론과 실무: 증거조사"에 이어 "재판이론과 실무: 법적 판단",[17] "재판이론과 실무: 감정실무연구"[18]를 연이어 간행했다. 이들 시리즈는 모두 법관들로 구성된 연구반 활동을 집대성한 결과를 수록하였다는 데 특징을 같이한다. 그리고 이런 실무연구 활동과는 별도로 한국법심리학회 산하 제12분과로 발족한 법정심리학회의 학회지 "한국심리학회지: 법정"이 2010년 3월 발간되어 법심리 분야 연구 성과를 이 분과학회지에서 집약시키고 있다. 그리고 2011년 6월 27일에 이르러 다시 종전의 법과

학 등의 주제가 소개되었다. 다음으로 같은 해 7월 18일부터 22일까지 재판이론과 실무II 법관과 법경제학 법관연수가 개최되었다. 사법연수원, 2011년도 재판이론과 실무II 법관과 법경제학(2011). 법경제학을 주제로 법경제학회와 법관들이 연구팀을 구성하여 근 1년간 월례연구회를 개최한 성과를 공유하는 최초의 본격적 법경제학 법관연수였다. 이 연수에는 53명의 법관들이 참여하여 각종 법경제학적 쟁점에 관한 연구발표가 있었다. 끝으로 같은 해 12월 19일부터 23일까지 재판이론과 실무III 법적 판단과 의사결정론 법관연수가 개최되었다. 사법연수원, 2011년도 재판이론과 실무III 법적 판단과 의사결정론 법관연수(2011). 이 연수에 51명의 법관이 참여하여 법관의 사실인정과 불확실성 통제(박광배 충북대 심리학과 교수), 재판과 법심리학(조의연 인천지법 부장판사), 재판 속의 과학과 판단의 역사(홍성욱 서울대 교수), 법적 판단과 사회심리학-암묵적 편향의 법적 함의(박상희 충북대 심리학과 교수), 의사결정의 논리과정과 법관의 논증과정 분석 연구(박주용 서울대 심리학과 교수), 시지각과 법정에서의 심리학(정우현 충북대 심리학과 교수), 재판과 관련된 정신과적 문제(권준수 서울대 의대 교수), 뇌에 대한 fMRI 실험과정 관찰(황재연 서울대 의대 교수), 기억시스템에 대한 이해와 진술증거 판단의 심리학(한상훈 연세대 심리학과 교수), 거짓말의 생리적 단서(김영윤 경기대 심리학과 교수) 등의 강연이 이어졌다.

16) 2012년에는 대법원 및 사법연수원을 중심으로 법관들이 참여하는 이런 연구가 다소 주춤해진 측면이 있다. 그래도 2012년 11월 14일부터 16일까지 사법연수원에서 법적 판단과 의사결정론이라는 법관연수가 실시되어 그런대로 명맥을 유지하고 있다. 사법연수원, 2012년도 법관연수: 법적 판단과 의사결정론(2012).

17) 사법연수원 교육발전연구센터, 재판이론과 실무: 법적 판단(2011).

18) 사법연수원 교육발전연구센터, 재판이론과 실무: 감정 실무 연구(2012).

심리학의 포럼을 모태로 하여 "법과 심리과학 포럼"이 발족되어 여기에 법관, 법학자, 심리학자, 인지과학자, 의사, 기타 연구자들이 참여하고 있다.[19)]

지금까지 2000년대 이후 재판실무가들 중심으로 이루어진 사실심리, 진실발견, 오판 방지 및 판단과 의사결정의 적정화를 위한 여러 학문통섭적 연구의 현황을 일별해 보았다. 이 분야 연구는 이제 태동된 것이나 마찬가지이지만, 재판실무가들 사이에서의 관심이 점증하고 있음과 아울러 유관 학문분야에서도 연구자들이 계속 배출되는 등 지속적 발전이 이루어질 것이 예감된다. 이런 과정에서 나온 본 연구 역시 같은 맥락 속에서 그 의미를 이해할 수 있다. 이 절에서 실무연구 및 유관 분야의 최근 국내 연구동향을 일별해 보았는데, 다음 절에서는 무죄추정원칙에 대한 법관의 인지적 재무장이야말로 오판을 줄이는 첩경임을 전제로 하여 그에 관한 기존의 주요 연구 성과 및 향후 발전적 연구전망을 세워 본다. 그를 통하여 본 연구의 관심사인 판단과 의사결정의 질적 수준의 제고, 오판 방지를 위한 정책적 대안이 모색될 것이다.

19) 발족 이후 2012. 11. 30.까지 11회에 걸친 월례 모임이 개최되어, 재판과 법심리학, 과학적 증거와 한국의 형사재판, 과학과 법의 상호작용, 법적 판단과 사회심리학, 뇌 신경학적 장애분류와 이상행동에 대한 과학적 진단, 거짓말의 생리적 단서, 감정 대 이성: 체성표지가설을 중심으로, 처벌판단에 미치는 심리적 요인들, 목격증인의 범인식별절차와 증언의 신빙성, 예술품 위작 판별을 위한 정략적 기법, 허위자백에 관한 연구, 형사판사의 판단과 의사결정 등 주제 발표가 있었다.

제3절
무죄추정에 대한 인식과 유죄 편향성

1. 서론

이상에서 본 바와 같이 사실인정의 기준과 관련된 판례법리의 형성은 상당 정도 유관 학문분야와의 통섭적 교류와 발전적 상호작용 과정에서 크게 도움을 받았음을 알 수 있다. 그리고 유무죄 판단이 갈리는 핵심적 쟁점 항목들에 관하여 형사법학계와 형사재판 실무계, 유관 과학분야와 연계된 연구업적도 질적으로 다양하면서도 양적으로 풍부하게 축적되어가는 추세에 놓여 있음도 알 수 있다. 이제 주된 관심사는 미답의 영역인, 판단주체인 법관(또는 배심원)의 판단과 의사결정 측면으로 점차 옮겨지고 있다. 이제 판단자 변수의 불안정성을 극소화하고 적정한 판단을 가능케 하는 연구가 나오도록 하는 것이 다음 과제인 것이다.

이하에서는 적정한 판단과 의사결정에 지장을 초래하는 터널비전, 편향의 본질을 탐색한 연구들을 일별해 본다. 나아가 형사판사에게 규범적으로 요구되는 합리적 의심의 여지 없는 증거의 개념에 관한 실천적 인식의 정도, 무죄추정의 원칙에 저해되는 암묵적 유죄 편향성 정도 등의 측정 및 분석 등에 관하여 오늘날 판단과 의사결정 연구는 어떤 해명을 하고 한계를 극복할 수 있는지를 살펴본다.

2. 터널비전(Tunnel Vision)의 문제

가. 판사들의 판단과정에 관한 실증연구

미국에서는 지난 20여 년간에 걸쳐 이루어진, DNA 검사결과로 인한 오판의 발견과 무고한 자의 면죄 사태로 인하여 형사재판의 기능에 관한 근본적 의문과 비판이 점증해 왔다. 이 문제에 착안하여 많은 연구가 이루어져 온 것은 물론이고 개혁을 위한 제도 개선의 노력이 이어져왔음은 앞서 제2장에서 본 바와 같다. 미국의 연구들이 오류의 원인으로, 취약한 목격자 지목증언 및 범인식별절차의 오류, 허위자백, 재소자 정보원의 허위증언, 수사기관의 직권남용, 과학적 증거의 오류와 조작, 부적절한 형사변호 등을 지적하였는데, 우리나라에서도 같은 결과가 나왔음은 앞서 제3장에서 살펴보았다.

그런데 이런 원인 때문에 발생한 거의 모든 오판 사건들에서 일관하여 흐르고 있는 공통의 원인은 바로 터널비전의 문제이다.[1] 터널비전이란 형사사법제도 전반에 걸쳐 특히 유해한 효과를 발휘하는 인간의 자연적인 경향성으로서 휴리스틱(heuristic)[2]과 논리적 오류의 종합체를 의미한다.

---

1) Keith A. Findley & Michael Scott, *The Multiple Dimensions of Tunnel Vision in Criminal Cases*, 2006 Wis. L. Rev. 291, 292.

2) 휴리스틱이란 문제해결, 학습 및 새로운 발견을 위하여 활용되는 경험에 기초한 기법들을 의미한다. 현실적으로 만족스러운, 철저한 해결책 탐구가 어려울 때 이에 대신하여 보다 간편한 해결책 모색을 위하여 휴리스틱이 등장한다. 이런 사례에는 주먹구구(rule of thumb), 경험적 지식에 근거한 추측(educated guess), 직관적 판단 또는 상식 등이 포함된다. 사람들이 문제를 해결함에 있어서 철저한 검증을 거치지 않고 손쉽게 얻을 수 있는 정보에 의존하고자 하는 전략들을 휴리스틱이라고 이르는 것이다. 사람들이 통상 복잡한 문제에 직면하거나 또는 불충분한 정보를 가지고 있을 때 어떻게 판단과 의사결정을 하고 문제를 풀어나가는가를 설명하기 위하여 활용된 개념이다.
http://en.wikipedia.org/wiki/Heuristic (위키피디아 2012년 12월 10일 최종방문)

심리학자들은 인간은 "정신적 축약(mental shortcut)"에 의존하는 경향이 있음을 알게 되었는데, 이는 복잡한 결정을 함에 있어서 종종 나타나는 현상으로서 심리학적 술어로는 "heuristic(어림법, 휴리스틱, 방략)"라고 표현하고 있다.[3] 심리학 영역에서 휴리스틱이라 함은 진화과정[4] 또는 학습을

---

3) Amos Tversky & Daniel Kahneman, Judgment Under Uncertainty: Heuristics and Biases, 185 Science 1124, 1124 (1974). 이 분야 연구에 관한 보다 상세한 서술로는 Judgment Under Uncertainty: Heuristics and Biases (Daniel Kahneman, Paul Slovic, & Amos Tversky eds., 1982). 이 책의 국내 번역서로는 대니얼 카네만 외 2인 편저(이영애 옮김), 불확실한 상황에서의 판단: 추단과 편향(Judgment under Uncertainty: Heuristics and Biases), 아카넷(2001)이 있다. 안서원, 의사결정의 심리학, 시그마프레스(2000), 57면 이하 참조.

4) 진화심리학자 DavId Buss와 Martie Haselton은 Martie G. Haselton & DavId, Buss, *Error Management Theory: A New Perspective on Biases in Cross-Sex Mind Reading*, 78(1) Journal of Personality and Social Psychology 81 (2000)이라는 논문에서 인간의 인지적 편향이 형성되어 온 과정을 진화론의 관점에서 조망하는 오류관리이론(Error Management Theory)을 주장하고 있다. Martie G. Haselton, *Error Management Theory* in R. Baumeister and K. Vohs (eds.), Encyclopedia of social psychology, Thousand Oaks, CA: Sage (2007)에 의하면, 오류관리이론은, 사회적 판단 맥락에서 1종 오류와 2종 오류 사이의 선택은 이들 오류의 형태에 따라 치러야 할 비용의 상대 크기를 비교하여 정해진다고 한다. 또 Martie G. Haselton & DavId M. Buss, *Biases in Social Judgment: Design Flaws or Design Features?* in Joseph P. Forgas, Kipling D. Williams, William Von Hippel (eds.), Social Judgments: Implicit and Explicit Processes, CambrIdge University Press, 25 (2003)에 의하면, 사회적 판단의 여러 영역에서 긍정오류와 부정오류 사이의 비용의 상대적 크기는 다르다고 한다. 어떤 사회적 맥락에서 부정오류의 비용이 더 커지게 될 때 긍정오류에로의 편향을 갖는 것(다른 사회적 맥락에서 반대로 긍정오류의 비용이 더 커지는 경우라면 부정오류에로의 편향을 갖는 것)은 인간 마음의 진화과정에서의 형성된 당연한 산물이다. 특히 생존과 번식에 있어서 어느 한 방향의 오류를 범하게 되었을 때 치명적인 결과를 초래할 수 있다면 가급적 그와 반대되는 오류를 범하는 일을 감수하더라도 치명적 오류를 회피하는 방향으로 마음의 초기 디폴트값이 조율되어 있어야 한다. 그것이야말로 생존과 번식에 도움이 되기 때문이다.

통하여 각인된, 단순하면서도 효율적인 법칙들이다. 휴리스틱에 의존하는 것은 대부분의 경우 올바른 판단을 하는 데 도움이 되기도 하지만, 경우에 따라서는 그로 인하여 판단에 있어 체계적 오류를 낳기도 한다.[5] 어떤 유형의 시각적 자극이 인간의 시각을 현혹시켜 실제로는 있지도 않은 사물이 실제로 존재하는 것으로 착각하게 하는 것과 마찬가지로, 어떤 유형의 사실은 사람의 판단을 흐리게 하여 실제로는 진실이 아님에도 마치 그것이 진실인 것으로 믿게끔 하는 일도 있다.[6] 휴리스틱에 의존하는 것은 잘못된 판단을 야기하는 인지적 착각을 만들어낼 수 있다.[7] 일반인들이 취약한 여러 가지 인지적 오류에 대하여 미국 법관은 물론이고 우리의 법관 역시 이로부터 자유롭지 못함도 실험 연구결과 밝혀졌다.[8]

심리학적으로 볼 때, 판사들이 비록 경험이 풍부하고 잘 훈련받았으며 고도로 동기가 부여된 의사결정자들이라고는 하여도 그들 역시 인지적 착각에 취약할 수 있다는 가설을 세워볼 수 있다.[9] Guthrie 교수 연구팀의 연구는 아마도 이 가설을 검증하기 위하여 실제 판사들을 대상으로 수행한 최초의 연구라는 점에서 그 의의가 크다. 이 연구를 위하여 실험연구를 실시하였다. 연방사법정책연구소(Federal Judicial Center)가 1999년 11월 New Orleans에서 개최한 법관연수과정인 Magistrate Judges II 워크숍에 참여한 167명의 연방 magistrate judge들을 표본으로 하여,[10] 다섯 개의 일반적인 인지적 착각 유형들 각각이 이들 판사의 의사결정과정에 어떤

---

5) Tversky & Kahneman, *supra note* 3(chapter 4.3), at 1124.

6) *Id.*

7) *Id.*

8) Guthrie et. al. *InsIde the Judicial Mind, supra note* 1(chapter 1.2); 박광배/김상준/한미영, "가상적인 재판 쟁점에서의 현역판사의 판단과 모의배심의 집단판단에 대한 인지적 방략의 효과"(이하 "판사의 판단"), 한국심리학회지: 사회문제 Vol. 11, No. 1(2005); 김청택, "법정의사결정에서의 판사들의 인지편향", 서울대학교 법학 제51권 제4호(2010).

9) Guthrie et. al. *InsIde the Judicial Mind, supra note* 1(chapter 1.2), at 782.

10) *Id.* at 786.

영향을 미치는지 알아보고자 하였다.[11] Guthrie 연구팀이 판사들로부터 발견하고자 한 대표적인 다섯 유형의 심리적 착각들은 정박효과,[12] 사고틀편향,[13] 후견효과,[14] 대표성 휴리스틱,[15] 자기중심적 편파[16]이다. 연구

---

11) *Id.* at 784.

12) Anchoring, 무관한 출발점에 근거하여 추론을 하는 것. 정박효과의 개념정의와 설명으로는 Amos Tversky & Daniel Kahneman, *Judgment Under Uncertainty: Heuristics and Biases*, 185 Science 1124, 1128-30 (1974) 참조. 사람들은 수치화된 값을 추정할 때(예를 들어, 집의 적정한 시장 가격), 보통 이용 가능한 초기값(예를 들어 공시지가)에 의존한다. 많은 경우 초기값에 근거하여 값을 추정하는 것이 합리적이다. 그러나 문제는 해당 품목의 실제 가치와 무관한 이런 초기값들 역시 판단에 영향을 미친다는 데 있다.

13) Framing, 경제적으로는 동일한 이익과 손실을 이익상황과 손실상황에 따라 다르게 취급하는 것. 이 점을 밝힌 기념비적인 연구로는 Daniel Kahneman & Amos Tversky, *Prospect Theory: An Analysis of Decision Under Risk*, 47 Econometrica 263 (1979)이 있다. 사람들은 이득이 되는 방안들 중에서 선택하는 경우에는 위험을 회피하는 방향으로 결정하려는 경향이 있고, 반대로 손실이 되는 방안들 중에서 선택하는 경우는 위험을 무릅쓰려고 하는 경향이 있다고 한다. *Id.* at 268-69. 일반인들이 이해하기 쉽도록 이 현상을 풀어서 설명하고 있는 것으로는 최인철, 프레임: 나를 바꾸는 심리학의 지혜, 21세기북스(2007) 163면 이하 참조.

14) Hindsight bias, 과거에 발생한 사건에 대하여 그러한 일이 발생할 것이라고 예견할 수 있었던 가능성을 실제보다 과대평가하는 것. Scott A. Hawkins & ReId Hastie, *Hindsight: Biased Judgments of Past Events After the Outcomes Are Known*, 107 Psychol. Bull. 311, 311 (1990); Ulrich Hoffrage, Ralph Hertwig & Gerd Gigerenzer, *Hindsight Bias: A By-Product of Knowledge Updating?*, 26 J. Experimental Psychol.: Learning, Memory & Cognition 566, 566 (2000); Erin M. Harley, Keri A. Carlsen & Geoffrey R. Loftus, *The "Saw-It-All-Along" Effect: Demonstrations of Visual Hindsight Bias,* 30 J. Experimental Psychol.: Learning, Memory & Cognition 960, 960 (2004).

15) Representativeness heuristic, 지엽적인 정보에 집착한 나머지 그 사건의 바탕을 이루는 중요한 통계적인 정보를 무시하는 것. 역추정 오류로도 불린다. Guthrie et. al., *InsIde the Judicial Mind, supra note* 1(chapter 1.2), at 805에서는 사람들이 범주적 판단(categorical judgments, 예컨대, 형사피고인이 유죄인지 여부를 평가하는 것)을 함에 있어서 드러난 증거(예컨대, 피고인의 태도)가 그 범주

결과 판사들은 정박효과에 따른 최종 판단에서 의미 있는 편차를 보였음이 나타났다.[17] 마찬가지로 사고틀편향,[18] 후견효과[19] 및 자기중심적 편

(category)를 나타내 주는 정도를 판단의 기초로 삼는 경향이 있다고 한다. Tversky & Kahneman, *supra note* 3(chapter 4.3), at 1124-28에서는 대표성 휴리스틱에 의하여 야기되는 여러 가지 결정 오류를 설명하고 있다. 대표성 휴리스틱은 유용하긴 하지만 사람들로 하여금 적절한 통계적 정보를 과소평가하게 하기도 한다. 특히 범주(category)의 기초를 이루는 빈도수{기저율"(base-rate) 통계라 한다}의 중요성을 과소평가하게 한다.

16) Egocentric biases, 자기 자신의 능력을 과대평가하는 것.

17) Guthrie et. al., *InsIde the Judicial Mind, supra note* 1(chapter 1.2), at 791. 불법행위 손해배상액을 산정하는 모의사례에 대하여 저정박 조건 판사들 그룹은 평균 88만 2천 불의, 무정박 조건 판사들 그룹은 평균 124만 9천 불의 손해배상액을 산정했다. 두 그룹의 차이는 통계적으로 유의미했다. $t(113) = 2.18$, $p = .031$.

18) *Id.* at 797-9. 저작권침해 손해배상 사건에서 원고의 이익 관점과 피고의 손실 관점에서 각각 화해안을 권고할 때 태도의 차이가 있는지를 모의사례를 통하여 확인해 보았다. 원고든, 피고든 각 화해안의 경제적 효과는 동일한 것이었다. 그런데 원고 측 관점에서 사건을 검토한 판사들 중 39.8%(83명 중 33명)가 원고가 화해안을 받아들여야 한다고 생각한 반면, 피고 측 관점에서 사건을 검토한 판사들 중 불과 25%만이 피고가 화해안을 받아들여야 한다고 응답하였다. 이러한 두 집단 간의 차이는 통계적으로 유의하다. $z = 1.99$, $p = .047$. 이처럼 소송관계인과 마찬가지로 판사들도 프레이밍에 의하여 그들의 판단에 영향을 받는 것으로 보인다. 흥미롭게도 이 실험에 참가한 판사들의 다수(67.5%, 163명 중 110명)는 당사자들이 화해를 하여서는 안 된다고 생각하였다. 이런 예상치 못한 결과는 판사들이 일반 사람들보다 위험 또는 소송을 선호한다고 보이게 할 수도 있다. 그러나 이 모의사례는 양 당사자 모두가 계쟁물에 대하여 같은 권리를 주장하고 있다고 가정하였으므로 판사들은 아마도 균등하게 배분하는 것이 더 적절하다고 판단하였기에 그런 부정적 답변을 한 것으로 보였다. 결론적으로 다시 같은 실험을 하는 경우 이런 유형의 모의사례는 그리 적절히 못하므로 모의사례 설계에 재검토가 필요하다는 지적이 가능하다.

19) *Id.* at 802. 교도소 수감자가 억지소송인 남소를 계속 제기한 것에 대한 제재로 미국 연방민사소송법 제11조에 의한 소권행사 제한처분을 받았다. 그 항고사건의 결과에 대한 예측을 하도록 했는데 판사들을 두 그룹을 나누어 한 그룹에는 실제 항소심 결과를 알려주었고 다른 그룹에는 그 결과를 알려주지 않았다. 특정 결과

파[20]도 발견되었다. 한편 대표성 휴리스틱에 관하여는, 일반인이나 다른 전문가에 비하여 판사들은 현저한 것은 아니지만 다수의 판사들에서 발견되고 있음도 밝혀졌다.[21] 이 연구는 미국 학계에 큰 반향을 불러일으켰다. 우리나라에서 수행된 박광배 연구팀의 연구와 김청택 연구팀 연구는

를 알고 있는 판사들은 다른 결과를 알고 있는 판사들에 비하여 훨씬 자신이 알고 있는 결과를 가장 일어날 가능성이 높은 것으로 선택하였음을 보여주고 있고 그 차이는 통계적으로 유의미하다. $x^2(4) = 46.91$, $p < .001$.

20) *Id.* at 814.

21) *Id.* at 809-10. 이 부분 설문은 일종의 확률을 계산하는 문제다. 설문은 다음과 같다. 이러한 설례에서 원고를 강타한 통이 일꾼들 가운데 한 사람의 과실 때문에 떨어졌을 확률을 물었다.

원고는 피고 소유의 창고 옆을 지나가다가 통(barrel)에 맞아 심한 부상을 당하였다. 사고 당시, 통은 땅에서 들어 올려져 창고로 적재되는 마지막 단계에 있었다. 피고의 일꾼들은 그 통이 어떻게 풀어져 떨어지게 되었는지 확실히 알지 못하나, 그 통이 제대로 묶이지 않았거나, 로프에 잘못이 있었다는 점에 대해서는 의견이 일치하였다. 정부안전조사관들은 창고를 조사한 다음, 이 창고에서는, (1) 통이 잘못 묶여졌을 때, 풀어질 확률은 90%이고, (2) 통이 제대로 묶였을 때 사고 당시 풀릴 확률은 단지 1%이며, (3) 일꾼들이 통을 제대로 묶지 않는 것은 1000번에 1번꼴이라는 결론을 내렸다.

피고는 사고 당시 과실확률이 0.1%이고, 그때 상해를 일으킬 확률이 90%이기 때문에, 피해자가 피고의 과실로 상해를 입을 확률은 0.09%이다(또, 피고에게 과실이 있어도 상해를 입지 않을 확률은 0.01%이다). 피고는 사건 당시 과실이 없을 확률이 99.9%이고, 이때 상해를 가할 확률은 1%이기 때문에, 피고가 합리적 주의를 기울였음에도 피해자가 상해를 입을 확률은 0.999%이다(피고에게 과실이 없고, 상해도 가하지 않을 확률은 98.901%이다). 결과적으로, 원고가 상해를 입었다면, 피고에게 과실이 있을 조건확률은 1.089%분의 0.090%, 즉 8.3%이다. 대략 40%의 판사들이 이 어려운 증거관련 문제를 정확하게 맞혔다. 그러나 그와 동시에, 약 60%의 판사들은 정답을 맞히지 못하였고, 그들 중 3분의 2(전체의 40%)는 대표성 휴리스틱에 근거하였음을 추론케 하는 틀린 답을 맞는 답으로 선택하였다. 따라서 본 조사의 표본이 된 판사들이 이전에 연구된 여타 집단들보다 좋은 결과를 보이긴 했지만, 40%의 판사들은 여전히 대표성 휴리스틱이 만들어 놓은 함정에 빠지고 말았다.

이러한 Guthrie 연구팀의 연구를 한국 판사들을 대상으로 수행한 연구라는 점에서 의미가 있는데 Guthrie 연구와 유사한 인지적 오류가 한국 판사들 사이에서도 나타나고 있음이 관찰되었다.

우선 박광배 연구팀은 2004년 2월 사법연수원에서 개최된 형사재판장 연수에 참여한 판사 158명을 대상으로 Guthrie 연구와 유사한 설문 연구를 수행했다.[22] 마찬가지로 정박효과, 사고틀편향, 대표성 휴리스틱이라고 하는 인지적 오류가 판사들에게서 발견되는지를 확인하고자 하였다. 우선 정박효과를 알아보기 위하여 양형판단이 다소 까다로운 모의사례(법정형이 5년 이상인 형법상 강간치상 사건)를 준 뒤 합당한 양형을 할 것을 요청했다. 판사들을 세 그룹으로 나누어 첫 그룹에게는 검사구형을 2년으로(저정박점 그룹), 두 번째 그룹에게는 검사구형을 10년으로(고정박점 그룹), 세 번째 그룹에게는 검사구형에 관한 언급은 없었다(무정박점 그룹). 연구결과 판사들 그룹 간에는 결정한 최종 양형평균이 차이가 있었고 그것은 판사들에게 상당히 현저할 정도로 정박효과가 나타나고 있음을 의미하는 것이었다. 무정박점 그룹과 고정박점 그룹의 양형평균은 57.2개월과 57.5개월로서 두 그룹 사이에는 유의미한 편차는 없었다. 그런데 저정박점 그룹의 양형평균은 42.5개월로서 유의미한 차이를 보였다. 검사 구형 2년은 법적으로 불가능한 낮은 구형으로서 설문에 오타가 있는 정도로 여겨졌을 것이나(실제로 판사들은 모두 2년 6월보다 높은 형을 정했다) 그런데도 나머지 그룹과는 평균 15개월 정도 낮은 양형을 하였다. 이것은 무의미한 정박에 판사들이 영향을 받고 있는 것을 의미하는 것이다.[23]

사고틀 편향과 관련하여서는 미국의 연구와 전적으로 동일한 설문을 활용했는데 원고의 이익관점에서 화해를 권유한 비율은 46.8%, 피고의 손실

22) 박광배/김상준/한미영, “가상적인 재판 쟁점에서의 현역판사의 판단과 모의배심의 집단판단에 대한 인지적 방략의 효과”(이하 “판사의 판단”), 한국심리학회지: 사회문제 Vol. 11, No. 1(2005), 65면.
23) 위 논문, 68면.

관점에서 화해를 권유한 비율은 51.3%로 나타났다.[24] 사고틀 효과가 있다고 보려면 원고의 관점에 서 있는 판사들이 더 높은 비율로 화해를 권했어야 하는데 결과가 반대로 나온 것이다. 이런 결과는 판사들에게 사고틀 편향이 나타나지 않은 것을 의미한다. 미국의 연구에서 원고의 이익관점에서 화해를 권유한 비율은 39.8%, 피고의 손실관점에서 화해를 권유한 비율은 25%로 나타난 것과 대비해 볼만하다. 대표성 휴리스틱과 관련하여서도 미국과 유사한 확률문제를 제시하였다.[25] 1그룹 판사들은 37.5%가 정답을 맞혔다. 미국의 경우 40%의 판사가 정답을 맞힌 것과 비교해 볼만 한다. 연구결과 판사들의 사후확률 추정이 상대적으로 사전확률의 영향을 더 받는 것으로 나와 어느 정도 대표성 휴리스틱의 영향이 있음이 발견되었다.[26]

최근에 수행된 김청택, 최인철의 연구는 정박효과, 확증편향, 후견편향 등 인지적 편향들이 법관들의 법정 의사결정에 영향을 미치는지를 경험적으로 조사하고자 하였다.[27] 103명의 판사와 76명의 사법연수원생, 134명의 대학생이 연구에 참가하였고 실제 재판사례를 수정하여 만든 세 가지 재판 시나리오를 이용하여 실험이 진행되었다.[28] 실험 결과, 세 집단 모

---

24) 위 논문, 69면.

25) 모두 네 그룹으로 나누어 설문이 구성되었다. 첫 그룹의 설문은 다음과 같다. 대장간에서 연장을 매달아 놓고 판매를 하는데 손님이 와서 연장을 고르다가 매달린 연장이 떨어져 부상을 입었다. 대장간 주인이 연장을 부주의하게 설치할 확률은 2%, 연장이 부주의하게 설치되었을 때 떨어질 확률은 90%, 연장이 적절하게 잘 설치되었음에도 불구하고 떨어질 확률은 1%였다. 이 경우 연장이 떨어진 것이 대장간 주인의 부주의 때문일 확률은 얼마인가 하는 것이었다. 그 확률은 65%가 정답이었다. 나머지 세 그룹에 대하여는 조건 확률의 수치를 조금씩 변경한 것이었다. 위 논문, 84면.

26) 위 논문, 70면.

27) 김청택, “법정의사결정에서의 판사들의 인지편향”, 서울대학교 법학 제51권 제4호(2010), 317면.

28) 위 논문, 321면.

두에서 정박효과가 관찰되었으며 그 정도는 집단마다 달랐다. 학생이 가장 강한 정박효과를, 사법연수원생이 그 다음으로 강한 효과를, 법관이 가장 약한 효과를 나타내었다.[29)]

확증편향의 경우, 재판시나리오에서는 법관과 연수원생이 대학생보다 낮은 편향을 보였다.[30)] Wason의 카드 선택과제[31)]나 2-4-6 문제와 같은

---

29) 위 논문, 324-6면. 이 연구에서는 정박효과를 관찰하기 위하여 아래와 제시된 성추행 재판 사례를 세 가지 조건하에서 제시하였다. 첫 번째 고정박 조건에서는 변호사의 청구금액을 5억 원으로, 두 번째 저정박 조건에서는 청구금액을 일부청구 2천만 원으로 제시하였고, 세 번째 조건에서는 청구금액을 제시하지 않았다. 세 조건의 시나리오는 청구금액을 제외하고는 동일하였다. 판사들은 고정박 조건(5억 원 청구 조건)에서 평균 5,306만 원을, 무정박 조건에서 평균 3,927만 원을, 저정박 조건(2천만 원 조건)에서 평균 3,200만 원의 손해배상액을 내 놓았다. 한편 사법연수원생들은 고정박 조건에서 9,088만 원을 무정박 조건에서 3,564만 원을 저정박 조건에서는 1,836만 원으로 판결하였으며, 대학생들은 고정박, 무정박, 저정박 조건에서 각각 2억 7472만 원, 2억 5830만 원, 7,303만 원을 판결하였다.

30) 위 논문, 329-31면. 실험에서 피험자들에게 아래와 같은 실제 사례를 수정한 재판시나리오를 제시하였는데 본 연구대상인 순번 155사건이 시나리오 모델이었다. 시나리오에서는 검사가 유죄를 주장하기 위하여 제시한 증거들과 변호사가 무죄를 주장하기 위하여 제시한 증거들이 나열되어 있다. 피험자들에게 이 시나리오를 읽게 한 다음, 정확한 판단을 위하여 검사 또는 피고인에게 해야 할 질문이나 추가적으로 증거 조사할 사항을 두 개 적고 그것이 필요한 이유를 작성하게 하였다. 이 때 추가적인 질문이 확증질문인지, 아니면 반증질문인지에 따라 확증편향성 정도를 알 수 있다는 것을 전제로 하였다. 두 질문 중에 한 질문이라도 반증질문을 한 비율은 판사 78.6%, 연수원생 86.8%, 대학생 57.5%로 세 집단에 차이가 통계적으로 유의하였다.

31) 위 논문, 329면. Wason의 카드 선택과제에서는 E-K-4-7과 같이 한 면에는 영어철자가 다른 면에는 숫자가 쓰여 있는 네 개의 카드를 먼저 보여준다. 그리고 "한 면에 모음이 있으면, 다른 면에선 짝수가 있다"라는 규칙을 검증하기 위해서는 어떤 카드를 뒤집어 봐야 하는지를 묻는 방식으로 진행된다. 이를 통해 확증편향의 경향성을 직관적으로 확인할 수 있다. 다수의 피험자들은 E와 4를 선택하는 경향이 있지만 정답은 E와 7인 것이다. 즉 대부분의 사람들은 규칙을 확증할 수 있는 사례만을 선택하는 경향이 있다는 것이다. 이러한 경향은 교육 수준이 높아지더

일반 인지 추리 문제에서는 법관들이 도리어 대학생보다 높은 편향을 보였다. 판사들은 법정상황에서는 약한 후견편향효과를 보인 반면, 연수원생과 대학생들의 경우는 선행정보가 무죄라고 판단하는데 크게 영향을 주지 않았다[32] 후견편향 실험에서 피험자들이 판단을 내린 다음, 판단을 내리는 데 제시된 증거가 얼마나 중요한 역할을 했는지를 평정하게 하였다. 법관집단에서는 유죄, 무죄 판단에 무관하게 명확한 증거를 가장 중요하게 평가하였다. 반면, 사법연수원생 집단에서는 유죄로 판단하였으면 유죄증거를, 무죄로 판단하였으면 무죄 증거를 더 중요하게 평가하였다.[33] 비법정 상황에서 정박효과와 후견편향은 세 집단 간에 차이가 없었다.[34] 이러한 결과들은 판단 전문가로서의 판사들은 법정장면에서 정확한 판단과 의사결정을 하는 데 도움을 주는 법정 추리 스키마를 형성하고 있다는 것으로서 긍정적 측면이 있음을 알 수 있게 한다.

이상의 국내외 연구들은 판사들도 일반인들과 비교해 볼 때 다소간 법정상황에서는 훈련된 바에 따라 편향을 극복할 수 있는 역량은 있으나 그렇다고 하더라도 이런 인지적 편향에서 완전히 자유로울 수 없다는 것을 추론케 한다. 그런 인지적 편향이 재판상황에서도 그대로 이어지게 된다면 잘못된 판단으로 연결될 위험성이 농후한 것이다. 형사사법제도 관여자 누구라도 만일 특정한 용의자에게만 초점을 맞추도록 유도된 터널비전에 빠지게 되면, 그의 유죄를 입증하는 증거들만이 선별적으로 걸러져 눈에 들어올 뿐, 유죄초점을 흐리는 다른 증거들은 이를 무시하거나 억제해 버린다는 것이다.[35] 이 과정은 수사관, 검사, 판사, 변호인 모두 마찬가지

라도 그리 변하지 않는다.

32) 위 논문, 333-6면. 이 연구에서 제시된 사례는 분석대상 순번 52사건을 응용한 것이었다. 판사들의 경우는 통계적으로 차이가 유의하지는 않지만, 무정보 조건에서 60%가 유죄 판결을 내린 반면 선행정보조건에서는 47%만이 유죄 판결을 내렸을 것으로 판단하였다.

33) 위 논문, 337면.

34) 위 논문, 338면.

로 하나의 특정한 결론에 집중하도록 함으로써 이 결론에 의하여 제공되는 렌즈만을 통하여 모든 증거를 걸러내도록 한다.[36] 대부분의 공식 기관의 조사에서도 터널비전의 문제점을 인정하고 있다.[37] Marvin Anderson 사건[38]은 배심원이 목격자의 오인 지목진술로 인한 터널비전에 빠져 피고인의 정당한 알리바이 주장[39]에도 불구하고 오판을 범한 사례로 꼽힌다. 우리의 연구에서도 이런 현상은 마찬가지로 발견된다. 앞서 본 순번 207 호포역 강간상해 사건, 순번 320 호프주점 강도 사건, 순번 355 동두천 주거침입 강도 및 강간 사건은 모두 피고인에 대한 피해자의 오인 지목진술이 피고인의 정당한 알리바이 주장을 압도해 버린 사례들이다.

터널비전을 초래하는 경로는 크게 보아 두 가지로 나눌 수 있는데, 우

35) Dianne L. Martin, *Lessons About Justice from the "Laboratory" of Wrongful Convictions: Tunnel Vision, the Construction of Guilt and Informer EvIdence*, 70 Umkc. L. Rev. 847, 848 (2002).

36) Myrna Raeder, *What Does Innocence Have to Do With It? A Commentary on Wrongful Convictions and Rationality*, 2003 Mich. St. L. Rev. 1315, 1327-28.

37) 터널비전에 빠질 수 있는 과정을 지적한 미국 변호사협회(ABA)와 미국 로스쿨협의회의 Am. Bar Ass'n & Ass'n of Am. Law Sch., *Report of the Joint Conference of the American Bar Association and the Association of American Law Schools on Professional Responsibility*, 44 A.B.A. J. 1159, 1160 (1958) 참조. 시카고의 사형오판원인을 분석한 Governor's Comm'n on Capital Punishment, *supra note* 33(chapter 2.3), at 20. 캐나다 제도운영과 관련하여 터널비전의 문제를 다룬 것으로는 Keith A. Findley, *Learning from Our Mistakes. A Criminal Justice Study Commission to Study Wrongful Convictions*, 38 Cal. W. L. Rev. 333, 338-39, 342-44 (2002); Fpt. Heads of Prosecution Comm. Working Group, Report on The Prevention of Miscarriages of Justice 35 (2004) 참조. 버지니아 주 오판원인 분석 자료인 Innocence Comm'n for Va., A Vision for Justice: Report and Recommendations Regarding Wrongful Convictions in the Commonwealth of Virginia 10 (2005)도 아울러 참조.

38) Findley & Scott, *supra note* 1(chapter 4.3), at 296-299.

39) Elizabeth A. Olson & Gary L. Wells, *What Makes a Good Alibi? A Proposed Taxonomy*, Law & Hum. Behav. 157, 157-58 (2004).

선 판단자 자체에 내재하고 있는 인지적 편향을 들 수 있고, 다음으로 판단자를 둘러싸고 있는 외적 환경에 해당하는 제도적, 규범적 압력이다.

나. 터널비전을 초래하는 원인

1) 인지적 편향으로서의 터널비전

가) 개설

터널비전으로 쏠리는 경향은 부분적으로는 인간의 타고난 본능으로서 심리적 기질의 하나이다. 터널비전은 우리의 인식에 있어서의 정확도는 물론 그것을 해석하는 방식에 있어서의 정확도를 손상시킬 수 있는 다양한 인지적 왜곡의 산물이다. 심리학자들은 터널비전을 확증편향(confirmation bias), 후견편향(hindsight bias), 결과편향(outcome bias) 등 다양한 인지적 편향(biases)[40]의 소산으로 분석한다. 터널비전은 형사재판제도에 관여하는 사람들 사이에서 매우 흔히 발생하는 현상인데, 의도를 가지지 않은 사람들도 무의식중에 이러한 터널비전의 문제를 극복하는 데 자유롭지 못하다. 이 때 인지적 편향을 가지고 그런 현상을 해명할 수 있다. 그리고 그 때문에 이들 편향을 잘 이해하는 일이야말로 터널비전 감축시키고자 하는 개혁노력의 첫출발이 될 것이다.

인지적 편향들에 관하여는 실험심리학자들의 상당한 연구가 축적되어 오면서,[41] 그런 편향들이 의식적으로 인지되지 못한 채 작동하는 정도라

---

40) 사회과학에서 bias라는 말은 가치중립적임을 명심해야 한다. 이것은 어떤 오류가 방향성 없이 무작위로 발생하는 상황과는 달리 한두 방향으로만 쏠려서 발생하는 상황을 묘사할 때 쓰이는 말이다. 어떤 맥락에서는 오류가 비용을 줄이는 방향으로만 발생한다면 이런 편향은 바람직할 경우도 있다. Findley & Scott, *supra note* 1(chapter 4.3), at 307 n126.

41) Alafair S. Burke, *Improving Prosecutorial Decision Making: Some Lessons of Cognitive Science*, 47 Wm. & Mary L. Rev. 8 (2006); Charles G. Lord et al., *Biased Assimilation and Attitude Polarization - The Effects of Prior Theories on*

든가, 잠복하고 있는 편향들의 효과를 증강시킬 수 있는 다양한 상황들에 관하여 알 수 있게 되었다.[42] 가장 기본적인 경향성은 확증편향의 일종인 기대 편향(expectancy bias)이다.[43] 사람들은 어떤 일이 발생하거나 조건이 이루어지길 강하게 기대하면 할수록, 그런 일이나 조건의 실현 여부에 관한 정보가 애매하게 주어지는 경우에도 그런 애매한 정보만으로도 그것이 실현되었다고 인식하는 경향이 있다는 것이다.[44] 범인이 살고 있는 것으로 추정되는 동네 어느 집에서 범인이 입었다고 하는 것과 같은 색의 옷이 빨래건조대에 걸려 있는 것을 보고 그것을 범인의 것으로 추론한 순번 207사건, 알리바이 입증으로 일련의 범죄 전부에 관한 허위자백임이 대체로 입증되었음에도 불구하고 자백의 강한 영향력 때문에 피고인이 범행장소 부근에서 통화한 기록만 가지고 유죄정황으로 본 순번 507사건, 피고인을 범인으로 특정하기까지 무려 일곱 단계라고 하는 사람의 진술을 거쳐야 했음에도 피고인의 친구라는 사람이 피고인의 용모와 인상을 말하자 바로 피고인을 범인으로 직감했다고 하는 순번 355 사건 등이 그에 해당하는 사례들이다. 이들 사건에서 유죄추론을 하는 것은 상식에 대부분 반하는 것이다. 하지만 범인을 반드시 검거해야 한다는 압박감으로 여기에 몰두하다 보면 낮은 가능성에도 높은 가치를 두어 고대한 바대로 범인을 드디어 찾았다는 확신을 갖게 하는 경향이 있음을 알 수 있다. 이런 유형의 편향은 그렇게 기대하는 방향으로 편향된 오류를 야기할 수 있다. 자신이 세운 가설이 꼭 긍정적으로 검증되어야 한다고 기대하는 경우 그에

Subsequently ConsIdered EvIdence, 37 J. Personality & Soc. Psychol. 2098 (1979); Raymond S. Nickerson, *Confirmation Bias: A Ubiquitous Phenomenon in Many Guises*, 2 Rev. Gen. Psychol. 175, 175 (1998).

42) Findley & Scott, *supra note* 1(chapter 4.3), at 308.

43) D. Michael Risinger et al., T*he Daubert/Kumho Implications of Observer Effects in Forensic Science: HIdden Problems of Expectation and Suggestion*, 90 Cal. L. Rev. 1, 12-26. (2002).

44) *Id.*

대한 개인적 노력의 투입으로 말미암아 확증하는 정보만을 인지하거나 과대평가하고 확증에 방해되는 정보를 놓치거나 불합리하게 과소평가하는 경향을 강화한다.[45] 마찬가지로 그런 가설이 팀의 상급자에 의하여 제공되거나 또는 자부심과 역할성공이 정서적 노력의 투입에 기여할 경우 확증편향은 증폭될 수 있고, 그에 따라 가장 명백하면서도 이론의 여지가 없는 반대정보조차도 발견하지 못하거나 배척될 수 있다.[46] 어떤 의미에서 인지적 편향들은 외부 세계로부터 들어오는 감각정보의 홍수 속에서 효율적으로 정보를 처리해야 할 필요의 부산물이다. 우리 내부에 전선처럼 얽혀 있는 대부분의 인지적 편향들과 휴리스틱들은 인간이 하나의 종으로 진화해 온 조건에 적응한 결과이다. 그러나 이런 편향적 범주화 또는 선별적 관심집중이라고 하는 편리한 사고체계로 말미암아 우리는 오류에서 결코 자유로울 수 없게 되는 것이다.[47]

나) 확증편향

확증편향이라 함은 현존하는 믿음, 기대 또는 가설을 지지하는 방식으로 증거를 찾고 해석하는 경향성을 뜻한다.[48] 이 경우 그러한 가설의 입증에 아무런 이해관계가 없는 경우에도 마찬가지다.[49] 비록 확증편향적 정보가 상반되는 정보에 비하여 신빙성이 떨어지는 경우에도 사람들은 편향된 정보의 약점을 알 수 있는 피드백을 받았음에도 이를 잘 인식하지 못하고,[50] 거꾸로 그러한 피드백을 자신의 확신을 증강하는 것으로 잘못

---

45) *Id.*
46) *Id.*
47) Findley & Scott, *supra note* 1(chapter 4.3), at 309.
48) Nickerson, *supra note* 41(chapter 4.3), at 175, 177; Burke, *supra note* 41(chapter 4.3), at 8; Lord et al., *supra note* 41(chapter 4.3), at 2098. 이종엽, "법심리학적 관점에서 본 진술증거의 평가방법", 저스티스 120호, 한국법학원 (2010), 213면.
49) Nickerson, *supra note* 41(chapter 4.3), at 178.
50) Findley & Scott, *supra note* 1(chapter 4.3), at 312.

이해하고 만다.[51] 경험적 연구결과 확증편향은 정보의 탐색뿐만 아니라 기억에서 정보를 인출하는 과정에서도 작용한다.[52] 확증정보의 수집과 인출 이외에도, 사람들은 현존하는 믿음을 지지하는 정보를 반대되는 정보에 비하여 더 높게 평가하는 경향이 있다.[53] 차별적 정보처리과정에 관한 많은 경험적 연구결과에 의하면, 사람들은 자신이 이미 가지고 있는 믿음으로부터 독립하여 증거 강도를 평가하는 능력이 떨어진다는 점, 즉 확증적 정보는 과대평가하고 부정적 정보는 평가절하 한다는 점이 밝혀졌다.[54] 순번 365 한화콘도 투숙객 강도살인 사건에서 피고인들의 자백과 발견된 사체의 강한 영향력 때문에 피고인들의 유죄인정에 반하는 많은 반대정황을 무시하는 태도는 전형적으로 이런 심리적 현상에 기인한 것이다. 앞서 언급한 대전고법 2007노485 시체 없는 부인 살해사건에서 아파트 안에서 발견된 몇 가지 과학적 증거들과 정황(피해자의 것으로 보이는 뼛조각이 발견된 점 등)에 압도된 나머지 실종자의 생존흔적에 대한 탐색, 즉 휴대폰 통화내역이나 이메일 송수신 내역에 대한 조사를 소홀히 한 것도 같은 맥락에서 이해될 수 있다.

사회과학자들은 이런 현상이 나타나는 것은 적어도 부분적으로나마 동기적 요인들 때문이라고 생각해왔다. 자신의 믿음에 반하는 정보에 접했을 때 사람들은 최초의 관점을 유지하기 위하여 자신의 믿음을 방어하고자 하는 동기를 가지게 된다는 것이다.[55] 사람들은 또한 경우에 따라서는 자신들의 믿음과 상충하는 정보에 대하여 단순히 이를 무시하는 것에서

51) Nickerson, *supra note* 41(chapter 4.3), at 179.

52) Burke, *supra note* 41(chapter 4.3), at 9-10.

53) Nickerson, *supra note* 41(chapter 4.3), at 178. Richard A. Posner, How Judges Think, Harvard (2008) p. 111은 판사의 확증편향이 판결문 작성과정에서도 출현할 수 있음을 지적하고 있다.

54) Burke, s*upra note* 41(chapter 4.3), at 10; Nickerson, supra note 41(chapter 4.3), at 180.

55) Findley & Scott, *supra note* 1(chapter 4.3), at 313.

더 나아가 이 정보에 대한 비판적 심사를 강화하여 그 증거의 신빙성을 부정하거나 또는 그 의미를 재해석하여 상충하는 정보의 범주에서 제외시켜 버리는 경향이 있다.[56] 또한 사람들은 그들이 바라는 데이터 또는 결론을 평가할 때에는 바라지 않은 결론을 평가할 때와 다른 기준을 활용하는 경향이 있다.

어떤 사람의 특성에 관하여 사전에 주어진 설명(기대)은 다른 사람들이 그를 평가하는 방식에 영향을 미친다는 많은 연구가 있다.[57] 이런 현상은 형사재판에서 특히 심각하게 나타난다. 즉 경찰, 검사, 변호인, 판사 및 배심원이 최초로 접하여 풀어야 할 가설이 피고인의 유죄인정에 주안점이 주어져 설정될 때 무죄추정의 이론적인 원칙에 반하는 현상이 초래될 수 있다.[58] 편향들은 정보의 획득과 해석에 영향을 미친다. 따라서 새로운 정보를 반영하여 가설 또는 결론을 이성적, 논리적으로 재조정하는 데에 지장을 초래한다. 한편으로 최초의 가설이 아예 잘못되었다는 새로운 증거를 앞에 두고서도 그 가설수정에 저항하도록 하는 자연적인 경향을 초래한다. 이를 신념보존(belief perseverance) 또는 신념고수(belief persistence) 현상이라고 한다.[59] 신념보존현상은 많은 오판사례에서 발견된다.[60] 우리의 경우에도 무죄판결이 나오면 집요하게 항소, 상고를 거듭하고 있는 검찰의 태도로부터도 이런 신념고수의 현상을 읽어볼 수 있다. 앞서 본 순번 207 지하철 화장실 강간상해사건에서는 검사와 1심 판사는 피고인이 상당 정도 알리바이의 입증에 성공했음에도 불구하고 다시 반대의 탄핵자료를 찾아내고 다시 그것이 반박되면 다른 탄핵증거를 찾아가는 태도를 보이고 있다. 그 결과 증거능력이 없는 경찰 자백을 사상한다면 매우 희박한 유죄

---

56) *Id.* at 313.
57) Nickerson, *supra note* 41(chapter 4.3), at 181.
58) Findley & Scott, *supra note* 1(chapter 4.3), at 314.
59) Nickerson, *supra note* 41(chapter 4.3), at 187.
60) Daniel S. Medwed, *The Zeal Deal: Prosecutorial Resistance to Post-Conviction Claims of Innocence*, 84 B. U. L. Rev. 125, 129 (2004).

정황만이 남게 되었음에도 유죄판단으로 연결되었다. 이런 현상도 신념고수의 심적 태도의 일말을 알게 하는 사례다. 순번 77사건에서도 피고인을 범인으로 연결 짓는 유일한 고리는 불심검문 현장에서 도망간 A[61]와의 전화통화였다. 그런데 나중에 A가 그 강도와는 무관함이 밝혀졌다. 그럼에도 당초 유죄판단을 고수하여 검사는 피고인이 A 아닌 다른 성명불상자와 강도를 한 것으로 공소장을 변경하였다. 1심 재판과정에서 그런 성명불상자와 합동강도를 한 증거는 없었다. 1심 법원은 성명불상자와의 합동강도 부분은 무죄로 판단하면서도 피고인을 단독 강도 범행으로 처벌하는 태도를 보였다. 이런 현상 역시 최초의 가설이 잘못될 수도 있는 상황에 처했음에도 당초의 유죄 신념을 고수하고자 하는 태도와 맥을 같이하고 있고 대부분 유죄오판으로 이어질 위험이 크다. 미국의 실제 사례에 의하면, 성폭력 피해자의 몸에서 발견된 정액이 피고인의 것이 아니라는 DNA 증거가 제시된 때조차도, 검사들은 때로는 그들의 유죄판단을 고수하고 피고인의 구제를 거부하곤 하였다는 것이다.[62][63] 우리의 사례 중에서도

---

61) 강도사건 발생으로 신고를 받고 출동한 경찰은 주변 교통로를 지키면서 불심검문을 시행했다. 그런데 우연히 그곳을 화물차를 운전하여 지나가던 A가 강도범 검거를 위한 불심검문 현장에서 차를 버리고 도망갔다. A는 강도 범행을 저질렀을 것으로 추정되었다. A는 다른 절도범죄를 저지른 것이 발각될까 두려워 도망간 것이지 강도와는 전혀 무관했다. 그리고 A는 당시 강도범 검거를 위하여 불심검문을 받는다는 것조차 알지 못했다. 즉 불심검문을 하는 경찰의 입장에서는 강도범 검거를 위하여 불심검문을 하는데 도망을 간 사람을 우선적으로 강도범으로 연결 짓는 것은 자연스러운 일일지는 모르지만 그런 추정은 그 자체로 우스꽝스러울 정도의 논리적 오류다.

62) Medwed 교수에 따르자면 검사들이 피고인의 무고함을 밝히는 DNA 검사결과에 동의하는 경우는 50%에도 못 미친다고 한다. Medwed, *supra note* 60(chapter 4.3), at 129; Gross 2012 Report, *supra note* 110(chapter 2.3), at 62-63; Andrew Martin, *The Prosecution' Case Against DNA*, N. Y. TIMES, Nov. 27, 2011, at MM44에서는 DNA 검사결과 무고함이 판명된 피고인들에 대하여 미국 한 카운티 검사의 집요한 자백 집착 경향을 보인 사건을 보도하고 있다.(http://www.nytimes.com/2011/11/27/magazine/dna-evIdence -lake-county.html?pagewanted=all)

DNA분석 결과 피고인의 유전자형이 범인의 그것과 상이하다는 감정 결과

1996년 10월 Illinois 주 Lake 카운티 Waukegan에서 학생이었던 Juan Rivera(19세)는 Holly Staker(11세)에 대한 강간살인 사건의 용의자로 체포되었다. 나흘간에 걸친 경찰 신문 끝에 그는 범행을 자백했다. Rivera의 최초 자백은 객관적 범죄사실과 일치하지 못한 부분이 많았다. 하지만 다음날 이어진 두 번째 자백은 범죄사실과 어느 정도 가깝게 되었다. 이 자백에 기초하여 1997년 살인유죄 판결이 내려졌다. 그런데 항소심에서 이 유죄판결이 파기되었다. 그러나 다시 1심 재판이 열렸지만 2001년 재차 유죄판결이 나왔다. 2005년 DNA 검사에서 피해자의 몸에서 발견된 정액에서 Rivera의 유전자가 발견되지 않았다는 결과가 나왔다. 이에 위 2차 유죄판결은 파기되었으나, 다시 Lake 카운티 검사 Michael Waller는 11살 피해자가 "성적으로 조숙했고(sexually active)" 피해자로부터 나온 정액은 살인범의 것이 아니라 그녀의 자발적 섹스 파트너의 것이라는 논리에 기반을 두어 Rivera에 대한 유죄주장을 계속했다. 이런 모욕적인 추정을 뒷받침할 증거는 없는 듯했으나 Rivera의 자백이 이미 있었기에 이에 더하여 2009년 다시 3차 유죄판결이 내려졌다. 2011년 Illinois 주 항소법원은 이런 1심 판결을 취소했다.

2005년 같은 Lake 카운티에서 Jerry Hobbs는 20시간의 신문 끝에 완전히 정신이 나간 채 자신의 8살 난 딸과 그녀의 9살 난 친구를 살해했다고 자백했다. 구속 기소되어 첫 공판기일을 기다리던 중, 피해자의 몸(입, 질, 항문)에서 나온 정액은 Hobbs가 아닌 다른 사람의 것이라는 DNA 검사결과가 나왔다. 그럼에도 불구하고 검사들은 Hobbs의 석방을 불허했다. 사건발생 장소는 커플들이 성행위를 할지도 모르는 산림지역인데 (발견 당시 옷을 그대로 입고 있는 상태였던) 피해자 소녀가 그 부근에서 놀다가 어떤 경위에서인지 몸속으로 그 주위에 떨어져 있던 정액이 들어가게 된 것이라고 주장했다. 2년이 더 지나서 그 정액은 강간죄로 처벌된 바 있고 살인죄로 수배되어 있었던, 피해자들과 면식이 있었던 자의 것으로 밝혀졌다. Hobbs는 2010년 8월 5년 이상의 구금에서 드디어 석방될 수 있었다. 그럼에도 Waller 검사는 Hobbs가 그 살인범행에 아무런 역할도 하지 않았음을 확신할 수 없다고 말했다고는 한다. 그는 아마도 자신에게 합리적 의심의 여지가 없을 정도로 유죄를 입증할 책임이 있음을 믿지 못하는 것 같다.

63) 검사의 "성적으로 조숙함(sexually active)" 이론은 놀랍게도 17세 Jeffrey Deskovic에 대한 오판사건인, New York 주 Peekskill에서 발생한 강간살인사건에서도 발견된다. 이 사건에서 Deskovic은 수사관의 수차례에 걸친 고문과 강압적 조사로 허위자백을 하게 된다. 이미 수사과정에서 FBI 과학수사대의 DNA 검사결과로는 15세 피해자의 몸에서 발견된 정액은 Deskovic의 것이 아님이 밝혀져 있었던 상

가 나왔음에도 만연히 유죄 판결을 하는 사례가 발견된다. 이 사건 1심과 2심의 유죄판결을 보면 이런 DNA분석 결과에 대한 가부 판단이 전혀 없다. 이에 대하여 대법원 2007. 5. 10. 선고 2007도1950 판결은 원심을 무죄취지로 파기환송한 바 있다.[64] 또한 강도강간의 피해자가 제출한 팬티에 대한 유전자검사결과 그 팬티에서 범인으로 지목되어 기소된 피고인과는 다른 남자의 유전자형이 검출되었다는 감정결과를 검사가 공판과정에서 입수했음에도 이를 법원에 제출하지 아니하고 은폐하여 국가배상책임을 인정한 사례인 대법원 2002. 2. 22. 선고 2001다23447 판결에서도 같

태였다. 그럼에도 불구하고 검사는 배심원들에게 피고인의 구체적 자백이 있는 이상 이 DNA 검사결과는 도외시하라고 주문했다. 검사는 아무런 근거도 제시함이 없이 피해자는 당시 "성적으로 조숙한(sexually active)" 상태였기 때문에 살해되기 직전 "연인이었던 누군가(romantically linked to somebody else)"와 성관계가 있었을 것이라고 추론했다. 배심원은 Deskovic의 유죄를 선언했고 판사는 배심유죄평결에 기초하여 징역 단기 15년, 장기 무기징역을 선고했다. Deskovic은 복역 16년 만에 다시 새로운 DNA 검사결과로 면죄됐다. 이번에는 진범이 잡힌 것이다. 피해자의 몸에서 발견된 정액의 주인은 Steven Cunningham이었다. 그는 이 범행을 범한 이후 다시 다른 사람을 살인한 죄로 복역 중이었다. 이 사건은 Garrett, Convicting the Innocent, *supra note* 92(chapter 2.3), at 16. 및 관련된 공판기록 검사의 최후진술 p.1492 참조. 이 공판기록은 아래 주소에 게시되어 있다.

http://www.law.virginia.edu/pdf/faculty/garrett/falseconfess/deskovic_jeffrey_state _closings.pdf

64) 대법원은 이 사건에서 "DNA분석을 통한 유전자검사 결과는 충분한 전문적인 지식과 경험을 지닌 감정인이 적절하게 관리·보존된 감정 자료에 대하여 일반적으로 확립된 표준적인 검사기법을 활용하여 감정을 실행하고, 그 결과의 분석이 적정한 절차를 통하여 수행되었음이 인정되는 이상 높은 신뢰성을 지닌다 할 것이고, 특히 유전자형이 다르면 동일인이 아니라고 확신할 수 있다는 유전자감정 분야에서 일반적으로 승인된 전문지식에 비추어 볼 때, 위와 같은 감정 결과는 피고인의 무죄를 입증할 수 있는 유력한 증거에 해당한다고 할 것이므로, 이 부분 공소사실은 합리적인 의심을 할 여지가 없을 정도로 입증되었다고 볼 수 없다."고 판단하였다.

은 현상을 발견할 수 있다. 후자의 사건은 편향의 문제라기보다는 일종의 의도적 직무유기에 해당하는 문제가 포함되어 있다.

특히 형사 판결문 작성 관행과 연결되어 있는 논증구조의 차이 때문에 더욱 더 이런 확증편향이 발생할 소지가 있다는 분석도 있다. 즉 조원철에 의하면, 하급심의 논증구조는 대부분 공소사실을 뒷받침하는 정황들을 모두 나열하면서 이처럼 집적된 정황증거들에 비추어 공소사실이 인정된다는 방식을 취하고 있음을 지적하고 있다.[65] 반면 상급심에서는 공소사실을 뒷받침하는 증거들 증명력의 총합이 얼마가 되든지 간에 공소사실과 배치되는 증거나 정황들에 초점을 맞추어 그를 근거로 하여 피고인이 범인이 아닐 수도 있다는 의문이 해소될 수 있는 것인지 여부를 중심으로 논리를 전개해 나가고 있다고 보았다.[66] 이러한 논증구조를 취하는 한에서는 하급심으로서는 구조적으로 확증편향에 빠지기 쉬울 것으로 보인다. 즉 자신의 가설 검증에서 부합하는 정보만을 취하여 판결문에 명시하는 대신, 배치되는 정보를 무시하는 오류에 빠질 위험성이 높게 될 것이기 때문이다. 종래 유죄판결은 증거의 증명력 판단에 대하여 거의 언급을 생략하고 있고, 그런 유죄판결문상에서는 공소사실에 대한 중대한 의문점을 지적하는 변호인의 주장에 대하여 명시적인 판단을 한 경우가 거의 없었다. 판단을 하더라도 '그러한 의문점에도 불구하고 공소사실이 인정된다.'라는 식의 판단이 아니라 '여타 공소사실에 부합하는 증거들에 비추어 볼 때 그러한 의문점에 관한 주장이 이유 없다.'라는 식이었는데, 이러한 논증 방식은 확증편향을 바로잡는 것이 아니라 오히려 확증편향을 더욱 심화시키는 것과 다르지 않다는 것이 조원철의 견해이다.[67] 앞으로 판결문 작성 관행의 개선 논의에 있어서 반드시 경청을 해야 할 지적이라고 생각

---

65) 조원철, "심급별로 사실인정이 달라진 사건의 원인 분석(형사편)", 법관의 의사결정 이론과 실무, 사법발전재단(2010), 505면.

66) 위 논문, 505면.

67) 위 논문, 506면.

한다.

이들 인지적 편향은 많은 오판사례에서 무엇이 잘못이었는지를 설명하는 데에 도움이 된다. 목격자의 (잘못된) 지목진술에 확신에 빠진 나머지 수사기관은 오직 용의자의 유죄를 확증하는 증거만을 수집하고 그에 반하는 증거는 무시한다. 현미경 모발검사와 같은 모호하면서도 취약한 증거를 가지고서도 그것을 강력한 유죄증거로 해석해 버린다. 현장부재증거, 자백의 비일관성, 다른 진범의 자백 등 기존 유죄판단에 반하는 증거들이 나중에 발견되었음에도 이들 반증의 가치를 무시하거나 최소화시켜 버린다. 유죄판단의 완고함은 항소심 및 재심절차에서도 계속 유지되어 나간다.[68] 앞서 본 우리의 확증편향사례들도 모두 동일한 현상을 보이고 있었음을 알 수 있다.

다) 후견편향 및 결과편향

터널비전은 후견편향(hindsight bias)을 포함한 다른 인지적 왜곡현상에 의해서도 강화될 수 있다. 축적된 인지과학연구들에 의하면, 사람들은 발생한 결과를 보고나서는 그러한 결과가 불가피했다고 생각하거나 또는 미리 예측될 수 있는 것이었다고 생각하는 경향이 있다는 것이다. 후견편향은 본질적으로, 사람들이 과거사실에 대한 인식이 후에 습득한 정보에 의하여 오염되었음을 인지하지 못한 채 새롭게 알게 된 결과를 가지고 과거사실을 해석하는 수단으로 기능한다. 후견편향은 기억이 다이내믹하게 재구성되는 과정에서 발생한 산물이다.[69] 어떤 사실에 관한 기억은 우리 뇌의 한 부분에 하나의 독립된 단위로 저장되어 있는 것이 아니라, 뇌의 여러 부분에 나뉘어 산재해 있다가 이 기억의 조각들이 재조립하여 인출되는 것이다. 이 정보의 조각들은 새로운 정보에 의하여 지속적으로 갱신되

---

68) Findley & Scott, *supra note* 1(chapter 4.3), at 316.

69) Ian Weinstein, *Don't Believe Everything You Think: Cognitive Bias in Legal Decision Making*, 9 Clinical L. Rev. 783, 800 (2003).

고 교체되어 나간다. 갱신된 정보가 관련된 기억을 재구성할 때마다 동원되어 최종 결론이 마치 운명처럼 당연한 것으로 보이게 하거나 우리가 마치 그 결과를 미리 처음부터 알고 있었던 것처럼 여기게 한다.[70] 이런 과정 중에 알게 된 결과와 일치하는 정보는 더욱 정교해지고 결과와 불일치하는 정보는 최소화되거나 무시된다. 이런 재심사과정에서 알려진 결과가 마치 당연한 것처럼 보이도록 하거나 적어도 다른 결과보다 더 그럴듯하게 느껴지게 하는 것이다.[71]

후견편향은 여러 경로를 통하여 무고한 용의자에 대한 설익었거나 부당한 혐의를 더욱 강화하도록 한다. 우선, 일단 어떤 사람이 용의선상에 올랐다고 하는 것은 수사기관이 결론적으로 그에게 혐의점을 두게 되었다는 것인데, 후견편향이 이 때 작동을 하여 마치 그 용의자가 아무런 의심의 여지없이 애당초부터 범인으로 여겨지게 한다는 것이다.[72] 분석대상 사건 중 순번 214사건 등 일련의 미제사건 덮어씌우기 사건들에서 보이는 바와 같이 일단 근거가 박약한 예단이었건 또는 어떤 나쁜 의도에서였건 피고인을 용의자로 지목한 순간 마치 처음부터 피고인이 범인으로 여겨지도록 하는 엉뚱한 효과를 판사들에게 주게 된다. 그 때문에 나아가 주어진 결론에 부합하는 정황이 그렇지 않은 정황보다 더 기억에 남게 된다는 것이다. 그 결과 수사관이나 판사는 용의자가 처음부터 범인일 가능성을 과대평가할 뿐만 아니라 유죄의 정황만을 기억하도록 하여 용의자를 범인으로 보고자 하는 경향을 더욱 강화시키게 된다.[73]

둘째, 후견편향은 유죄증거에 대한 질적 평가에 영향을 미친다.[74] 예를

---

70) Findley & Scott, *supra note* 1(chapter 4.3), at 317.

71) Harley, Carlsen & Loftus, *supra note* 14(chapter 4.3), at 960.

72) Findley & Scott, *supra note* 1(chapter 4.3), at 318.

73) Harley, Carlsen & Loftus, s*upra note* 14(chapter 4.3), at 960.

74) Amy L. Bradfield, Gary L. Wells & Elizabeth A. Olson, *The Damaging Effect of Confirming Feedback on the Relation Between Eyewitness Certainty and Identification Accuracy,* 87 J. Applied Psychol 112, 112-13 (2002).

들어 후견편향은 목격자 지목의 실수가 터널비전의 형성과 무고한 사람에 대한 유죄오판에 기여하는 방식을 설명하는 데 유용하다. 목격자의 확신성 정도가 매우 오락가락한다는 점은 잘 알려져 있는 사실이다. 그런데 제대로 지목을 했다고 확인을 해 주게 되면 매우 불확실한 상태에서 목격을 하여 자신의 기억에 자신이 없던 목격자도 이후에는 자신의 지목진술에 대하여 확신을 가지게 되고, 마치 생생한 기억이 되살아난 것 같은 착각 속에서 처음부터 제대로 범인을 본 것처럼 생각을 하게 된다는 것이다. 이 모든 과정이 후견편향의 영향에 의한 것이다.[75]

셋째 반복효과(reiteration effect) 또한 후견편향과 연결되어 있다.[76] 연구결과, 같은 주장을 자꾸 반복하도록 하면 주장의 진실성에 관한 확신의 정도가 자연스럽게 높아진다고 한다.[77] 수사관과 검사가 유죄 결론에 집착하여 유죄의 결론과 그 이유를 반복적으로 주장하는 시간이 길면 길수록 자신의 결론은 더욱 견고해지고 마치 그 결론에 이르는 모든 증거들이 애초부터 잘 갖추어져 있는 것처럼 느껴지게 한다. 그 결과 반복효과는 경찰과 검사가 진범이 달리 있을 수도 있으리라는 대안을 생각할 여유를 잃게 만든다.[78] 우리의 재판사례에서도 여러 번 지적되고 있는 바처럼, 범죄 피해자도 경찰, 검찰 진술, 1심 증언을 거듭하다보면 반복효과로 인하여 자신의 피해 진술에 점점 더 확신을 갖게 되는 경향도 같은 맥락에서 이해되는 현상이다.

후견편향과 밀접하게 연결된 것이 결과편향이다.[79] 후견편향과 마찬가지로 결과편향도 과거에 일어난 일에 대한 인식이 부지불식간에 그 이후

---

75) Findley & Scott, *supra note* 1(chapter 4.3), at 319.

76) Ralph Hertwig, Gerd Gigerenzer & Ulrich Hoffrage, *The Reiteration Effect in Hindsight Bias,* 104 Psychol. Rev. 194, 194 (1997).

77) *Id.*

78) Findley & Scott, *supra note* 1(chapter 4.3), at 319.

79) Jonathan Baron & John C. Hershey, *Outcome Bias in Decision Evaluation,* 54 J. Personality & Soc. Psychol. 569, 570 (1988).

의 정보에 의하여 변형되는 과정에서 발생하는 현상이다. 다만 후견편향이 나중에 알게 된 결과로 인하여 그러한 결과를 미리 예상할 수 있었다고 느끼게 하는 현상을 설명하는 것인데 비하여, 결과편향은 어떤 결정이 잘 된 것인지 여부를 그 결정으로 인하여 초래된 결과를 가지고 재해석하는 현상을 설명하는 개념인 것이다.[80] 후견편향과 결과편향은 특히 미국의 경우 항소심과 재심 판사들이 harmless error 기준과 같은 사후심사기준에 관한 법리를 적용할 경우 긍정 편향적 효과를 초래함으로써 재판의 결과를 오도하는 데 심각한 영향을 미치고 있다. 즉 유죄라고 하는 사건의 결론은 사후적으로 볼 때 불가피하면서도 좋은 결정으로 여겨지도록 하기 때문이다.[81] 미국 형사 항소심에서의 파기환송이 매우 드문데다가, 항소심 법원이 사실심의 오류를 발견한 경우에도 harmless error 법리에 따라 이런 오류를 묵인하는 현상 역시 위 결론을 뒷받침하고 있는 것이다. 배심원이 피고인의 유죄를 합리적 의심의 여지가 없을 정도로 인정했다고 하는 사후적 인식 때문에 항소심 판사들은 그 유죄판결에 절차법적 또는 헌법적 오류가 있었음에도 불구하고 그 판결을 불가피하면서도 올바른 결정으로 바라보게 하는 경향이 있는 것 같다.[82] 오류의 무해성에 관한 입증책임을 그러한 오류 무해성을 주장하는 측, 즉 검찰 측에 부과하는 것은 어느 정도는 후견편향과 결과편향의 효과를 감쇄시키고자 하는 의도도 있

80) Findley & Scott, *supra note* 1(chapter 4.3), at 319-20. 예를 들어 어떤 의료적 상황을 전제로 하여 수술을 결정하는 것이 옳은 것이었는가를 묻는 실험에서 실험참가자들에게 환자가 수술 끝에 사망을 하였다는 결과를 들려주는 경우가 수술 끝에 소생했다는 결과를 들려주는 경우와 비교하여 그 수술결정이 잘못되었다는 응답을 하는 경향이 있다는 것인데, 이것은 결과편향의 영향 때문으로 설명된다.

81) *Id.*

82) 이 학계에서는 harmless error 기준이 피고인의 유죄 쪽에 치중하고 있어 부당하다는 비판을 하고 있다. Garrett, Federal Wrongful Conviction Law, *supra note* 40(chapter 2.3), at 58-61; Harry T. Edwards, *To Err Is Human, But Not Always Harmless: When Should Legal Error Be Tolerated?*, 70 N. Y. U. L. Rev. 1167, 1170 (1995).

었을 것이다. 그럼에도 불구하고 법원은 상당히 심각한 오류도 무해하다고 천편일률적으로 판정하고 있다.[83] 이런 현상은 후견편향, 결과편향과 아울러 부분적으로는 확정판결의 종국성을 존중하고 명백하게 유죄인 피고인들에 대하여 소모적인 재심을 회피하고자 하는 의도도 동시에 반영된 것으로 보인다.[84] 우리나라의 경우 비교적 항소심의 유무죄 심사는 미국의 경우와 대비하여 활성화되어 있다고는 보이지만 앞서 언급한 바처럼 고등법원 형사항소 사건 중 압도적 다수인 94.5%의 사건이 1심 유죄판결을 그대로 유지하고 있는 것을 감안해 볼 때 우리의 경우에도 결과편향적 오류의 잠재성을 무시하지 못할 것으로 생각한다.

2) 제도적, 규범적 압력과 터널비전의 강화

당사자주의 시스템의 많은 장점에도 불구하고 이 모델은 당사자들을 한쪽 극단으로 치우치게 만들어 자기 측 이익 또는 자기가 옳다고 생각하는 결론만을 교조적으로 추구하도록 하는 부수적 역효과도 아울러 초대하고 있다. 반면 규문주의 시스템을 지지하는 사람들은, 재판에서의 승소만을 추구하기 보다는 중립성을 강조하고 실체적 진실을 추구함으로써 편향에 빠질 압력을 피할 수 있다는 데 규문주의의 장점이 있다고 주장한다.[85] 이런 주장이 사실이든 아니든, 인간의 자연스러운 인지적 편향들을 더욱 악화시키는 압력이 당사자주의 시스템에 분명히 존재한다는 이 한 가지 점은 명백하다. 터널비전은 위에서 논의한 심리적 경향의 산물임은 물론이고, 더 나아가 당사자주의적 형사사법 시스템 절차의 각 단계에서 가해

---

83) Garrett, Federal Wrongful Conviction Law, *supra note* 40(chapter 2.3), at 38.

84) Findley & Scott, *supra note* 1(chapter 4.3), at 321.

85) 당사자주의와 규문주의 사이에서의 진실추구기능을 비교한 것으로는 Franklin Strier, *Making Jury Trials More Truthful*, 30 U. C. Davis L. Rev. 95, 142-51 (1996)이 있다. 당사자주의가 분쟁의 해결과 당사자의 참여에 더 높은 우위를 두는 데 비하여 규문주의는 정확성의 추구에 우위를 둔다고 하는 지적으로는 Brown, *supra note* 40(chapter 2.3).

지는 다양한 외적 영향력과 압력의 산물이기도 하다.[86] 그러한 압력은 경찰, 검사, 형사변호인 모두에 걸쳐 영향을 미치고 있다.

특히 교육이 오히려 진실을 탐지하는 데 잘못된 인식을 심어주는 경우도 종종 발견되고 있다. 이런 교육을 받은 수사관은 자신의 진실탐지능력에 관하여 오도된 확신에 빠지게 되는 것이다. 실제로는 거짓의 분간에 관하여 일반인에 비해 별반 더 나을 것이 없음에도 불구하고 말이다. 터널비전, 주로 거짓을 의심하는 편향(deception bias)에 빠져 한번 유죄를 확신하게 되면 그 이후 헤어 나오지 못한 일이 자주 발생한다.[87] 훈련된 수사관들은 진실한 자백을 받아들이지 아니함으로써 오류에 빠지는 일보다는 허위자백을 받아들이는 일로 인하여 더 많이 실수를 범하는 경향이 있다고 한다. 따라서 이 편향은 유죄의심에 기초한 유죄추정적 편향을 그 본질로 하는 것이다.[88] 결과적으로 용의자를 신문하기로 하는 결정적 단서는 확고한, 그러나 종종 오류에 빠져 있는 유죄의 예단에 기초하게 된다.[89] 판사들 역시 거짓말을 탐지하는 메커니즘을 이해하는 데 있어서 수사기관보다 더 나을 것이 없다는 연구들도 나오고 있다.[90]

터널비전을 초래하는 규범적 영향력은 수사단계에만 머무는 것이 아니

---

86) Findley & Scott, *supra note* 1(chapter 4.3), at 323.

87) Saul M. Kassin, Christine C. Goldstein & Kenneth Savitsky, *Behavioral Confirmation in the Interrogation Room: On the Dangers of Presuming Guilt*, 27 Law & Hum. Behav. 187, 189 (2003); Christian A. Meissner & Saul M. Kassin, *"He's Guilty!": Investigator Bias in Judgments of Truth and Deception*, 26 Law & Hum. Behav. 469, 478 (2002).

88) Saul M. Kassin, Christian A. Meissner & Rebecca J. Norwick, *"I'd Know a False Confession if I Saw One": A Comparative Study of College Students and Police Investigators*, 29 Law & Hum. Behav. 211, 222 (2005).

89) Kassin, Goldstein & Savitsky, *supra note* 87, at 189(chapter 4.3).

90) Findley & Scott, *supra note* 1(chapter 4.3), at 337; Leif A. Strömwall & Pär Anders Granhag, *How to Detect Deception: Arresting the Beliefs of Police Officers, Prosecutors and Judges,* 9 Psychol. Crime & Law 1, 19-36 (2003).

다. 재판에서도 제도의 영향력 때문에 터널비전 경향이 주입될 수도 있다. 이상적으로는, 재판은 중립적인 의사결정자(배심원)를 절차에 관여하도록 하여 그들에게 피고인은 무죄추정을 받고 있으므로 검사가 합리적 의심을 넘어서는 유죄입증을 해야 한다고 설명을 함으로써 유죄추정적 인지편향을 중화시키고자 하는 제도이다. 그러나 무죄추정의 헌법적 요청에도 불구하고 현실에서는 "유죄추정(presumption of guilt)"이 더 일반화된 것처럼 보이기도 한다.[91] 한 실증연구에 의하면, 재판 전에 모의배심원들은 유죄평결을 할 가능성을 50%로 예상했다고 한다. 그러나 이 50%의 비율도 만일 배심원들이 무죄추정의 원칙을 진지하게 받아들였다면 상당히 높은 것이라 아니할 수 없다.[92] 대부분의 재판결과는 피고인들은 대부분 유

91) Michael J. Saks & D. Michael Risinger, *Baserates, the Presumption of Guilt, Admissibility Rulings, and Erroneous Convictions*, 2003 Mich. St. L. Rev. 1051, 1056. Herbert는 범죄통제모델(Crime Control Model)이 요청하는 바처럼, 오히려 유죄추정을 하는 것이야말로 재판시스템이 많은 수의 범죄를 효율적으로 처리하는 것을 가능하게 한다고 설파하고 있다. Herbert L. Packer, The Limits of the Criminal Sanction 160 (1968) (Findley & Scott, *supra note* 1(chapter 4.3), at 340에서 재인용). 검사들에 대한 설문조사를 통하여 과반수의 검사들은 유죄가 입증될 때까지 피고인의 무죄추정을 믿지 않는다는 연구로는 George T. Felkenes, *The Prosecutor: A Look at Reality*, 7 Sw. U. L. Rev. 98, 99, 114 (1975)가 있다. 무죄추정이 아니라 유죄추정이 형사재판제도에 뿌리 깊게 박혀 있다는 연구로는 Daniel Givelber, *Meaningless Acquittals, Meaningful Convictions: Do We Reliably Acquit the Innocent?*, 49 Rutgers L. Rev. 1317, 1326 (1997)이 있다.

92) Saks & Risinger, *supra note* 91(chapter 4.3), at 1062; Thomas M. Ostrom, Carol Werner & Michael J. Saks, *An Integration Theory Analysis of Jurors' Presumptions of Guilt or Innocence*, 36 J. Personality & Soc. Psychol. 436 (1978). Risinger와 Saks는, 이 연구에서 배심원들은 유죄확률을 0(완전한 무죄추정)에 놓고 재판에 임하기로 작정했지만, 유죄증거가 처음 제시되자마자 무죄추정을 바로 포기해버리는 경향이 있음을 발견했다. Givelber는 "배심원들은 피고인이 유죄증명이 이루어질 때까지는 무죄라고 하는 가정에 기초하여 증거를 살피고 판단하는 것이 아님은 명백하다. 오히려 배심원들은 피고인의 유무죄에 관하

죄라는 가정을 재확인해 주고 있다. 연방 배심원의 유죄평결 비율은 84%이고, 전체 형사사건 피고인들 중에서는 무죄를 받는 비율은 미국의 경우에도 1%에도 미치지 못한다.[93] 나아가 대부분의 주에서 최근 들어 성안한, 합리적 의심에 관한 배심설명은 보통법에서 처음 그 개념이 만들어졌을 때와 비교하여 그 본래의 취지가 매우 약화되었고,[94] 배심원들 역시 때로는 법에서 요구하는 정도보다 낮은 수준으로 그 의미를 이해하기도 한다는 주장도 있다.[95]

재판절차 그 자체만으로는 터널비전을 중화시키는 데 그리 효율적이지 못하다. 더 나아가 일부 재판관련 법리들로 인하여 피고인이 아니라면 그 범죄를 저지른 자가 없다고 하는 터널비전을 강화시키는 경우도 있다. "다른 진범이 있음을 암시하는 증거(EvIdence Suggesting an Alternative Perpetrator)"의 증거능력을 제한하는 법리가 그 한 예이다.[96] 특히 미국

는 중립적으로 있는 것이 논리적으로 타당하다고 여기고 있고 따라서 평결에 도달하기 전까지는 유죄증거가 제시되기를 기다리는 태도를 취한다."고 설명한다. Givelber, *supra note* 91(chapter 4.3), at 1372.

93) Ronald F. Wright, *Trial Distortion and the End of Innocence in Federal Criminal Justice,* 154 U. Pa. L. Rev. 79, 103 (2005).

94) Steve Sheppard, *The Metamorphoses of Reasonable Doubt: How Changes in the Burden of Proof Have Weakened the Presumption of Innocence,* 78 Notre Dame L. Rev. 1165, 1170 (2003).

95) Lawrence M. Solan, *Refocusing the Burden of Proof in Criminal Cases: Some Doubt About Reasonable Doubt*, 78 Tex. L. Rev. 105 (1999); Elisabeth Stoffelmayr & Shari SeIdman Diamond, *The Conflict Between Precision and Flexibility in Explaining "Beyond a Reasonable Doubt"*, 6 Psychol. Pub. Pol'y & L. 769, 774-78 (2000).

96) Findley & Scott, *supra note* 1(chapter 4.3), at 342-6. 무고함을 주장하는 피고인의 입장에서는 다른 사람이 진범일 가능성이 있음을 내세워 자신의 무고함을 밝히고 싶어 할 수도 있다. 그러나 미국 증거법에 의하면 이 경우 단순하게 타인이 진범일 개연성 정도만을 시사하는 증거는 허용되지 않는다고 한다. 타인이 진범임을 직접적으로 연결할 수 있는 증거 법리("direct connection" doctrine)가 이

의 경우 1심 판결 이후의 항소심 및 재심재판에서는 이런 규범적 터널비전은 더욱 강화된다고 한다.[97] 항소심은 사실심이 아니라 법률심으로서 사실인정의 정확성 심사 보다는 절차법적인 쟁점에 주로 관심을 기울이게 된다. 따라서 항소심은 배심의 유죄판결을 증거불충분을 사유로 파기하기를 대단히 꺼린다. 주로 기록에 의존하여 심사를 하여야 하는 관계로 항소심이 사실문제를 재심사하기란 좀처럼 어렵기 때문이다.[98] Stephanos Bibas 교수는 항소심 판사로서는 후견편향과 확증편향으로 인하여 유죄판결과는 다른 결론을 상상하기란 무척 힘들게 되고 그 결과 피고인 측 주장이 성공적으로 받아들여지기란 어려울 것이라고 주장한다.[99] 특히 우리의 재심제도의 규범적 측면이나 현상적 측면 모두에서 같은 편향성이 발견되고 있는데 향후 제도개선의 측면에서 이 부분 논의를 참고해 볼 만하다.

다. 터널비전의 교정

다양하게 발현하는 터널비전을 극복하는 것이야말로 무고한 자에 대한 오판을 막는 가장 시급한 과제들 중 하나다.[100] 그러나 이런 인지적 오류는 우리의 심리와 문화 및 제도에 깊게 뿌리내리고 있는 것이기에 이를 극복하는 일은 그리 단순하지는 않을 것이다.

경우 적용되는 것이다. 그 때문에 피고인으로는 도리어 타인의 진범에 관한 확증적 증거를 내세우지 못하면 이런 방식의 항쟁에서 성공할 수 없다. 이 점에서 피고인이 타인의 진범성을 내세우지 못한다고 하는 정황은 피고인의 유죄에 확증편향적으로 작용하게 되는 것이다.

97) *Id.* at 348.

98) Chad M. Oldfather, *Appellate Courts, Historical Facts, and the Civil-Criminal Distinction,* 57 Vand. L. Rev. 435, 439 (2004).

99) Stephanos Bibas, *The Psychology of Hindsight and After-the-Fact Review of Ineffective Assistance of Counsel*, 2004 Utah L. Rev. 1, 2.

100) Findley & Scott, *supra note* 1(chapter 4.3), at 354-96.

형사소송절차에 관한 일부 법리들이 터널비전을 촉진하는 문제가 있는데, 우선적으로 그런 법리들을 이론적으로 재검토하여 문제를 최소화하는 방향으로 개선해야 할 것이다. 특히 항소심 이후의 절차단계에서 사실심리를 심도 있게 할 수 있는 역량을 갖추는 일이 필요하다.[101]

그리고 교육 훈련을 통하여 절차에 관여하는 전문가들로 하여금 터널비전의 문제점들을 깨닫게 하여 스스로 이런 인지적 편향과 제도적 압력을 극복할 수 있도록 하여야 한다.[102] 교육 훈련이 편향 극복에 만병통치약은 되지 못하고 일정한 한계가 있기는 하지만, 일정한 방식의 교육기법을 취하는 경우라면 어느 정도 도움이 될 수 있을 것이다. 피교육자에게 자신

---

101) Oldfather, *supra note* 98(chapter 4.3), at 439-40, 449-66. 항소심의 사실심리에 제약이 있는 것은 사실이다. 경험적 연구에 의하면 비언어적 단서가 때로는 진실과 거짓을 가리는 데 제약을 초래한다고 한다. 사람들은 화자를 바라보지 않고 단지 목소리만을 들을 때 진실을 가리는 데 가장 좋은 성과를 거둔다는 연구도 있다. 진실과 거짓에 관한 연구 동향을 집대성한 것으로는 Aldert Vrij, Detecting Lies and Deceit, Wiley (2008) 참고. 이 점에서는 항소심이 충분한 1심 기록을 가지고 검토를 할 수 있는 기회가 주어지기만 한다면 1심 보다 사실인정 측면에서 유리할 수도 있다. 미국 민사항소심은 형사 항소심보다 사실문제에 대하여 더 적극적인데(한 연구에서는 민사항소심의 증거부족 파기가 49%에 달하고 있음), 오히려 사실인정의 문제가 더욱 중요한 형사 항소심을 이렇게 방치하는 것은 문제라고 지적된다. Findley & Scott, *supra note* 1(chapter 4.3), at 368. 이런 경험적 연구 결과는 현재 우리나라 형사재판제도가 추구하고 있는 공판중심주의, 직접주의의 개혁방안과는 배치되는 면이 있다. 어느 정도 공판중심주의적 심리 관행이 정립되어 간다면 앞으로 기록심리와 직접심리의 조화로운 결합도 새롭게 시도해 보아야 할 것으로 본다.

102) 다만 교육이나 자각만으로는 인지적 편향이 잘 극복되지 않는다고 본 것으로는 Bibas, *supra note* 98(chapter 4.3), at 5; Richard M. Kurtz & Sol L. Garfield, *Illusory Correlation: A Further Exploration of Chapman's Paradigm*, 46 J. Consulting & Clinical Psychol. 1009 (1978); Daniel Kahneman & Amos Tversky, *Subjective probability: A judgment of representativeness*, 3 Cognitive Psychology 430 (1972); Hawkins & Hastie, *supra note* 14(chapter 4.3), at 312; Harley, Carlsen & Loftus, *supra note* 14(chapter 4.3), at 960, 963.

의 입장과 반대의 입장에 서서 의도적으로 다른 결론을 내리도록 하고 그 이유를 생각해 보도록 하는 것은 후견편향을 극복하는 데 도움이 된다고 한다.[103] 확증편향은 무엇보다도 자기 자신의 판단의 정확성을 과신하는 경향을 초래한다.[104] 연구결과에 의하면, 사람들로 하여금 자신의 입장과 반대되는 입장에 서 보라고 요구함으로써 이런 "타당성에 대한 환상 현상(illusion of valIdity)"을 어느 정도는 줄일 수 있다고 한다. 판검사에 대한 교육,[105] 로스쿨에서의 법학 교육[106]에 있어서도 이런 인지적 편향에 대한 주의환기가 필요할 것이다. 문제는 이런 인지적 방심이 자신의 의도, 사명감이나 책임과는 무관하게 무의식적으로 나타난다는 데 있다. 판사가 이런 직관적 판단(System I)에만 의존하는 유혹을 극복하고 숙고적 사고방식(System II)에 충실해야 하는 것도 바로 이런 위험성을 고려한 결과일 것이다.[107] 그것이야말로 유죄오판의 근본원인을 발본적으로 해결하는 길이라고 믿는다.

터널비전은 잘못된 수사기법과 관행에서 생성되는 증거에 기인하고 있으니만큼 이들 기법과 관행도 재검토되어야 하고 잘못된 체포, 구금을 막

---

103) Hawkins & Hastie, *supra note* 14(chapter 4.3), at 314; Hal R. Arkes et al., *Eliminating the Hindsight Bias*, 73 J. Applied Psychol. 305 (1988); Charles G. Lord et al., *ConsIdering the Opposite: A Corrective Strategy for Social Judgment*, 47 J. Personality & Soc. Psychol. 1231 (1984).

104) Nickerson, *supra note* 41(chapter 4.3), at 188.

105) Stanley Z. Fisher, *In Search of the Virtuous Prosecutor A Conceptual Framework*, 15 Am. J. Crim. L. 197, 258 (1988); Burke, *supra note* 41(chapter 4.3), at 30.

106) Joseph W. Rand, *Understanding Why Good Lawyers Go Bad. Using Case Studies in Teaching Cognitive Bias in Legal Decision-Making*, 9 Clinical L. Rev. 731, 734 (2003).

107) Chris Guthrie, Jeffrey J. Rachlinski & Andrew J. Wistrich, *Blinking on the Bench: How Judges DecIde Cases*, 93 Cornell L. Rev. 1 (2007-2008). 대니얼 카네만(이진원 역), 생각에 관한 생각(원제: Thinking Fast and Slow), 김영사 (2012).

을 수 있도록 하는 수사기관의 조직적 관리감독도 개선되어야 한다. 그리고 터널비전을 초래하는 인지적 편향과 제도적 압박은 너무나 큰 영향력을 발휘하고 있기 때문에 절차 내부적 노력만으로는 부족하다고 본다. 따라서 절차 외부적 시각에서 사건을 객관적으로 바라보고 평가할 수 있는 절차 투명성의 확보가 무엇보다도 필요하다.

3. "합리적 의심"에 관한 인식 정도의 추정 연구

판사들의 유죄심증 형성에 영향을 미치는 가장 중요한 규범적 준거로는 합리적 의심의 여지 없는 증거의 증명도를 가지고 유죄를 인정하여야 한다는 말이다. 유무죄의 판단이 어려운 고난이도의 사건에서는 늘 상당 정도 유죄 심증이 들기는 하지만 피고인의 주장에 따라 무죄의 여지도 열려 있기 때문에 이러한 무죄의 가능성에 더 힘을 실어줄 의심의 합리성 앞에서 고심을 거듭할 수밖에 없다. 이때 합리적 의심이란 개념을 최종적 사실판단자가 어느 수준으로 인식하여 구체적 사건에 적용하는가 여하에 따라 유무죄의 결론이 달라질 수 있다. 만일 어떤 판사가 합리적 의심의 여지가 없는 유죄인정 증명도의 임계점 기준 또는 역치(閾値, threshold)를 낮추게 되는 경우 1종 오류(false alarm, 실제 죄가 없는데 죄가 있는 것으로 보는 오류)인 유죄오판을 범할 확률이 높아지게 된다.[108] 거꾸로 그 기준

108) 이 부분은 실험심리학 연구방법론인 신호탐지이론(信號探知理論, Signal detection theory, SDT)로 잘 설명할 수 있다. 신호탐지이론이란 신호의 탐지가 신호에 대한 관찰자의 민감도와 관찰자의 반응 기준에 달려 있다는 이론이다. 이 이론은 신호(Signal)와 노이즈(Noise)를 구분하는 데 관련된 능력을 측정하는 수단으로 이용할 수 있다. 경험, 기대치, 심리학적 상태 (예: 피로도) 등에 따라 신호와 노이즈를 구분하는 레벨의 단계가 결정된다. 이에 대한 상세는 맥밀란 크릴만(이재식 역), 신호탐지론(원제: Detection Theory: A User's GuIde), 시그마프레스(2010).

을 과도하게 높이게 되면 1종 오류는 줄일 수 있지만 2종 오류(miss, 실제 죄가 있는데 죄가 없는 것으로 보는 오류)인 무죄오판을 범하여 죄인을 풀어주는 실수를 저지르게 된다. 우리의 주된 관심사는 1종 오류를 줄이는 데 있기 때문에 합리적 의심이 없음의 수준에 관하여 가급적 역치를 높게 잡을 것이 권장될 것이기는 하나, 실험실 과학의 영역이 아닌 실제 인간사의 문제를 다루는 재판 영역에서 무한정 이 역치를 높일 수 없다는 데 문제가 있는 것이다.[109)]

합리적 의심의 여지 없는 유죄증거란 어떤 증거를 말하는가? 대법원 판례법리에 의하면 "합리적인 의심이라 함은 모든 의문, 불신을 포함하는 것이 아니라 논리와 경험칙에 기하여 요증사실과 양립할 수 없는 사실의 개연성에 대한 합리성 있는 의문을 의미"한다고 한다. 규범 선언적 측면에서 이런 판시를 이해할 수는 있을 것이지만 과연 "논리와 경험칙에 의하여 요증사실과 양립할 수없는 사실의 개연성에 대한 합리적 의문"과 "모든 의문과 불신"을 어떻게 개념적으로 구분해 낼 수 있을 것인가? 판례가 천명하고 있는 합리적 의심에 관한 개념정의를 자세히 뜯어보면 질문에 대하여 질문으로 답하는 식의 동어반복을 하고 있는 것 같아 보여 혼란스럽다. 이런 선언적 개념정의에 근거하여 과연 어느 정도로 유죄 인정에 확실한 증거가 합리적 의심을 남기지 않는 것인지에 관하여 개개의 판단자

---

109) 이경렬, "사형사법 적용기준과 증거규칙의 확립", 비교형사법연구 9권 2호(2007), 583면 이하에서는, 합리적인 의심의 여지가 없는 증명의 정도가 사법오류에 미치는 영향을 분석한 B. Forst, Errors of Justice : nature, sources, and remedies, CambrIdge, 2004, pp. 57의 내용을 소개하고 있다. 이것은 합리적 의심의 여지가 없는 증명의 기준을 강화하거나 저하함에 따라 발생할 수 있는 유죄오판과 무죄오판의 가능한 각 발생비율을 가상적으로 대비해 본 것이다. 유죄평결이 10% 감소하도록 증명의 정도를 상승시키면 유죄로 된 무고한 자 1인당 석방되는 진범은 거의 2배로 증가하고 오류율도 10% 정도 상승하며, 반대로 유죄평결이 10% 증가하도록 증거규칙을 감소시키면 유죄로 된 무고한 자 1인당 석방되는 진범은 약 절반으로 감소하고 오류율도 10% 정도 감소한다고 결론짓고 있다.

가 받아들이는 정도에는 차이가 있을 수밖에 없을 것이다. 또 구체적 사례에서 유무죄의 판단이 갈린 사례들을 보면 판단자에 따라 어떤 의심은 합리적인 의심이고 어떤 의심은 불합리한 것인지 인식차이가 극명하게 갈리고 있음도 알 수 있다.[110]

심증의 정도를 계량화하여 정밀하게 표현한다는 것은 생각하기 힘들다. 다만 이해를 쉽게 하기 위한 부득이한 방편으로 계량화의 여지를 고려해 볼 수 있는 것에 불과하다고 보는 견해도 있다.[111] 한편으로 계량화의 효용은 다음과 같은 상황에서 찾아볼 수 있을 것이다. 만일 복수의 법관들로 구성된 집단에 대하여, "형사재판에서 합리적 의심의 여지 없는 유죄인정의 증거 강도는 몇 %정도의 입증도를 갖는 것인가" 라는 질문을 하는 실험을 상정해 보자. 확률적으로 볼 때 전반적으로 다수의 의견은 어떤 계량화된 수치를 중심으로 분포하게 될 것이 예상된다. 하지만 양 극단으로 치우친 수치를 제시하는 피험자도 소수 나오게 될 것이다. 이 때 중앙값에서 심하게 벗어나는 의견을 말한 법관이 있다면 이 경우 중앙값 부근에 모인 다수가 반드시 규범적으로 옳다고 볼 것은 아니지만, 그래도 극단의 소수

110) 조원철, "심급별로 사실인정이 달라진 사건의 원인 분석(형사편)", 법관의 의사결정 이론과 실무, 사법발전재단(2010), 500면에 의하면, 유죄의 원심 법원과 무죄의 상급심 법원 사이에 증명의 정도, 즉 '합리적 의심을 배제할 정도'에 대한 이해나 인식이 다를 수 있다는 점이 지적되고 있다. 조원철이 분석한 바에 의하면, 이러한 사건들에서 피고인들은 거의 예외 없이 경찰에서는 자백한 바 있었고 검찰에 송치된 이후 적어도 1회는 범행을 자백한 바 있었다. 그리고 직접증거인 이런 자백 이외에도 17건의 사건에서는 피고인이 범행을 저질렀을 것으로 추정될 수 있는 정황이 존재했다. 위 논문, 501면. 그러나 상급심에서는 이러한 정황에 비추어 보면 피고인이 피해자를 살해한 것이 아닌가 하는 의심이 든다고 하면서도, 한편으로는 반대 정황을 통하여 합리적 의심을 배제할 수 있을 정도로 범죄사실의 입증이 있다고 보기 어렵다는 이유로 무죄를 선고하였다. 위 논문, 502-4면.

111) 곽동효, "형사재판과 증명의 정도", 형사증거법(상), 재판자료집 제22집(1984), 37면.

에 대해서는 그런 심한 편차를 초래한 연유에 관하여 심층적인 분석을 해 볼 필요가 있을 것이다. 합리적 의심이라는 개념에 관하여 보편적인 판사들과 인식차이를 보인 연유가 교육이나 재판의 경험 때문인지, 또는 고정관념이나 암묵적 편향과 관련된 여러 인지적 성향의 차이 때문인지 등을 검토해 볼 가치가 있게 될 것이다. 그리고 이런 인식의 차이가 과거 실제로 그가 담당한 재판에 영향을 미쳤는지 여부와 그 정도를 알아보거나 또는 이런 설문에 병행하여 모의사례에 대한 판단을 하도록 실험설계를 해 볼 수도 있을 것이다. 이를 통하여 합리적 의심이라는 개념에 대한 인지적 차이가 모의사례에 관한 유무죄 결론과 유의미한 관련성을 갖는 것인지를 검증해 보는 것도 흥미로운 연구가 되리라고 본다. 따라서 계량화 척도에 의한 접근은 실제 재판현장에서는 바로 적용할 수 없다고 하더라도 혹여 있을지도 모를, 개인별 인식차이를 분석해 내어 그 편차를 줄이는 노력을 해보고자 하는 측면에서는 유용할 수 있다.

일반적으로 합리적 의심의 여지가 없는 증명의 증명도는 90%를 넘어야 한다는 것으로 설명되기도 하나[112] 민사재판에서 말하는 증거의 우월 보다는 입증의 강도가 상대적으로 더 클 수 있다는 취지 정도로 이해할 수밖에는 없을 것이다. 설민수가 시행한 설문연구[113]에서 설문에 응답한 우리나라 판사들은 형사재판의 입증의 정도를 수치화하는 질문에 대하여 평균적으로 89.35%라고 답하였고, 민사재판의 입증의 정도에 대하여는 평균 70%라고 답하였다.

합리적 의심이라는 다소 애매한 표현을 수치화함에 있어서 위에서 본 바와 같이 실험참여자들에게 직접 그 정도를 표현하도록 하는 방식 이외에도 여러 가지 대안이 제시되고 있다. 이 중 주목할만한 연구로는 영국 캠브리지 대학의 Dhami 교수의 연구[114]가 있다. 이 연구에서 활용된 멤

112) 위 논문, 37면.
113) 설민수, "민사 · 형사 재판에서의 입증의 정도에 대한 비교법적 · 실증적 접근", 인권과 정의 388호(2008), 102-3면.

버십 함수(membership function, MF)라는 측정방법론은 '합리적 의심'이라는 표현이 함의하고 있는 확률치를 계량화하여 측정할 목적으로 개발된 새로운 도구라고 한다. 이 연구에서 실험참가자들인 학생들에게 '합리적 의심'이라는 표현을 확률적 수치로 계량화한 답을 다음과 같은 세 가지 다른 방법론, 즉 직접평가방식(direct rating), 결정이론방식(decision theory-based) 및 MF 방식을 적용하여 들어보았는데 어떤 방식으로 답을 하는가에 따라 결론이 서로 다르게 나왔다고 한다. 특히 MF 방식은 합리적 의심에 관한 해석에 있어서 개인 내 가변성(intra-indivIdual variability)을 확인시켜 주는 데 유용함이 밝혀졌다. 앞으로 이런 연구방법론을 참고하여 우리 판사들 사이에서 각자가 인지하고 있는 합리적 의심의 수용수준을 측정하는 연구가 나올 수 있다고 생각한다. 그를 통하여 혹시 있을지도 모를, 판사들 사이에서의 합리적 의심이라는 개연적 표현에 관한 과도한 편차의 정도를 측정하고 이를 교육적 차원에서 개선할 여지도 있게 될 것을 전망한다.

4. 암묵적 유죄편향성 문제

가. 문제의식과 실증연구 가능성

헌법상 무죄추정의 원칙을 판사들은 얼마나 가슴으로, 또는 뇌의 근육으로 받아들이고 있을까? 재판 현장의 상황은 이러한 헌법 원칙이 온전하게 적용되기에는 어려운 여러 가지 방해물들로 가득하다.

우선 형사재판에서는 유죄판결이 압도적으로 많다. 그것은 형사판사가 출발선상에서부터 반드시 유죄편향적이기 때문만은 아닐 것이다. 법정에

114) Mandeep K. Dhami, *On Measuring Quantitative Interpretations of Reasonable Doubt*, 14 Journal of Experimental Psychology: Applied, 353 (2008).

들어오는 형사사건은 거의 대부분이 범죄의 증거가 확실한 것들이다. 주로 현행범처럼 범죄현장에서 바로 체포되었거나 물증과 목격자가 확실히 있는 경우가 대다수일 것이다. 이런 사건에서 피고인은 대부분 자백을 하기도 한다. 그래서 상당한 다수 사건은 주로 양형만이 심사의 대상이 되는 경우가 많다. 또 한편으로 재판 경험이 쌓이게 되면서 수사·재판도 사람이 하는 일이기에 어떤 유형의 사건에서는 완벽한 증거를 다 갖추라고 요구하는 것이 무리라는 생각이 쌓여갈 수도 있다. 다수 재판사례를 경험하는 과정에서 체득한 인생 만사 복잡함의 이면을 꿰뚫어 볼 수 있는 직관의 눈이 밝아졌다고 자신을 스스로 과대평가하는 순간 당해 사건의 구체적 증거와는 무관한 자기류의 증거와 정황으로 심증을 형성하는 일도 늘어난다. 더구나 형사 분야의 전문가인 검사에 의하여 1차적으로 스크린된 사건만이 법원에 넘어올 것이기 때문에 검사의 진정성에 신뢰를 주는 한에서는 검사의 판단으로 기울어질 여지가 대단히 높아진다. 또 법정에서 수의 차림의 피고인의 초췌하고 주눅 든 태도는 그 자체만으로도 피고인을 그다지 밝은 하늘 아래 선량한 사람으로 보이지 않게 한다. 이 대목에 이를 정도가 되면 피고인을 바라보는 판사 시각의 초기 디폴트값은 유죄 쪽으로 조율될 가능성이 높다.

부인을 하는 피고인이 이처럼 증거가 명백함에도 반성의 여지없이 뻔뻔한 거짓말을 하고 있다는 데 생각이 미치게 되면 그 부인은 억울함을 호소하는 것으로 들리지 않게 된다. 그것은 피고인과 변호인의 주장을 가볍게 취급하고 무시하는 쪽으로 영향을 미쳐 결과적으로 피고인의 무고함에 관한 디테일을 놓치게 한다. 그리고 재판은 늘 한정된 자원을 가지고 허덕일 수밖에 없는 과업이다. 그런데 말도 되지 않는 피고인의 부인 때문에 안 해도 될 무의미한 증인신문까지 덤으로 함으로써 귀중한 시간을 허비하게 되면 이제는 피고인에 대한 무죄추정은 언감생심이고 분노어린 응징책만 머릿속 가득 맴돌게 된다. 종래 판결 작성관행이 유죄판결은 쉽고 간단하게, 무죄판결은 복잡하고 어렵게 쓰게 되어 있었기 때문에 가급적 편하고 쉬운 쪽으로의 결론에 유혹을 받는 것은 인지상정일 수 있다. 이런 여건 하에서 앞서와 같은 응징의 심정까지 겹치게 되면 자연스럽게 쉬운 유죄 판결로 기울어지는 것에 대한 합리화 근거까지도 잘 갖추어진 셈이 된다. 이제는 유죄판결의 칼을 휘두르는 데 아무런 거리낌도 없어지게 되는 것이다.

이런 직업적 경험이 반복되어 쌓이다 보면 자연스럽게 무죄추정의 원칙은 현실을 모르는 막연한 이상론일 뿐이라고 치부하는 경향이 생기게 된다. 으레 피고인은 범죄를 저지르고 수사기관에서 순순히 자백을 하고도 법정에만 오면 조금이라도 유리한 결과를 얻으려고 거짓 부인을 하는 비열한 인간일 것이라는 고정관념을 갖게 될 수 있다. 이런 유죄편향적 고정관념을 판사가 갖게 되면 이처럼 굳어진 유죄편향성 때문에 좀처럼 그 틀을 벗어나 무죄 쪽으로 생각을 옮기지 못하게 한다. 이것은 무죄 쪽으로의 전환에 대한 심적 저항의 벽을 무의식적으로 높게 쌓는 것에 다름 아니다. 이런 무의식적 심적 저항감은 사건 심리태도에도 영향을 미쳐 검찰 측 유죄증거에 대하여는 그것이 현출될 때까지 기회를 너그럽게 주면서도, 피고인의 주장에 대한 심리에는 인색한 태도를 취하게 한다. 이 모든 것은 당연하게도 유죄 일변도의 결론으로 이어지고 그 가운데 오판의 독버섯이 피어나는 토양을 마련해 주는 것이다.

이상의 설명은 극단적 유죄편향에 이를 수 있는 하나의 가상적 경로를 상정해 본 것이다. 다만 이것이 오늘날 대다수의 형사판사가 갖는 모습은 아닐 것으로 믿는다. 대부분의 형사판사는 합리적 의심의 여지가 없는 증명도를 의식적으로 상당히 높게 잡고 무죄추정의 원칙에 입각하여 올바른 재판을 하고자 노력한다. 그런데 정도의 차이는 있겠지만 크건 작건 형사판사의 직업적 체험과정에서 유죄편향적 고정관념의 영향에서 완전히 자유로울 수만은 없는 것도 현실이라고 생각한다. 의식적으로 헌법적 대원칙을 받아들여 재판현장에서도 열 명의 범인을 놓치는 한이 있더라도 무고한 사람을 오판으로 처벌해서는 안 된다는 결단을 한 판사라도 직업적 체험과정에서 부지불식간에 암묵적으로 심어지게 된 유죄편향성이 판사의 의식과 의지와는 무관하게 유무죄 판단의 결론에 혹시 영향을 미치는 일은 없을까 하는 궁금증이 생긴다.[115)]

우리나라 형사재판도 21세기에 들어와 여러 합리적인 제도 개선과 축적된 선례들, 각종의 법관교육으로 인하여 유죄오판은 물론이고 항소심에서 1심 유죄판결을 뒤집어 무죄판결을 선고하는 사례도 점차 상당정도 줄어들 것이라는 기대가 있다. 다만 이러한 기대와 다소 어긋나게도, 분석대상인 고등법원 무죄판결들은 일관되게 1심 유죄판단의 오류를 지적하고 있고 그런 오류 사례의 숫자가 해를 거듭해가는 과정에서 전혀 줄어들지 않고 있는 것을 알 수 있다. 이 대목에서 왜 이런 현상이 여전히 반복되고 있는가 하는 점이 본 연구 수행과정에서 지속적으로 떠나지 않는 의문이다. 각종 제도와 관행의 개선, 판사들에 대한 교육을 통하여 무죄추정에의 결단을 강화시키고 있음에도 불구하고 혹시 앞서 언급한 묵시적 유죄편향성이 여전히 어떤 역할을 하는 것은 아닐까 하는 우려를 품게 한다. 여기서 우리는 피고인에 대한 묵시적 유죄편향성의 존부와 정도, 그것이 실제 재판사례에서 질 낮은 유죄증거에 대한 민감도를 떨어뜨릴 수 있는 경향성의 존부와 정도를 실증적으로 확인해 볼 수 있을 것인가 라는 연구 과제에 직면하게 되는 것이다. 본 연구의 실증적 연구 관찰을 통하여 발견된 사항, 즉 고등법원이 1심의 유죄판단을 파기하고 무죄판결을 하는 사례가 해를 거듭하는 과정에서도 일정한 수준을 유지한다는 점은 고등법원의 유무죄 심사가 1심 법원의 판단에 미치는 교육적 영향력이 미미할 수도 있다는 우려를 낳게 한다. 이러한 우려를 문제의식으로 삼아, 앞으로 이 점

115) 우리나라 국민참여재판에서 판사와 배심원의 판단 일치도를 조사한 연구에 의하자면 판사가 배심원보다 상대적으로 유죄를 더 내리는 경향이 있음이 밝혀졌다. 김상준, "배심평결과 판사판결의 일치도 및 판단차이에 관한 연구", 서울대학교 대학원 석사학위논문(2011), 107면. 미국의 경우 배심원 경험이 거듭되면서 유죄편향성이 높아질 수 있다는 미국 연구를 소개한 것으로는 김상준, 미국 배심재판 제도의 연구, 이화여자대학교 출판부(2003), 84-88면 참조.

을 실증적으로 규명해 보는 새롭고도 중요한 연구 과제를 도출할 수 있을 것으로 생각한다.

이런 문제의식 하에서 우선 미국에서 이루어진 암묵적 편향(Implicit bias)에 관한 연구에 눈을 돌려 이를 일별해 봄으로써 새로운 연구 과제의 해결책 마련에 참고해 보고자 한다.

나. 암묵적 편향 연구 현황

미국에서는 주로 인종차별적 편견이 다양한 사회현상 속에서 부정적 결과로 이어지고 있음에 주목하여 이를 극복하고자 하는 다양한 노력이 계속되어 왔다. 오늘날 미국에서 인종차별주의적 태도를 명시적으로 보이는 것은 정치적으로 바람직하지 못한 것으로 터부시 되고 있다. 그런데 그럼에도 여전히 흑인은 정치, 경제, 사회적으로 동일한 처지에 있는 백인보다 더 불리한 취급을 받는 것으로 보이는 현상이 지속되고 있다. 그 이유는 무엇일까? 연구자들은 인종차별적 부정적 성향인 암묵적 편향(Implicit bias)이 여전히 어떤 모종의 영향력을 행사하고 있을 것이라는 가설을 세우고 이를 검증해 보고자 했다. 이런 인종적 편향성은 이를 극복하고자 하는 의식적 노력에도 불구하고 자신이 느끼지도 못하는 무의식의 세계에서 부지불식간에 내재해 있을 수 있고 그것 때문에 암묵적으로 차별적 취급의 결과로 연결될 수 있다는 것이다.

심리학자들은 인간의 암묵적 편향성을 측정하기 위하여 여러 가지 방법론들을 개발하였는데 그 가운데 가장 중심적인 방법론이 바로 암묵적 연상테스트(Implicit Association Test, IAT)이다. Tony Greenwald, Mahzarin Banaji와 Brian Nosek이 중심이 된 연구팀에 의하여 개발된 IAT는 편향과 고정관념에 관하여 수십 년간 이루어져 온 연구의 산물로서,[116] 많은 학

116) Anthony G. Greenwald et al., *Measuring IndivIdual Differences in Implicit Cognition: The Implicit Association Test*, 74 J. Personality & Soc. Psychol

문적, 대중적 관심을 불러일으켜 왔다. 450만 명 이상의 사람들이 이 테스트를 치렀다.[117] 측정 가능한 암묵적 편향에는 이런 인종적 편향 이외에도 나이, 피부색, 남녀성차, 성지향성, 국가, 체중 등 다양한 유형의 편향들이 포함된다.[118] 연구자들은 IAT에서 백인들이 '강한 백인 선호 경향

1464 (1998); Anthony G. Greenwald & Linda Hamilton Krieger, *Implicit Bias: Scientific Foundations*, 94 Cal. L. Rev. 945, 951, 961 (2006).

117) IAT와 관련한 공식 홈페이지 Project Implicit의 인터넷주소는, http://www.project implicit. net /index.html (최후방문 2012. 12. 20.)이다. 이 홈페이지에 접속해 보면 여러 유형의 편향성 별로 스스로 테스트를 해볼 수 있다. 이 홈페이지가 개설된 1998년 이래 근 30년 동안 450만 이상의 방문자가 여기서 IAT에 응하여 스스로의 편향성 정도를 측정한 실적이 있다. 한국어판은 https://implicit.harvard. edu/implicit/korea/에 접속하면 된다.

118) 인종 IAT는 다음과 같은 순서로 진행된다. 우선 연구자들은 실험참여자들을 컴퓨터 앞에 앉도록 한 다음 컴퓨터 화면 좌측 상단에는 "White 또는 Good"이라는 단어를, 우측 상단에는 "Black 또는 Bad"라는 단어를 각각 제시할 것임을 알려준다. 이어 연구자들은 실험 참여자들에게 네 가지 종류의 자극, 즉 백인의 얼굴, 흑인의 얼굴, 좋은(긍정적) 단어 또는 나쁜(부정적) 단어가 화면 중앙에 나타날 것이라고 설명한다. 연구자들은 이어 참여자들이 백인의 얼굴이나 좋은 단어가 나타날 때에는 컴퓨터의 좌측에 지정된 키(E 키)를, 흑인의 얼굴이나 나쁜 단어가 나타날 때에는 컴퓨터의 우측에 지정된 키(I 키)를 누를 것을 지시한다. 연구자들은 white/good과 black/bad의 조합을 고정관념 부합(stereotype congruent)으로 지칭한다. 왜냐하면 이들 조합은 흑인과 연관된 부정적 고정관념과 일치하기 때문이다. 참여자들은 이 첫 과제를 몇 차례 더 수행하게 된다. 다음으로 컴퓨터는 "good"과 "bad"의 공간적 위치를 바꾸도록 프로그램 되어 있다. 그에 따라 화면 좌측 상단에는 "White or Bad"가, 우측 상단에는 "Black or Good"이 나타나게 된다. 연구자들은 이어 참여자들이 백인의 얼굴이나 나쁜 단어가 나타날 때에는 컴퓨터의 좌측에 지정된 키(E 키)를, 흑인의 얼굴이나 좋은 단어가 나타날 때에는 컴퓨터의 우측에 지정된 키(I 키)를 누를 것을 지시한다. 연구자들은 white/bad와 black/good의 조합을 고정관념 불부합(stereotype incongruent)으로 지칭한다. 왜냐하면 이들 조합은 흑인과 연관된 부정적 고정관념과 불일치하기 때문이다. 참여자들은 이 첫 과제를 수차례 반복하여 수행하게 된다. 이들 두 가지 과제수행에 소요되는 시간, 즉 반응시간(response latency)을 비교해 봄으

(strong white preference)'을 가지고 있음을 발견했다. 흑인들의 경우에는 조금 다른 패턴이 발견된다. 흑인들에게는 백인들이 보이고 있는 백인 선호 경향이 나타나지 않지만, 그렇다고 하여 백인의 경우와 정반대인 '강한' 흑인 선호 경향을 보이는 것도 아니다. 흑인들은 백인들에게는 드물게 나타나는 흑인 선호 경향을 보이기는 하지만 그 정도는 '강한(strong)' 것에서부터 '중간적인(moderate)' 것에 이르기까지 그 편차가 크다. 하지만 어떤 흑인의 경우에는 백인 선호 경향을 보이기도 하는데, 그것은 '강한' 경우까지 나타나기도 한다. 평균적으로 흑인은 약한(slight) 백인 선호 경향을 보이고 있지만, 편차는 넓은 편이다. 라틴계도 약한 백인 선호 경향을 보인다. 아시아계 미국인들은 백인과 비견될 수 있을 정도의 백인 선호 경향을 보이기는 하나 백인의 경우보다는 약하다. 암묵적 편향이 IAT 검사를 통하여 널리 확인된다고 하여도 반드시 인종적으로 차별적인 취급으로 연결되거나 이를 설명할 수 있는 것은 아니다. 나아가 잠재하고 있는 이런 암묵적 편향이 실제로 구체적인 의사결정에 영향을 미친다는 점을 확인할 수 있어야만 암묵적 편향이 인종 차별의 원인이 된다고 추론할 수 있을 것이다. Greenwald와 그의 동료들은 IAT 점수와 관찰된 행동 사이의 상관관계를 분석한 기존의 122건의 연구들을 검토했는데,[119] 그 중에서 32건의 연구는 흑-백 인종 간 행태 연구와 관련되어 있었다. 24건의 연구들에 걸쳐 암묵적 편향과 관찰된 행동 사이의 상관계수는 0.24로서 보통의 상관도를 보이고 있었다. 이것은 암묵적 편향이 실제 행동에서 약 6%[120] 에 해당하는 변수로 작용함을 의미한다.

인종은 형사사법제도 운용에 있어서 중요한 문제다. 판사들이 인종적 편향성이 내재한 채로 재판에 임하였다가 이런 인종적 편견 때문에 오판

로써 백인-흑인 선호성향의 정도를 판정하게 된다.

119) Anthony G. Greenwald et al. *Understanding and Using the Implicit Association Test: III. Meta-Analysis of Predictive ValIdity, J.* Personality & Soc. Psychol. (2009).

120) 정확히 말하자면 상관계수 0.24의 자승인 0.0576, 즉 5.76%이다.

을 초래하게 될 위험성이 있다면 이는 큰 문제이다. 과연 직업상 평등주의적 규범을 충실히 따라야 할 판사들이 이들과 같은 암묵적 편향을 가지고 있을까? 그리고 그것이 사실이라면, 이들 편향 때문에 형사재판에서 인종에 따라 다른 결과가 초래되는 것은 아닐까? Rachlinski 교수 연구팀은 이들 두 가지 연구 과제의 답을 찾기 위하여 법관연수에 참여한 판사들 133명을 대상으로 실험적 연구를 수행하였다.[121] 이들 판사를 대상으로 컴퓨터상으로 인종 IAT 등 과제를 수행하도록 하고 상점 절도 및 강도 모의사례에 대하여 유무죄 판단을 하도록 하였다.[122] 실험결과 85명의 백인 판사들 가운데 74명(87.1%)이 백인 선호 경향을 보였다.[123] 반면에 흑인 판사들 경우에는 전반적으로는 명백한 선호 경향을 보이지 않았다. 44.2%의 흑인 판사들이 백인 선호 경향을 보이기는 했지만 그 정도는 미약했다. 백인과 흑인 판사 평균 점수를 비교해 볼 때 백인 판사들이 통계적으로 유의미하게 더 큰 백인 선호 경향을 보였다.[124] 흑인 판사들의 점수는 인터넷상의 흑인 대중 표본에서 관찰되는 점수와 비슷한 수준을 보였다.[125] 백인 판사들은 반면에 인터넷상의 백인 대중 표본과 비교하여 통계적으로 유의미하게 더 강한 백인 선호 경향을 보였다.[126]

이 연구의 초점은 암묵적 편향과 판단 사이의 관계에 관한 것이므로, 판사의 IAT 점수와 피고인의 인종이 판사의 유무죄 판단에 미치는 상호작용의 효과를 측정해야 한다. IAT에서 강한 백인 선호 경향을 보이는 판사들은 백인과 흑인 피고인들을 차별적으로 취급하지 않은 것으로 나타났

---

121) Jeffrey J. Rachlinski, Sheri L. Johnson, Andrew J. Wistrich, Chris Guthrie, *Does Unconscious Racial Bias Affect Trial Judges*, 84 Notre Dame L. Rev. 1195 (2008-2009).

122) *Id.* at 1207.

123) *Id.* at 1210.

124) $t(82) = 4.94$, $p < .0001$.

125) $t(42) = 0.18$, $p = .86$

126) $t(84) = 2.26$, $p = .026$. *Id.* at 1211.

다.[127] 흑인 선호 경향을 보이는 판사들 역시 마찬가지였다.[128] 다만 백인 판사들과 흑인 판사들 사이에서는 반응이 달리 나왔기 때문에 그 차이를 분석해 볼 필요가 있다. 이 분석을 위하여 피고인의 인종과 IAT 점수를 판사의 인종에 대응하여 상호작용치를 측정해 보았다.[129] 판사의 인종, 피고인의 인종 및 IAT 점수 이상 3변인 상호관계는 통계적으로 유의미했다.[130] 이는 흑인 판사와 백인 판사의 각 IAT 점수가 피고인의 인종에 대한 판사의 반응에 다른 효과가 있음을 의미하는 것이다.

이 상호작용을 해석하기 위하여 흑인과 백인 판사를 따로 분리하여 분석을 시도했다. 백인 판사들의 경우 IAT 점수와 피고인의 인종 간에는 통계적으로 의미 있는 결과를 얻지 못했다. 단 한 가지가 있다면 백인 판사들의 경우 백인 선호 경향이 크면 클수록 백인 피고인을 흑인 피고인보다 더 유죄로 판단하는 경향이 있다는 점이다.[131] 그러나 흑인 판사들의 경우, IAT 점수에서 더 강한 흑인 선호 경향을 보일수록 백인 피고인과 비교하여 흑인 피고인을 유죄로 판단하는 경향이 줄어든다.[132]

이들 실험 결과를 통하여 판사들도 일반인과 같은 형태의 암묵적 편향에 시달리고 있다는 점이 밝혀졌다.[133] 판사들도 일반인들이 갖는 이런 암묵적 편향을 가지고 있다는 것은 경우에 따라 재판결과에 영향을 미칠 수 있는 위험 소인을 가진 것을 의미하기 때문에 대단히 심각하게 받아들여야 할 문제이다. 더구나 실험결과 이런 암묵적 편향은 이런 저런 방식으

---

127) *Id.* at 1219.
128) *Id.* at 1219.
129) 이 분석에서는 피고인의 인종은 통계적으로 유의미했다(z = 1.99, p = .05). 판사의 인종과 피고인의 인종 사이의 상호작용역시 통계적으로 유의미했다(z = 2.35, p = .02). 피고인의 인종과 IAT 점수 사이의 상호작용은 통계적으로 유의미하지 않았다(z = 1.00, p = .23.)
130) z = 2.18, p = .03. *Id.* at 1220.
131) z = 1.15, p = .25. *Id.* at 1220.
132) z = 1.87, p = .06. *Id.* at 1220.
133) *Id.* at 1221.

로 판사들의 최종 판단에 영향을 미칠 수 있다는 점도 아울러 밝혀졌다. 다만 이 실험결과만으로는 그 영향력은 제한적이다. 앞으로 충분한 표본을 통하여 엄격한 통제조건 하에 반복된 실험을 통하여 그 영향력의 정도를 재점검해 볼 필요가 있을 것으로 본다. 한편 마지막으로 확인된 것은 희망적인데, 만일 판사들에게 인종적 정보가 충분히 주어져 혹여 스스로가 인종으로 인한 편견 때문에 재판에서 편파적인 결과를 이끌어내는 것은 아닌가 하는 자각을 하도록 한다면 판사들 스스로 이런 편향의 영향을 상쇄시킬 수 있는 역량이 있다는 점도 밝혀졌다(백인 판사들이 오히려 백인에게 더 유죄판결을 하려고 한 결과가 그 예이다).

이러한 Rachlinski 연구팀의 연구결과 이후에 이 연구의 한계점을 지적하고 개선된 방법론을 제시한 연구가 하와이 법대 Levinson 교수 연구팀에 의하여 이루어졌다.[134] Levinson은 경험적 법학 연구에서도 가능한 한 직접적으로 법개념 현상을 측정할 준거를 마련할 필요가 있다고 주장한다.[135] 따라서 인종과 유죄 사이의 묵시적 연결을 측정하고자 할 경우 다른 고려를 개재시킬 여지없이 바로 유무죄 그 자체를 측정하는 것이 바람직하다고 보았다. 특히 유죄 vs. 무죄와 같은 법개념은 통상 심리학에서 활용되고 있는 기존의 척도와는 다른-그것이 명시적이든, 묵시적이든-강고한 사회적 의미가 있는 것이기에 더욱 그러하다. 즉 기존의 심리적 척도는 법적 관심사를 측정하는 데 일정한 한계가 있을 수 있다는 것이다.[136] Rachlinski 연구팀은 Good/Bad-Black/White IAT를 실시했으나 Levinson은 기존의 Good/Bad IAT만으로는 형사법 개념에 입각한 무죄추정의 원칙과 관련된 암묵적 태도를 분석함에 부족함이 있으므로 Good/Bad IAT[137] 대신, Guilty/Not Guilty IAT라는 새로운 분석도구를 설계하고 이를

---

134) Justin D. Levinson, Huajian Cai, & Danielle Young, *Guilty by Implicit Racial Bias: The Guilty/Not Guilty Implicit Association Test*, 8 Ohio St. J. Crim. L. 187 (2010).

135) *Id.* at 187.

136) *Id.* at 188.

활용하여 유죄-무죄와 관련된 단어들이 인종과 어느 정도로 묵시적으로 연관되는가를 측정하였다. Guilty/Not Guilty IAT 연구자들은 유죄 단어로 과오, 현행범 체포, 범죄 자행, 기소, 범죄자, 범행을 저질렀음, 가해자, 죄책을, 무죄 단어로 무죄 방면, 비난가능성 없음, 죄책에서 해방, 저지르지 않았음, 범죄를 저지르지 않았음, 잘못 기소되었음, 범죄에서 자유로움, 무고함을 활용할 것을 제안하고 있다.[138] 그리고 그 결과를 가지고 실험 참여자들의 유무죄 판단과 Guilty/Not Guilty IAT 점수가 통계적으로 관련이 있는지를 분석하였다. 즉 이 연구는 테스트에서 활용되는 단어를 좋음과 나쁨과 연관되는 단어들이 아니라 유죄와 무죄로 연결되는 단어들로 교체한 것 이외에는 기존의 IAT와는 다를 바 없지만, 활용된 단어의 차이로 인하여 유무죄 판단과 연결된 암묵적 인종편향성을 직접적으로 측정할 수 있다는 점에서 기존 연구보다는 개선된 방법론을 취하게 된 것이라고 평가할 수 있을 것이다.

다. 암묵적 유죄편향성에 관한 연구 설계

이 부분에 관한 본 연구의 관심사는 앞서 언급하였듯이 판사들의 형사피고인에 대한 유죄편향성이 존재하는지 여부, 편향성이 존재한다면 그

---

137) Good/Bad IAT에서는 Good(좋음)에 해당하는 단어로는 기쁨, 사랑, 평화, 훌륭함, 즐거움, 영광, 웃음, 행복을, Bad(나쁨)에 해당하는 단어로는 고뇌, 무서움, 끔찍함, 추잡함, 사악함, 지독함, 실패, 상처를 활용하고 있다.

138) Levinson 연구팀은 target word들을 선정하기 위하여 사전 테스트를 시행하여 유무죄와 연관이 있는 여러 단어들을 놓고 사전 테스트 참가자들로 하여금 그 연관성에 관한 평가를 하도록 했다. 그 결과 선정된 단어들은 다음과 같다.
Guilty: at fault, caught in the act, committed crime, convict, criminal, dId it, perpetrator, responsible for crime.
Not Guilty: acquitted, blameless, cleared of charges, dIdn't do it, dId not commit crime, wrongfully accused, guilt free, and innocent

정도는 개인별로 어떤 편차를 보이는지, 개인별 유죄편향성의 정도가 유무죄 판단에 어떤 방향에서 어떤 정도로 영향을 미치는지 등을 검증하고 측정해 볼 필요가 있다는 것이다. 본 연구에서는 직접 이런 실증연구를 수행하지는 못하였지만 본 연구의 논리적 완결성을 위하여 후속 연구를 기대한다는 취지에서 본 연구자가 구상한 연구설계의 기본개념을 이 자리에서 제시해 보는 것에 약간의 의미를 두고 싶다. 이하에서는 가능할 수 있는 연구방법론의 구상을 정리해 본다.

Rachlinski 연구는 이와 같은 연구의 모델이 될 수 있을 것으로 생각한다. 이 연구를 기본 모델로 삼아 일군의 판사들을 대상으로 하여 컴퓨터를 기반으로 한 IAT 실험을 하여 판사별 편향성의 정도를 측정하도록 한다. 이 때 IAT는 일반적으로 활용되는 Good/Bad IAT가 아니라 Levinson 연구에서 제안된 Guilty/Not Guilty IAT를 활용할 수 있다. 다만 판사들의 유무죄 성향과 편향 연구에서의 관심사는 특정 인종에 대한 암묵적 편향이 아니라 판결을 기다리고 있는 형사피고인에 대한 편향이다. 그 때문에 비교의 대상이 되는 얼굴이나 물건의 사진을 백인 사진 대 흑인 사진 대신 형사피고인을 연상하는 사진 대 피고인이 아닌 일반인을 연상하는 사진을 활용할 것을 고려해야 한다. 그리하여 유죄단어-무죄단어와 피고인 연상 사진-피고인 아닌 사람 연상 사진을 조합하여 그 반응시간을 측정하는 것으로 연구방법을 설계해 볼 수 있을 것이다.

그리고 실험참여자인 판사들에게 정교하게 설정된 모의사례를 주고 유무죄 판단을 해 보도록 하는 것이다. 다만 실험참가자가 고도로 훈련된 법률전문가들이므로 유무죄에 대한 판단이 법률적으로, 사실적으로 매우 애매한 시나리오를 정교하게 만들어야 할 것이다. 국민참여 형사재판에서 판사와 배심의 유무죄 판단 불일치 사건, 심급간 유무죄 판단이 교차한 사건 등 실제 사례를 수집하여 모의사례를 구성해 볼 수 있을 것이다. 모의사례는 복수로 만들어 설문에 응하도록 한다. 설문은 유무죄에 관한 최종의견, 최종 의견에 대한 확신 정도, 사건(증거)의 복잡성 등을 질문하는 것이외에, 실험 참여자들의 인적 정보(개인식별정보 제외)를 질문하도록 한다. 또한 판사들과 일반인들 사이의 차이점 등을 알아보는 것도 흥미로운 연구가 될 것이므로 1차 실험 참여자로는 자발적 참여 판사 50~100명 정도를 대상으로 선정하여 연구를 시행하되, 그 이외에도 사법연수생, 로스쿨 학생, 로클럭 등 법조직역 종사 예정자나 일반인들(배심원 후보자들 또는 그림자 배심원들)을 대상으로 같은 실험을 해 보는 것도 고려할 수 있다. 앞서 측정된 유무죄 편향성에 관한 IAT 점수가 모의사례에 대한 유무죄 판단에 어떤 관련성을 갖는가를 통계적으로 검증하는 작업을 통하여 분석결과를 얻을 수 있다.

이런 연구는 기존 연구의 틀을 응용하여 실험에 참여한 한국 판사들의 암묵적 편향성 정도가 모의 사례에 대한 유무죄 평가에 어떤 영향을 미치는지를 밝혀 보는 재현 연구에 해당한다. 이 연구는 형사피고인 그 자체에 대한 암묵적 차별 정도로 인하여 생길 수 있는 유무죄 편차를 실증적으로 밝혀 보고 더 나아가 그것이 유죄오판의 한 원인으로 연결될 수 있다는 가설을 IAT를 통하여 검증해 보는 것이다. 즉 이런 류의 연구는 오판 연구 가운데 가상 심층적 원인을 파고드는 근본에 관한 연구로서 의미가 있을 것이다. 이것은 아직도 1심 유죄판결을 고등법원에서 뒤집고 무죄를 선고하는 사례가 지속되고 있는 현상을 해명하는 한 단초가 될 수 있는 것으로서 정책적인 대응에 참고가 되리라 기대한다. 즉 가설이 유의미하게 검증된다면 그 결과를 판사에 대한 교육정책 등에 활용할 수 있을 것이다. 또한 경험적 연구가 매우 희소한 국내외 형사법학계에 일종의 학문통섭적 실험 연구의 한 접근 방법론을 새롭게 제시하는 점에서 학문적으로도 그 의미를 찾을 수 있겠다.

제4절
요약

제4장에서의 논의의 요지는 다음과 같이 정리될 수 있다.

① 2000년대 들어오면서 사실심리의 준칙에 관하여 새로운 지평을 여는 역할을 한 선도적 대법원 판례들은 대부분 사실심리(審理)에 있어서 심사 객체의 심리(心理) 상태는 물론이고 심사 주체의 판단과 의사결정상의 심리(心理) 상태에 대한 성찰을 촉구하고 있다. 판례법리의 저변에 깔린 여러 가지 정책들은 상당 부분 사실심리에 있어서 판사의 판단과 의사결정에 영향을 미칠 수 있는 대내외적 요인들에 대한 인지적 자각을 촉구하는 것이다.

② 그에 발맞추어 2000년대 이래 판단과 의사결정론, 사실인정론을 중심으로 한 각종 실무연구, 학문통섭적 연구, 실무계와 학계의 협동연구 작업이 활발하게 이루어져 오고 있다. 그 성과는 다시 법관교육에도 영향을 미쳐 재판실무의 개선 발전에 기여할 것으로 전망한다. 이제 주된 관심사는 미답의 영역인, 판단주체인 법관(또는 배심원)의 판단과 의사결정 측면으로 점차 옮겨지고 있다.

③ 판사들의 판단과 의사결정에 관한 최근의 국내외 실증연구들에 의하면 판사들도 인간인 한에서는 고정관념이나 편견 때문에 일반인들이 흔히 저지르기 쉬운 인지적 착각과 실수를 범하는 것으로 나타났다. 특히 재판

상황에서 그러한 고정관념과 인지적 착각으로 인한 터널비전 때문에 질 낮은 증거에 눈이 멀어버리는 함정에 빠지게 되면 판단을 그르칠 위험성이 있다는 것이다. 터널비전은 확증편향, 후견편향 등과 같은 인지적 편향으로부터 초래될 수도 있고 제도적, 규범적 압력을 통하여 강화되기도 하는데 이를 극복하기란 쉬운 것이 아니다. 지속적인 교육과 자각이 필요하다. 판사들이 이런 직관적 판단에만 의존하는 유혹을 극복하고 숙고적 사고방식에 충실해야 함도 이 때문에 강조되는 것이다.

④ 판사들은 합리적 의심의 여지 없는 증거의 증명도를 가지고 유죄를 인정하여야 한다. 합리적 의심이라는 개념을 최종적 사실판단자가 어느 수준으로 인식하여 구체적 사건에 적용하는가 여하에 따라 유무죄의 결론이 달라질 수 있다. 심증의 정도를 계량화하여 객관적으로 접근해 보는 일은 현실의 재판상황에 바로 적용하기 힘들더라도 실험적 상황에서 혹여 있을지도 모를 개인별 인식차이를 분석해 내어 그 편차를 줄이고자 하는 교육적 측면에서는 유용할 수 있다. 최근에 제안된 이런 연구방법론을 참고하여 앞으로 심도 있는 경험적 연구가 필요하다.

⑤ 무죄추정의 헌법 원칙과는 상반되게 재판현장 상황과 경험은 판사들로 하여금 유죄편향적으로 흐르게 할 위험이 있다. 유죄편향성을 가지고 재판에 임하게 되면 오판의 특급열차를 타게 되는 것과 매한가지다. 따라서 의식적으로 이를 극복하기 위한 개인적 노력이 필요하다. 하지만 암묵적 연상 테스트를 통한 암묵적 편향에 관한 여러 연구에 의하면 일단 무의식적으로 심어진 편향성은 개인의 의식적 노력만으로는 잘 극복될 수 없다는 분석이 있다. 판사들의 경우에도 직업적 경험과정에서 혹여 갖게 된 편향성이 부지불식간에 자신의 판단에 개입하는지를 늘 염두에 두어야 한다. 암묵적 유죄편향성을 실험실적 상황에서 검증해 볼 수 있는 연구방법론을 설계하여 소개하였다.

제5장 결론

이상에서 살펴 본 바와 같이, 유죄오판을 방지하여야 한다는 정책적 과제에 대한 해결책을 모색하기 위해서는 오류의 발생 원인을 정확하게 알아야만 할 것이다. 본 연구에서는 오판 또는 심급간에 유무죄 판단이 교차된 사건들의 특징과 판단 오류·차이를 빚게 된 원인을 규명해 보고자 하였다. 1심 유죄판결이 후일 항소심에서 무죄로 뒤바뀐 실제 강력범죄 재판사례 540건을 대상으로 하여 실증적 분석을 시도하였다.

제2장에서 국내외의 선행 연구들을 먼저 검토하여 방법론적 시사점을 얻게 되었다. 본 연구는 주로 미국에서 논의되고 있는 실증적 연구방법론 중 통합사례연구 방법론과 그 궤를 같이한다. 따라서 집적된 재판례를 통합하여 판단차이를 초래한 패턴을 분석하고 그 원인을 발굴하는 양적 분석 작업을 수행한 것이다. 최근에 발표된 미국 연구들에 의하면 오판을 초래하는 원인으로 허위자백, 공범의 허위자백, 목격자의 오인지목, 피해자의 위증과 무고, 오도된 과학적 증거, 정황증거 등의 특유한 증거유형들이 검증되었다. 본 연구의 분석대상 사건들에서도 마찬가지로 이들 증거유형이 쟁점으로 되었음을 발견하였다. 그 과정에서 판단의 오류를 야기할 수 있는 취약한 증거들을 객관적으로 유형화해 볼 수 있었다. 더불어 이런 증거유형별 쟁점에 관한 국내외 논의, 판례법리의 형성과정, 분석대상 사건유형별로 나타나는 현상적 특징, 개별 사건에서 확인할 수 있는 구체적 판단 내용들을 분석적으로 소개하였다. 분석결과 허위자백, 목격자증언의 오인지목, 피해자 진술의 신빙성 판단, 강간사건에서의 반항 억압정도에 대

한 정황판단의 차이, 특히 성폭력 아동 피해자 진술에 대한 적정한 접근의 실패, 과학적 증거의 신빙성 판단 기준에 대한 인식 차이, 정황증거 및 간접사실에 의한 주요사실 인정과정에서의 논증 실패와 비약의 문제 등이 판단차이를 발생시키는 주된 요인으로 밝혀졌다.

분석대상사건 중 성폭력 범죄가 가장 많은 57.6%를 점하고 있고 생명침해범죄가 21.3%, 강도죄가 12.2% 방화죄가 4.6%를 점하고 있음이 밝혀졌다. 심급간 유무죄 판단차이를 초래한 증거유형은 허위자백이 20.4%, 공범의 허위자백이 11.1%, 피해자 또는 목격자의 오인 지목진술이 20.7%, 피해자 허위진술 또는 피해오인진술이 49.3%, 과학적 증거의 오류가 13.9%, 정황증거의 문제가 23%를 차지하고 있었다. 살인, 강도살인, 상해치사 등 생명침해범죄에서는 제일 많은 쟁점을 차지하는 유죄증거는 정황증거(53%)이고 이어서 허위자백(38.3%)이다. 성폭력범죄에서는 피해자 허위진술 또는 피해오인진술이 77.2%를, 강도죄에서는 목격자 또는 피해자 지목진술의 오인이 56.1%를, 방화죄에서는 정황증거의 문제가 56%를 차지하여 각각 가장 높은 빈도를 보이고 있다. 허위자백과 목격자의 오인지목이 쟁점으로 된 사건은 2000년대 후반에 이르러 점차 비중이 줄어들고 있다.

오판이나 판단차이를 초래한 것은 취약한 증거유형들로 인한 것이지만, 심급간 차이를 보인 가장 주된 요인은 1, 2심 판단자의 감지능력의 차이 때문이라고 보는 것이 보다 더 정확하다. 본 연구 제4장에서는 이러한 판단자변수를 초래한 원인을 판단자에게 내재해 있는 심적 한계인 터널비전(Tunnel Vision)에서 찾아보았다. 판단자의 터널비전을 극복해야 이런 오류 있는 증거가 걸러질 것이다. 오판 연구의 종착점은 바로 사람의 터널비전을 어떻게 극복하고 보다 더 중립적이고 공정하며 합리적 이성이 지배하는 판단과 의사결정을 회복시킬 수 있을 것인가에 집중될 수밖에 없다. 본 연구에서는 이런 문제의식하에 분석대상 사건 중에서 이런 터널비전을 발견할 수 있었던 대표적인 사례들을 골라 주장을 뒷받침하고자 하였다.

제4장에서 소개한 최근의 국내외 실증연구들에 의하면 판사들도 인간인 한에서는 고정관념이나 편견 때문에 일반인들이 흔히 저지르기 쉬운 인지적 착각과 실수를 범하는 것으로 나타났다. 특히 재판상황에서 그러한 고정관념과 인지적 착각으로 인한 터널비전 때문에 질 낮은 증거에 눈이 멀어버리는 함정에 빠지게 되면 판단을 그르칠 위험성이 있다는 것이다. 터널비전은 확증편향, 후견편향 등과 같은 인지적 편향으로부터 초래될 수도 있고 제도적, 규범적 압력을 통하여 강화되기도 하는데 이를 극복하기란 쉬운 것이 아니다. 특히 합리적 의심의 여지가 없을 정도로 증명도가 높은 증거를 통하여 유죄를 인정할 것, 무죄추정의 헌법적 원칙 등도 이들 원칙을 개개인이 어느 정도로 인지하고 수용하여 실천에 옮기는가에 따라 결론에 영향을 미칠 수 있다. 그러나 이런 법원칙과는 상반되게 재판현장 상황과 경험은 판사들로 하여금 합리적 의심에 관한 증명도를 완화시키고 유죄편향적으로 흐르게 할 위험이 있다. 유죄편향성에 따른 재판은 오판으로 연결될 위험이 매우 크다. 따라서 의식적으로 이를 극복하기 위한 개인적 노력이 필요하다. 하지만 암묵적 연상 테스트를 통한 암묵적 편향에 관한 여러 연구에 의하면 일단 무의식적으로 심어진 편향성은 개인의 의식적 노력만으로는 잘 극복될 수 없다는 분석이 있다. 판사들의 경우에도 직업적 경험과정에서 혹여 갖게 된 편향성이 부지불식간에 자신의 판단에 개입하는지를 늘 염두에 두어야 한다. 합리적 의심의 수용태도에 관한 편차를 분석하거나 암묵적 유죄 편향성의 정도와 판단에 미치는 영향력 등에 관한 경험적 연구가 필요함을 강조하면서, 특히 암묵적 유죄편향성을 실험실적 상황에서 검증해 볼 수 있는 연구방법론을 설계하여 소개하였다.

본 연구를 통하여 정책적 측면에서 세 가지 시사점을 얻게 된다. 우선, 본 연구는 판사들의 유무죄 사실인정상의 판단의 적정화, 오판방지에 관한 문제의식에서 출발한 것이기는 하나, 그 분석결과 중 판단의 구조적 한계와 문제점은 같은 사실판단자인 배심원들에 대하여도 마찬가지로 적용될 수 있는 것이다. 2013년 국민사법참여위원회의 논의를 통하여 제안된 참여재판의 의사결정 기본구조, 배심원단의 평결의 기속력 인정 문제 등도 입법화될 것이다. 이것은 재판에 관여하는 시민과 전문가 판사가 어떤 형태로 협업과 분업의 의사결정 구조를 설계할 것인가 하는 과제와 직결되어 있다. 오류 없는 사실판단을 촉진하는 제도 구상에 이런 유형의 연구는 기초자료를 제공할 것이다. 나아가 참여재판에 관여하는 전문가들로 하여금 배심원들이 잘못된 판단에 이르지 않도록 제도 운영상의 주의를 환기하는 데 하나의 지침을 줄 수도 있을 것이다.

다음으로, 본 연구를 통하여 형사 항소심의 기능에 관한 새로운 시각을 제시할 수 있다. 미국의 경우 DNA 검사 관련 오판 사례들 앞에서 미국 형사사법제도가 제 기능을 하지 못하고 있다는 비판이 거세다. 더구나 사후적 구제 제도도 전혀 작동하지 않고 있다는 점도 밝혀졌다. 이제는 그에 관한 실증연구들도 나타나면서 오히려 유죄오판 방지 측면에서 항소심의 사실심리 기능 강화까지 거론되고 있다. 물론 1심 무죄를 재심사하자는 주장은 아니다. 현재 우리에게는 항소심을 사후심적으로 재구성하자는 논의가 활발하게 진행되고 있다. 하지만 1심 재판의 확정력을 높인다고 하여 형사 항소심, 재심의 역할을 축소하는 것으로 바로 연결 짓는 것은 자칫 교각살우의 우를 범할 수도 있겠다는 것이 본 연구 과정에서 갖게 된 연구자의 생각이다. 미국의 사례를 통하여 자명하게 알 수 있듯이 형사 항소심 기능 약화가 초래할 위험성을 고려해 볼 때, 여전히 현실론으로서는 형사 항소심과 재심의 재심사 기능은 여전히 유지되어야 하고 때로는 더욱 강화되어야 한다는 미국의 실증연구 개혁방안에 경청의 소지가 있다고 본다. 다만 우리의 경우 종국적인 정책적 목표는 1심의 사실심리 기능의 강화에 있음은 분명하다. 본 연구에서 주장하는 항소심의 역할은 이런 정책적 목적을 달성하는 데 부응하는 큰 틀 안에서 재조명되어야 함은 물론이다.

끝으로 미국 등 제외국의 사례 또는 과거사 위원회의 실적에서 볼 수 있듯이 일반 사건에서도 재심을 위한 특별구제절차나 기구를 둘 여지는 없는지도 아울러 검토될 필요가 있다. 그에 곁들여 형사재판의 사실심리 적정화를 도모할 목적에서 형사 무죄판결의 상세한 세부적 요인들을 집중적으로 탐색하는 실증 연구를 조직화하여 실시간으로 무죄판결의 내용을 분석하고 그 사례들의 데이터를 집적하는 연구 네트워크의 수립이 필요함을 느끼게 되었다.

그러나 본 연구는 여전히 다음과 같은 한계를 가지고 있고 이 한계는 후속 연구에서 극복되어야 할 과제임을 지적하지 않을 수 없다.

우선, 본 연구는 양적 분석방법론을 취한다고 하면서도 실제로는 자료의 제약 탓에 엄밀한 의미에서의 판단차이를 초래한 요인을 통계학적으로 검증하는 방법론을 취할 수 없었다. 사건의 결론에 영향을 미친 요인을 객관적으로 파악하기 위해서는 실제 살아있는 사건의 현장 속에서 변인들을 엄밀하게 파악하는 작업이 필요할 것이다.

둘째, 본 연구의 주된 전제는 판단자 변인, 즉 무죄추정의 원칙에 대한 지각 정도, 합리적 의심의 여지가 없는 증명에 대한 인식 차이, 암묵적 편향성의 정도, 강간 통념 등 고정관념, 편견에 대한 취약성, 독립적 판단에 대한 자각 정도 등이 유무죄 판단차이를 가져오는 데 일정한 역할을 한다는 점이다. 현재 이런 편향성을 측정하는 심리학적 도구들이 연구 · 개발되어 오고 있다. 이런 실험 연구가 추가되어야 본 연구자가 전제하는 가설 검증이 완성될 것이다. 앞으로 추가연구가 필요한 부분이다.

셋째, 본 연구가 주로 양적 분석에 치중했다는 점, 강력범죄만을 대상사건으로 선정했다는 점 등도 후속연구로 극복될 한계다. 앞으로 좀 더 깊이 있는 질적 분석(특히 정황증거의 논증 분석 등) 연구, 다수의 무죄사례가 출현하고 있는 경제사범, 부패 사범, 과거사 시국사건에 관한 재심 무죄사건에 대한 연구 등도 미완의 과제로서 후속연구에 미루기로 하였다.

이 실증연구는 유무죄 판단이 달라진 재판현상을 놓고 수행된 양적 연구라는 점에서 연구방법론의 측면에서 새로운 시도에 해당한다. 하지만 방금 언급한 것처럼 본 연구에 분석상의 한계가 있는 것은 분명하다. 본 연구를 계기로 하여 앞으로 좀 더 과학적 검증을 완비한 후속연구들이 출현하기를 기대한다. 특히 판단자 변인을 실험적으로 분석하는 연구는 그 자체로도 법관에 대한 산교육이 될 것임은 물론이다. 이런 후속 분석연구를 토대로 하여 우리의 형사재판 담당자들로 하여금 정확한 사실인정을 위한 헌법적 성찰과 자각을 하도록 하여 더욱 질 높은 형사사법의 정의가 실현되기를 기대한다.

표 41 분석대상 사건 일람표

순번	2심 법원	선고일자	사건번호
1	광주고	95. 11. 22.	95노515
2	광주고	97. 4. 9.	97노13
3	광주고	98. 6. 17.	97노498
4	광주고	98. 8. 5.	97노626
5	광주고	98. 10. 13	98노320
6	광주고	99. 7. 1.	99노488
7	광주고	00. 1. 27.	99노683
8	광주고	00. 12. 19.	2000노628
9	광주고	01. 5. 23.	2001노146
10	광주고	01. 7. 5.	2001노149
11	광주고	02. 3. 28.	2001노354
12	광주고	02. 4. 4.	2001노699
13	광주고	02. 5. 2.	2002노113
14	광주고	02. 9. 19.	2002노257-1
15	광주고	02. 9. 19.	2002노257-2
16	광주고	02. 11. 1.	2002노372-1
17	광주고	02. 11. 1.	2002노372-2
18	광주고	02. 6. 27.	2002노66
19	광주고	03. 1. 30.	2002노756
20	광주고	03. 4. 3.	2003노133
21	광주고	03. 5. 15.	2003노263
22	광주고	03. 12. 26.	2003노558
23	광주고	04. 6. 3.	2004노165
24	광주고	04. 8. 26.	2004노332
25	광주고	04. 9. 16.	2004노426
26	광주고	05. 1. 20.	2004노639
27	광주고	05. 7. 21.	2005노188
28	광주고	05. 12. 8.	2005노315
29	광주고	06. 4. 18.	2005노426
30	광주고	06. 7. 13.	2006노114
31	광주고	06. 8. 24.	2006노135

32	광주고	06. 4. 27.	2006노31
33	광주고	06. 5. 25.	2006노81
34	광주고	07. 6. 28.	2007노74
35	광주고	08. 7. 10.	2008노139
36	광주고	08. 12. 18.	2008노236
37	광주고	08. 5. 8.	2008노39
38	광주고	08. 7. 24.	2008노41
39	광주고	09. 10. 1.	2009노153-1
40	광주고	09. 10. 1.	2009노153-2
41	광주고	09. 10. 1.	2009노153-3
42	광주고	09. 7. 16.	2009노20
43	광주고	10. 10. 28.	2010노237
44	광주고	10. 8. 19.	2010노37
45	광주고	11. 1. 20.	2010노386
46	광주고	11. 12. 15.	2011노193
47	광주고	11. 5. 12.	2011노54
48	광주고	11. 8. 18.	2011노95
49	광주고	12. 9. 6.	2012노90
50	광주고(전주)	06. 11. 17.	2006노91
51	광주고(전주)	06. 12. 29.	2006노115
52	광주고(전주)	09. 2. 20.	2008노179
53	광주고(전주)	09. 10. 9	2008노207
54	광주고(전주)	10. 4. 16.	2009노154
55	광주고(전주)	10. 5. 14.	2009노186
56	광주고(전주)	09. 10. 9.	2009노66
57	광주고(전주)	10. 11. 12.	2010노101
58	광주고(전주)	11. 1. 28.	2010노210
59	광주고(전주)	10. 10. 15.	2010노76
60	광주고(전주)	10. 9. 10.	2010노94
61	광주고(전주)	11. 7. 5.	2011노26
62	광주고(전주)	12. 7. 3.	2012노107
63	광주고(전주)	12. 3. 27.	2012노9
64	광주고(제주)	95. 7. 27.	95노11

65	광주고(제주)	97. 12. 5.	97노58
66	광주고(제주)	97. 12. 29.	97노59
67	광주고(제주)	02. 8. 16.	2001노86
68	광주고(제주)	04. 5. 14.	2003노93
69	광주고(제주)	04. 9. 10.	2004노54
70	광주고(제주)	10. 8. 25.	2010노7
71	광주고(제주)	11. 7. 20.	2011노23
72	대구고	99. 5. 25.	98노670
73	대구고	00. 12. 22.	2000노453-1
74	대구고	00. 12. 22.	2000노453-2
75	대구고	01. 12. 27.	2001노425
76	대구고	03. 7. 3.	2001노467
77	대구고	01. 4. 6.	2001노88
78	대구고	03. 2. 18.	2002노575
79	대구고	03. 4. 3.	2002노638
80	대구고	03. 10. 2.	2003노12
81	대구고	03. 9. 18.	2003노248
82	대구고	04. 1. 15.	2003노456
83	대구고	04. 4. 22.	2003노675
84	대구고	04. 7. 22.	2004노161
85	대구고	04. 11. 4.	2004노340
86	대구고	04. 7. 8.	2004노62
87	대구고	05. 4. 14.	2004노629
88	대구고	05. 6. 16.	2004노9
89	대구고	05. 4. 28.	2005노8
90	대구고	05. 4. 21.	2005노9
91	대구고	07. 4. 12.	2006노421
92	대구고	07. 6. 7.	2006노487
93	대구고	07. 3. 8.	2006노508
94	대구고	07. 8. 2.	2007노166
95	대구고	07. 9. 6.	2007노224
96	대구고	08. 8. 28.	2008노119
97	대구고	10. 5. 27.	2009노502

98	대구고	10. 4. 29.	2009노573
99	대구고	09. 4. 23.	2009노73
100	대구고	10. 4. 9.	2009재노16
101	대구고	11. 2. 16.	2010노405
102	대구고	11. 2. 16.	2010노456
103	대구고	11. 1. 27.	2010노475
104	대구고	11. 2. 10.	2010노512
105	대구고	10. 8. 12.	2010노52
106	대구고	11. 1. 13.	2010노527
107	대구고	10. 9. 16.	2010노96
108	대구고	11. 9. 22.	2011노164
109	대구고	11. 11. 3.	2011노204
110	대구고	12. 4. 12.	2011노426
111	대구고	11. 4. 28.	2011노45
112	대구고	12. 4. 12.	2011노514
113	대구고	11. 8. 11.	2011노95
114	대전고	96. 5. 1.	95노719
115	대전고	96. 10. 4.	96노210
116	대전고	97. 1. 31.	96노292
117	대전고	98. 2. 10.	96노475
118	대전고	97. 8. 26.	97노212
119	대전고	97. 9. 30.	97노257
120	대전고	97. 11. 25.	97노368
121	대전고	99. 1. 21.	98노641
122	대전고	99. 9. 3.	98노788
123	대전고	99. 6. 25.	99노129
124	대전고	99. 4. 30.	99노42
125	대전고	00. 11. 29.	2000노353
126	대전고	00. 10. 27.	2000노359
127	대전고	01. 2. 2.	2000노634
128	대전고	01. 4. 20.	2000노697
129	대전고	00. 4. 14.	2000노73
130	대전고	01. 10. 12.	2001노185

131	대전고	02. 3. 15.	2001노598
132	대전고	02. 5. 31.	2002노114
133	대전고	02. 10. 25.	2002노196
134	대전고	02. 8. 30.	2002노98
135	대전고	05. 1. 21.	2003노127
136	대전고	03. 7. 11.	2003노132
137	대전고	03. 12. 19.	2003노240
138	대전고	03. 8. 29.	2003노302
139	대전고	04. 1. 30.	2003노388
140	대전고	04. 2. 13.	2003노506
141	대전고	04. 7. 16.	2004노116
142	대전고	04. 7. 30.	2004노146
143	대전고	04. 8. 27.	2004노266
144	대전고	04. 12. 30.	2004노510
145	대전고	05. 9. 9.	2004노607
146	대전고	04. 5. 21.	2004노64
147	대전고	05. 9. 9.	2005노161
148	대전고	05. 11. 18.	2005노89
149	대전고	07. 1. 19.	2006노335
150	대전고	06. 12. 28.	2006노370
151	대전고	07. 2. 7.	2006노499
152	대전고	08. 1. 30.	2007노225
153	대전고	08. 5. 21.	2007노303
154	대전고	08. 2. 1.	2007노304
155	대전고	08. 9. 10.	2007노352
156	대전고	08. 10. 8.	2007노442
157	대전고	08. 2. 1.	2007노86
158	대전고	07. 10. 31.	2007노88
159	대전고	09. 1. 14.	2008노299
160	대전고	09. 6. 17.	2008노372
161	대전고	09. 5. 27.	2008노553
162	대전고	09. 7. 22.	2009노116
163	대전고	09. 9. 4.	2009노146

164	대전고	09. 9. 16.	2009노176
165	대전고	09. 9. 18.	2009노225
166	대전고	11. 1. 21.	2010노242
167	대전고	11. 2. 15.	2010노528
168	대전고	11. 3. 18.	2010노561
169	대전고	11. 7. 1.	2011노139
170	대전고	11. 12. 2.	2011노277
171	대전고	11. 12. 16.	2011노350
172	대전고	12. 5. 16.	2012노86
173	대전고(청주)	09. 5. 14.	2008노64
174	대전고(청주)	10. 3. 11.	2009노191
175	대전고(청주)	11. 4. 20.	2010노183
176	대전고(청주)	12. 2. 14.	2011노180
177	대전고(청주)	12. 7. 12.	2012노59
178	부산고	96. 1. 24.	95노992
179	부산고	97. 4. 17.	96노1005
180	부산고	96. 10. 17.	96노481
181	부산고	96. 12. 4.	96노632
182	부산고	96. 12. 26.	96노662
183	부산고	96. 12. 18.	96노666
184	부산고	96. 12. 26.	96노687
185	부산고	97. 7. 2.	96노763
186	부산고	97. 2. 20.	96노888
187	부산고	97. 3. 26.	96노909
188	부산고	98. 6. 1.	97노904
189	부산고	99. 4. 14.	98노1063
190	부산고	99. 3. 17.	98노1095
191	부산고	99. 3. 24.	98노1106
192	부산고	98. 11. 26.	98노492
193	부산고	98. 4. 15.	98노51
194	부산고	99. 2. 25.	98노874
195	부산고	99. 9. 16.	99노507
196	부산고	00. 3. 30.	99노789

197	부산고	01. 4. 18.	2000노1064
198	부산고	00. 10. 19.	2000노282
199	부산고	00. 9. 7.	2000노417
200	부산고	01. 2. 7.	2000노719
201	부산고	01. 2. 15.	2000노741
202	부산고	00. 11. 15.	2000노839
203	부산고	01. 1. 31.	2000노916
204	부산고	01. 7. 11.	2001노209
205	부산고	02. 1. 23.	2001노680
206	부산고	02. 2. 21.	2001노761
207	부산고	02. 10. 30.	2001노778
208	부산고	02. 8. 14.	2001노841
209	부산고	02. 6. 19.	2002노44
210	부산고	03. 1. 29.	2002노790
211	부산고	03. 3. 5.	2002노919
212	부산고	03. 8. 6.	2003노266
213	부산고	03. 7. 16.	2003노273
214	부산고	03. 10. 8.	2003노405
215	부산고	03. 12. 10.	2003노525
216	부산고	04. 1. 20.	2003노719
217	부산고	04. 3. 25.	2003노919
218	부산고	04. 9. 15.	2004노425
219	부산고	04. 4. 22.	2004노64
220	부산고	05. 3. 9.	2004노746
221	부산고	05. 7. 27.	2005노215
222	부산고	05. 6. 15.	2005노246
223	부산고	07. 10. 10.	2005노459
224	부산고	06. 2. 8.	2005노617
225	부산고	06. 4. 12.	2005노782
226	부산고	07. 2. 7.	2006노164
227	부산고	06. 8. 11.	2006노181-1
228	부산고	06. 8. 11.	2006노181-2
229	부산고	06. 8. 11.	2006노181-3

230	부산고	06. 10. 26.	2006노464
231	부산고	07. 10. 10.	2006노68
232	부산고	07. 6. 8.	2007노129
233	부산고	07. 10. 31.	2007노135
234	부산고	07. 5. 2.	2007노156
235	부산고	07. 8. 29.	2007노205
236	부산고	07. 8. 23.	2007노239
237	부산고	07. 12. 5.	2007노341
238	부산고	07. 4. 11.	2007노39
239	부산고	07. 10. 10.	2007노435
240	부산고	07. 11. 28.	2007노459
241	부산고	07. 11. 21.	2007노554
242	부산고	08. 1. 16.	2007노594
243	부산고	07. 5. 22.	2007노88
244	부산고	08. 12. 4.	2008노123
245	부산고	09. 11. 5.	2008노384
246	부산고	09. 2. 11.	2008노637
247	부산고	09. 5. 21.	2008노838
248	부산고	09. 3. 26.	2008노954
249	부산고	09. 5. 21.	2009노159
250	부산고	09. 7. 9.	2009노216
251	부산고	09. 12. 23.	2009노622
252	부산고	10. 5. 26.	2009노888
253	부산고	10. 7. 14.	2010노385
254	부산고	10. 11. 10.	2010노455
255	부산고	10. 6. 9.	2010노73
256	부산고	11. 6. 2.	2010노949
257	부산고	11. 4. 28.	2011노105
258	부산고	11. 9. 1.	2011노108
259	부산고	11. 9. 28.	2011노118
260	부산고	11. 7. 13.	2011노121
261	부산고	11. 11. 10.	2011노125
262	부산고	12. 2. 8.	2011노335

263	부산고	11. 12. 7.	2011노342
264	부산고	12. 5. 3.	2011노723
265	부산고(창원)	12. 2. 22.	2011노184
266	부산고(창원)	12. 8. 17.	2012노76
267	부산고(창원)	12. 6. 22.	2012노8
268	부산고(창원)	12. 6. 22.	2012노95
269	서울고	96. 4. 24.	95노1945
270	서울고	95. 10. 17.	95노2114
271	서울고	96. 11. 5.	96노1268
272	서울고	97. 6. 13.	96노1747
273	서울고	96. 12. 11.	96노1959
274	서울고	97. 1. 28.	96노2196
275	서울고	96. 10. 18.	96노338
276	서울고	97. 1. 15.	96노447
277	서울고	96. 5. 29.	96노457
278	서울고	96. 5. 15.	96노575
279	서울고	98. 1. 20.	97노1120
280	서울고	97. 9. 4.	97노1197
281	서울고	97. 11. 21.	97노1720-1
282	서울고	97. 11. 21.	97노1720-2
283	서울고	97. 11. 21.	97노1720-3
284	서울고	98. 1. 20.	97노1949
285	서울고	97. 2. 19.	97노2477
286	서울고	99. 2. 9.	97노2702
287	서울고	98. 3. 26.	97노2802
288	서울고	98. 3. 24.	97노2872
289	서울고	98. 3. 20.	97노3111
290	서울고	97. 10. 21.	97노38
291	서울고	97. 6. 3.	97노455
292	서울고	97. 9. 26.	97노929
293	서울고	98. 6. 25.	98노1021
294	서울고	98. 10. 21.	98노1045
295	서울고	98. 9. 16.	98노1296

296	서울고	98. 10. 22.	98노1492
297	서울고	98. 9. 17.	98노1501
298	서울고	98. 4. 24.	98노160
299	서울고	98. 4. 23.	98노161
300	서울고	98. 12. 24.	98노1883
301	서울고	98. 12. 24.	98노2037
302	서울고	98. 11. 18.	98노2041
303	서울고	98. 12. 15.	98노2231
304	서울고	98. 12. 10.	98노2297
305	서울고	98. 12. 18.	98노2316-1
306	서울고	98. 12. 18.	98노2316-2
307	서울고	99. 6. 16.	98노2362
308	서울고	98. 11. 11.	98노2369
309	서울고	99. 1. 13.	98노2634
310	서울고	99. 1. 29.	98노2833
311	서울고	99. 1. 27.	98노2871
312	서울고	98. 6. 9.	98노293
313	서울고	99. 3. 17.	98노3083
314	서울고	01. 2. 17.	98노3116
315	서울고	99. 3. 9.	98노3142
316	서울고	99. 3. 12.	98노3233
317	서울고	98. 5. 22.	98노325
318	서울고	99. 4. 21.	98노3326-1
319	서울고	99. 4. 21.	98노3326-2
320	서울고	99. 3. 31.	98노3501
321	서울고	98. 6. 30.	98노684
322	서울고	98. 7. 1.	98노685
323	서울고	98. 7. 22.	98노694
324	서울고	98. 5. 27.	98노784
325	서울고	98. 9. 9.	98노963
326	서울고	99. 8. 13.	99노1135
327	서울고	99. 11. 11.	99노2288
328	서울고	00. 2. 17.	99노2441

329	서울고	00. 2. 2.	99노2708
330	서울고	00. 3. 3.	99노3113
331	서울고	00. 3. 24.	99노3316
332	서울고	00. 6. 2.	99노3322
333	서울고	99. 6. 16.	99노474
334	서울고	99. 4. 22.	99노51
335	서울고	99. 7. 2.	99노617
336	서울고	01. 1. 9.	2000노2449
337	서울고	01. 6. 19.	2000노2511
338	서울고	01. 5. 8.	2000노3341
339	서울고	01. 4. 10.	2000노3378
340	서울고	01. 5. 16.	2000노3503
341	서울고	00. 11. 21.	2000노754
342	서울고	01. 7. 12.	2001노1139
343	서울고	01. 6. 19.	2001노126
344	서울고	01. 5. 4.	2001노131
345	서울고	01. 8. 7.	2001노1383
346	서울고	01. 9. 19.	2001노1408
347	서울고	01. 11. 14.	2001노1527
348	서울고	01. 11. 15.	2001노1718
349	서울고	01. 10. 17.	2001노1866
350	서울고	01. 12. 27.	2001노2065
351	서울고	02. 1. 18.	2001노2245
352	서울고	01. 11. 21.	2001노2285
353	서울고	02. 1. 30.	2001노2508-1
354	서울고	02. 1. 30.	2001노2508-2
355	서울고	02. 1. 30.	2001노2526
356	서울고	02. 1. 15.	2001노2790
357	서울고	02. 3. 28.	2001노3100
358	서울고	02. 3. 29.	2001노3117
359	서울고	02. 4. 2.	2001노3141
360	서울고	01. 7. 7.	2001노561
361	서울고	01. 6. 28.	2001노563

362	서울고	01. 7. 10.	2001노643
363	서울고	01. 11. 28.	2001노852
364	서울고	02. 8. 23.	2001재노13
365	서울고	03. 1. 28.	2002노1160-1
366	서울고	03. 1. 28.	2002노1160-2
367	서울고	03. 1. 28.	2002노1160-3
368	서울고	02. 9. 17.	2002노1206
369	서울고	02. 12. 3.	2002노1341
370	서울고	02. 10. 1.	2002노1473
371	서울고	03. 1. 14.	2002노1548
372	서울고	02. 10. 15.	2002노1644
373	서울고	02. 11. 13.	2002노1847-1
374	서울고	02. 11. 13.	2002노1847-2
375	서울고	02. 10. 17.	2002노1863
376	서울고	03. 1. 17.	2002노2092
377	서울고	02. 12. 17.	2002노2448
378	서울고	03. 2. 18.	2002노2645
379	서울고	03. 2. 11.	2002노2875
380	서울고	03. 4. 15.	2002노3412
381	서울고	02. 6. 7.	2002노505
382	서울고	02. 11. 26.	2002노601
383	서울고	02. 12. 17.	2002노952
384	서울고	03. 7. 29.	2003노1102
385	서울고	03. 9. 3.	2003노1154
386	서울고	03. 9. 30.	2003노1280
387	서울고	03. 10. 15.	2003노1763
388	서울고	03. 10. 22.	2003노1767
389	서울고	04. 1. 14.	2003노2630
390	서울고	03. 6. 3.	2003노339
391	서울고	03. 6. 18.	2003노378
392	서울고	03. 6. 11.	2003노504
393	서울고	03. 7. 30.	2003노797
394	서울고	04. 8. 24.	2004노1279

395	서울고	05. 6. 28.	2004노1386
396	서울고	04. 10. 19.	2004노1779
397	서울고	05. 3. 15.	2004노1825
398	서울고	04. 9. 22.	2004노1858
399	서울고	04. 3. 9.	2004노20
400	서울고	05. 4. 6.	2004노2560
401	서울고	05. 1. 19.	2004노2571
402	서울고	05. 7. 14.	2004노2999
403	서울고	04. 9. 10.	2004노418
404	서울고	04. 5. 12.	2004노475
405	서울고	04. 5. 13.	2004노65
406	서울고	04. 4. 13.	2004노79
407	서울고	04. 5. 25.	2004노804
408	서울고	06. 12. 14.	2004재노10
409	서울고	04. 4. 13.	2004노79
410	서울고	05. 12. 16.	2005노1020
411	서울고	06. 1. 17.	2005노1093
412	서울고	05. 11. 2.	2005노1343
413	서울고	06. 5. 11.	2005노1383
414	서울고	05. 10. 14.	2005노1566
415	서울고	05. 11. 29.	2005노1675
416	서울고	05. 12. 16.	2005노1866
417	서울고	06. 6. 8.	2005노2093
418	서울고	06. 11. 16.	2005노2398
419	서울고	05. 6. 10.	2005노282
420	서울고	05. 4. 15.	2005노371
421	서울고	05. 5. 20.	2005노498
422	서울고	05. 6. 29.	2005노587
423	서울고	05. 7. 22.	2005노899
424	서울고	05. 12. 2.	2005노917
425	서울고	06. 4. 20.	2005노949
426	서울고	05. 8. 16.	2005재노10
427	서울고	06. 11. 10.	2006노1067

428	서울고	06. 8. 24.	2006노1090
429	서울고	06. 11. 2.	2006노1229
430	서울고	06. 9. 28.	2006노1263
431	서울고	06. 4. 27.	2006노133
432	서울고	06. 12. 8.	2006노1340
433	서울고	07. 8. 31.	2006노1379
434	서울고	07. 7. 12.	2006노1609
435	서울고	07. 4. 4.	2006노2167
436	서울고	07. 1. 26.	2006노2205
437	서울고	06. 6. 2.	2006노285
438	서울고	07. 8. 17.	2007노1044
439	서울고	07. 8. 17.	2007노1167
440	서울고	07. 11. 8.	2007노1498
441	서울고	07. 11. 23.	2007노1574
442	서울고	07. 10. 26.	2007노1654
443	서울고	08. 4. 17.	2007노1841
444	서울고	08. 1. 10.	2007노2060
445	서울고	08. 2. 15.	2007노2172
446	서울고	08. 1. 9.	2007노2244
447	서울고	08. 1. 31.	2007노2275
448	서울고	08. 2. 1.	2007노2370
449	서울고	08. 3. 28.	2007노2437
450	서울고	08. 2. 15.	2007노2472
451	서울고	07. 5. 9.	2007노306
452	서울고	07. 5. 17.	2007노325
453	서울고	07. 6. 8.	2007노465
454	서울고	07. 7. 19.	2007노532
455	서울고	07. 8. 17.	2007노657
456	서울고	07. 6. 14.	2007노846
457	서울고	08. 7. 9.	2008노1007
458	서울고	08. 8. 28.	2008노1450
459	서울고	08. 8. 22.	2008노1497
460	서울고	08. 10. 30.	2008노1667

461	서울고	09. 1. 15.	2008노1827
462	서울고	08. 4. 4.	2008노188
463	서울고	09. 1. 22.	2008노1914-1
464	서울고	09. 1. 22.	2008노1914-2
465	서울고	09. 1. 22.	2008노1914-3
466	서울고	09. 1. 22.	2008노1914-4
467	서울고	08. 11. 20.	2008노1973
468	서울고	08. 5. 8.	2008노200
469	서울고	08. 12. 30.	2008노2379
470	서울고	09. 3. 19.	2008노2504
471	서울고	08. 12. 12.	2008노2580
472	서울고	09. 2. 6.	2008노3293
473	서울고	09. 6. 11.	2008노3373
474	서울고	08. 7. 24.	2008노590
475	서울고	08. 3. 27.	2007노2611
476	서울고	09. 4. 15.	2009노116
477	서울고	09. 12. 11.	2009노143
478	서울고	09. 11. 13.	2009노1826
479	서울고	09. 4. 17.	2009노220-1
480	서울고	09. 4. 17.	2009노220-2
481	서울고	10. 3. 18.	2009노3240
482	서울고	09. 5. 21.	2009노386
483	서울고	09. 4. 1.	2009노387
484	서울고	09. 10. 23.	2009노405
485	서울고	09. 4. 9.	2009노51
486	서울고	09. 5. 20.	2009노531
487	서울고	09. 9. 18.	2009노964
488	서울고	10. 11. 12.	2010노1242
489	서울고	10. 8. 19.	2010노1290
490	서울고	10. 9. 30.	2010노1344
491	서울고	10. 10. 21.	2010노1545
492	서울고	10. 10. 15.	2010노1630
493	서울고	10. 9. 30.	2010노1690

494	서울고	10. 12. 23.	2010노2166
495	서울고	11. 2. 18.	2010노2296
496	서울고	10. 11. 18.	2010노2344
497	서울고	10. 12. 23.	2010노2461
498	서울고	11. 6. 3.	2010노3039
499	서울고	10. 12. 30.	2010노3121
500	서울고	11. 6. 10.	2010노3433
501	서울고	10. 8. 12.	2010노375
502	서울고	10. 7. 9.	2010노605
503	서울고	10. 8. 6.	2010노731
504	서울고	10. 5. 20.	2010노790
505	서울고	10. 9. 9.	2010노812
506	서울고	11. 8. 11.	2011노1058
507	서울고	11. 6. 24.	2011노1097
508	서울고	11. 4. 7.	2011노114
509	서울고	11. 8. 18.	2011노1187
510	서울고	11. 9. 15.	2011노1312
511	서울고	11. 12. 9.	2011노1396
512	서울고	11. 12. 15.	2011노1720
513	서울고	11. 10. 13.	2011노1774
514	서울고	11. 12. 9.	2011노2049
515	서울고	12. 1. 20.	2011노2870
516	서울고	12. 5. 24.	2011노2892
517	서울고	11. 4. 15.	2011노310
518	서울고	12. 3. 22.	2011노3250
519	서울고	12. 5. 24.	2011노3531
520	서울고	12. 4. 17.	2011노3573
521	서울고	12. 4. 5.	2011노3654
522	서울고	11. 12. 8.	2011노587
523	서울고	11. 4. 28.	2011노593
524	서울고	11. 8. 25.	2011노595
525	서울고	11. 9. 22.	2011노613
526	서울고	11. 6. 16.	2011노673

527	서울고	11. 7. 7.	2011노675
528	서울고	11. 4. 28.	2011노740
529	서울고	11. 6. 24.	2011노778
530	서울고	11. 8. 19.	2011노854
531	서울고	12. 7. 20.	2012노1148
532	서울고	12. 5. 10.	2012노128
533	서울고	12. 8. 16.	2012노1314
534	서울고	12. 6. 21.	2012노144
535	서울고	12. 8. 10.	2012노1515
536	서울고	12. 6. 21.	2012노754
537	서울고	12. 7. 2.	2012노954
538	서울고	12. 10. 25.	2012재노47
539	서울고(춘천)	11. 3. 30.	2010노72
540	대전고	96. 7. 26.	95재노3

참고문헌

국내 자료

단행본

김상준, 미국 배심재판 제도의 연구, 이화여자대학교 출판부(2003).
김지영/김시업, 목격자 증언의 정확성 제고방안, 한국형사정책연구원 연구총서(2006).
엘리자베스 로프터스(정준형 역), 우리 기억은 진짜 기억일까?(원제: The Myth of Repressed Memory), 도서출판 도솔(2008).
류혁상/권창국, 증거의 신빙성 제고를 위한 효과적인 증거수집 및 현출방안, 한국형사정책연구원 연구총서(2005).
맥밀란 크릴만(이재식 역), 신호탐지론(원제: Detection Theory: A User's GuIde), 시그마프레스(2010).
박광배, 범주변인분석, 학지사(2006).
박상기/탁희성, 자백의 임의성과 증거능력에 관한 연구, 한국형사정책연구원 연구총서(1997).
박재현, 배심제와 법심리학, 도서출판 오래(2010).
배종대/이상돈/정승환/이주원, 신형사소송법, 홍문사(2012).
법무연수원, 범죄백서(2011).
법원도서관, 사실인정 방법론의 정립[형사재판편], 재판자료 제110집(2006).
법원행정처, 국민참여재판의 이해(2007).
법원행정처, 새로운 형사재판의 이해(2007).
사법발전재단, 법관의 의사결정: 이론과 실무(2010).

사법연수원 교육발전연구센터, 재판이론과 실무: 감정 실무 연구(2012).
사법연수원 교육발전연구센터, 재판이론과 실무: 법적 판단(2011).
사법연수원 교육발전연구센터, 재판이론과 실무: 증거조사(2010).
三井誠/酒巻匡(신동운 역), 입문 일본형사수속법, 법문사(2003).
신동운 편저, 유병진 법률논집. 재판관의 고민, 법문사(2008).
신동운, 신형사소송법, 법문사(2012).
안서원, 의사결정의 심리학, 시그마프레스(2000).
이재상, 형사소송법, 박영사(2012).
이진국/도중진, 무죄추정원칙에 관한 연구, 한국형사정책연구원 연구총서(2005).
임동규, 형사소송법, 법문사(2012).
정웅석, 백승민, 형사소송법, 대명출판사(2012).
정진수, 아동증언에 관한 연구, 형사정책연구원 연구총서(2000).
조은경, 성폭력 피해 아동의 진술 타당도 분석 및 활용 방안에 관한 연구, 한국형사정책연구원 연구총서(2004).
차용석/최용성, 형사소송법, 21세기사(2008).
최인철, 프레임: 나를 바꾸는 심리학의 지혜, 21세기 북스(2007).
대니얼 카네만(이진원 역), 생각에 관한 생각(원제: Thinking Fast and Slow), 김영사(2012).
대니얼 카네만 외 2인 편저(이영애 옮김), 불확실한 상황에서의 판단: 추단과 편향(Judgment under Uncertainty: Heuristics and Biases), 아카넷(2001).
황만성, 형사절차상 성범죄 피해아동의 보호방안, 한국형사정책연구원 연구총서(2004).

법원행정처, 사법연수원 등 미공간 연수 자료

사법연수원, 2005년도 세미나 자료집: 사실인정론 정립 및 법정 커뮤니케이션을 위한 법관 세미나(2005).
사법연수원, 2007년도 법관연수 자료집: 재판의 심리학 법관연수 자료(2007).
사법연수원, 2008년도 법관연수 자료집: 재판의 심리학 법관연수 자료(2008).
법원행정처, 2009 형사 법관세미나 백서 및 자료집(2009).

법원행정처, 2009 민사 법관세미나 백서 및 자료집(2009).
사법연수원, 2010 법관연수: 상반기 법관세미나 백서 및 자료집(2010).
사법연수원, 2010년도 법관연수: 재판이론과 실무-판단과 의사결정론(2010).
사법연수원, 2010년도 세미나 자료집: 재판이론과 실무-증거조사론(2010).
사법연수원, 2010년도 형사사법제도 개선을 위한 법관세미나 자료(2010).
사법연수원, 2010년도 민사사법제도 개선을 위한 법관세미나 자료(I)(II)(2010).
사법연수원, 2011년도 민·형사사법제도 개선을 위한 법관세미나(2011).
사법연수원, 2011년도 형사사법제도 개선을 위한 법관세미나 기본자료집 (2011).
사법연수원, 2011년도 민사사법제도 개선을 위한 법관세미나(2011).
사법연수원, 2011년도 재판이론과 실무(1) 법관세미나(2011).
사법연수원, 2011년도 재판이론과 실무II 법관과 법경제학(2011).
사법연수원, 2011년도 재판이론과 실무III 법적 판단과 의사결정론 법관연수 (2011).
사법연수원, 2012년도 법관연수: 법적 판단과 의사결정론(2012).
형사재판실무편람 집필위원회, 형사재판실무편람(2010).

논문

강민성, "형사사건에 있어서의 자백의 신빙성에 관한 일본에서의 논의", 재판자료 110집, 법원도서관(2006).
강종선, "미국에서의 허위자백에 관한 연구", 재판자료 110집, 법원도서관 (2006).
고려진/이수정, "아동 대상 성범죄자, 친족 성범죄자 그리고 강간범 간의 특성 비교: 인구통계적 변인과 범죄 관련 변인을 중심으로", 한국심리학회지: 일반 Vol. 27, No. 1(2008).
고민조/박주용, "한국, 미국, 중국, 노르웨이 판사들의 목격자 증언과 관련된 지식과 인식에 대한 비교연구", 한국심리학회지: 일반 Vol. 31, No. 3(2012).
고연정/최영은, "만 3-4세 아동의 신뢰성 판단에 관찰 경험이 미치는 영향", 한

국심리학회지: 발달 Vol. 24, No. 4(2011).
고은영, “성폭력 피해 아동의 진술녹화 영상자료에 대한 준거기반 내용분석의(criteria-based content analysis: CBCA) 타당화를 위한 연구”, 성신여자대학교 대학원 석사학위논문(2002).
곽금주/김연수, “취학전 아동증언에서 참여여부, 질문 및 질문자의 특성에 따른 기억의 정확성”, 한국심리학회지: 발달 Vol. 16, No. 2(2003).
곽금주/이승진, “아동 증언에 영향을 주는 요인들”, 한국심리학회지: 일반 Vol. 25, No. 2(2006).
곽동효, “형사재판과 증명의 정도”, 형사증거법(상), 재판자료집 제22집(1984).
구회근, “1, 2심 사실인정이 달라진 사건의 원인분석(민사)”, 법관의 의사결정: 이론과 실무, 사법발전재단(2010).
권기훈, “형사소송에 있어서 올바른 증인신문 방법”, 재판자료 110집, 법원도서관(2006).
권순민, “라인업 절차의 합리적 운영 방안에 대한 연구”, 형사법연구 제21권 제4호(2009).
권영민/이춘재, “아동의 사건기억 회상에 대한 인지면접의 유용성”, 한국심리학회지: 발달 Vol. 16, No. 3(2003).
권영법, “현대 심리신문기법과 허위자백: 현대 심리신문기법에 의한 허위자백 유발에 대한 원인분석과 형사소송법상 대응책의 검토를 중심으로”, 형사정책연구, 한국형사정책연구원(2012).
권창국, “간접증거(정황증거)에 의한 사실인정-성격 및 전과 등 유사사실증거에 의한 범죄사실 입증 가능성”, Jurist 제386호(2002).
권창국, “목격진술(eyewitness)의 신뢰성 판단기준에 관한 고찰,” 사회과학연구 제11권 제1호, 동국대학교부설 사회과학연구원(2004).
권창국, “자연과학적 증거에 의한 개인식별에 관한 연구”, 동국대학교 대학원 박사학위논문(2005).
권창국, “성폭력범죄 피해아동 진술의 신뢰성 판단과 피고인의 반대신문권”, 형사정책 21권 2호, 한국형사정책학회(2009).
권창국, “화재사건에 있어서 형사법적 쟁점의 검토”, 형사정책, 한국형사정책학회(2010).
김대휘, “공범자의 법정의 진술의 증거능력과 자백의 보강법칙 - 공범자의 법정외 진술에 대한 314조 및 제310조의 적용 여부", 형사판례연구 11권 (2003).
김동완, "아동진술의 신빙성", 법관의 의사결정: 이론과 실무, 사법발전재단 (2010).
김민지, "미국의 오판 사례 분석에 의한 형사 정책적 시사점", 한국범죄심리연구 제7권 제1호, 한국범죄심리학회(2011).
김병준, "허위자백의 심리구조: K순경(1992) 사건을 중심으로", 수사연구 2003년 6~8월호(2003).
김상준, "재판작용에 대한 심리학의 기여", 한국심리학회 추계심포지엄자료집, 한국심리학회(2006).
김상준, "재판과 법관의 의사결정", 법관의 의사결정: 이론과 실무, 사법발전재단(2010).
김상준, "배심평결과 판사판결의 일치도 및 판단차이에 관한 연구", 서울대학교 대학원 석사학위논문(2011).
김선화, "형사소송에서 자유심증주의에 관한 이론적 연구", 고려대학교 대학원 박사학위논문(2005).
김성룡, "좋은 법적 논증의 조건", 형사법연구 제23권 제2호, 한국형사법학회 (2011).
김순진, "성폭력 피해 아동 조사 시 전문가 참여제의 효용성", 경기대학교 대학원 석사학위논문(2010).
김양희/정경아, "한국형 남녀평등의식검사(Korean Gender Egalitarianism Scale) 개발", 한국심리학회지: 사회 및 성격 Vol. 14, No. 1(2000).
김영수, "오판 방지를 위한 범인식별 방법에 관한 검토", 비교법연구 제11권 제1호(2011).
김윤진, "강화조건과 질문유형이 아동의 사건기억 정확성에 미치는 영향", 성균관대학교 대학원 석사학위논문(2002).
김은희/박재옥/이향아, "성폭력 피해아동의 폭로에 관한 연구", 피해자학연구, 한국피해자학회(2011).
김재연/이재연, "유아증언의 신뢰성 연구", 아동학회지 21권 3호, 한국아동학회 (2000).
김정한, "무죄추정 원칙에 적용 범위에 관한 소고", 형사정책연구 17권 1호, 한국형사정책연구원(2006).
김정호, "한글 필적감정의 문제점", 법조, 법조협회(2008).
김종률, "합리적 심증과 과학적 사실인정", 형사법의 신동향 제26호(2010).
김지영/김기범/김시업, "복수면접(line-up)에서 순차적 제시와 동시적 제시방법의 식별 정확성 비교 분석," 한국심리학회지: 사회 및 성격 Vol. 21, No. 2(2007).
김청택, "법정의사결정에서의 판사들의 인지편향", 서울대학교 법학 제51권 제4호(2010).
김태경/이영호, "성폭력 피해 아동의 진술양상", 한국심리학회지: 일반 Vol. 29, No. 1(2010).
김태경/이영호, "아동성폭력 피해 가능성 평가기준 개발 및 타당화", 한국심리학회지: 일반 Vol. 29, No. 3(2010).
김태업, "증인신문에 있어서 반대신문, 탄핵증거의 역할", 재판자료 110집, 법원도서관(2006).
김태업, "형사소송법 제420조 제5호의 재심사유에서 증거의 신규성과 명백성", 사법 11호, 사법연구지원재단(2010).
김택수, "형사절차상 성폭력 피해자의 보호와 지위강화 : 프랑스와 한국간의 비교법적 고찰을 중심으로", 형사정책연구 20권 3호, 한국형사정책연구원(2009).
김헌무, "공범자의 자백에 관한 연구 : 비교법적 연구를 중심으로", 한양대학교 대학원 박사학위논문(2000).
김현수, "아동 대상 강력범죄에 대한 형사정책적 문제점", 법과 정책 제14집 제2호, 제주대학교(2008).
김현숙, "피의자신문조서와 영상녹화물의 증거능력에 관한 연구", 서울대학교 박사학위논문(2008).
김현정, "성폭력 피해 아동의 진술 신빙성 평가도구의 상대적 유용성 비교", 경기대학교 일반대학원 박사학위논문(2010).
김현정, "CBCA와 RM을 이용한 성폭력 피해 아동의 진술 신빙성 평가", 한국심리학회지: 여성 Vol. 15, No. 3(2010).
김형만, "형사절차상의 오판원인", 비교형사법연구, 9권 1호(2007).
김형준/김재휘/백승경, "형사절차에 있어서 허위진술에 관한 실증적 연구", 중앙법학 제7집 제1호(2005).
김형태, "유아의 증언능력", 대법원판례해설 제15호, 법원도서관(1992).
김혜숙/안상수/안미영/고재홍/이선이/최인철, "적대적 성차별주의와 온정적 성차별주의가 여성 하위 집단에 대한 태도에 미치는 영향", 한국심리학회지: 사회 및 성격 Vol. 19, No. 3(2005).
김혜정, "성폭력범죄피해자의 보호방안에 관한 소고", 홍익법학 13권 1호, 홍익대학교 법학연구소(2012).
김홍창, "간접증거에 의한 강력범죄 유죄 입증에 관한 연구", 성균관대학교대학원 석사학위논문(2008).
류병관, "미국 강간죄에 있어 '저항'과 '동의'에 관한 연구", 비교형사법연구 9권 2호, 한국비교형사법학회(2007).
민영성, "범인식별진술의 위험성과 그 대처방안," 법학연구 제42권 제1호(통권 제50호), 부산대학교 법과대학 법학연구소(2001).
민영성, "공범의 진술의 증거능력과 증명력", 인권과 정의 322호, 대한변호사협회(2003).
민영성, "목격자에 의한 범인식별진술의 적정한 신용성 평가를 위한 담보방안," 저스티스 제37권 제3호(통권 제79호), 한국법학원(2004).
민영성, "범인식별방법 및 식별진술 평가 시 유의사항," 법학연구 제46권 제1호(통권 제54호), 부산대학교 법과대학 법학연구소(2005).
민영성, "신빙성 있는 목격진술의 확보와 적정한 평가방법", 형사법의 쟁점과 판례, 법문사(2009).
민영성, "오판구제수단으로서의 형사재심의 재인식", 성균관법학 21권 1호(2009).
민영성, "형사소송법상 집중심리제 도입에 따른 변호인의 방어준비에 관한 연구", 인권과 정의 393호 대한변호사협회(2009).
민영성, "공범자자백의 취급에 관한 판례의 태도와 비판", 형사법의 쟁점과 판례, 법문사(2009).
민유숙, "공범에 대한 경찰 피의자신문조서의 증거능력 부여- 형사소송법 제314조에 의하여 증거능력을 인정할 수 있는지 여부", 대법원판례해설 제53호, 법원도서관(2005).
박강우, "형사절차에서 아동증언의 보호", 형사정책, 한국형사정책학회(2005).

박강우, “서구의 여성주의 법운동 및 강간죄 개혁의 성과와 성적 자기결정권의 함의”, 형사법연구 26호, 한국형사법학회(2006).

박광민, “자백의 임의성과 그 입증”, 저스티스 32권 3호, 한국법학원(1999).

박광배, “성학대 피해아동의 증언 문제”, 인간발달연구 3권 1호, 한국인간발달학회(1996).

박광배/김상준/한미영, “가상적인 재판 쟁점에서의 현역판사의 판단과 모의배심의 집단판단에 대한 인지적 방략의 효과”, 한국심리학회지:사회문제 Vol. 11, No. 1(2005).

박광배, “아동진술의 신뢰성”, 판례실무연구 IX, 대법원 비교법연구회(2010).

박노섭, “독일 오판사례분석과 그 시사점 : 수사상 오류원천(Fehlerquellen)에 대한 실증적 연구 중심으로”, 경찰학연구 26호(2011).

박병식, “일본에 있어서의 사진에 의한 용의자 식별과 그 문제점”, 형사법의 신동향 제33호(2011).

박상기, “강간죄와 폭행·협박의 정도”, 형사판례연구 4호, 박영사(1996).

박선미, “여성학적 관점에서 본 강간범죄의 재판과정”, 형사정책, 한국형사정책학회(1989).

박성호, “오판의 발생구조와 극복방안”, 민주사회를 위한 변론 3호(1994).

박이규, “판례를 통하여 생각해 보는 형사재판의 증거 평가와 사실 인정”, 법관의 의사결정: 이론과 실무, 사법발전재단(2010).

박자경/이승복, “유도 질문이 아동 진술에 미치는 영향”, 한국심리학회지: 발달 Vol. 12, No. 1(1999).

박종선, “신뢰성 판단을 위한 아동의 진술분석”, 형사법의 신동향 제4호(2006).

박종선, “아동진술의 증명력 판단에 관한 연구 : SVA기법을 중심으로”, 중앙대학교 대학원 박사학위논문(2006).

박종선, “형사절차상 아동증인에 대한 조사방법”, 형사정책 18권 2호(2006).

박종선, “목격자진술에 의한 범인식별의 신용성 평가,” 중앙법학 제9집 제3호, 중앙법학회(2007).

박종선, “형사법상의 아동보호 법제에 대한 연구”, 형사법연구 제19권 제3호(2007).

박종선, “강간죄의 적정한 사실인정 정립에 관한 연구”, 법학논총 제26권 제3호(2009).

박종선, "형사재판에 있어서 아동증언의 증거능력", 경희법학 44권 1호, 경희대학교 법학연구소(2009).

박종선, "범죄피해아동의 진술능력을 고려한 효과적인 조사기법에 관한 연구", 경희법학 45권 3호(2010).

배태연, "간접증거에 의한 주요사실의 인정", 재판자료 22집, 법원도서관(1984).

백승경/김재휘, "반복질문이 허위자백에 미치는 영향", 한국심리학회지: 사회 및 성격 Vol. 19, No. 3(2005).

백승민, "형사절차에 있어서 범인식별에 관한 연구," 저스티스(통권 제102호), 한국법학원(2008).

변종필, "자유심증주의와 그 내재적 한계", 사법행정 제442호(1997).

변종필, "간접증거에 의한 유죄인정", 비교형사법연구 5권 2호(2003).

변종필, "강간죄의 폭행·협박에 관한 대법원의 해석론과 그 문제점", 비교형사법연구 8권 2호, 한국비교형사법학회(2006).

변종필, "판결의 논증구조", 한국 형사법학의 이론과 실천: 정암 정성진박사 고희기념논문집, 한국사법행정학회(2010).

부산영미법연구회(구남수, 김동진, 김상준, 안철상, 윤근수, 장홍선), "법관이 빠지기 쉬운 판단의 오류", 법조 551호 및 552호(2002).

부택훈, "오판의 구제와 재심제도에 관한 연구 : 사형선고사건을 중심으로", 대전대학교 박사학위논문(2001).

설민수, "민사·형사 재판에서의 입증의 정도에 대한 비교법적·실증적 접근", 인권과 정의 388호(2008).

송수진, "아동복지법과 성폭력특별법의 관점에서 본 성폭력 피해아동의 권리보호 문제", 사회법연구 2호, 한국사회법학회(2004).

송수진/이재연, "면담자의 인형사용과 질문유형이 5세 유아의 진술에 미치는 영향", 아동학회지 23권 5호, 한국아동학회(2002).

송혜정, "과학적 증거와 전문가 증언", 법관의 의사결정: 이론과 실무, 사법발전재단(2010).

송혜정, "과학적 증거에 대한 법원의 판단기준", 재판자료: 형사법 실무연구 제123집, 법원도서관(2012).

신기숙, "성폭력 피해아동의 피해경험", 한국심리학회지: 일반 Vol. 30, No. 4(2011).

신동운, “자백의 신빙성과 거짓말탐지기 검사결과의 증거능력”, 경사 이회창 선생 화갑기념논문집(1995).
신상숙, “성폭력의 의미구성과 ‘성적 자기결정권’의 딜레마”, 여성과 사회 13호, 한국여성연구소(2001).
신이철, “형사증거법에서의 공범자 진술에 관한 연구”, 건국대학교 박사학위논문(2008).
신이철, “공동피고인 진술의 증거법적(증거능력) 규제”, 형사법연구 제21권 제2호, 한국형사법학회(2009).
심우용, “과학적 증거의 판단기준에 대한 판례의 입장”, 자유와 책임 그리고 동행: 안대희 대법관 재임기념 논문집, 사법발전재단(2012).
심희기, “필적감정의 신빙성의 조건”, 판례와 이론 1호, 영남대학교 법학연구소(1995).
심희기, “범인식별 절차에서 목격자 진술의 신빙성을 높이기 위하여 수사기관이 준수하여야 할 절차(줄세우기의 권고)”, 고시연구 제32권 제5호(374호), 고시연구사(2005).
심희기, “항소심의 구조: ‘속심 겸 사후심론’의 비판적 분석”, 형사재판의 제문제 제5권: 이용우 대법관 퇴임기념 논문집, 박영사(2005).
심희기, “과학적 증거방법에 대한 대법원판결의 최근동향”, 비교형사법연구 13권 2호, 한국비교형사법학회(2011).
안대희, “법적 판단과 심리학”, 2010 한국심리학회 연차학술대회 자료집(2010).
안상수/김혜숙/안미영, “한국형 양가적 성차별주의 척도(K-ASI) 개발 및 타당화 연구”, 한국심리학회지: 사회 및 성격 Vol. 19, No. 2(2005).
안정호/이재석, “목격증인의 범인식별진술의 취약성 및 증명력 제고방안”, 재판자료 110집, 법원도서관(2006).
양문승, “범죄용의자 식별 시스템에서의 용의자 선택이론과 그 한계”, 한국공안행정학회보, 한국공안행정학회(2005).
여훈구, “유아의 증언능력 유무의 판단기준”, 형사판례연구 14호, 박영사(2006).
오영록, “아동용 피암시성 척도의 신뢰도와 타당도”, 충북대학교 대학원 석사학위논문(2012).
원혜옥, “대법원 판례를 통해 본 성폭력 피해아동 증언의 인정여부”, 피해자학연구 15권 2호, 한국피해자학회(2007).

유승룡/조의연, "법적 논증과 논리칙·경험칙", 법관의 의사결정: 이론과 실무, 사법발전재단(2010).

윤동호, "개정형사소송법과 공범의 자백의 증거능력에 관한 해석론", 형사법연구 제20권 제1호, 한국형사법학회(2008).

윤병해/고재홍, "양가적 성차별 태도에 따른 성폭력 피해자에 대한 비난 차이: 강간통념의 매개효과", 한국심리학회지: 여성 Vol. 11, No. 1(2006).

윤승은, "강간죄의 구성요건으로서의 폭행 · 협박의 정도", 형사판례연구 14호, 박영사(2006).

이경렬, "사형사법 적용기준과 증거규칙의 확립", 비교형사법연구 9권 2호 (2007).

이경하, "성피해아동 진술/평가도구로서의 구조화모래상자(SSTA) 특성과 적용 연구", 한국심리학회지: 법정 Vol. 1, No. 3(2010).

이기수, "형사절차상 허위자백의 원인과 대책에 관한 연구", 서울대학교 대학원 박사학위 논문(2012).

이덕인, "사형폐지의 정당성 사법살인과 오판에 의한 사형", 중앙법학 12집 2호 (통권 제36호), 중앙법학회(2010).

이미선/조은경, "한국 사회 및 성격 심리학회 동계학술대회 포스터 발표: 성폭력 피해 아동 진술에 대한 준거기반 내용분석 (Criteria-Based Content Analysis)의 타당화를 위한 연구", 한국심리학회 연차 학술발표논문집, 한국심리학회(2004).

이미선, "성폭력 피해 아동 진술에 대한 준거기반 내용분석(Criteria-Based Content Analysis)의 타당화를 위한 연구", 한림대학교 대학원 석사학위 논문(2005).

이삼, "자백배제법칙의 적용을 받는 자백의 유형적 고찰", 법조 540호, 541호, 법조협회 (2001).

이상돈, "사실인정의 이론과 실제", 재판자료 110집, 법원도서관(2006).

이상원, "재심이유의 확장", 정의로운 사법 : 이용훈 대법원장 재임기념, 사법발전재단(2009).

이성기, "목격자의 범인식별진술의 증명력을 높이기 위한 실질적 대안으로서의 비디오 라인업", 경찰학연구 제10권 제2호(통권 제23호)(2011).

이수정, "아동 성폭력 피해 진술에 대한 신빙성 분석도구들의 타당도 연구", 한

국심리학회지: 사회 및 성격 Vol. 24, No. 2(2010).
이승진, 곽금주, “아동의 출처 감찰(source monitoring)수행에 미치는 면담자 지지와 인지훈련의 연령별 효과”, 한국심리학회지: 발달 Vol. 12, No. 1(2009).
이승진, “아동 증언의 맥락에서 출처 감찰 이론과 연구들의 동향”, 한국심리학회지: 법정 Vol. 2, No. 3(2011).
이승진, “국외 아동 증언 분야의 학술 연구와 현장 실무의 호혜적 관계에 대한 고찰”, 한국심리학회지: 일반 Vol. 31, No. 3(2012).
이승진, “성학대 피해자 아동의 법적 개입에 대한 발달심리학적 고찰: 영미권의 학술 연구들을 중심으로”, 피해자학연구 20권 1호, 한국피해자학회(2012).
이승진, “아동 수사면담시 라포형성의 중요성에 관한 고찰: 국외 아동 증언 연구를 중심으로”, 한국심리학회지: 사회 및 성격 Vol. 26, No. 1(2012).
이승진, “지적 장애 및 발달 장애 아동의 목격 진술에 대한 고찰 국외 아동 증언 연구를 통한 시사점 도출을 중심으로”, 한국심리학회지: 법정 Vol. 3, No. 2(2012).
이승진, “질문 유형과 개인차 변인이 스트레스 경험에 대한 아동 진술에 미치는 영향”, 한국심리학회지: 법정 Vol. 3, No. 1(2012).
이용구, “사실인정 과정의 논증” 재판실무연구, 광주지방법원(2009).
이용구, “사실인정 과정의 논증”, 법관의 의사결정: 이론과 실무, 사법발전재단(2010).
이용식, “형사재심제도의 한계와 구조에 관한 재조명”, 형사법연구 제19권 제3호 (하)(2007).
이은모, “자백배제법칙의 근거와 임의성의 입증”, 법학논총, 한양대학교 법학연구소(2007).
이재경, “형사절차에 있어서 진술의 허위성 판단에 관한 연구”, 중앙대학교 대학원 박사학위논문(2011).
이재연/정영숙, “아동증언과 신뢰성 판단에 대한 발달적 접근”, 아동권리연구 2권 2호, 한국아동권리학회(1998).
이재웅, “해부학적 인형 사용과 조사자의 질문유형에 따른 성폭력 피해 아동의 반응 연구”, 피해자학연구 제17권 제2호(2009).

이정원/김혜숙, "강간사건 판단에 주변 단서들이 미치는 영향: 부부강간을 중심으로", 한국심리학회지: 사회 및 성격 Vol. 26, No. 1(2012).

이종엽, "법심리학적 관점에서 본 진술증거의 평가방법", 저스티스 120호, 한국법학원(2010).

이준호, "형사재판에 있어서 증명력 판단의 기준", 사법연수원논문집 2집, 사법연수원(2004).

이혜숙, "성폭력 피해아동의 법정증언 능력에 대한 연구", 한국교육논단 4권 2호, 한국교육포럼(아시아태평양교육학회)(2005).

임보미, "형사항소심에 관한 연구 -불복범위와 심리방법을 중심으로", 서울대학교 대학원 박사학위논문(2012).

전미혜, "형벌의 감경 약속과 범죄 심각성이 허위자백에 미치는 영향", 경기대학교 일반대학원 석사학위논문(2008).

정경환, "우리나라 사람들의 타인종 효과 (other-race effect)에 따른 외국인 범죄자 식별 능력과 수사에 적용", 경북대학교 수사과학대학원 석사학위논문(2012).

정영훈, "무죄추정에 관한 연구", 고려대학교 대학원 박사학위논문(2012).

정웅석, "공범인 공동피고인의 법정진술의 증거능력과 증명력", 형사판례연구 17호, 박영사(2009).

조광훈, "수사기관의 범인식별진술 및 절차의 문제점과 개선방안", 법학연구, 연세대학교 법학연구원(2008).

조광훈, "수사기관의 범인식별진술의 신빙성 제고 방안", 사법 6호, 사법연구지원재단(2008).

조국, "형사절차의 근저에서 대립하는 두 가지 가치체계에 관한 소고 -영미법학에서의 논의를 중심으로", 저스티스 32권 4호, 한국법학원(1999).

조국, "불법한 긴급체포 중 작성된 피의자신문 조서 및 약속에 의한 자백의 증거능력", Jurist, 384호(2002).

조국, "자백배제법칙의 근거와 효과 그리고 임의성 입증", 서울대학교 법학 제43권 제1호(2002).

조병구, "피고인의 책임능력에 대한 판단", 법관의 의사결정: 이론과 실무, 사법발전재단(2010).

조소연/조은경, "목격자 기억 정확성에 대한 전문가 증언이 배심원의 의사결정에 미치는 영향", 한국심리학회지: 사회 및 성격 Vol. 22, No. 3(2008).
조용현, "범인식별절차로서 일대일 대면(showup)이 허용되는 경우", 대법원판례해설 80호, 법원도서관(2009).
조원철, "간접증거에 의한 사실의 인정", 재판자료 110집, 법원도서관(2006).
조원철, "목격증인의 범인식별(Eyewitness Identification)과 라인업(Lineup)", 법조 628권(2009).
조원철, "심급별로 사실인정이 달라진 사건의 원인 분석(형사편)", 법관의 의사결정: 이론과 실무, 사법발전재단(2010).
조은경, "성폭력 피해 아동 진술신빙성 평가의 한계와 전망", 피해자학연구 제18권 제2호(2010).
조현욱, "형사재판에서 범죄사실을 유죄로 인정하기 위한 심증형성의 정도에 있어 합리적 의심 -대법원 2008. 3. 13. 선고 2007도10754 판결", 홍익법학 제13권 제2호(2012).
최복규, "위법한 긴급체포와 그 체포에 의한 유치 중에 작성된 피의자신문조서의 증거능력", 형사재판의 제문제 제5권(이용우 대법관 퇴임기념 논문집), 박영사(2005).
최승록, "형사재판절차에 있어서 아동 증언의 신뢰성에 관한 연구", 재판자료 110집, 법원도서관(2006).
최영락, "미국에서의 오판에 관한 연구 사례 소개", 재판자료 110집, 법원도서관(2006).
최영은/장나영/이화인, "학령전기 아동의 증언판별, 증거성표지 이해와 정보확실성 판단 능력 발달", 한국심리학회지: 발달 Vol. 25, No. 1(2012).
최정열, "피의자 자백의 임의성과 신빙성", 재판자료 110집, 법원도서관(2006).
탁희성/도중진, "형사절차상 고문 방지대책", 형사정책연구, 한국형사정책연구원(2003).
표지민/오영록/박광배, "자백자발성 판단에 대한 용의자의 외현적 정서와 기록매체의 효과: 예비연구", 한국심리학회지: 법정 Vol. 1, No. 3(2010).
한상범, "자백의 심리구조-자백의 생리와 병리를 통해 그 심리구조를 본다.", 사법행정 257호, 한국사법행정학회.
한인섭, "형법상 폭행개념에 대한 이론", 형사법연구 10호, 한국형사법학회(1998).

한정훈, "수사기관의 조서를 통한 사실관계 발견의 한계", 재판자료 110집, 법원도서관(2006).
허성호/김지영/김기범, "범인식별 과정에서의 정확성에 영향력을 미치는 개인차 및 상황변인 분석", 한국공안행정학회보, 한국공안행정학회(2009).
허인석, "영미법계 수사기관의 신문기법과 자백의 증거능력", 형사법의 신동향 제19호(2009).
홍기원/이보영, "목격증인의 범인식별 진술의 신빙성 -역사적 함의와 신빙성 제고를 중심으로", 법학연구, 한국법학회(2011).

외국 자료

단행본

Ad Hoc Innocence Comm. to Ensure the Integrity of the Criminal Process, ABA Criminal Justice Section, Achieving Justice: Freeing the Innocent, Convicting the Guilty (Paul Giannelli & Myrna Raeder eds., 2006).
Edwin Borchard, Convicting the Innocent: Sixty-Five Actual Errors of Criminal Justice (1932).
Victor E. Flango, Habeas Corpus in State and Federal Courts, NCSC (1994).
Brandon Garrett, Convicting the Innocent: Where Criminal Prosecutions Go Wrong, CambrIdge, Massachusetts: Harvard University Press (2011).
Governor's Comm'n on Capital Punishment, Report of The Governor's Commission on Capital Punishment 1 (Apr. 15, 2002). (Apr. 15, 2002).
Roger A. Hanson & Henry W.K. Daley, Federal Habeas Corpus Review: Challenging State Court Criminal Convictions, BJS (1995).
Innocence Project, 200 Exonerated: Too Many Wrongfully Convicted.
Innocence Project, 250 Exonerated: Too Many Wrongfully Convicted.
Nancy J. King, Fred L. Cheesman II & Brian J. Ostrom, Final Technical Report: Habeas Litigation in U. S. District Courts, NCSC (2007).

DavId Klein & Gregory Mitchell ed., The Psychology of Judicial Decision Making, American Psychology-Law Society Series, Oxford (2010).

Derek J. Koehler & Nigel Harvey ed. Blackwell Handbook of Judgment & Decision Making, Blackwell Publishing (2004).

Nat'l Research Council, Strengthening Forensic Science In The United States: A Path Forward (2009).

Richard A. Posner, How Judges Think, Harvard (2008).

John Scalia, Prisoner Petitions Filed in U. S. District Courts, 2000, with Trends, 1980-2000, BJS (2002).

Office of Justice Programs, Nat'l Inst. of Justice, Eyewitness EvIdence: A GuIde For Law Enforcement (1999).

FPT. Heads of Prosecution Comm. Working Group, Report On The Prevention of Miscarriages of Justice 35 (2004).

Innocence Comm'n for Va., A Vision for Justice: Report and Recommendations Regarding Wrongful Convictions in the Commonwealth of Virginia 10 (2005).

Aldert Vrij, Detecting Lies and Deceit, Wiley (2008).

Steven L. Winter, A Clearing in the Forest. Law, Life, and Mind, The University of Chicago Press (2001).

渡部保夫, 無罪の發見 : 證據の分析と判斷基準, 勁草書房 (1992).

中川武隆 外 二人, 情況證據の觀點から見た事實認定(司法研究報告書 第42集 第2號), 司法研修所 編 法曹會 (1994).

日本辯護士聯合會 人權擁護委員會, 誤判原因の實證的研究, 現代人文社 (1998).

渡部保夫 監修, 目擊證言の研究-法と心理學の架け橋をもとめて, 北大路書房 (2002)

浜田壽美男, 自白か無實を證明する, 北大路書房 (2006).

植村立郎, 實踐的 刑事事實認定と情況證據, 立花書房 (2008).

논문

Am. Bar Ass'n & Ass'n of Am. Law Sch., *Report of the Joint Conference of the American Bar Association and the Association of American Law Schools on Professional Responsibility*, 44 A.B.A. J. 1159 (1958).

Hal R. Arkes et al., *Eliminating the Hindsight Bias*, 73 J. Applied Psychol. 305 (1988).

Jonathan Baron & John C. Hershey, *Outcome Bias in Decision Evaluation*, 54 J. Personality & Soc. Psychol. 569 (1988).

Hugo Adam Bedau & Michael L. Radelet, *Miscarriages of Justice in Potentially Capital Cases*, 40 Stan. L. Rev. 21, 23 (1987).

Hugo Adam Bedau & Michael L. Radelet, *The Myth of Infallibility: A Reply to Markman and Cassell*, 41 Stan. L. Rev. 161 (1988).

Hugo Adam Bedau et al., *Convicting the Innocent in Capital Cases: Criteria, EvIdence, and Inference*, 52 Drake L. Rev. 587 (2004).

Bruce W. Behrman & Sherrie L. Davey, *Eyewitness Identification in Actual Criminal Cases: An Archival Analysis*, 25 Law & Hum. Behav. 475 (2001).

Stephanos Bibas, *The Psychology of Hindsight and After-the-Fact Review of Ineffective Assistance of Counsel*, 2004 Utah L. Rev. 1.

Kenworthey Bilz, *Self-Incrimination Doctrine is Dead; Long Live Self-Incrimination Doctrine: Confessions, Scientific EvIdence, and the Anxieties of the Liberal State,* 30 Cardozo L. Rev. 807 (2008).

Iris Blandon-Gitlin, Katheryn Sperry & Richard Leo, *Jurors Believe Interrogation Tactics Are Not Likely to Elicit False Confessions: Will Expert Witness Testimony Inform Them Otherwise?*, Psychol., Crime & L. Volume 17, Issue 3 (2011).

Edwin M. Borchard, *European Systems of State Indemnity for Errors of Criminal Justice*, 3 J. Am. Inst. Crim. L. & Criminology 684 (1913).

Amy L. Bradfield, Gary L. Wells & Elizabeth A. Olson, *The Damaging Effect of Confirming Feedback on the Relation Between Eyewitness Certainty and Identification Accuracy*, 87 J. Applied Psychol 112, (2002).

Darryl K. Brown, *The Decline of Defense Counsel and the Rise of Accuracy in Criminal Adjudication*, 93 Cal. L. Rev. 1585 (2005).

Alafair S. Burke, *Improving Prosecutorial Decision Making: Some Lessons of Cognitive Science*, 47 Wm. & Mary L. Rev. 8 (2006).

Danielle E. Chojnacki, Michael E. Cicchini & Lawrence T. White, *An Empirical Basis For the Admission Of Expert Testimony On False Confessions*, 40 Ariz. ST. L.J. 1 (2008).

Alan W. Clarke, Eric Lambert, and Laurie Anne Whitt, *Executing the Innocent: The Next Step in the Marshall Hypothesis*, 26 New York University Review of Law & Social Change 309 (2000 - 2001).

Mark Costanzo, Netta Shaked-Schroer & Katherine Vinson, *Juror Beliefs About Police Interrogations, False Confessions, and Expert Testimony*, 7 J. Empirical Legal Stud. 231 (2010).

Mandeep K. Dhami, *On Measuring Quantitative Interpretations of Reasonable Doubt*, 14 Journal of Experimental Psychology: Applied, 353 (2008).

Steven A. Drizin & Richard Leo, *The Problem of False Confessions in the Post-DNA World*, 82 N. C. L. Rev. 891

Harry T. Edwards, *To Err Is Human, But Not Always Harmless: When Should Legal Error Be Tolerated?*, 70 N. Y. U. L. Rev. 1167 (1995).

George T. Felkenes, *The Prosecutor: A Look at Reality*, 7 Sw. U. L. Rev. 98 (1975).

Keith A. Findley, *Learning from Our Mistakes. A Criminal Justice Study Commission to Study Wrongful Convictions*, 38 Cal. W. L. Rev. 333 (2002).

Keith A. Findley & Michael Scott, *The Multiple Dimensions of Tunnel Vision in Criminal Cases*, 2006 Wis. L. Rev.291.

Stanley Z. Fisher, *In Search of the Virtuous Prosecutor A Conceptual Framework*, 15 Am. J. Crim. L. 197 (1988).

Brandon L. Garrett, *Innocence, Harmless Error, and Federal Wrongful Conviction Law*, 2005 Wis. L. Rev. 35.

Brandon L. Garrett, *Aggregation in Criminal Law*, 95 Cal. L. Rev. 383 (2007).

Brandon Garrett, *Judging Innocence*, 108 Colum. L. Rev. 55 (2008).

Brandon L. Garrett, *Claiming Innocence*, University of Virginia Law School Public

Law and Legal Theory Working Paper Series, (2008).

Brandon Garrett & Peter Neufeld, *InvalId Forensic Science Testimony and Wrongful Convictions*, 95 Va. L. Rev. 1 (2009).

Bennett L. Gershman, *Effective Screening For Truth Telling: Is It Possible? Witness Coaching By Prosecutors*, 23 Cardozo L. Rev. 829 (2002).

Paul C. Giannelli, *The Supreme Court's "Criminal" Daubert Cases*, 33 Seton Hall L. Rev. 1071 (2003).

Paul C. Giannelli, *Scientific Fraud*, 46 Crim. L. Bull. 1313 (2010).

Daniel Givelber, *Meaningless Acquittals, Meaningful Convictions: Do We Reliably Acquit the Innocent?*, 49 Rutgers L. Rev. 1317 (1997).

Shirley N. Glaze, *Selecting the Guilty Perpetrator: A n Examination of the Effectiveness of Sequential Lineups*, 31 Law & Psychol. Rev. 199 (2007).

P. Glick & S. Fiske, *The Ambivalent Sexism Inventory: Differentiating Hostile and Benovolent Sexism*, 70 Journal of Personality and Social Psychology 491 (1996).

Jon B. Gould & Richard A. Leo, *One Hundred Years Later: Wrongful Convictions After a Century of Research*, 100 J. Crim. L. & Criminology 825 (2010).

Anthony G. Greenwald et al., *Measuring IndivIdual Differences in Implicit Cognition: The Implicit Association Test*, 74 J. Personality & Soc. Psychol 1464 (1998).

Anthony G. Greenwald & Linda Hamilton Krieger, *Implicit Bias: Scientific Foundations*, 94 Cal. L. Rev. 945 (2006).

Anthony G. Greenwald et al., *Understanding and Using the Implicit Association Test: III. Meta-Analysis of Predictive ValIdity*, J. Personality & Soc. Psychol. (2009).

Samuel R. Gross, *The Risks of Death: Why Erroneous Convictions Are Common in Capital Cases*, 44 Buff. L. Rev. 469 (1996).

Samuel R. Gross et al., *Exonerations in the United States 1989 Through 2003*, 95 J. Crim. L. & Criminology 523 (2005).

Samuel R. Gross & Barbara O'Brien, *Frequency and Predictors of False Conviction: Why We Know So Little, and New Data on Capital Cases*, 5 J. Empirical Legal Stud. 927 (2008).

Samuel R. Gross & Michael Shaffer, *Exonerations in the United States, 1989-2012*, U. of Michigan Public Law Working Paper No. 277 (June 25, 2012).

Chris Guthrie, Jeffrey J. Rachlinski & Andrew J. Wistrich, *InsIde the Judicial Mind*, 86 Cornell L. Rev. 777 (2001).

Chris Guthrie, Jeffrey J. Rachlinski & Andrew J. Wistrich, *Blinking on the Bench: How Judges DecIde Cases*, 93 Cornell L. Rev. 1 (2007-2008).

Lyn Haber & Ralph Nonnan *Haber, Scientific ValIdation of Fingerprint EvIdence Under Daubert*, 7 Law, Prob. & Risk 87 (2008).

Erin M. Harley, Keri A. Carlsen & Geoffrey R. Loftus, *The "Saw-It-All-Along" Effect: Demonstrations of Visual Hindsight Bias*, 30 J. Experimental Psychol.: Learning, Memory & Cognition 960 (2004).

Talia Roitberg Harmon, *Predictors of Miscarriages of Justice in Capital Cases*, 18 Just. Q. 949 (2001).

Talia Roitberg Harmon & William S. Lofquist, *Too Late for Luck: A Comparison of Post-Furman Exonerations and Executions of the Innocent*, 51 Crime & Delinq. 498 (2005).

Martie G. Haselton & DavId, Buss, *Error Management Theory: A New Perspective on Biases in Cross-Sex Mind Reading*, 78(1) Journal of Personality and Social Psychology 81 (2000).

Martie G. Haselton & DavId M. Buss, *Biases in Social Judgment: Design Flaws or Design Features?* in Joseph P. Forgas, Kipling D. Williams, William Von Hippel (eds.), Social Judgments: Implicit and Explicit Processes, CambrIdge University Press (2003).

Martie G. Haselton, *Error Management Theory* in R. Baumeister and K. Vohs (eds.), Encyclopedia of social psychology, Thousand Oaks, CA: Sage (2007).

Scott A. Hawkins & ReId Hastie, *Hindsight: Biased Judgments of Past Events After the Outcomes Are Known*, 107 Psychol. Bull. 311 (1990).

Lisa A. Henkel, Kimberly A.J. Coffman & Elizabeth M. Dailey, *A Survey of People's Attitudes and Beliefs About False Confessions*, 26 Behav. Sci. & L. 555 (2008).

Ralph Hertwig, Gerd Gigerenzer & Ulrich Hoffrage, *The Reiteration Effect in Hindsight Bias*, 104 Psychol. Rev. 194 (1997).

Ulrich Hoffrage, Ralph Hertwig & Gerd Gigerenzer, *Hindsight Bias: A By-Product of Knowledge Updating?*, 26 J. Experimental Psychol.: Learning, Memory & Cognition 566 (2000).

Edward J. Imwinkelried, *Forensic Hair Analysis: The Case Against the Underemployment of Scientific EvIdence*, 39 Wash. & Lee L. Rev. 41 (1982).

Daniel Kahneman & Amos Tversky, *Subjective probability: A judgment of representativeness*, 3 Cognitive Psychology 430 (1972).

Daniel Kahneman & Amos Tversky, *Prospect Theory: An Analysis of Decision Under Risk*, 47 Econometrica 263 (1979).

Saul M. Kassin, Christine C. Goldstein & Kenneth Savitsky, *Behavioral Confirmation in the Interrogation Room: On the Dangers of Presuming Guilt*, 27 Law & Hum. Behav. 187 (2003).

Saul M. Kassin, Christian A. Meissner & Rebecca J. Norwick, *"I'd Know a False Confession if I Saw One": A Comparative Study of College Students and Police Investigators*, 29 Law & Hum. Behav. 211 (2005).

Saul M. Kassin, *The Psychology of Confessions*, 4 Ann. Rev. of L. & Soc. Sci. 193 (2008).

Saul M. Kassin et al., *Police-Induced Confessions: Risk Factors and Recommendations*, 34 Law & Hum. Behav. 3 (2010).

Amy Klobuchar, Nancy Steblay & Hilary Caligiuri, *Improving Eyewitness Identifications: Hennepin County's Blind Sequential Lineup Pilot Project*, 4 Cardozo Pub. L. Pol"y & Ethics J. 381 (2006).

Richard M. Kurtz & Sol L. Garfield, *Illusory Correlation: A Further Exploration of Chapman's Paradigm*, 46 J. Consulting & Clinical Psychol. 1009 (1978).

Corinna Barrett Lain, *DecIding Death*, 57 Duke L.J. 1, 45 (2007).

Jennifer E. Laurin, Book Reviews, *Still Convicting the Innocent*, 90 Texas Law Review 1473 (2012).

Richard A. Leo & Richard J. Ofshe, *The Consequences of False Confessions: Deprivations of Liberty and Miscarriages of Justice in the Age of Psychological Interrogation*, 88 J. Crim. L. & Criminology 429 (1998).

Richard A. Leo, *Re-thinking the Study of Miscarriages of Justice: Developing a*

Criminology of Wrongful Convictions, 21 J. Contemp. Crim. Just. 201, 203 (2005).

Richard A. Leo & Brittany Liu, *What Do Potential Jurors Know About Police Interrogation Techniques and False Confessions?*, 27 Behav. Sci. & L. 381 (2009).

Richard A. Leo & Jon B. Gould, *Studying Wrongful Convictions. Learning from Social Science*, 7 Ohio St. J. Crim. L. 7 (2009).

Justin D. Levinson, Huajian Cai, & Danielle Young, *Guilty by Implicit Racial Bias: The Guilty/Not Guilty Implicit Association Test,* 8 Ohio St. J. Crim. L. 187 (2010).

James S. Liebman, Jeffrey Fagan & Valerie West, *A Broken System: Error Rates in Capital Cases*, 1973-1995, Columbia Law School, Public Law Research Paper No. 15 (2000).

Charles G. Lord et al., *Biased Assimilation and Attitude Polarization - The Effects of Prior Theories on Subsequently ConsIdered EvIdence*, 37 J. Personality & Soc. Psychol. 2098 (1979).

Charles G. Lord et al., *ConsIdering the Opposite: A Corrective Strategy for Social Judgment*, 47 J. Personality & Soc. Psychol. 1231 (1984).

Otto H. MacLin, Laura A. Zimmerman & Roy S. Malpass, *PC_Eyewitness and Sequential Superiority Effect: Computer-Based Lineup Administration*, 3 Law & Hum. Behav. 303 (2005).

Stephen J. Markman & Paul G. Cassell, *Protecting the Innocent: A Response to the Bedau-Radelet Study*, 41 Stan. L. Rev. 121 (1988).

Dianne L. Martin, *Lessons About Justice from the "Laboratory" of Wrongful Convictions: Tunnel Vision, the Construction of Guilt and Informer EvIdence*, 70 Umkc L. Rev. 847 (2002).

Daniel S. Medwed, *The Zeal Deal: Prosecutorial Resistance to Post-Conviction Claims of Innocence*, 84 B. U. L. Rev. 125 (2004).

Daniel S. Medwed, *Anatomy of a Wrongful Conviction: Theoretical Implications and Practical Solutions,* 51 Vill. L. Rev. 337 (2006).

Daniel S. Medwed, *Innocence Lost . . . and Found: An Introduction to The Faces of*

Wrongful Conviction Symposium Issue, 37 Golden Gate U. L. Rev. 1 (2006).
Daniel S. Medwed, *Innocentrism*, 2008 U. Ill. L. Rev. 1549.
Christian A. Meissner & John C. Brigham, *Thirty Years of Investigating the Own-Race Bias in Memory for Faces: A Meta-Analytic Review*, 7 Psychol. Pub. Pol''y & L. 3 (2001).
Christian A. Meissner & Saul M. Kassin, *"He's Guilty!": Investigator Bias in Judgments of Truth and Deception*, 26 Law & Hum. Behav. 469 (2002).
Larry S. Miller, *Procedural Bias in Forensic Science Examinations of Human Hair*, 11 Law & Hum. Behav. 157 (1987).
Jennifer Mnookin, *The VaIldity of Latent Fingerprint Identification: Confessions of a Fingerprinting Moderate*, 7 Law, Prob. & Risk 127 (2008).
Andre A. Moenssens, Foreword, *Novel Scientific EvIdence in Criminal Cases: Some Words of Caution*, 84 J. Crim. L. & Criminology 1 (1993).
Christine C. Mumma, *The North Carolina Actual Innocence Commission: Uncommon Perspectives Joined by a Common Cause*, 52 Drake L. Rev. 647 (2004).
Erin Murphy, *The New Forensics: Criminal Justice, False Certainty, and the Second Generation of Scientific EvIdence*, 95 Cal. L. Rev. 721 (2007).
Alexandra Natapoff, *Snitching: The Institutional and Communal Consequences,* 73 U. Cin. L. Rev. 645 (2004).
Peter J. Neufeld, *The (Near) Irrelevance of Daubert to Criminal Justice and Some Suggestions for Reform*, 95 Am. J. Pub. Health S 107 (2005).
Raymond S. Nickerson, *Confirmation Bias: A Ubiquitous Phenomenon in Many Guises*, 2 Rev. Gen. Psychol. 175, 175 (1998).
Richard J. Ofshe & Richard A. Leo, *The Social Psychology of Police Interrogation: The Theory and Classification of True and False Confessions*, 16 Stud. L. Pol. & Soc'y 189 (1997).
Chad M. Oldfather, *Appellate Courts, Historical Facts, and the Civil-Criminal Distinction*, 57 Vand. L. Rv. 435 (2004).
Elizabeth A. Olson & Gary L. Wells, *What Makes a Good Alibi? A Proposed Taxonomy*, Law & Hum. Behav. 157 (2004).
Thomas M. Ostrom, Carol Werner & Michael J. Saks, *An Integration Theory*

Analysis of Jurors' Presumptions of Guilt or Innocence, 36 J. Personality & Soc. Psychol. 436 (1978).

Jeffrey J. Rachlinski, Sheri L. Johnson, Andrew J. Wistrich, Chris Guthrie, *Does Unconscious Racial Bias Affect Trial Judges*, 84 Notre Dame L. Rev. 1195 (2008-2009).

Myrna Raeder, What Does *Innocence Have to Do With It? A Commentary on Wrongful Convictions and Rationality*, 2003 Mich. St. L. Rev. 1315.

Joseph W. Rand, *Understanding Why Good Lawyers Go Bad. Using Case Studies in Teaching Cognitive Bias in Legal Decision-Making*, 9 Clinical L. Rev. 731 (2003).

Allison D. Redlich, *Mental Illness, Police Interrogations, and the Potential for False Confession*, 55 Law & Psychiatry 19 (2004).

D. Michael Risinger et al., *The Daubert/Kumho Implications of Observer Effects in Forensic Science: HIdden Problems of Expectation and Suggestion*, 90 Cal. L. Rev. 1 (2002).

Richard A. Rosen, *Reflections on Innocence*, 2006 Wis. L. Rev. 237.

Susan Rutberg, *Anatomy of a Miscarriage of Justice: The Wrongful Conviction of Peter J Rose*, 37 Golden Gate U. L. Rev. 7 (2006).

Michael J. Saks & D. Michael Risinger, *Baserates, the Presumption of Guilt, Admissibility Rulings, and Erroneous Convictions*, 2003 Mich. St. L. Rev. 1051.

Michael J. Saks, *The Legal and Scientific Evaluation of Forensic Science (Especially Fingerprint Expert Testimony)*, 33 Seton Hall L. Rev. 1167, (2003).

Claudio Salas, Note, *The Case For Excluding the Criminal Confessions of the Mentally Ill*, 16 Yale J. L. & Hum. 243 (2004).

Steve Sheppard, *The Metamorphoses of Reasonable Doubt: How Changes in the Burden of Proof Have Weakened the Presumption of Innocence*, 78 Notre Dame L. Rev. 1165 (2003).

Clive A. Stafford Smith & Patrick D. Goodman, *Forensic Hair Comparison Analysis: Nineteenth Century Science or Twentieth Century Snake Oil?*, 27 Colum. Hum. Rts. L. Rev. 227 (1996).

Bruce P. Smith, *The History of Wrongful Execution*, 56 Hastings L. J. 1185 (2005).

Lawrence M. Solan, *Refocusing the Burden of Proof in Criminal Cases: Some Doubt About Reasonable Doubt*, 78 Tex. L. Rev. 105 (1999).

James E. Starrs, *There's Something About Novel Scientific EvIdence*, 28 Sw. U. L. Rev. 417 (1999).

Nancy Steblay et al., *Eyewitness Accuracy Rates in Sequential and Simultaneous Lineup Presentations: A Meta-Analytic Comparison*, 25 Law & Hum. Behav. 459 (2001).

Elisabeth Stoffelmayr & Shari SeIdman Diamond, *The Conflict Between Precision and Flexibility in Explaining "Beyond a Reasonable Doubt"*, 6 Psychol. Pub. Pol'y & L. 769, 774-78 (2000).

Franklin Strier, *Making Jury Trials More Truthful*, 30 U. C. Davis L. Rev. 95 (1996).

Leif A. Strömwall & Pär Anders Granhag, *How to Detect Deception: Arresting the Beliefs of Police Officers, Prosecutors and Judges*, 9 Psychol. Crime & Law 1, 19-36 (2003).

William J. Stuntz, *The Uneasy Relationship Between Criminal Procedure and Criminal Justice*, 107 Yale L.J. 1 (1997).

Thomas P. Sullivan, *Preventing Wrongful Convictions - A Current Report from Illinois*, 52 Drake L. Rev. 605 (2003-2004).

Thomas P. Sullivan, *Police Experiences with Recording Custodial Interrogations, Northwestern University School of Law Center on Wrongful Convictions*, 4-6 (2004).

Thomas P. Sullivan, *Electronic Recording of Custodial Interrogations: Everybody Wins*, 95 J. Crim. L. & Criminology 1127, 1128-30 (2005).

Andrew E. Taslitz, *Wrongly Accused: Is Race a Factor in Convicting the Innocent?*, 4 Ohio St. J. Crim. L. 121 (2006).

Joshua Tepfler, Craig M. Cooley & Tara Thompson, *Convenient Scapegoats: Juvenile Confessions and Exculpatory DNA in Cook County, IL*, 62 Rutgers L. Rev. 887 (2010).

Sandra G. Thompson, *What Price Justice? The Importance of Costs to Eyewitness*

Identification Reform, 41 Texas Tech Law Review 33 (2009).

Amos Tversky & Daniel Kahneman, *Judgment Under Uncertainty: Heuristics and Biases*, 185 Science 1124 (1974).

Ian Weinstein, *Regulating the Market for Snitches*, 47 Buff. L. Rev. 563 (1999).

Ian Weinstein, *Don't Believe Everything You Think: Cognitive Bias in Legal Decision Making*, 9 Clinical L. Rev. 783, (2003).

Gary L. Wells & Donna M. Murray, *What Can Psychology Say about the Neil v. Biggers Criteria for Judging Eyewitness Accuracy?*, 68 J. Applied Psychol. 347 (1983).

Gary L. Wells & Amy L. Bradfield, *Good, You Identified the Suspect: Feedback to Eyewitnesses Distorts Their Reports of the Witnessing Experience*, 83 J. Applied Psychol. 360 (1998).

Gary L. Wells et al., *From the Lab to the Police Station: A Successful Application of Eyewitness Research*, 55 Am. Psychologist 581 (2000).

Gary L. Wells & Elizabeth A. Olson, *The Other-Race Effect in Eyewitness Identification: What Do We Do About It?*, 7 Psychol. Pub. Pol''y & L. 230 (2001).

Gary L. Wells, *Eyewitness Identification: Systemic Reforms*, 2006 Wis. L. Rev. 615.

Heather C. West & William J. Sabol, Prisoners in 2009, Bureau of Justice Statistics Bulletin (2010).

Andrew J. Wistrich, Chris Guthrie, & Jeffrey J. Rachlinski, *Can Judges Ignore Inadmissible Information? The Difficulty of Deliberately Disregarding,* 153 U. Pa. L. Rev. 1251 (2005).

Ronald F. Wright, *Trial Distortion and the End of Innocence in Federal Criminal Justice*, 154 U. Pa. L. Rev. 79 (2005).

Marvin Zalman, *Criminal Justice System Reform and Wrongful Conviction,* 17 Crim. Just. Pol'y Rev. 468 (2006).

찾아보기

ㅅ

ㅇ

ㅈ

ㅊ

ㅌ

ㅍ

ㅎ

김상준

서울대학교 법과대학 법학과 졸업
미국 Columbia Law School LL.M.
서울대학교 대학원 법학석사
서울대학교 법학전문대학원 법학전문박사
현 서울고등법원 부장판사

주요논저

- 미국 배심재판 제도의 연구(이화여대출판부 2003)
- 가상적인 재판 쟁점에서의 현역판사의 판단과 모의배심의 집단판단에 대한 인지적 방략의 효과(한국심리학회지 2005)
- 국민의 사법참여 실천방안(단국대학교 법학논총 2005)
- (공역)세계의 배심제도(나남 2007)
- 사법부의 어제와 오늘 그리고 내일/사법제도 편(대한민국 사법 60주년 기념 학술심포지엄 논문집 2008)
- 재판과 법관의 의사결정(사법발전재단 2010)
- 배심평결과 판사판결의 일치도 및 판단차이에 관한 연구(석사학위논문 2011)
- 무죄판결과 법관의 사실인정에 관한 연구(박사학위논문 2013)
- Judge-Jury Agreement in Criminal Cases: The First Three Years of the Korean Jury System(*Journal of Empirical Legal Studies* 2013)

무죄판결과 법관의 사실인정

초판 인쇄 : 2013년 12월 20일
초판 발행 : 2013년 12월 31일

저 자 : 김상준
펴낸이 : 한정희
펴낸곳 : 경인문화사
주 소 : 서울특별시 마포구 마포동 324-3
전 화 : 02-718-4831~2
팩 스 : 02-703-9711
이메일 : kyunginp@chol.com
홈페이지 : http://kyungin.mkstudy.com

값 33,000원
ISBN 978-89-499-1001-7 93360